名所・旧跡の解剖図鑑

見かたを知れば
旅はもっと楽しくなる

スタジオワーク
studiowork

X-Knowledge

目次

1章　関西①　京都

伏見稲荷大社（京都）　8
八坂神社（京都）　10
銀閣寺［慈照寺］（京都）　12
円通寺の借景式庭園（京都）　14
龍安寺の方丈庭園（京都）　16
堀内家・長生庵（京都）　18
大仙院の方丈庭園（京都）　20
孤篷庵の忘筌（京都）　22
西本願寺の飛雲閣（京都）　24
西本願寺の北能舞台（京都）　26
角屋（京都）　28
藪内家・燕庵（京都）　30
藪内家・燕庵の露地（京都）　32
平等院鳳凰堂（京都）　35
妙喜庵の待庵（京都）　38

2章　関西②　三重・奈良・和歌山・大阪・滋賀・兵庫

伊勢神宮（三重）　42
東大寺・南大門の仁王像（奈良）　44
東大寺の盧舎那仏（奈良）　46
春日大社（奈良）　48
薬師寺の三重塔（奈良）　50
唐招提寺の千手観音立像（奈良）　52
奈良少年刑務所［旧奈良監獄］（奈良）　54
法隆寺（奈良）　56

58 熊野三山（和歌山）
60 根来寺の大塔（和歌山）
62 大丸心斎橋店（大阪）
64 大仙古墳［仁徳天皇陵古墳］（大阪）
66 彦根城（滋賀）
69 浄土寺の浄土堂（兵庫）
72 姫路城（兵庫）

3章 北海道・東北

76 旧青山家漁家住宅（北海道）
78 霊場恐山（青森）
80 盛美館（青森）
82 出羽三山（山形）
84 銀山温泉（山形）
86 会津さざえ堂［円通三匝堂］（福島）
88 圓藏寺（福島）

4章 関東

92 日光東照宮（栃木）
94 日光金谷ホテル（栃木）
96 富岡製糸場（群馬）
98 一之宮貫前神社（群馬）
100 国会議事堂（東京）
102 ニコライ堂［東京復活大聖堂］（東京）
104 東京駅丸の内駅舎（東京）
107 小石川後楽園（東京）
110 築地本願寺（東京）
112 旧朝香宮邸［東京都庭園美術館］（東京）

114 自由学園明日館（東京）
116 横浜中華街（神奈川）
118 円覚寺の舎利殿（神奈川）
120 鎌倉・逗子のやぐら（神奈川）
122 秩父三十四札所巡り（埼玉）
124 利根運河（千葉）

5章 中部

128 山宮浅間神社（静岡）
130 善光寺（長野）
132 松本城（長野）
134 奈良井宿（長野）
136 千光寺の円空仏（岐阜）
138 吉島家住宅（岐阜）
140 白川郷合掌造り集落（岐阜）
142 永平寺（福井）

6章 四国・中国

146 道後温泉本館（愛媛）
148 高松城（香川）
150 旧金毘羅大芝居［金丸座］（香川）
152 脇町の町並み（徳島）
154 出雲大社（島根）
156 三佛寺（鳥取）
158 旧閑谷学校（岡山）
160 平和記念公園（広島）
162 鞆港（広島）
164 厳島神社（広島）

7章

九州・沖縄

168 旧グラバー住宅（長崎）
170 長崎の教会群（長崎）
172 通潤橋（熊本）
174 首里城跡（沖縄）
176 斎場御嶽（沖縄）
178 軍艦島［端島］（長崎）

column

40 主役で分かる　日本庭園
74 信仰のかたちが変われば、寺のかたちも変わる
90 日本建築は屋根を見よう
126 時代の変化と技術の向上が城を変えた
144 天守のかたちを知ろう

181 索引
184 参考文献
186 執筆者紹介

デザイン：細山田デザイン事務所（米倉英弘）
製作：有朋社
印刷・製本：大日本印刷

1章

関西①京都

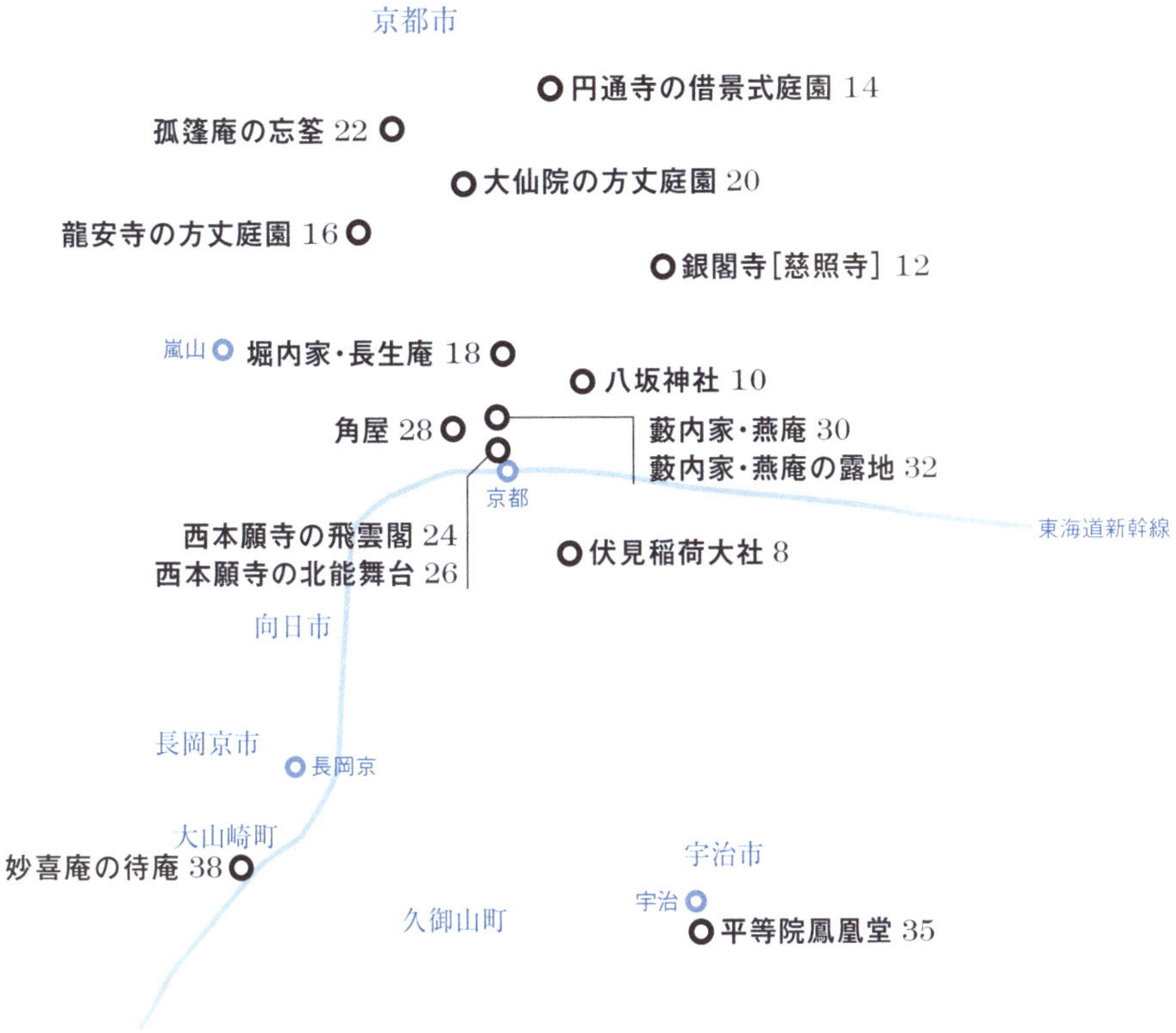

京都市
円通寺の借景式庭園 14
孤篷庵の忘筌 22
大仙院の方丈庭園 20
龍安寺の方丈庭園 16
銀閣寺［慈照寺］ 12
嵐山
堀内家・長生庵 18
八坂神社 10
角屋 28
藪内家・燕庵 30
藪内家・燕庵の露地 32
京都
東海道新幹線
西本願寺の飛雲閣 24
西本願寺の北能舞台 26
伏見稲荷大社 8
向日市
長岡京市
長岡京
大山崎町
妙喜庵の待庵 38
宇治市
宇治
久御山町
平等院鳳凰堂 35

京都

赤・黄・白に込めた
豊穣の願い

伏見稲荷大社

京都・伏見稲荷大社といえば、延々と続く真っ赤な鳥居が有名だ。境内も多くの赤に満ちている。一方、稲穂や狐、油揚げ[※1]など、黄色に関連するものも多く見られる。参道の土産物屋に並べられた、白狐の土人形は白を印象付ける。

五行《ごぎょう》思想[※2]では、赤は火、黄は土、白は金と見なされている。真っ赤な太陽（火）は、大地（土）に豊作をもたらす。そして金を生み出し商売は繁盛する。伏見稲荷大社の「色」には、五穀豊穣の願いが込められているのだ。

全国にあるお稲荷さんの総本社

五穀豊穣を願う稲荷信仰。その総本社が京都・伏見稲荷大社だ。本殿の後ろにある稲荷山は、祭神が鎮座したといわれる神聖な場所。お山とも呼ばれ、稲荷山の三峰をお参りして巡ることを「お山巡り」という

境内や山中にある朱塗りの
鳥居は、1万基以上とも
阿吽（あうん）の像
は狛犬ではなく、
狐。狐はご祭神・
稲荷大神の眷属
（けんぞく、従者）
納
奉
巻物や鍵などをくわえた
狐像も見られる
お山巡りの入口。鳥居は「お山」
と呼ばれる稲荷山へ続く

※1：伏見稲荷大社で販売されているお供え物セットには含まれていない　※2：五行思想では、万物は「木、火、土、金、水」からできているとする。「木」は「火」を生み、「火」は灰となり、「土」となる。「土」からは石である「金」が生まれ、「金」は「水」を生み、「水」は「木」を育てると考える。色を割り当てると、木は青、火は赤、土は黄、金は白、水は黒になる

伏見稲荷の赤・黄・白

火を表す「赤」を探せ

朱の鳥居が立ち並ぶ「千本鳥居」。願い事が「通る」の意味から、鳥居を奉納する習慣が江戸時代以降に広がった

稲荷大神が稲荷山（伊奈利山）へ降りたとされる2月最初の午（うま）の日に開催される初午祭。午の方位は「火」を意味する

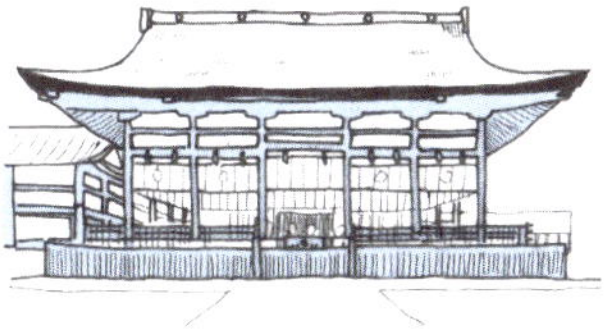

本殿をはじめ、境内の建物は真っ赤に丹（に）塗りが施されている

境内には、のぼりなど建造物以外に施された赤色も目に付く。狐像にも見られる

赤から生まれた「黄」は土を示す

稲穂をくわえた狐像。眷属である狐は毛が黄色。黄金色に輝く稲穂は五穀豊穣の象徴

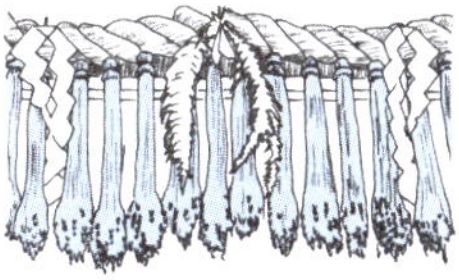

しめ縄にも稲穂を飾る

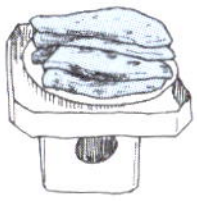

全国の稲荷神社で見られるお供えの油揚げも黄色

伏見稲荷大社の背後には、大きな土の固まり、お山（稲荷山）がひかえる

金を生む「白」を探せ

五穀豊穣を願う白狐の土人形。黄色の狐が白狐に変わったとき金を生み、商売繁盛の神（眷属）となる

稲荷山に数万基所在する「お塚」は、信仰する神名を石に刻んで奉納したもの。石は「白」に通じる

data

伏見稲荷大社

所在地・京都市伏見区深草藪之内町68
行き方・JR奈良線「稲荷駅」から徒歩7分。または京阪「伏見稲荷駅」から徒歩3分

全国の稲荷神社の総本社。木造檜皮葺きの本殿（重文）は1499（明応8）年の再建

MEMO：「赤」が多い（＝日光が降り注ぐ）ほど、「黄」の狐や稲穂は喜び（＝大地が肥え収穫が増える）、神も喜び「白」の狐が生まれ、金運が授けられる（＝商売繁盛）。これが「赤」「黄」「白」の関係である

京都

八坂《やさか》神社

神社の形式は屋根と庇《ひさし》で読み解く

数

多くある神社の形式を見分けるには、屋根に注目するとよい。基本は切妻《きりづま》屋根[※1]。これに庇《ひさし》がない場合、入口が平側《ひらがわ》（建物の棟と平行な側面）なら神明《しんめい》造り、妻側《つまがわ》（棟と直交する面）なら大社《たいしゃ》造り[※2]。庇[※3]が妻側にあれば春日《かすが》造り、平側にあれば流れ造り、両平側にあれば両流れ造りという具合だ。

複雑に見える屋根のかたちも切妻と庇の組合わせである。八坂神社の屋根も、切妻の四方に庇をかけ、外陣《げじん》[※4]と一体になったと考えられる。入母屋《いりもや》屋根のルーツだ。

八坂神社の入母屋も切妻が基本

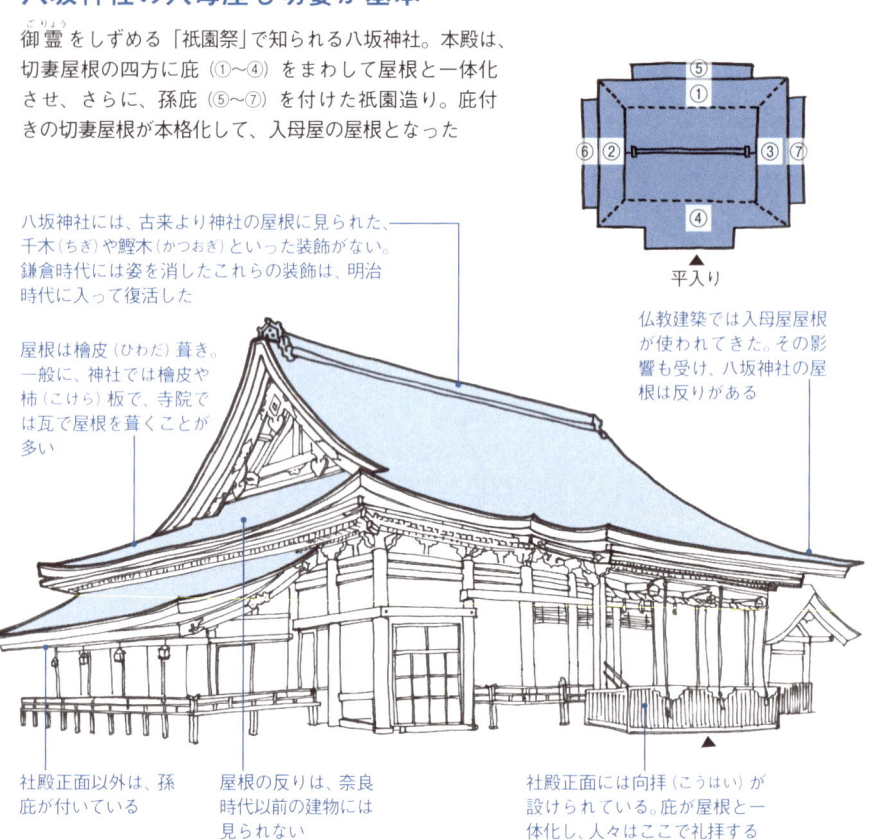

御霊《ごりょう》をしずめる「祇園祭」で知られる八坂神社。本殿は、切妻屋根の四方に庇（①～④）をまわして屋根と一体化させ、さらに、孫庇（⑤～⑦）を付けた祇園造り。庇付きの切妻屋根が本格化して、入母屋の屋根となった

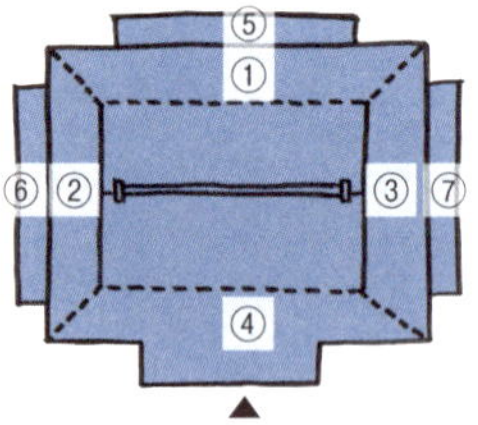
⑤
①
⑥
②
③
⑦
④
平入り

八坂神社には、古来より神社の屋根に見られた、千木（ちぎ）や鰹木（かつおぎ）といった装飾がない。鎌倉時代には姿を消したこれらの装飾は、明治時代に入って復活した
仏教建築では入母屋屋根が使われてきた。その影響も受け、八坂神社の屋根は反りがある
屋根は檜皮（ひわだ）葺き。一般に、神社では檜皮や杮（こけら）板で、寺院では瓦で屋根を葺くことが多い
社殿正面以外は、孫庇が付いている
屋根の反りは、奈良時代以前の建物には見られない
社殿正面には向拝（こうはい）が設けられている。庇が屋根と一体化し、人々はここで礼拝する

※1：切妻は本を開いて伏せたようなかたちの屋根　※2：平側に入口があることを平入り、妻側に入口があることを妻入りという　※3：庇は屋根と一体化している　※4：社寺の内部で、祭神や本尊を安置する「内陣」の外側に当たる部分

庇数で見る、あの神社は何造り？

切妻＋庇0枚「神明造り」

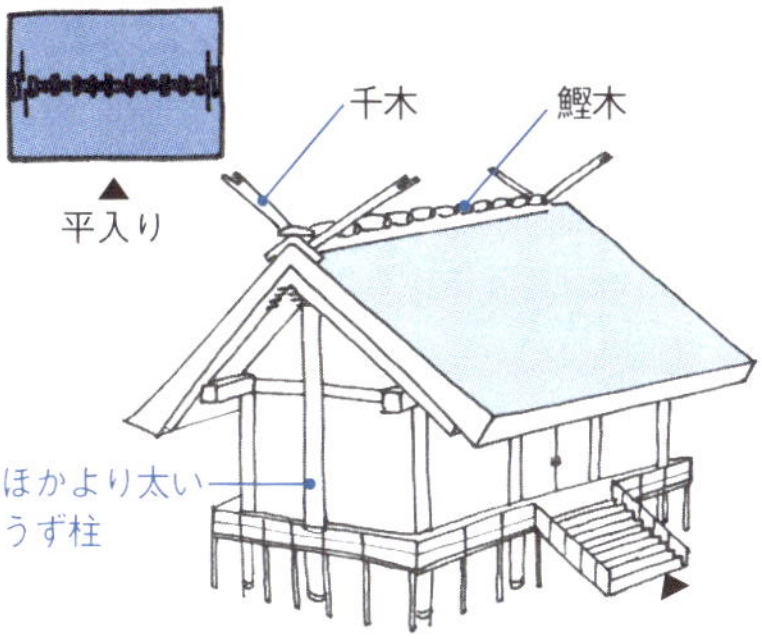
平入り
千木
鰹木
ほかより太い
うず柱

天照大神を祭る神社の基本形。直線的で反りのない茅葺き屋根には、千木や鰹木を置く［伊勢神宮（三重、42頁参照）など］

切妻＋庇0枚「大社造り」

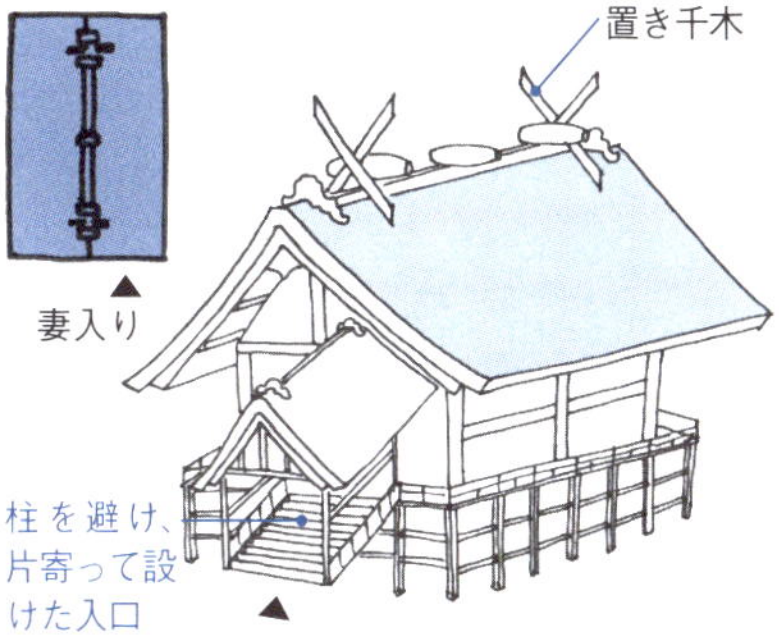
置き千木
妻入り
柱を避け、
片寄って設
けた入口

山陰地方に多い神社の形式。置き千木や檜皮葺きの屋根の反りは後世に変更されたもの［出雲大社（島根、154頁参照）など］

切妻＋庇１枚「春日造り」

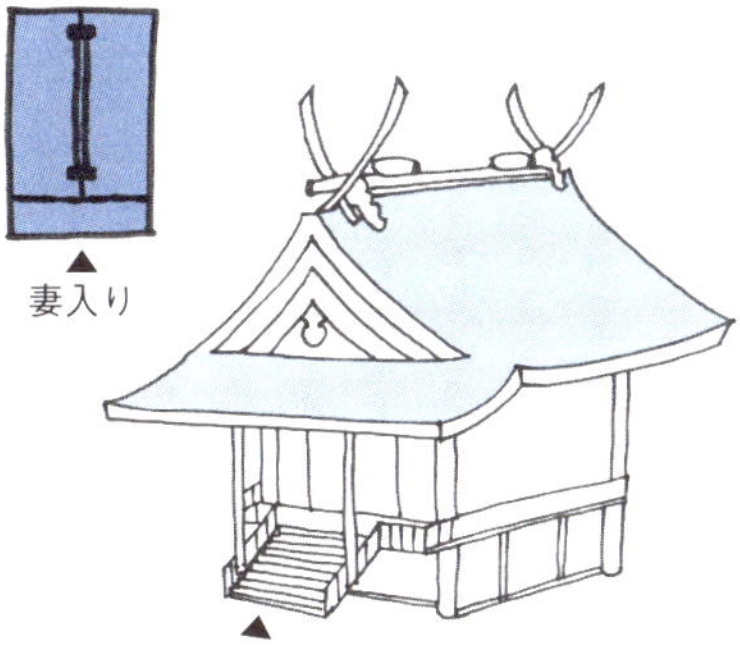
妻入り

妻側正面に庇を付け、屋根と一体化し向拝とする［春日大社（奈良、48頁参照）など］

切妻＋庇１枚「流れ造り」

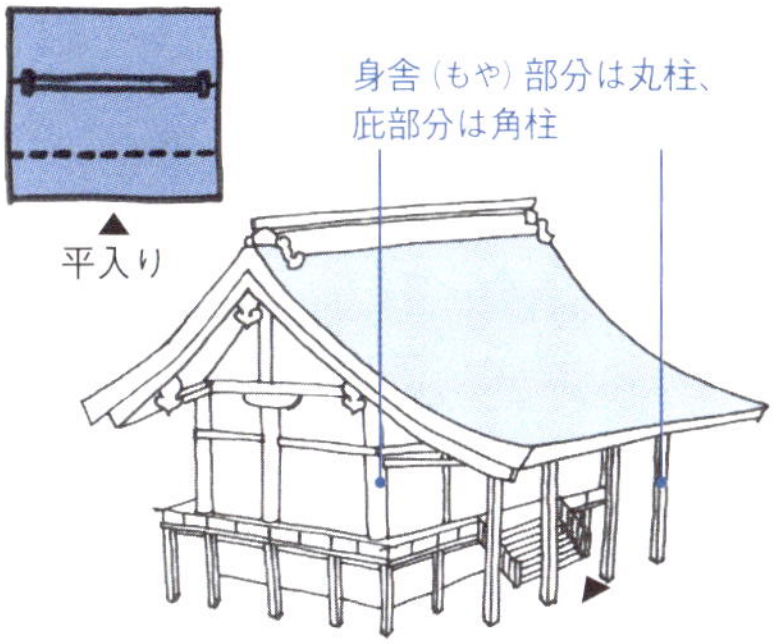
平入り
身舎（もや）部分は丸柱、
庇部分は角柱

屋根は平側に付けた庇と一体化し、向拝をつくり出す。屋根と庇は勾配が違うので、反りが出る。最もよく見掛ける形式［下鴨神社（賀茂御祖神社、京都）など］

切妻＋庇2枚「両流れ造り」

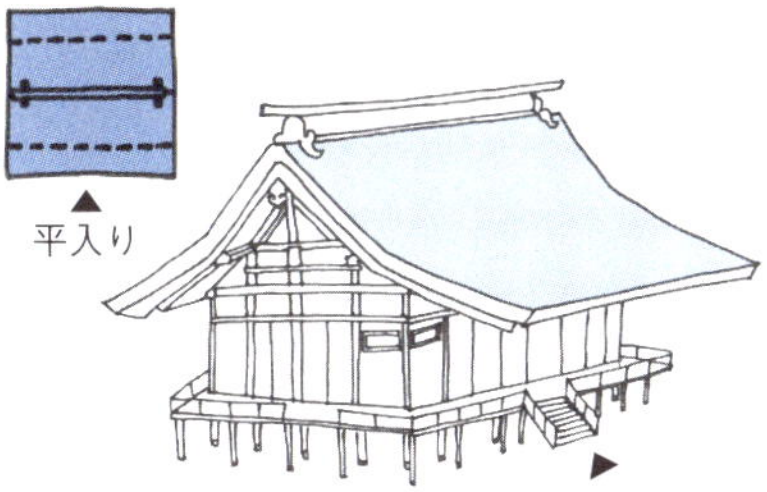
平入り

左右の平側に庇を付け、屋根と一体化する。急勾配の身舎と緩勾配の庇をつなげるので反りがきつくなる［厳島神社（広島、164頁参照）など］

data

八坂神社

所在地・京都市東山区祇園町北側625
行き方・京阪「祇園四条駅」から徒歩5分。または、阪急「河原町駅」から徒歩8分

八坂神社本殿は重文。旧称を祇園社といい、今も親しみを込めて「祇園さん」と呼ばれる

MEMO：上記のほか、切妻＋庇3枚の日吉（ひえ）造り（左右の妻側と平側正面に庇を付け、屋根と一体化したもの）がある。なお、神社の屋根は切妻が大半で、寄棟（よせむね）屋根は少ない

世界遺産｜国宝

京都

銀閣寺［慈照寺］

17年かけて見つけた月光的世界

銀閣寺は、足利義政が別荘としてつくった建物を寺に改めたもの。京都・金閣寺が燦燦《さんさん》と黄金色に輝く陽光的世界であるのに対して、銀閣寺には月光的な枯《こ》淡《たん》の世界観があるといわれる。

中世の文化的到達期に将軍となった義政は、その頂の視座から、眼前の下り坂を、さらに先の乱世の相を見たのかもしれない。滅びの美を求めた彼がたどり着いたのは、霧立つ山裾の地。東山だった。

はかなきものに宿る美

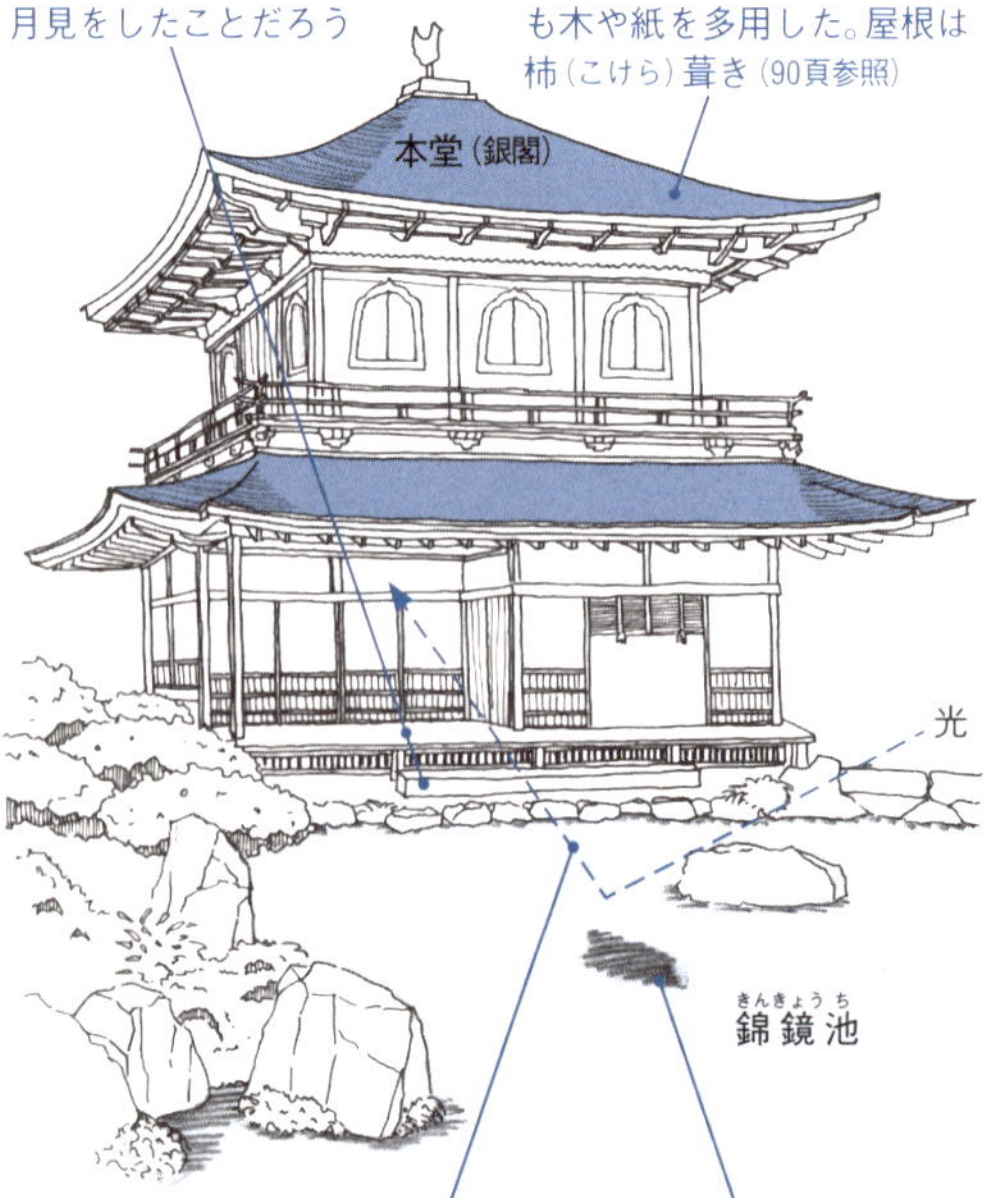
4畳半ほどもある広縁。長い縁石に足を下ろし、月見をしたことだろう
永久不滅なものよりも、滅びゆくものに美を感じ、建物にも木や紙を多用した。屋根は柿（こけら）葺き（90頁参照）
本堂（銀閣）
光
錦鏡池《きんきょうち》
建物は池に面する。光が水面に反射し、広縁の鏡天井（竿縁などがなく平滑な天井）を照らす
水面に映る月影は、波に揺れてはかなく漂う

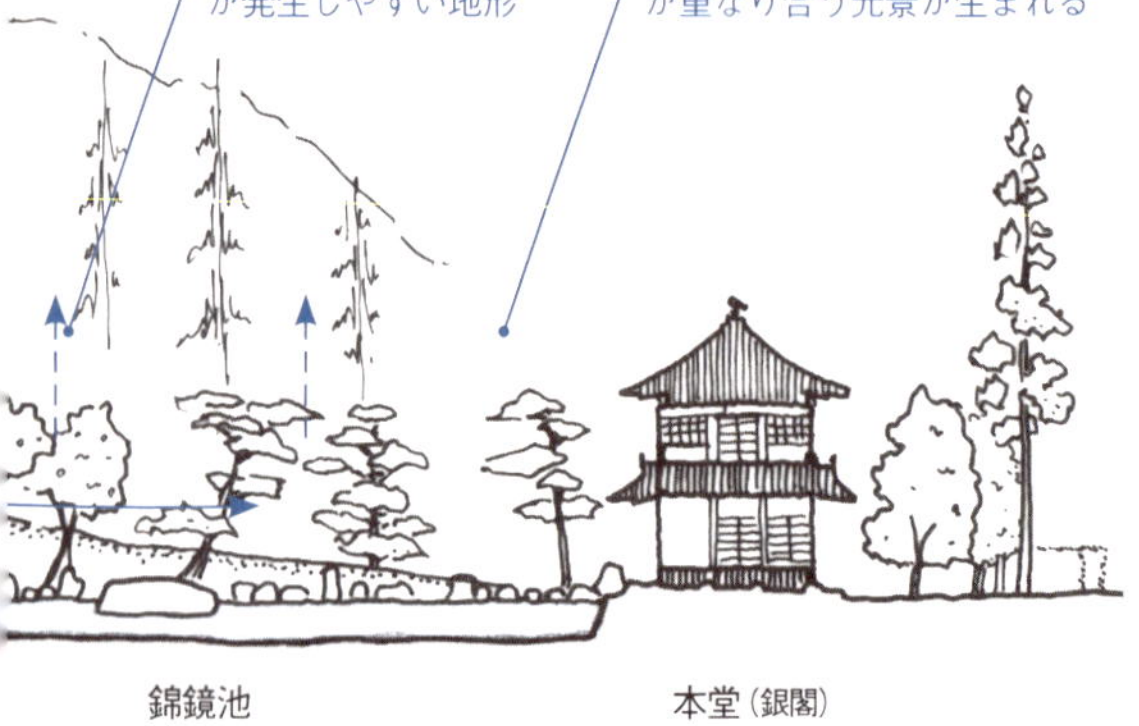
③放射冷却により霧が発生しやすい地形
④霧が出ると、現実と泡影の姿が重なり合う光景が生まれる
錦鏡池
本堂（銀閣）

MEMO：足利義政（室町幕府八代将軍）の求めた「朽ちていく美学」の延長上に、千利休の侘び・寂びがある（38頁参照）

3　銀閣に見る、はかなく消えゆく美

暗さがつくる枯淡の美

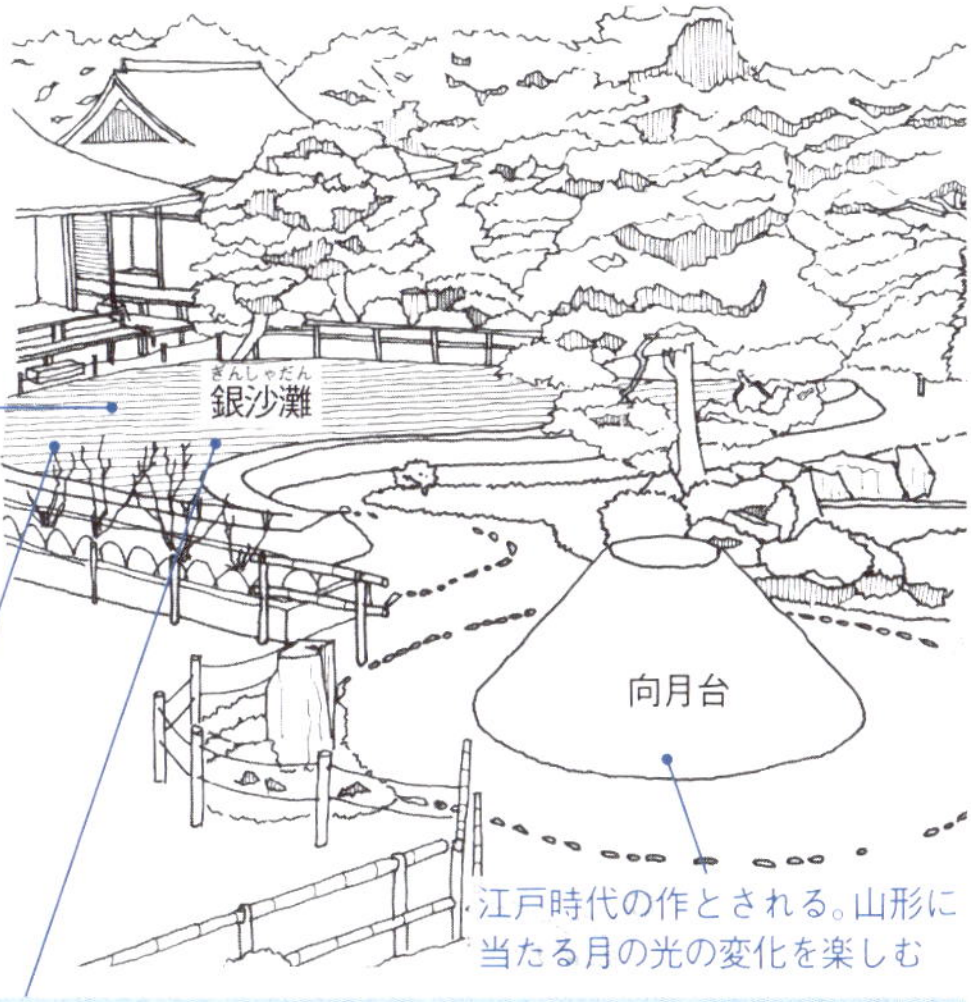
銀沙灘《ぎんしゃだん》
向月台
銀沙灘は白砂でつくった波形。日差しの移り変わりにより影が変化し、無限の美をつくり出す
波形の輪郭が消えてゆくにしたがって、心の目は無限の美を感じる
江戸時代の作とされる。山形に当たる月の光の変化を楽しむ

有限の美 ――――――――――→ 無限の美

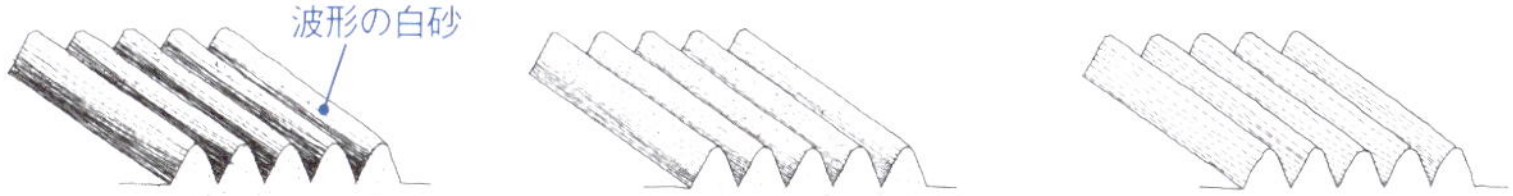
波形の白砂

①太陽光
強い光が影をつくり、波形を際立たせる。リアルな影は心の目を閉ざしてしまう

②月明かり
月明かりで波形が薄くなり、全体が銀色に輝く。影絵のような光が心の目を開かせる

③明けの下弦の月明かり
淡く弱い光は影を失わせ、波形は徐々に見えなくなる。心の目で消え行く銀色を感じる

隠すことで生まれる幽玄の美

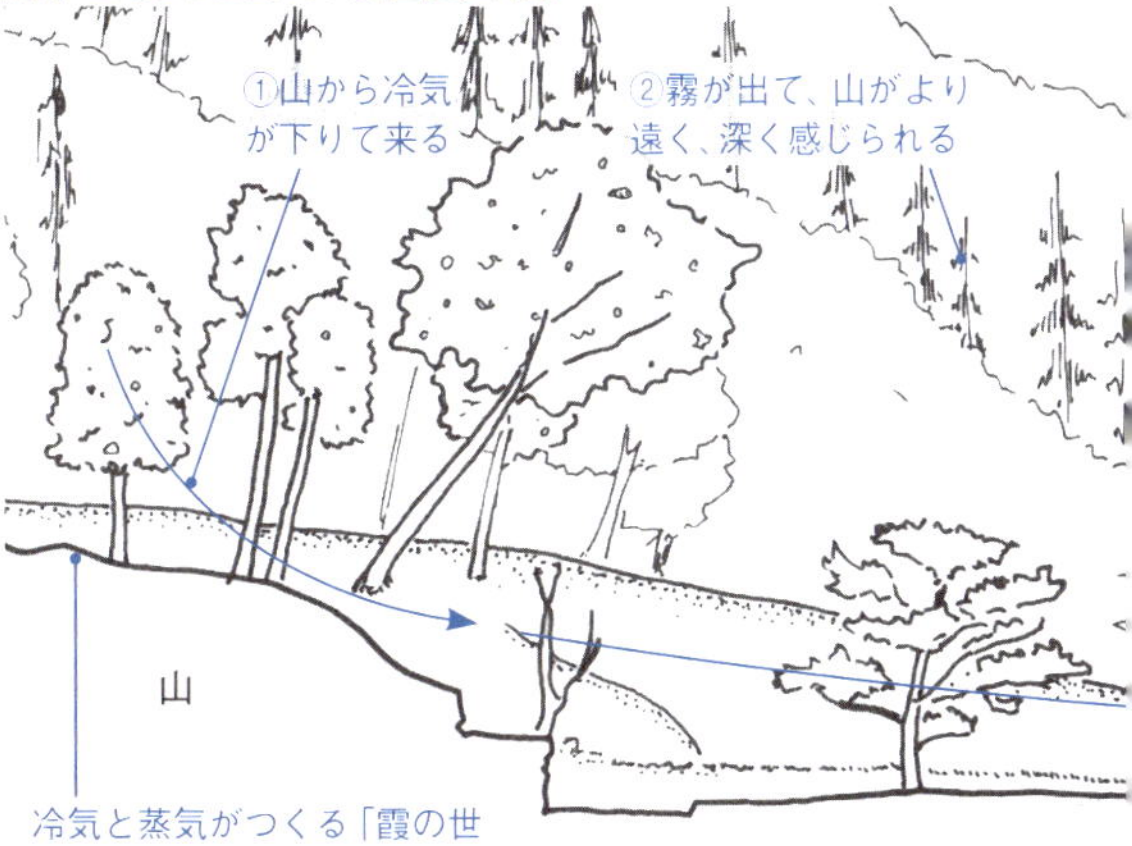
①山から冷気が下りて来る
②霧が出て、山がより遠く、深く感じられる
山
冷気と蒸気がつくる「霞の世界」を得るために、義政は17年をかけこの地を探し求めた

data

銀閣寺［慈照寺］

所在地・京都市左京区銀閣寺町2
行き方・JR東海道線「京都駅」、京阪「出町柳駅」、阪急「河原町駅」などから市バスで「銀閣寺道」または「銀閣寺前」下車、徒歩5分

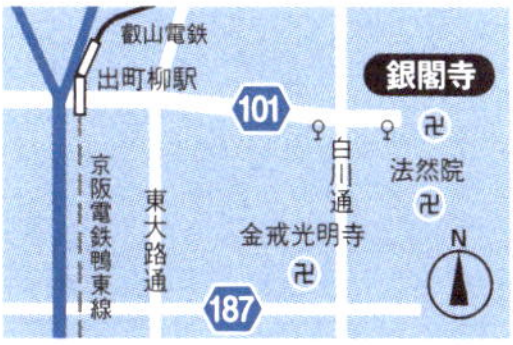
叡山電鉄
出町柳駅
京阪電鉄鴨東線
東大路通
101
187
白川通
銀閣寺
法然院
金戒光明寺
N

世界遺産。当時の遺構である銀閣と東求（とうぐ）堂は国宝。庭園は特別名勝

MEMO：銀閣寺と金閣寺はいずれも、臨済宗相国寺派の本山・相国寺（しょうこくじ、京都）の塔頭（たっちゅう）の1つ

京都

円通寺の借景式庭園

庭も建物も脇役で主役は遠くのお山

京都の円通寺といえば、約6km遠方にある比叡山を景観に取り込んだ「借景式庭園」が有名だ。

日本庭園というと、石組みや植栽など庭自体のつくりに目が行きがちだが、円通寺庭園の主役は比叡山である。枯山水（40頁参照）の庭※を構成する自然の諸要素に、建物の庇や床などの建築要素が加わり、それらすべてが脇役に徹して比叡山を引き立て、美しく見せているのだ。

庭は比叡山の引立て役

庭の石や植栽、建物の庇や床が水平性を生み、木々や柱は垂直性を強調する。これらの水平・垂直ラインが、比叡山の裾野の自然な傾斜ラインを美しく際立たせる

円通寺の東方にある比叡山を庭の遠景としている。前景の庭との遠近感で、比叡山は厳かに引き立てられる
竹の頭や生垣を水平に刈り込むことで、裾野の広がりが引き立てられる
裾野の流れに合わせて、庭石を向かって左から右に流れるように配している
縁先からだと上部の木の葉や地面などさまざまな部分に目が向くので、視点を限定すべく室内から景色を切り取って眺めるのがよい
水平ラインだけでは、景色が単調になりがち。木々や柱の垂直ラインが景色の単調さを打ち消し、景観全体を引き締める

※：借景式庭園は枯山水が多い。要素を排することで借景を際立たせる

主役を引き立てるテクニック

自然の水平性を強調

水平性を強調し、なだらかに広がる裾野の美しさを引き立てる

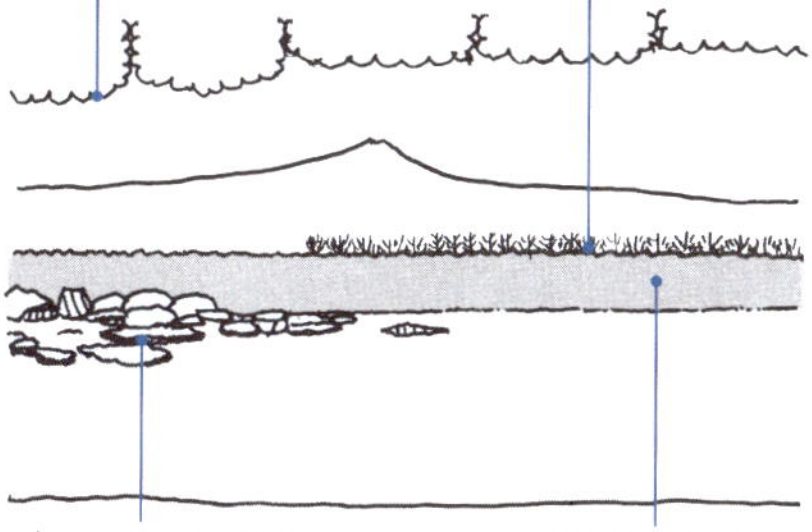
木の葉の下端が景色を水平に切り取る
竹の成長は早く、毎年頭の高さをそろえて刈る
高さを抑えた庭石
生垣は上端高さ約1.6mにそろえて刈られる

建物で額縁をつくる

庇や床、柱が額縁となり、1枚の絵のごとく景色を切り取る

庇は木の葉を、床は地面を適度にカットし、視線を比叡山に向ける
暗い室内から明るい庭を見ることで、庭の色がより鮮やかに見える

遠近感を生む書割《かきわり》効果

西洋のパースペクティブに対し、日本の伝統的な庭や絵画では、要素の重なりで奥行きを出す

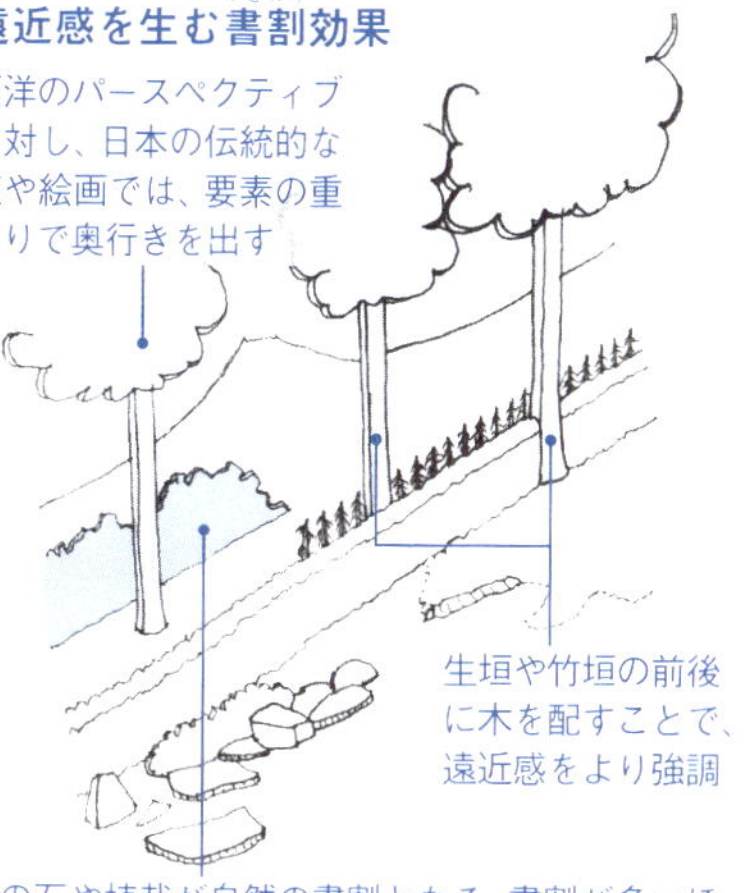
生垣や竹垣の前後に木を配すことで、遠近感をより強調
庭の石や植栽が自然の書割となる。書割が多いほど山との遠近感が生まれる

S字状の視線で奥行きを

前後する木々や柱が視線をカーブ状に誘導し、遠近感を演出

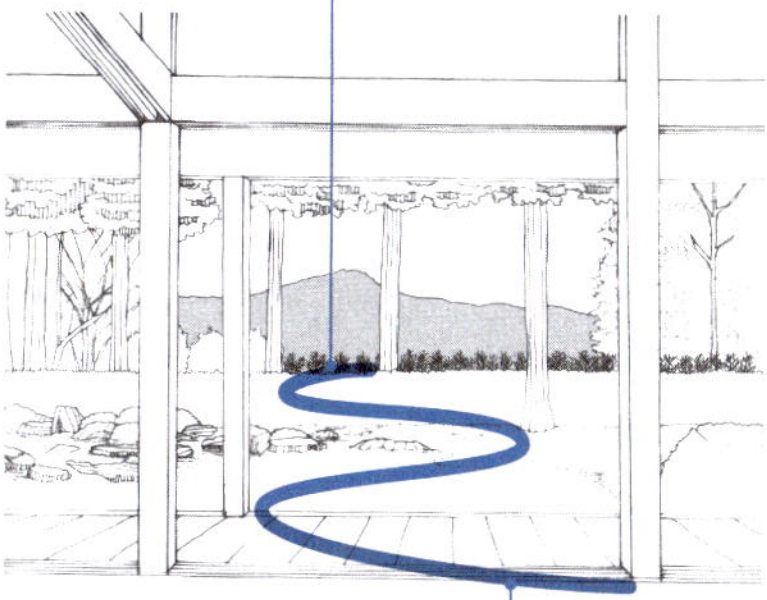

曲がりくねるラインが遠近感を表現するのは浮世絵にも見られる手法

data

円通寺

所在地・京都市左京区岩倉幡枝町389
行き方・京都バス「自動車教習所前」下車、徒歩10分

円通寺は1678（延宝6）年建立。庭園は国指定名勝

MEMO：正伝寺（京都）にも、円通寺同様、比叡山を借景にした庭園がある

世界遺産

京都

龍安寺《りょうあんじ》の方丈庭園

枯山水は砂を見て石を想う

水を使わずに、限られた天然素材のみで、山水を抽象的に表現する枯山水（40頁参照）。龍安寺の方丈庭園[※1]はその代表格だ。

この石庭の解釈は「虎の子渡し」[※2]「鶴亀、蓬莱《ほうらい》の庭」[※3]とさまざま。難解に感じるが、まずは砂を見てから石に目を移すとよいだろう。砂紋を理解し、水の流れを読み取れば、石の景色が見えてくるからだ。ビューポイントを見つけ、静かに座して庭を眺めてみよう。

ビューポイントから眺めよう

庭は座敷の中央から眺めるのが正式。龍安寺の座敷は普段入れないので、ビューポイントは広縁中央だ。座敷中央に座ったときの視点を頭の中で想像しながら、庭全体を眺めて奥行きを感じ、砂が表す水の流れを見る。水源は主石である

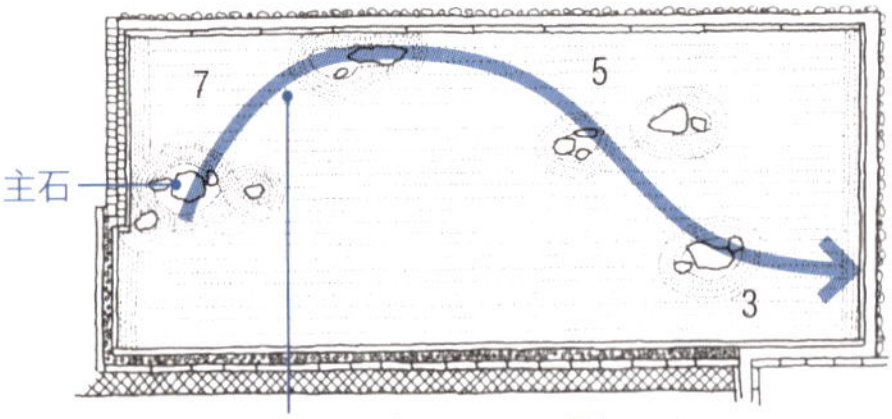

庭の平面図。主石から、縁起のよい奇数の配石7、5、3（5+2、3+2、3）になっていると考えられる

水源は主石。主石は最も背の高い石。水の流れと同様に視線も主石から矢印の方向に流す

前方の石を立て、後方の石を伏せることで庭の奥行きが深まる

遠方の地盤や油土塀を低くして遠近感を強調する

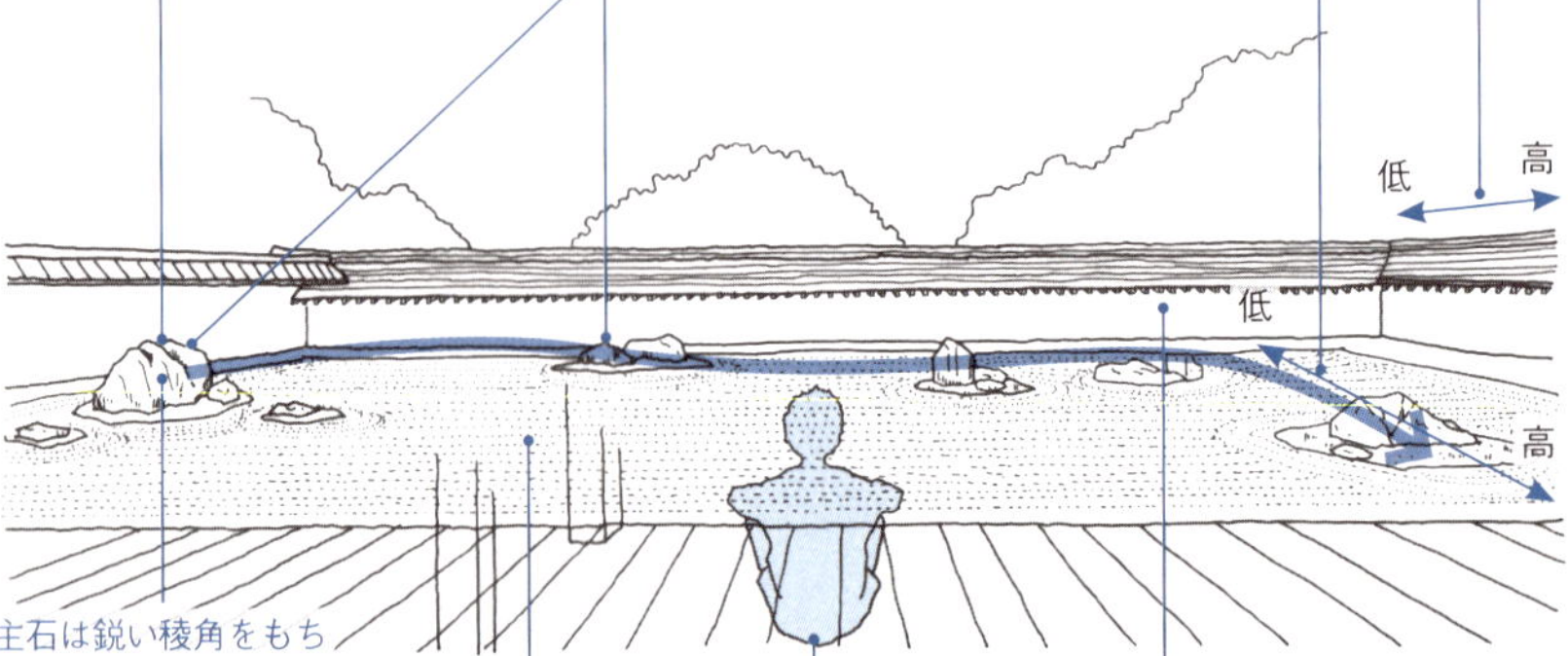

主石は鋭い稜角をもち存在感があり、全体を引き締めている

強く主張するような凝った石はない。それが静かな空間をつくり出す。晴れた日は、穏やかな海を眺めているよう

広縁の中央に座して庭を眺めると庭全体が見え、奥行きを感じられる

しま模様の色合いが美しい油土塀

※1：方丈庭園の「方丈」とは、寺の住職の部屋のこと。方丈に面するので方丈庭園という　※2：虎が3匹の子を連れて川を渡る様子　※3：蓬莱山とは不老不死の三神島のひとつ。亀のかたちをし、仙人の乗り物とされた鶴が住む

砂紋で水のパターンが分かる

さざなみ

平穏な水面を表現。太線は大海・大河を、細線は細流や池沼を表す

うねり

緩やかな蛇行線は春の海を表現（女波：めなみ）

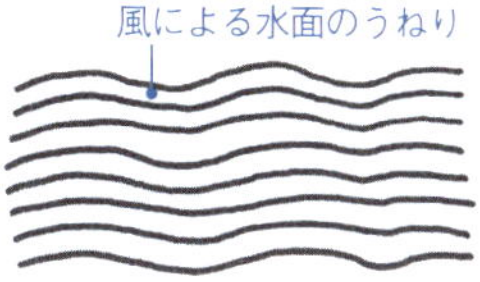

流れ

線の太さや幅で流れの速さを表す

片男波《かたおなみ》

男波（おなみ）。女波よりも高低差をつけて表現

青海波《せいがいは》

力強い波で海原を表す。鱗（うろこ）の大小は大海波・小海波を表現

渦紋《かもん》

瞬間的な出来事を表現。小さな渦は水紋を、とりわけ大きな渦は悟りを表す

石の形で水の五体が分かる

大海《たいかい》の様

荒磯を表現するために、尖った石を立てることが多い

大河《たいが》の様

水量の多い大河を表現するには、角の取れた大きな石を寝かせることが多い

山河《さんが》の様

石を数多く立てることが多い

沼池《ぬまち》の様

伏せたような石組みが多い

葦手《あしで》の様

平らな3つの石を「品」の字のような形（品文字［しなもじ］組み）に並べることが多い

data

龍安寺

所在地・京都市右京区竜安寺町御陵下町13
行き方・京福電車「龍安寺駅」下車、徒歩7分

龍安寺は世界遺産「古都京都の文化財」の1つ。方丈庭園は特別名勝、室町時代の小太郎・彦（清）次郎の作と推測される

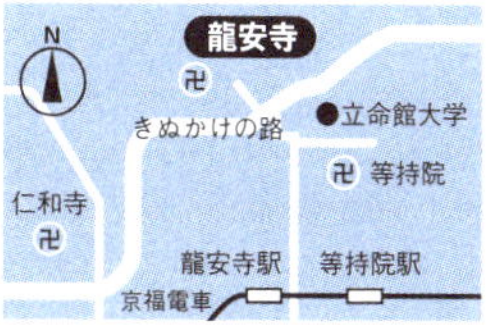

MEMO：龍安寺方丈庭園の油土塀は、にがりを混ぜた粘土を大釜で煮て、型枠に流し込んで突き固める古い技法でつくられた

京都

堀内家《ほりのうちけ》・長生庵《ちょうせいあん》

茶人の美意識が詰まった極小空間

茶室の基本は4畳半。それ以下を小間《こま》という。狭さゆえに主客の心を通い合わせ得る、「直《ひた》心《ごころ》」の間だ。堀内家・長生庵は2畳台目※の小間。開口部に工夫が凝らされ、明るく開放的な室内だ。コンパクトでありながら、茶室を構成するさまざまな要素を鑑賞できる。

簡素ではあるが、贅沢なひと時を過ごすことのできる茶室。長生庵を例に、その仕組みをひもといてみよう。

光を操る極小空間

長生庵は、利休《りきゅう》流の2畳台目。大小の下地窓《したじまど》を客座の壁上部に設けたのが特徴だ。南側の壁中央に設けた連子窓《れんじまど》で室内全体を照らすとともに、床《とこ》や点前座《てまえざ》への局所的な明かりにするなど、光を操る繊細な仕掛けが見られる

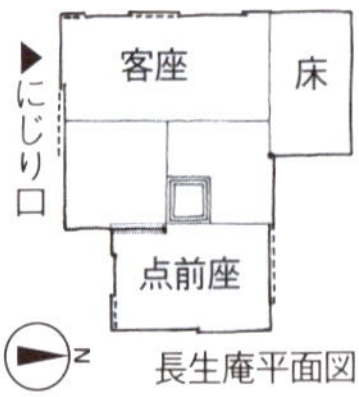
客座
床
にじり口
点前座
N
長生庵平面図

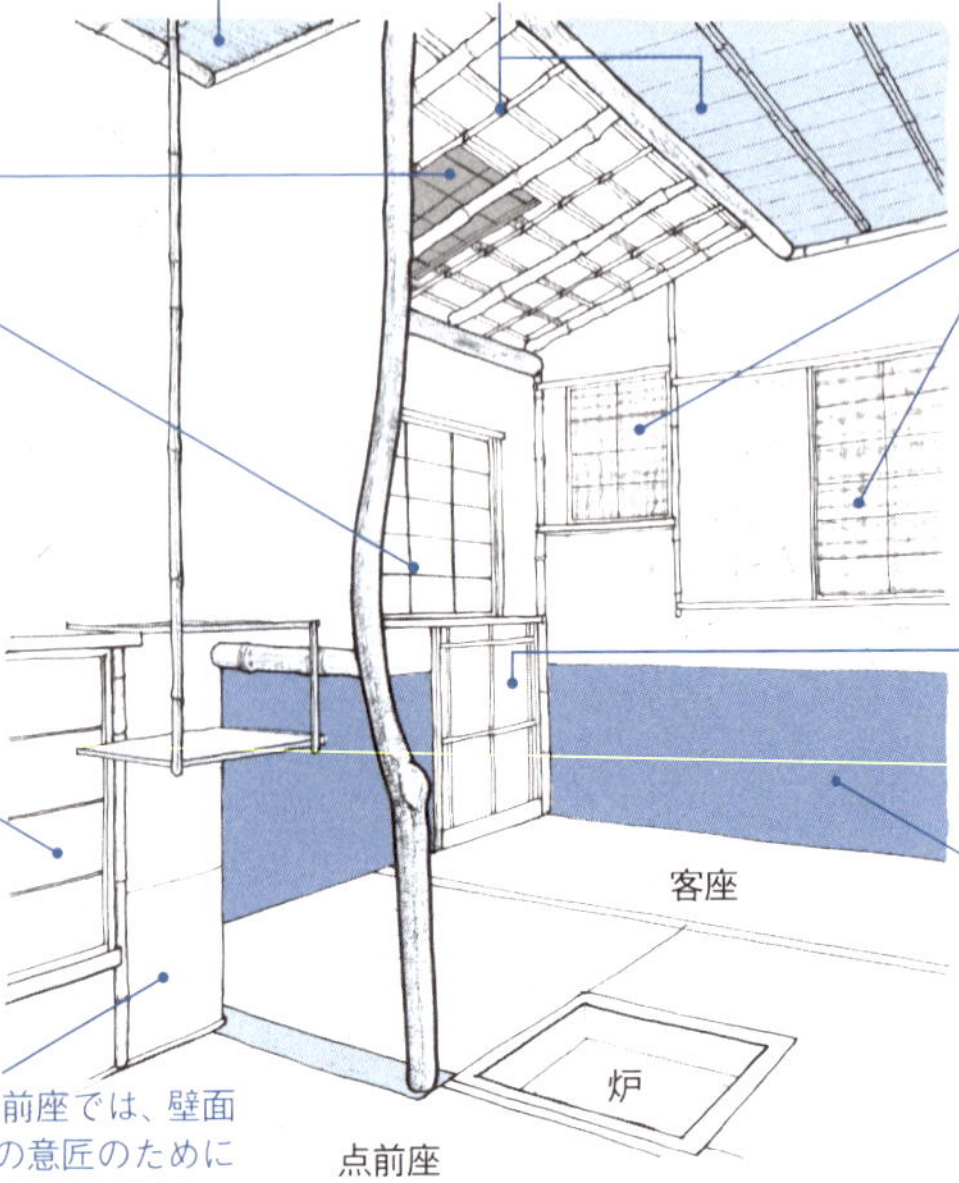
点前座は落ち天井
客座は平天井と掛込み天井
突上げ窓。にじり口の上部の掛込み天井に設ける
下地窓。客座側では腰張りより上に設けることが多い
連子窓はにじり口の上部に付き、席入りを背後から照らす。正面に床がある場合は前照灯の役割を果たす
にじり口は客の出入口
風炉先（ふろさき）窓は点前座の正面の壁に配置
客座
客座の壁にも腰張りをする。紺色の和紙（湊紙）の2段張り（高さ1尺8寸［54.5cm］）
炉
点前座
亭主が茶をたてる点前座では、壁面と衣服の保護、室内の意匠のために紙を張る（腰張り）。白い鳥の子紙の1段張り（高さ9寸［27.3cm］）

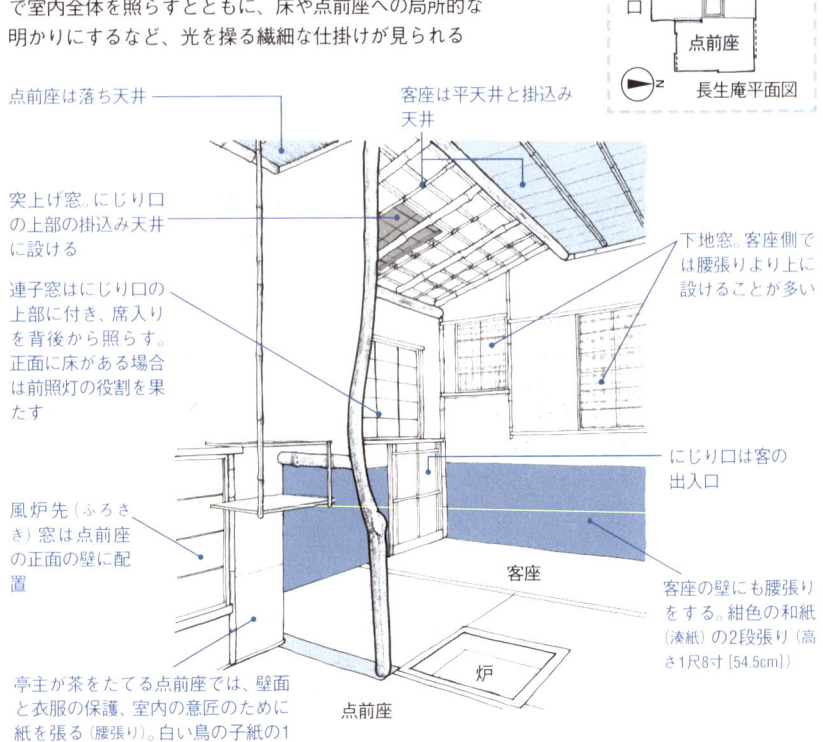

※：茶室は京間畳を基本とする。丸畳（955×1,909mm）、台目畳（丸畳の3　4の大きさ、955×1,430mm）、半畳（丸畳の1　2の大きさ、955×955mm）。2畳台目とは、丸畳2枚＋台目畳1枚の広さのこと

天井は床と一緒に考える

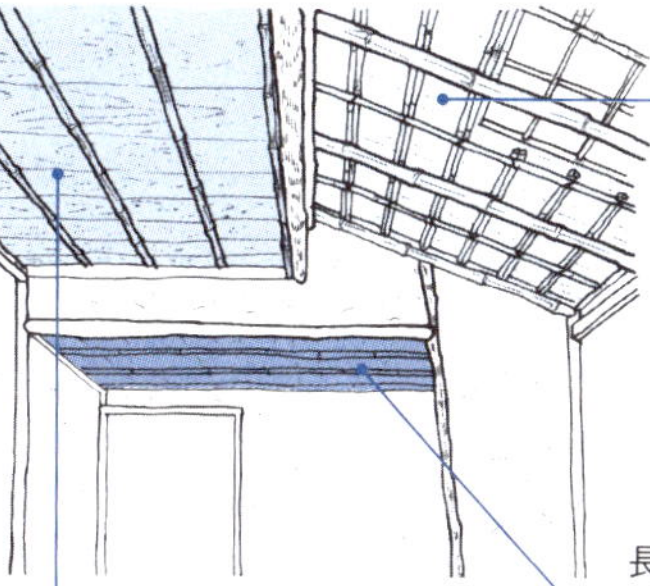

長生庵の天井

掛込み天井
（化粧屋根裏天井）

格式を崩した「草」（そう）の天井。「踏込畳」の上に設ける。自然に近い材を使用。野根板（へぎ板）を張り、小丸太・竹などの垂木・木舞を藤蔓などで掻く（編む）

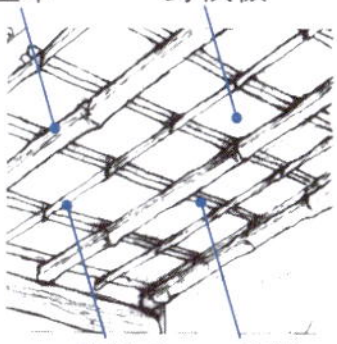
垂木《たるき》
野根板《のねいた》
間垂木《まだるき》
木舞《こまい》

平《ひら》天井

格式の高い「真」（しん）の天井。「貴人畳・客畳」の上に設ける。主に、野根板を小丸太や竹などで押さえた竿縁天井（上図）や竹皮やへぎ板を編んだ網代天井（下図）

網代《あじろ》天井
（市松）

落《おち》天井

やや崩した「行」（ぎょう）の天井。1段低くし、「点前畳」の上に設ける。ガマ・葦・萩などをむしろ状に編んだ物を使う

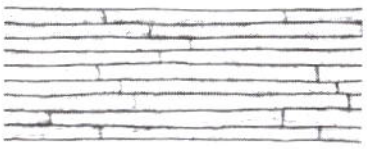

皮付き葦の天井

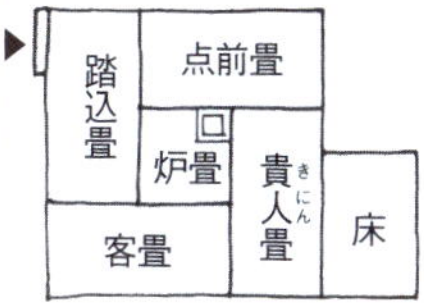
踏込畳
点前畳
炉畳
貴人《きにん》畳
客畳
床

4畳半の小間の例。床前が貴人畳、客が着座し、貴人畳に続くのが客畳。点前畳は炉に隣接し、床に対して垂直に敷く

窓は連子・下地・突上げの3点セット

連子窓

開口部の外側に竹や木を格子状に打ち付ける。光が入る、明るい窓

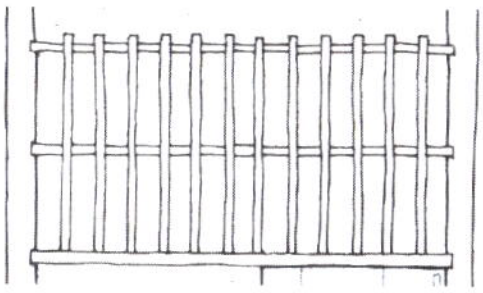

突上げ窓

屋根に設けるトップライト。棒の長さで調光・換気する。室内の雰囲気を一変できる

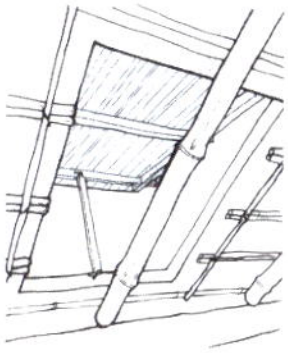

下地窓

土壁を塗り残し、下地の木舞を見せるようにつくる。壁のどの位置にも設けられ、微妙な光で暗がりの室内を効果的に演出する

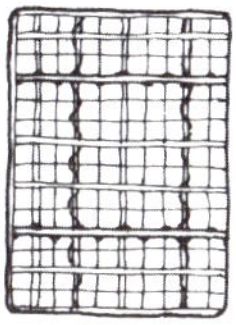

色紙《しきし》窓

上下2段で1組の窓。中心をずらして配置し、意匠性をねらっている

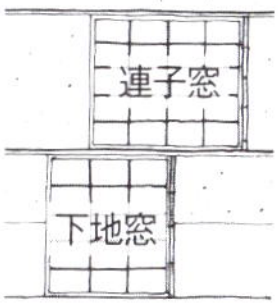
連子窓
下地窓

data

堀内家・長生庵

所在地・京都市中京区釜座通二条上ル大黒町
行き方・非公開のため、省略
庭園（非公開）は京都市指定・登録文化財（名勝）

にじり口

60×60cmほどの小さな開口。出入りに身を屈めることで、気持ちの切替えを行う

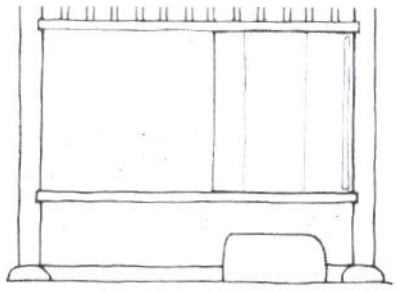

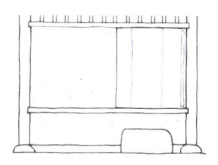

MEMO：堀内家は表千家の宗匠を務める。長生庵は製作年代不詳、1868（明治元）年に焼失したが翌年に再建された

京都

水なき庭に水の音を感じる

国宝

大仙院の方丈庭園

大徳寺（京都）の塔頭《たっちゅう》※1・大仙院には、水墨山水画の世界さながらの枯山水庭園がある※2。石には、不動石や観音石、達磨《だるま》石などその姿かたちから名が付いている。

まずはその名を一度忘れて、建物を囲むように配された石組みをくまなく見つめてみよう。水なき庭に水の一生が浮かんでくる。岩にぶつかり砕ける水の音や、水面に反射する光の粒子を感じることができるだろう。

始まりは東庭から

室町時代後期につくられた大仙院の庭は、本堂を囲むように配された東庭と南庭、2つの中庭からなる。水が湧き出る山から、川の下流までの様子を見られるのが東庭だ

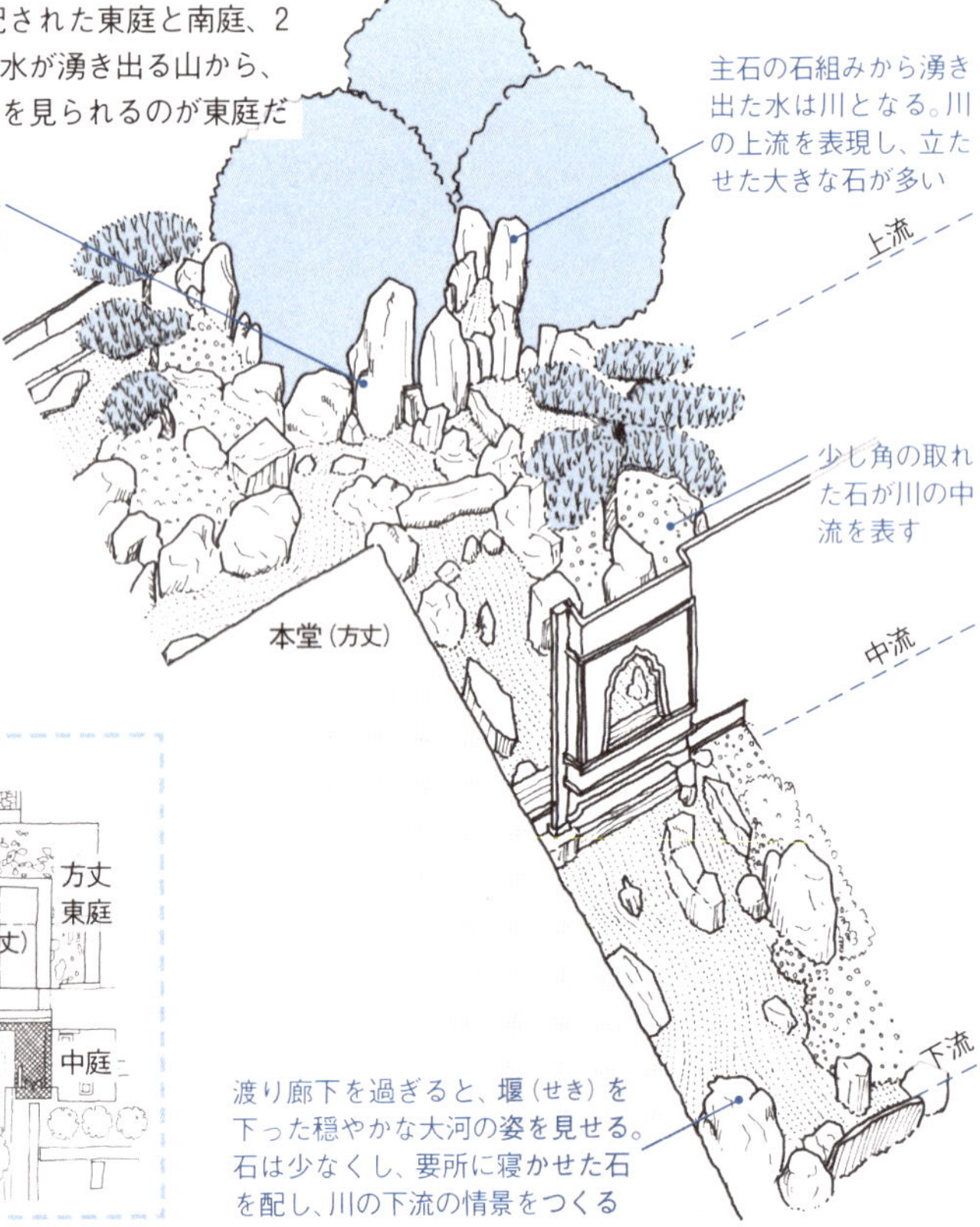
主石の石組みから湧き出た水は川となる。川の上流を表現し、立たせた大きな石が多い
水が合流するなど重要なポイントには、大きな石を置いた
上流
少し角の取れた石が川の中流を表す
本堂（方丈）
中流
下流
渡り廊下を過ぎると、堰（せき）を下った穏やかな大河の姿を見せる。石は少なくし、要所に寝かせた石を配し、川の下流の情景をつくる

方丈庭園の配置

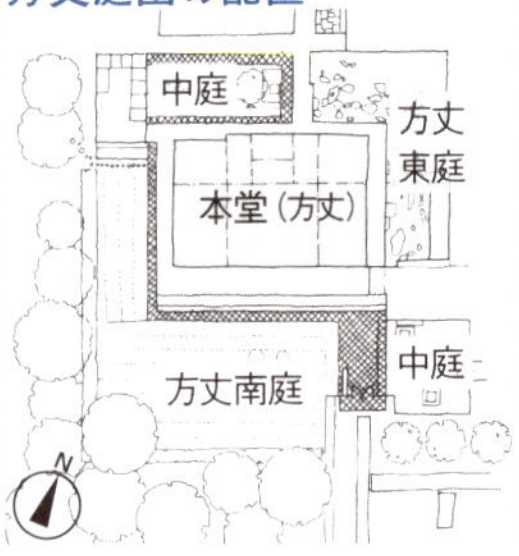
中庭
方丈
東庭
本堂（方丈）
中庭
方丈南庭
N

※1：大徳寺のなかにある小寺。子院　※2：大仙院は室町後期の僧・古岳宗亘（こがくそうこう）が1509（永正6）年に開基。庭も宗亘作

水の一生をたどる

大仙院庭園の世界

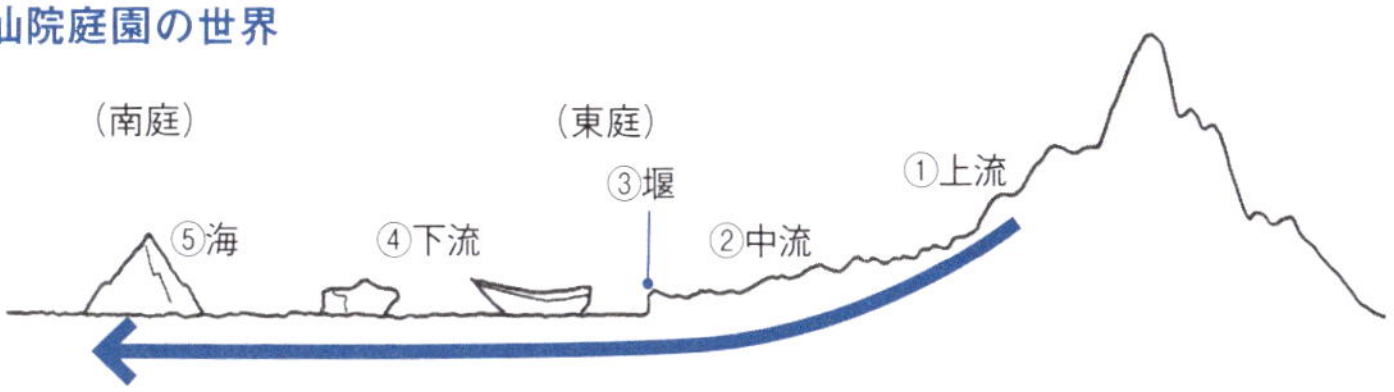
（南庭）
（東庭）
①上流
②中流
③堰
④下流
⑤海

①川の水源は山中に発する

主石をはじめ、ごつごつと大きな立石は、山深い場所を表す
あふれ出る水は滝となる

②急流は石を砕く

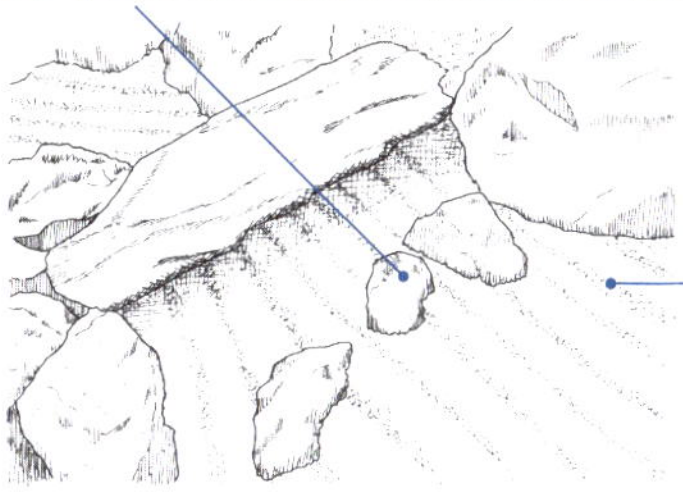
小さな石は、渓流の激しい水流に砕けた岩を示す
水の流れを表す砂紋は、石の間を縫って行く

③堰を下る

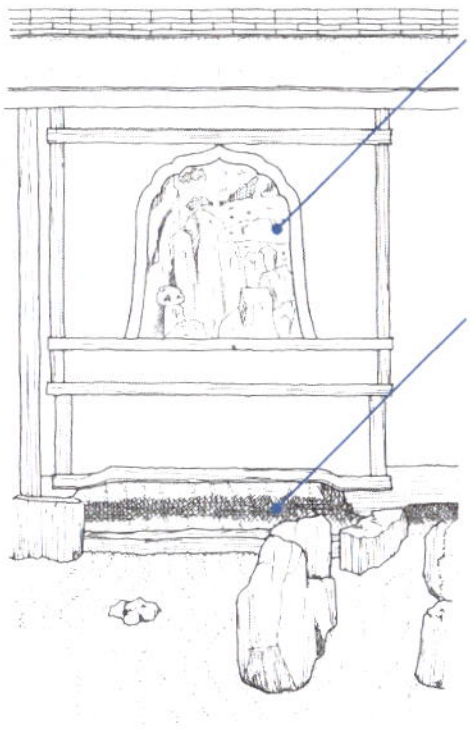
渡り廊下の火灯窓からは主石を“遠望”できる
水量を調整する堰。急な流れもゆったりと変わる

④大河となる

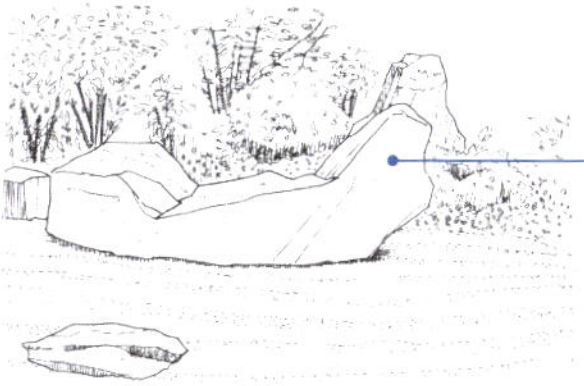
川面に浮かぶ舟のような石。そこが大河であることを表現

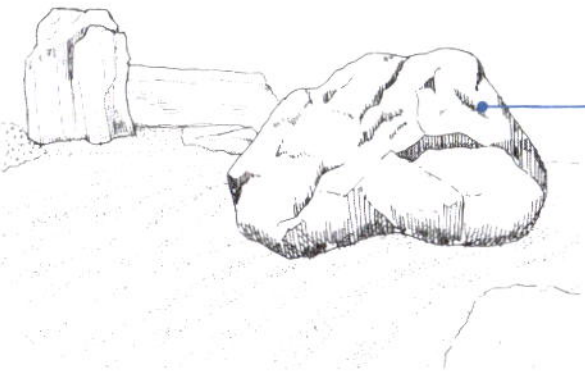
寝かした石はそこが下流であることを表す。長年水流にさらされたような角の取れた石

⑤穏やかな海（南庭）へ流れ出る

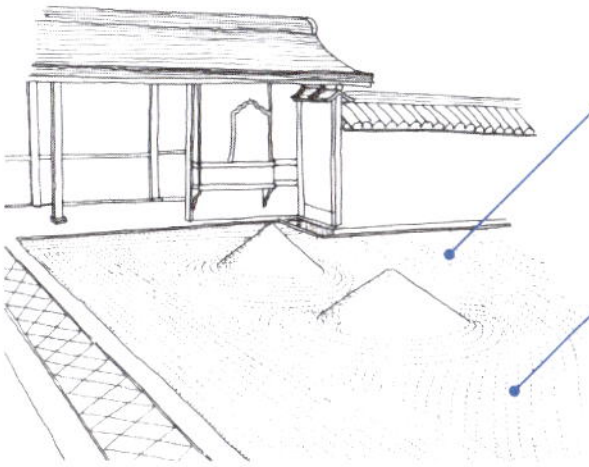
簡素な庭の構成は、無限の広さと静寂をかもし出す
南庭のゆるやかな砂紋は穏やかな水の流れを表現

data

大仙院

所在地・京都市北区紫野大徳寺町54
行き方・JR山陰本線「二条駅」または「京都駅」から市バスで「大徳寺前」下車、徒歩8分

室町建築の本堂（大仙院方丈）は国宝。東庭は特別名勝。南庭は名勝

MEMO：大仙院方丈には、日本最古の玄関と床の間がある

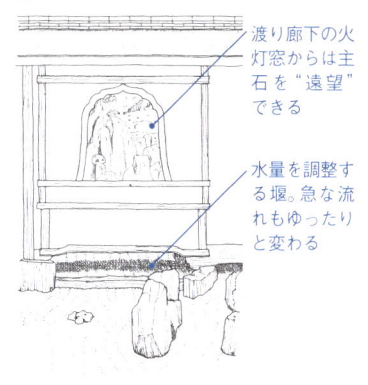

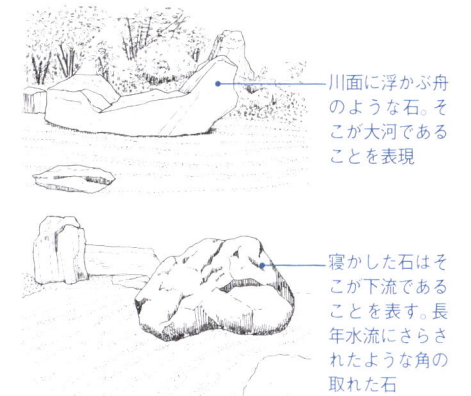

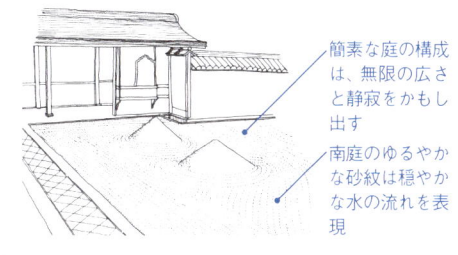

京都

孤篷庵《こほうあん》の忘筌《ぼうせん》

小堀遠州《えんしゅう》がつくる綺麗《きれい》さびの極み

江戸幕府の作事《さくじ》奉行[※1]・小《こ》堀遠州《ぼりえんしゅう》は、将軍と天皇の間を取りもつという難しい仕事もこなした。茶室や庭園などの意匠でも、2つの異なるものをつなげ、新しいかたちを生み出した。

遠州の茶室には、侘び茶（38頁参照）の精神と武家の格式を併せもつ、独自の美学が現れている。人はそれを「綺麗《きれい》さび」と呼び、その手法を「筋《すじ》かけ」と称した。孤篷庵[※2]にある茶室・忘筌は、その究極の姿を見せている。

潜った先には明るい茶室

縁先が開放されていれば完全な書院茶室だが、中敷居の障子を入れたことで草庵茶室の機能と雰囲気が生まれた。飛び石を渡り、潜るようにして室内に入る侘び茶の所作を終えると、書院茶室の明るさが待っている

障子戸による大開口は書院茶室の要素。障子越しに入り込む光は柔らかく、室内は明るい

胡粉（ごふん）を塗った砂摺の白天井は、緑に反射した光でさらに白く輝く。明るい天井は、室内を軽快にする

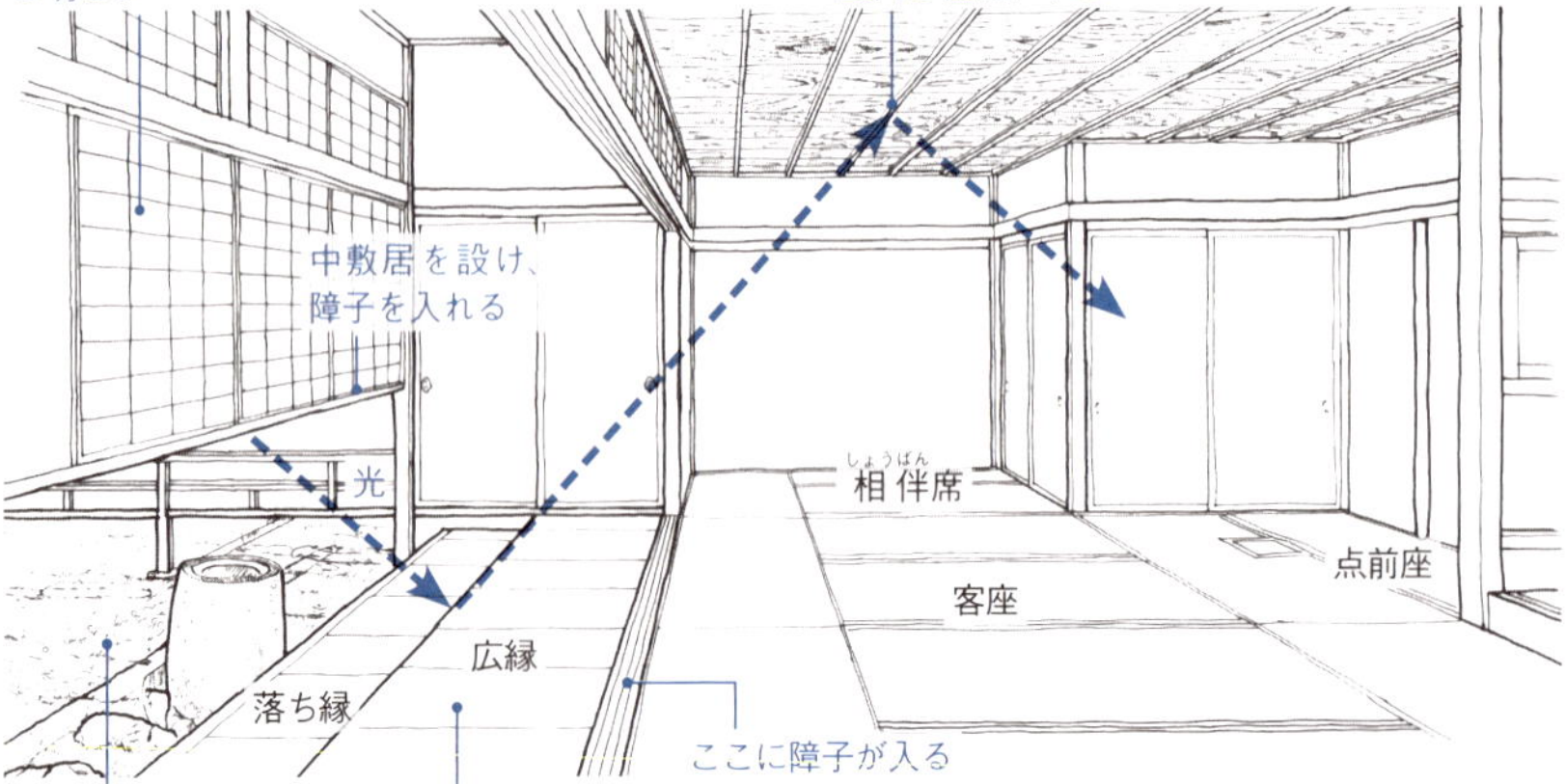
中敷居を設け、障子を入れる
光
相伴席《しょうばん》
点前座
客座
広縁
落ち縁
ここに障子が入る

にじり口のように、障子戸を潜り、室内に入る。草庵茶室の所作（38頁参照）

縁側を設け、障子から茶室内に入るのは、書院茶室の形式

広間の茶室（8畳）に相伴席が設けられている。客は露地の飛び石をつたい、縁側からアクセスする

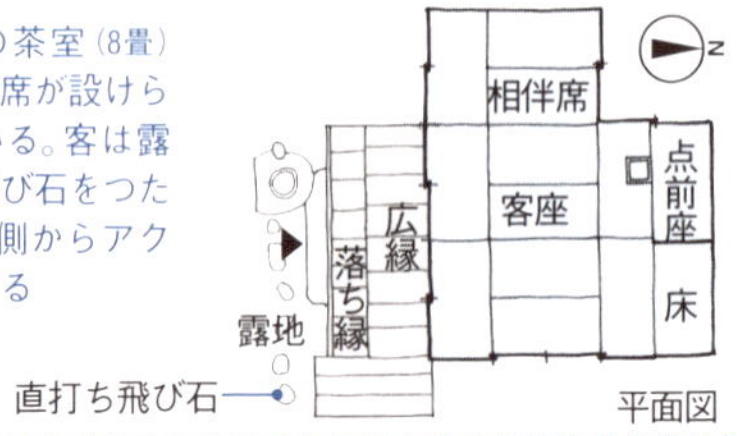
N
相伴席
客座
点前座
床
広縁
落ち縁
露地
直打ち飛び石
平面図

※1：土木・建築工事を司る職　※2：孤篷庵は京都・大徳寺の塔頭（たっちゅう、子院）

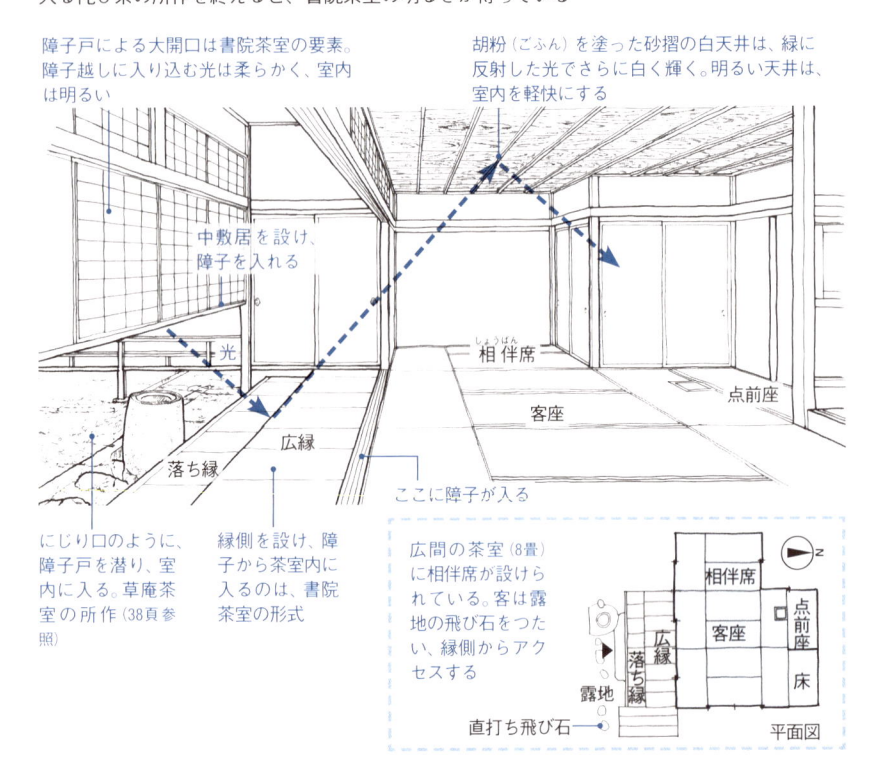

8 遠州独自の美学をつくり出すもの

筋かけの美

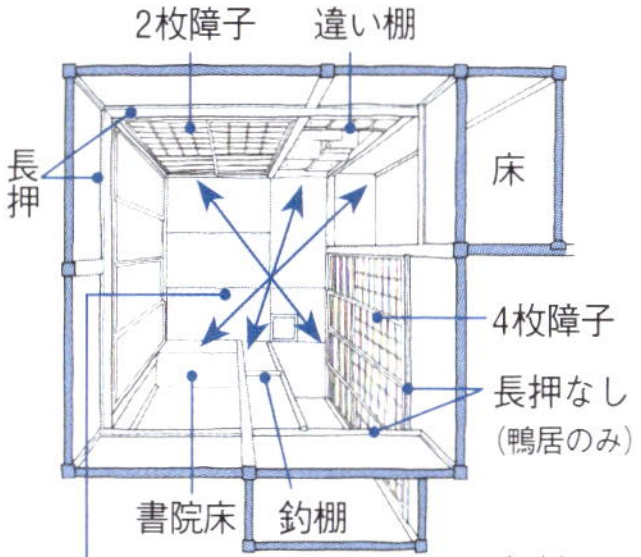
2枚障子
違い棚
長押
床
4枚障子
長押なし
(鴨居のみ)
書院床
釣棚

遠州の書院茶室・密庵《みったん》

しつらえは対称なようだが、棚は違い棚と釣棚、障子は2枚と4枚、長押は部屋の半分だけなど、少し崩す。2つの異なるものをつなげる遠州の美意識だ

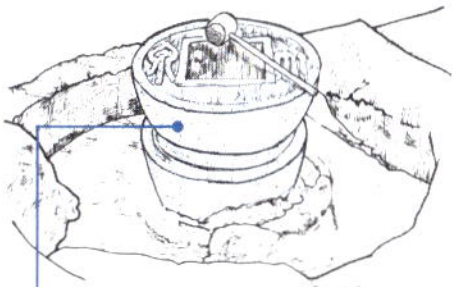

孤篷庵・布泉《ふせん》の手水鉢

ひしゃくを斜めに置くことで全体の硬さを崩す。整形でありながらそれを崩すことで生まれるゆとりは、筋かけの美学

遠州の好んだ茶器

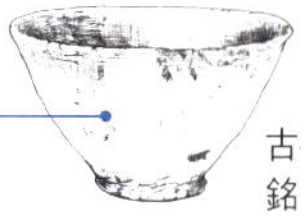

古井戸茶碗
銘「六地蔵」

遠州の茶道具の多くは、左右均等でありながら自然と崩れたところがある。図の茶碗も自然なゆがみをもつ

格式と演劇性を両立

忘筌は床をもち、長押を回した8畳広間の書院茶室。左右対称の部屋に、静の床の間と動の点前座を並べることで、変化をつける

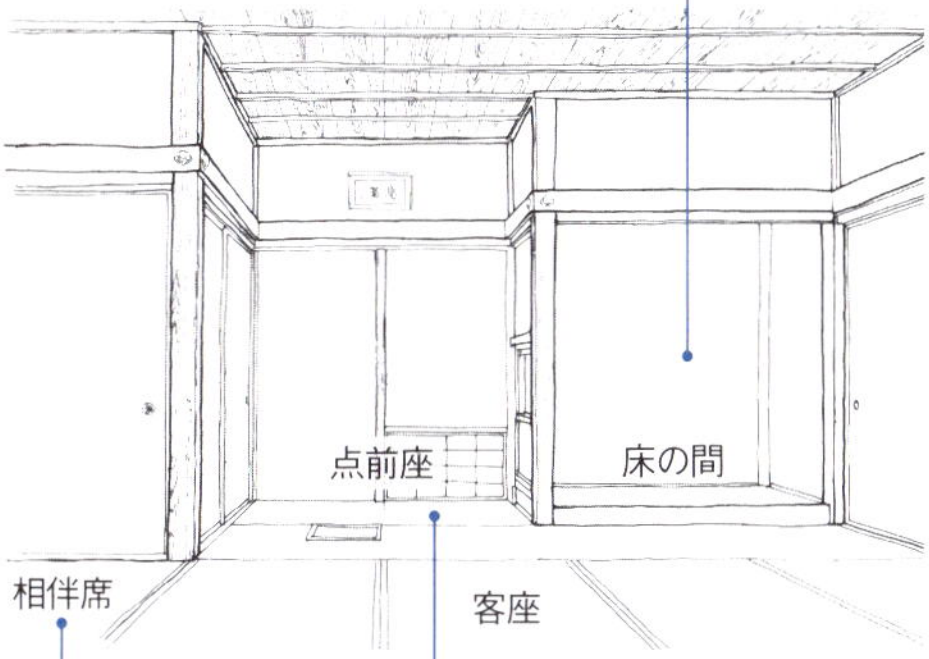
点前座
床の間
相伴席
客座

相伴席を設け、客の身分差を示す

点前座と床を並べる。点前座は背後からの明かりを受けて舞台と化し、客座からは点前の所作が演劇的に見える

見せずに魅せる茶庭

中敷居の障子で庭を隠し、灯籠・手水鉢(ちょうずばち)・飛び石のみを見せることで、露地であることを強調

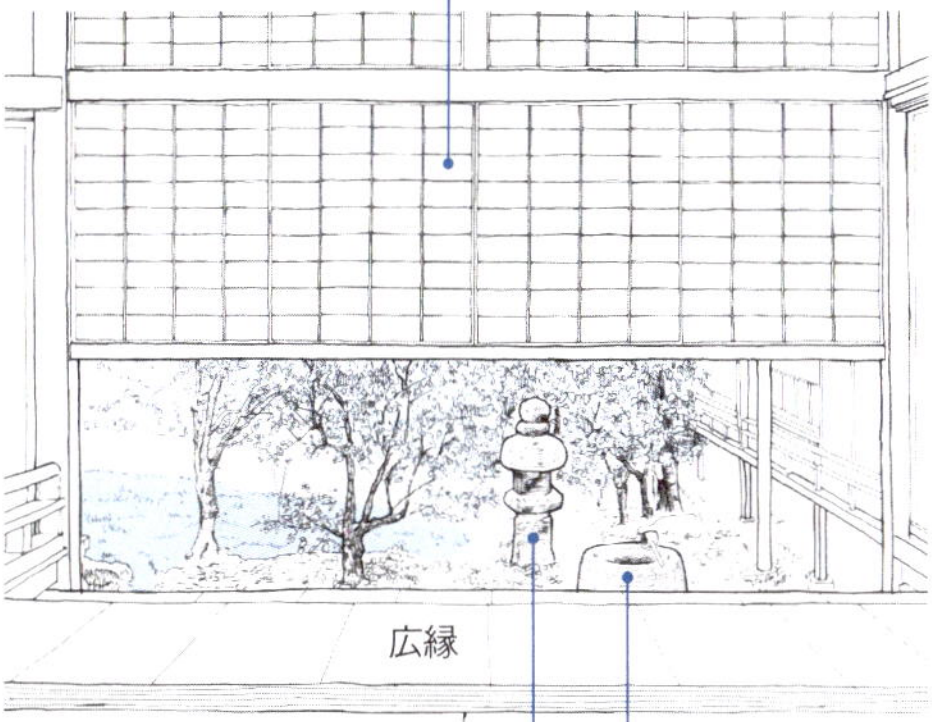
広縁

複数の灯籠の部材を寄せ集めて1基の灯籠とした「寄せ灯籠」

落ち縁から屈んで使う「露結(ろけつ)の手水鉢」

data

孤篷庵・忘筌

所在地・京都市北区大徳寺町66
行き方・JR東海道本線「京都駅」などから市バスで「大徳寺前」下車すぐ

忘筌は重要文化財。原則的に非公開だが、特別公開があることも

MEMO：1612(慶長17)年に京都・龍光院内につくられた忘筌は、1641(寛永18)年ごろ大徳寺に移築された

京都

世界遺産｜国宝

西本願寺の飛雲閣

その姿は池に漂う雲と船

「雲」と「船」、飛雲閣※1を読み解く2つのキーワードだ。

飛雲閣は、豊臣秀吉※2の邸宅・聚楽第《じゅらくだい》の遺構とも伝えられる。その名のとおり、空飛ぶ雲のような屋根は、反ったり起《むく》ったり緩やかな弧を描き、入母屋《いりもや》や寄棟《よせむね》、宝形《ほうぎょう》（方形）など複数の形式が混在する。

一方、池にせり出すように建つ姿は、さながら大きな船のよう。1階の主室・招賢殿《しょうけんでん》から、障子に映る水面のゆらぎを見れば、船内にいるかのごとく感じられる。

屋根は3層にたなびく雲

飛雲閣は3層の楼閣。各層の柿《こけら》葺き屋根は異なる形式をもち、唐破風《からはふ》や入母屋《いりもや》破風など破風も多彩（90頁参照）。屋根の複雑な曲線は水平にたなびく3層の雲のようだ

3層目は宝形屋根で、起（むく）りがついている（凸形曲面）
2層目は起りのついた寄棟屋根
初層は、向かって右に反りのついた入母屋破風、左に起りのついた唐破風を設け、立面の対称性を崩す
龍背橋
滄浪池《そうろうち》
雁木（がんぎ）を上ると、表玄関がある。池に面したこの建物には、小舟で渡るのが正式な入り方
橋も流線形

※：飛雲閣は、西本願寺（本願寺）境内の庭園・滴翠園（てきすいえん）の中にある　※2：安土桃山時代の武将

建物内外にある船のイメージ

小型の舟から大型船へ

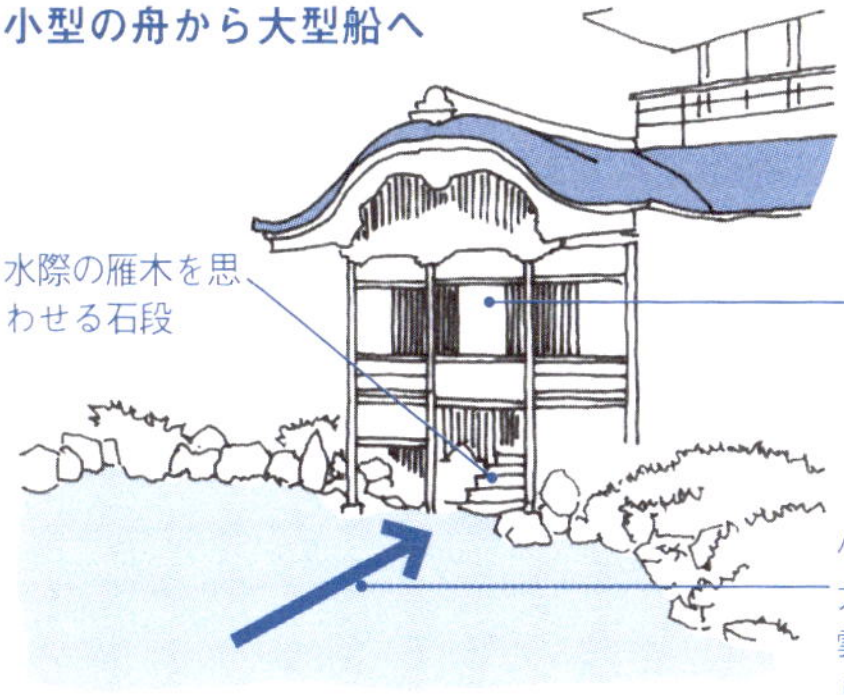
水際の雁木を思わせる石段
小舟で近づき、大きな船（飛雲閣）へと乗り換える

石段を上り、表玄関でもある舟入の間に入る。1階の床の一部が木戸になっており、左右に開けることができる

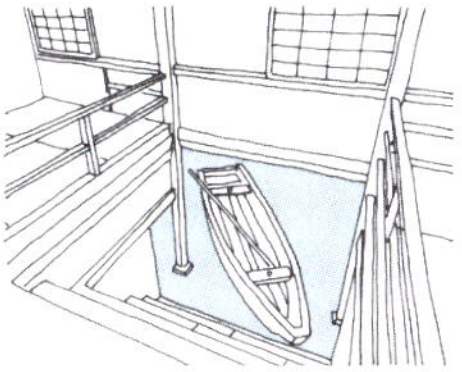

舟入の間

船室内の景が楽しめる座敷

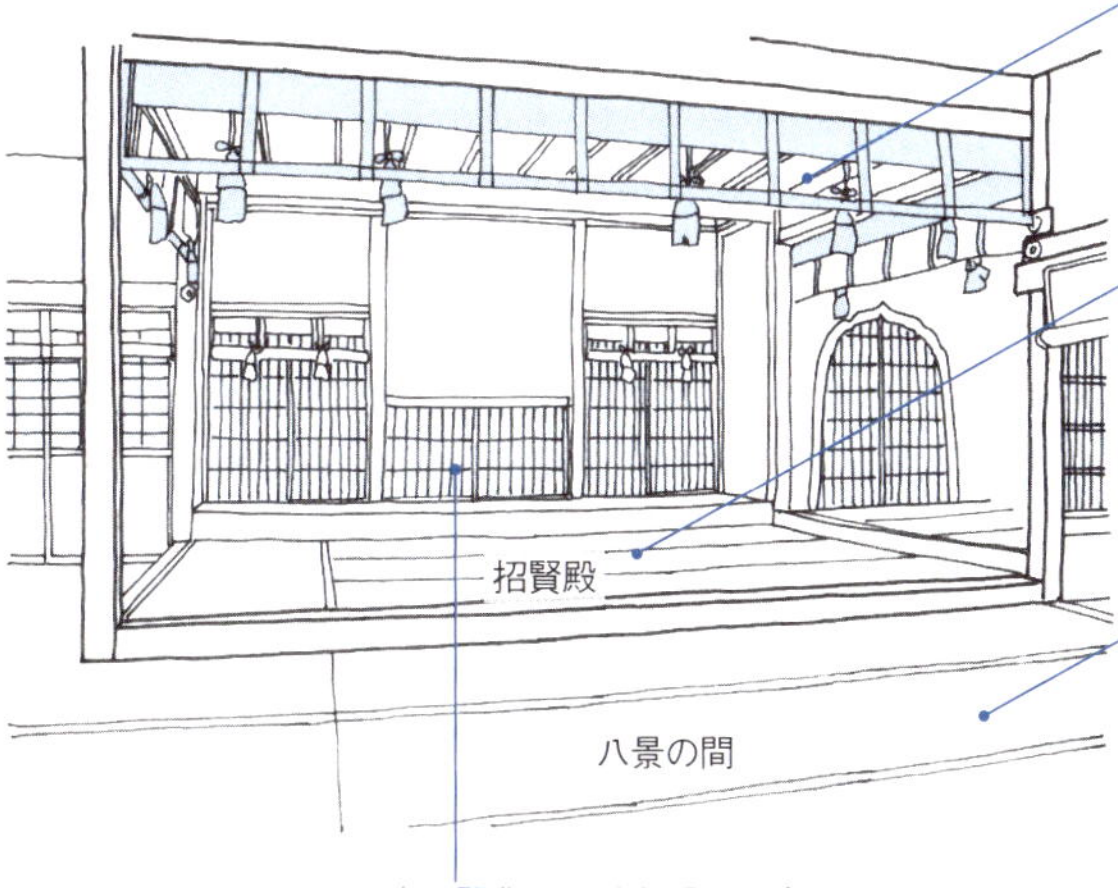
招賢殿
八景の間

障子を開けると、水面に乱反射した光が天井を明るく照らす。床が明るい一般的な座敷と異なり、船室のよう

招賢殿では、池の水に反射した光が、障子全面にゆらゆら漂い、障子の桟を消す。まるで屋形船の中にでもいるような風趣を味わう

招賢殿の手前にある八景の間には、中国洞庭湖（どうていこ）近辺の景勝を描いた水墨画がある。水面近くにいる感覚はそこでも味わう

床の間背面の壁も明かり障子としている

data

西本願寺［本願寺］

所在地・京都市下京区堀川通花屋町下ル
行き方・JR東海道線「京都駅」から市バス「西賀茂車庫行」などで「西本願寺前」下車すぐ

西本願寺は世界遺産。国宝・飛雲閣は金閣・銀閣（12頁参照）とともに京都三名閣をなす木造建築で、見学は予約制（1日2回）

親水性のある懸《かけ》造りの建物

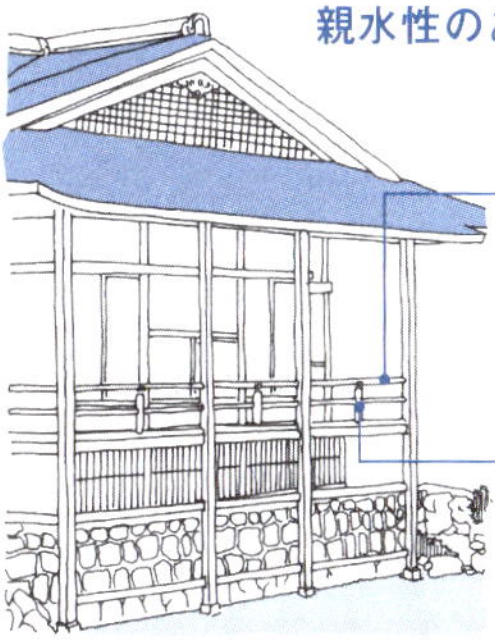

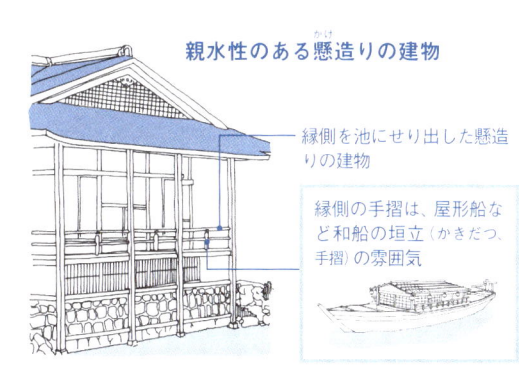

縁側を池にせり出した懸造りの建物

縁側の手摺は、屋形船など和船の垣立（かきだつ、手摺）の雰囲気

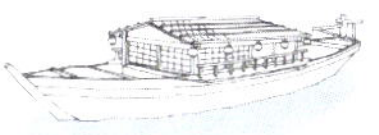

MEMO：浄土真宗の本願寺派本山（西本願寺）と大谷派本山（東本願寺）はいずれも「本願寺」という。世界遺産「古都京都の文化財」を構成するのは西本願寺

京都

境内《けいだい》の斎庭《ゆにわ》の芸が能舞台になった

世界遺産｜国宝

西本願寺の北能舞台

鎮守の森にある斎庭（祭りの庭）。清められたその場所での奉納舞いを舞台化したのが、能であり、能舞台だ。4本の柱に囲まれた舞台は、三方が開け放たれ、入母屋《いりもや》屋根がかかる。柱は境内を囲む木々を、屋根は神社の社殿を暗示する。歌舞伎などで見られる幕や書割《かきわり》、せりなどの舞台装置（150頁参照）がないのは、境内の姿を表しているからだ。能舞台の周りに敷き詰められた白い砂も、清浄な斎庭をイメージしたものだ。

鎮守の森の祭りを舞台化（能舞台の起源）

奉納の舞いが行われ、人が集まる。このような祭りの風景を建築化したものが能舞台といえる

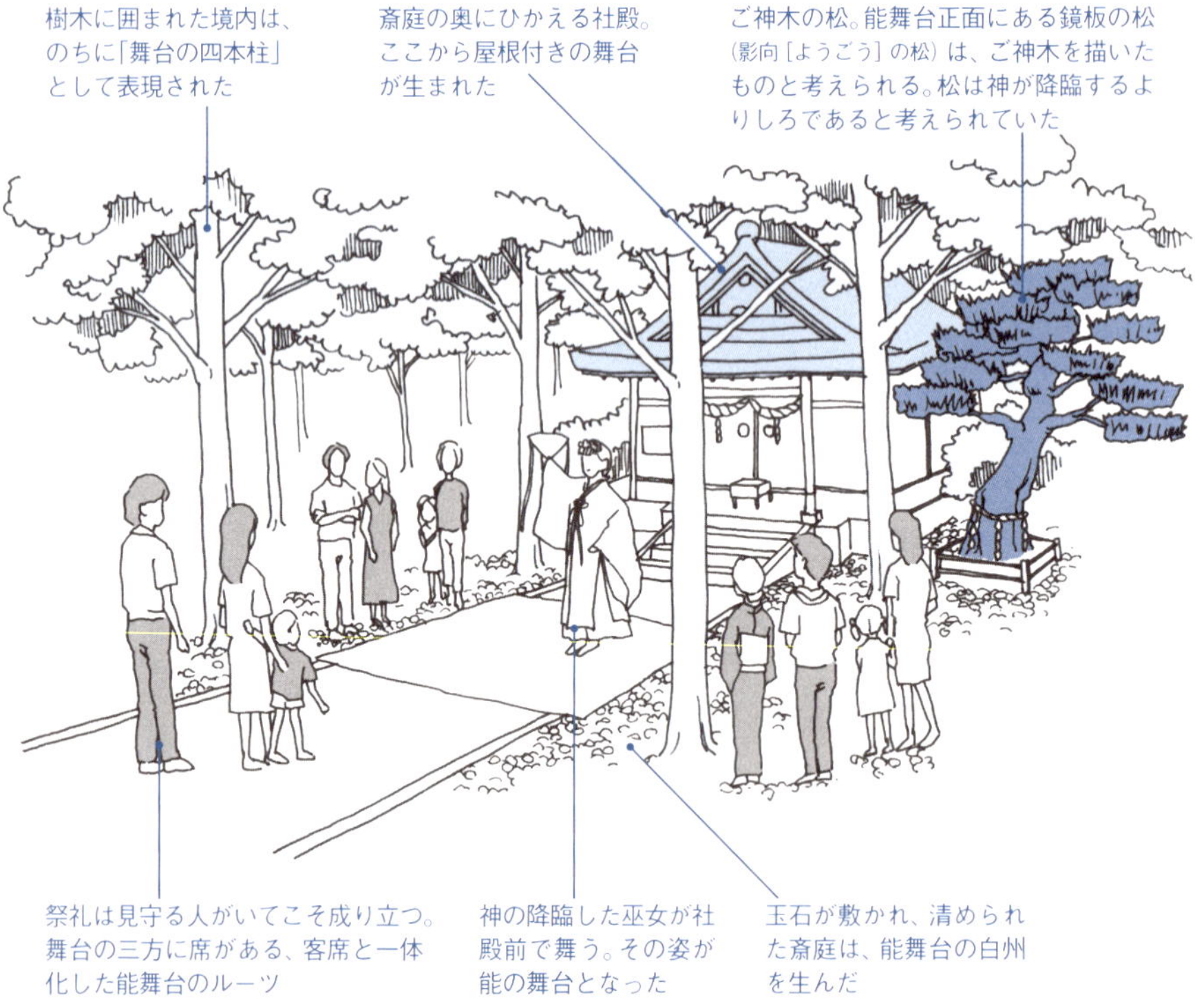
樹木に囲まれた境内は、のちに「舞台の四本柱」として表現された
斎庭の奥にひかえる社殿。ここから屋根付きの舞台が生まれた
ご神木の松。能舞台正面にある鏡板の松（影向［ようごう］の松）は、ご神木を描いたものと考えられる。松は神が降臨するよりしろであると考えられていた
祭礼は見守る人がいてこそ成り立つ。舞台の三方に席がある、客席と一体化した能舞台のルーツ
神の降臨した巫女が社殿前で舞う。その姿が能の舞台となった
玉石が敷かれ、清められた斎庭は、能舞台の白州を生んだ

※：懸魚に1581（天正9）年と書かれていたが、建築年の詳細は不明

能舞台の基本を知ろう

能舞台は、本舞台・後座《あとざ》・橋掛かり・鏡の間などからなる。日本に現存する最古の能舞台、西本願寺の北能舞台※を例に見ていこう

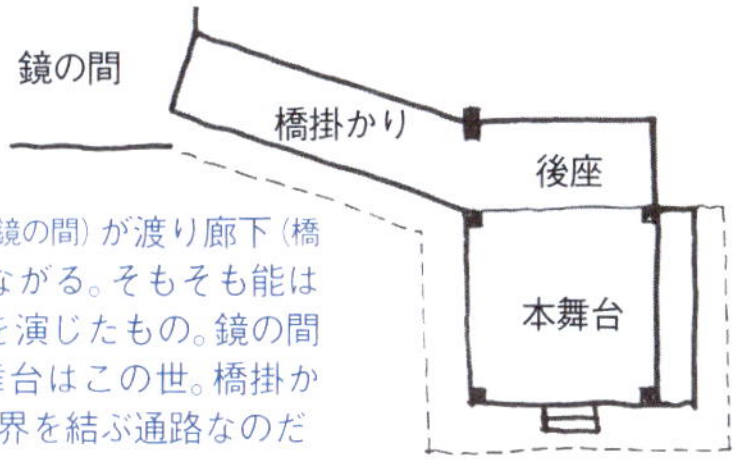
鏡の間
橋掛かり
後座
本舞台

舞台と楽屋（鏡の間）が渡り廊下（橋掛かり）でつながる。そもそも能は神のお告げを演じたもの。鏡の間はあの世、舞台はこの世。橋掛かりは2つの世界を結ぶ通路なのだ

舞台は3×3間（5.4m角）の空間

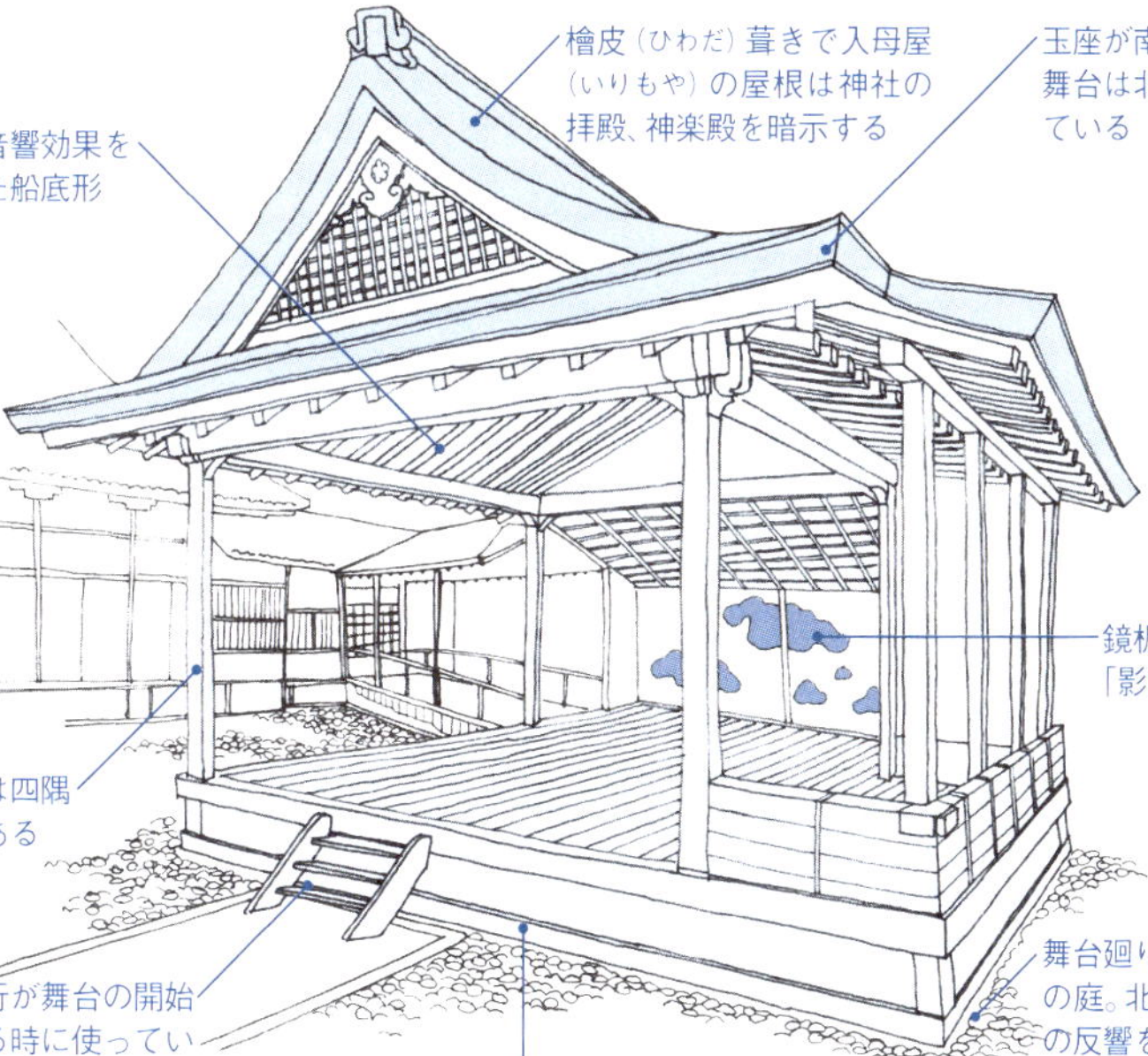
檜皮（ひわだ）葺きで入母屋（いりもや）の屋根は神社の拝殿、神楽殿を暗示する
玉座が南面するので、舞台は北向きになっている
天井は音響効果を考慮した船底形
鏡板に描かれた「影向の松」
本舞台は四隅に柱がある
舞台廻りは白州敷きの庭。北能舞台は音の反響を高めるため、鴨川の滑石（かっせき）を使用
寺社奉行が舞台の開始を告げる時に使っていた階（きざはし）。現在は使わない
舞台床下には多数の甕（かめ）が据えられ、音響効果を高める

橋掛かりはタイムトンネル

橋掛かりは舞台の左奥に掛けられる。左は神聖な場所とされ、あの世を暗示する

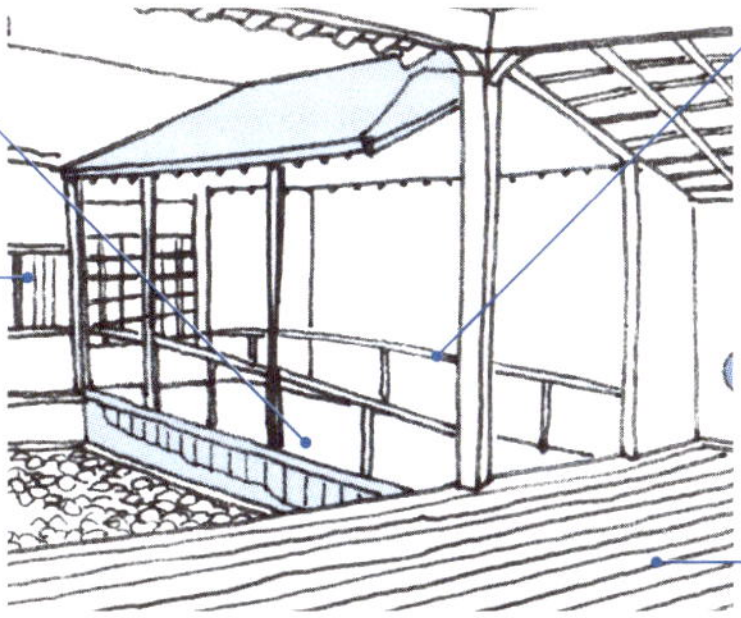
鏡の間（楽屋）はあの世
長さ7間（12.7m）、幅7尺（2.1m）。北能舞台では、舞い手の衣装がよく見えるよう、橋掛かりの手摺は簡素なつくり
舞台はこの世

data

西本願寺［本願寺］

所在地／行き方・25頁参照

北能舞台は国宝。見学は完全予約制（1日2回）

MEMO：その昔、能演者は河原者と呼ばれ、橋を渡ってやって来た。橋掛かりはその名残とも

京都

角屋《すみや》

神様の配置にはルールがある

角屋の建物は、現存するただ1つの「揚屋《あげや》」の遺構とされる※。揚屋とは今でいう料亭。芸妓を抱えず、饗宴の場を提供する。夢のような世界をつくるべく贅が尽くされた座敷は、見ごたえ十分。だがここでは、裏方ゾーンに注目したい。あちこちに祭られた神々から、商売人の切なる願いが見えてくるのだ。

一見、無秩序にも思える配置にもルールがあり、それぞれの神の領域を侵さぬよう細心の注意が払われている。

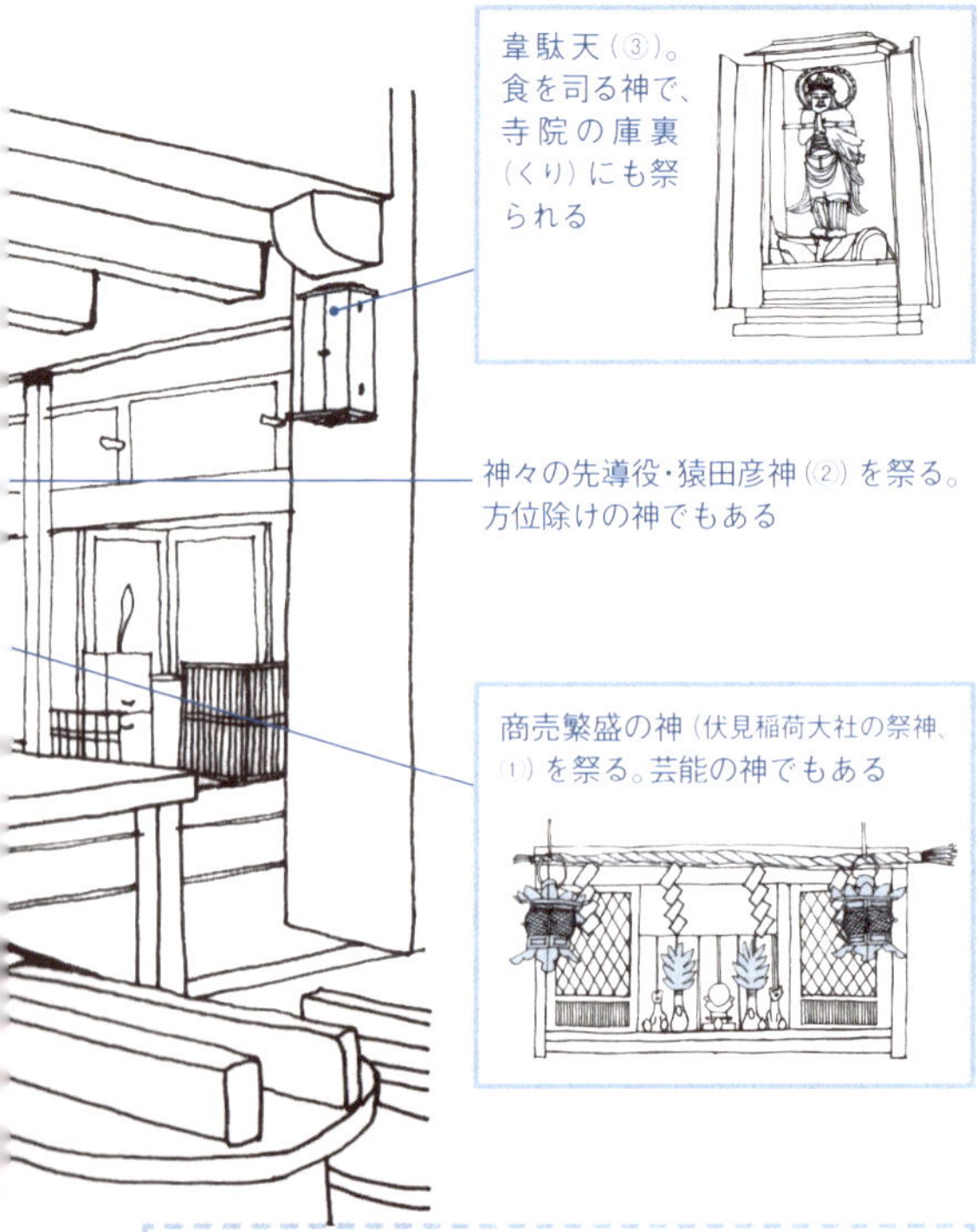
韋駄天（③）。食を司る神で、寺院の庫裏（くり）にも祭られる
神々の先導役・猿田彦神（②）を祭る。方位除けの神でもある
商売繁盛の神（伏見稲荷大社の祭神、①）を祭る。芸能の神でもある

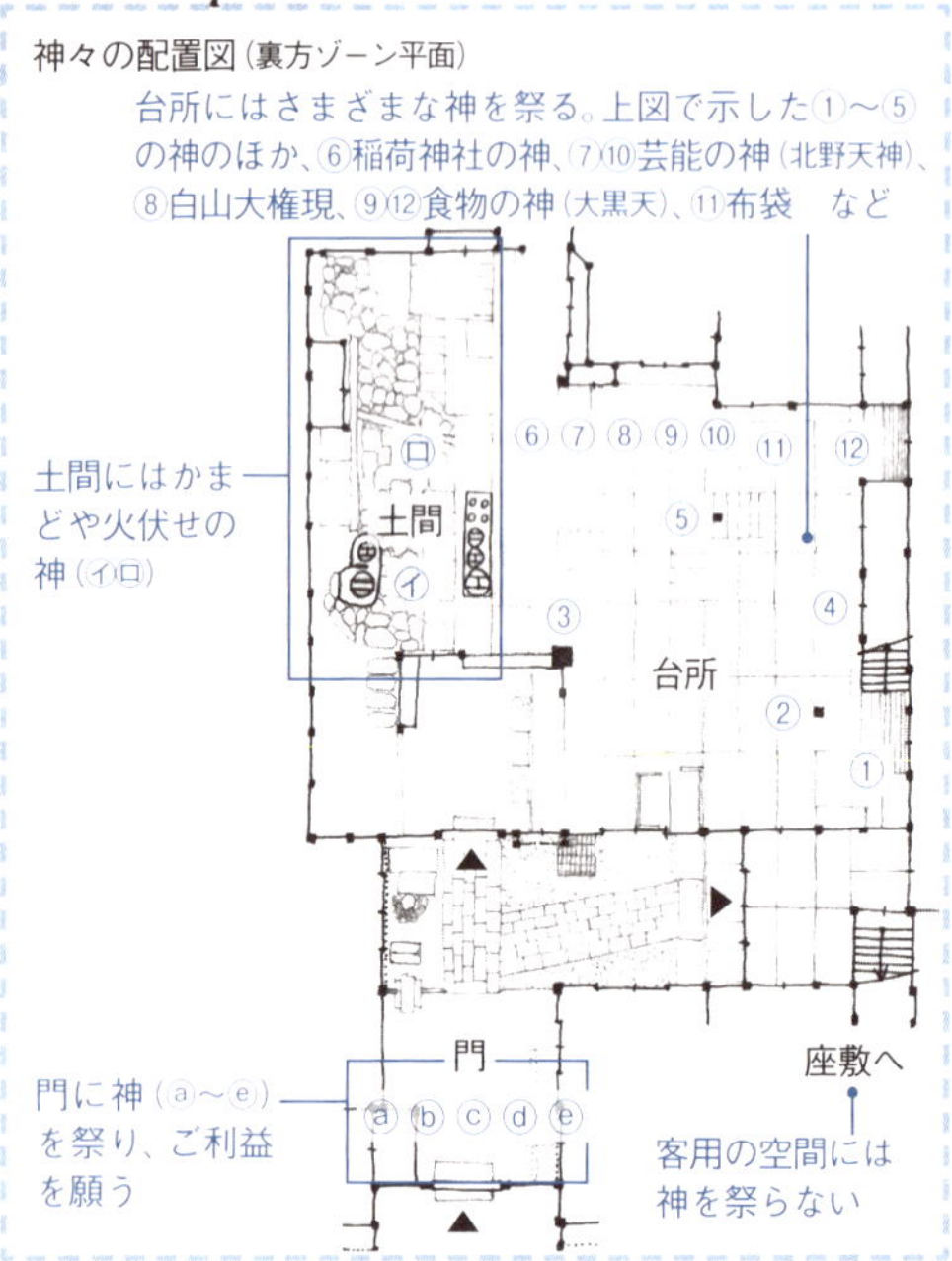
神々の配置図（裏方ゾーン平面）
台所にはさまざまな神を祭る。上図で示した①〜⑤の神のほか、⑥稲荷神社の神、⑦⑩芸能の神（北野天神）、⑧白山大権現、⑨⑫食物の神（大黒天）、⑪布袋　など
土間にはかまどや火伏せの神（イロ）
土間
台所
門に神（a〜e）を祭り、ご利益を願う
門
座敷へ
客用の空間には神を祭らない

※：1641（寛永18）年、現在地に移築

11 高密度に神を祭る裏方ゾーン

接客空間には神仏を置かないのが基本。神々は裏方ゾーンに集中している。土間には民俗信仰の自然神が、1段床が上がった台所には由緒正しき「名をもつ」神が祭られる

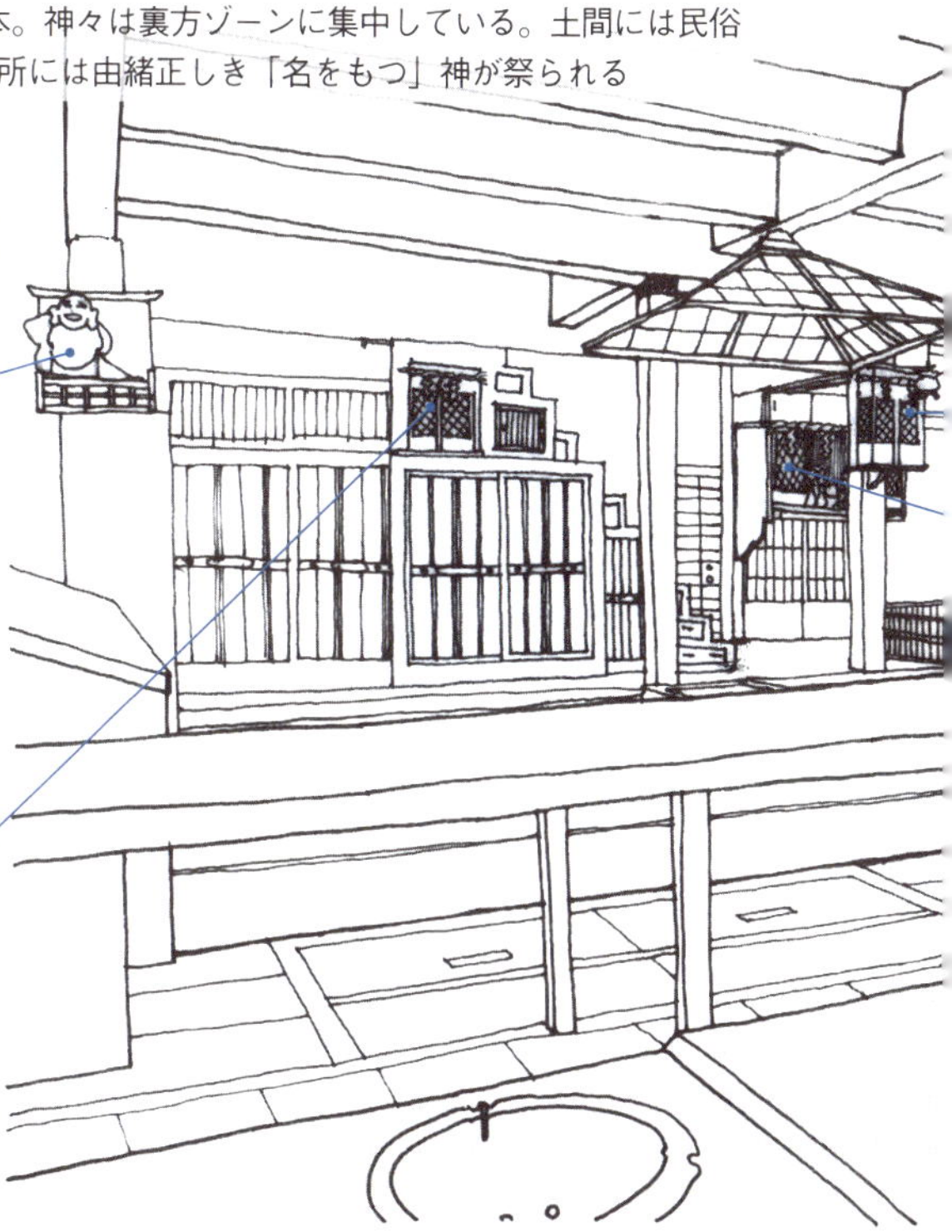

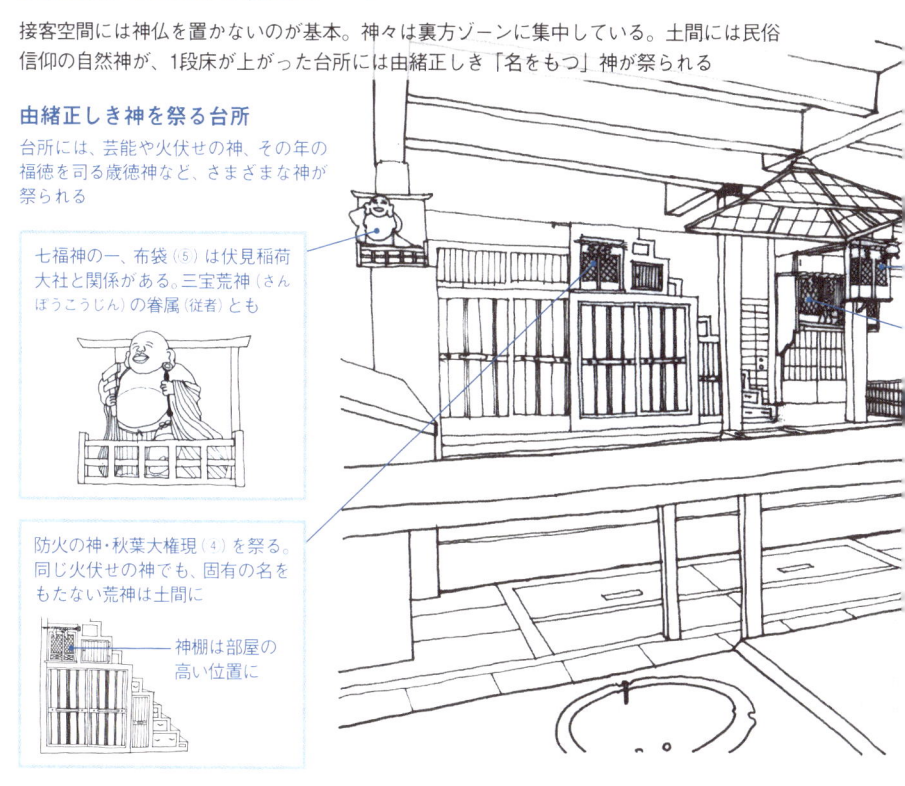

由緒正しき神を祭る台所

台所には、芸能や火伏せの神、その年の福徳を司る歳徳神など、さまざまな神が祭られる

七福神の一、布袋（⑤）は伏見稲荷大社と関係がある。三宝荒神（さんぼうこうじん）の眷属（従者）とも

防火の神・秋葉大権現（④）を祭る。同じ火伏せの神でも、固有の名をもたない荒神は土間に

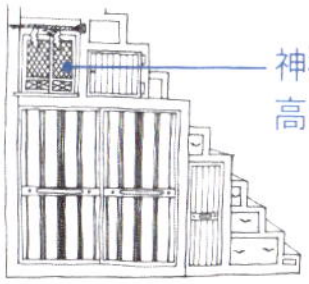

神棚は部屋の高い位置に

外部との接点・門に祭る神

門には外部から魔物や疫病が入って来ないよう神を祭る。商売に関する芸能の神を門で祭り、芸事を大切にする

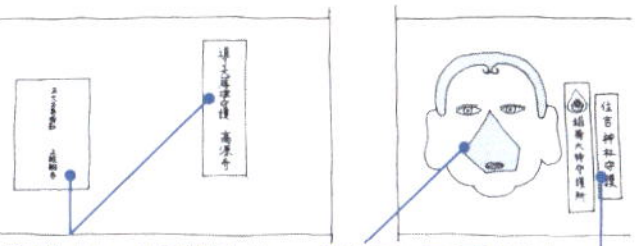

魔除け・盗難除けのご利益がある、上醍醐寺・高源寺のお札（ⓓⓔ）

芸能と厄病除けの神・魔多羅神のお面（ⓒ）

芸能の神を祭る住吉神社と稲荷神社のお札（ⓐⓑ）

土間に祭る自然神

土間には荒神（こうじん：火の神）や水神など、自然に直結したアニミズム的な神が祭られる

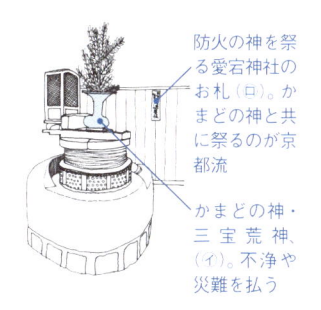

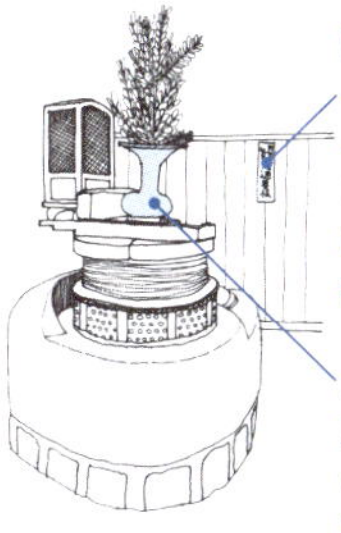

防火の神を祭る愛宕神社のお札（㋺）。かまどの神と共に祭るのが京都流

かまどの神・三宝荒神、（㋑）。不浄や災難を払う

data

角屋[角屋もてなしの文化美術館]

所在地・京都市下京区西新屋敷揚屋町32
行き方・JR山陰本線「丹波口駅」から徒歩7分

重要文化財建造物。開館期間はHPなどで要確認。台所は寺院の庫裏と同程度の広さをもつ（おもてなしのため）

注：神々の配置図は、西川孟・内藤昌著『角屋』を参考に作成し、現状確認が可能な部分については修正した

京都

藪内家《やぶのうちけ》・燕庵《えんなん》

武人好みの明るい織部茶室

暗さが特徴である利休《りきゅう》の茶室（38頁参照）。一方、暗く閉じた茶室を崩し、明るく開放したのが古田織部《ふるたおりべ》だ。織部は、窓を明かり採りに使うだけでなく、茶室の景として各所に配した。室内は、腰紙に使った反古紙《ほごがみ》※1の文字が読めるほど明るい。

武将だった織部は、相伴席《しょうばんせき》※2を設けることで、武家作法や身分差を茶室に取り入れた。武人好みといわれる織部流を、織部の作・燕庵で見てみよう。

多様な窓が「光」と「景」をつくる

1615（元和元）年ごろ織部がつくったとされる燕庵。さまざまな位置に設けた窓が景を生む、明るくくつろいだ空間だ

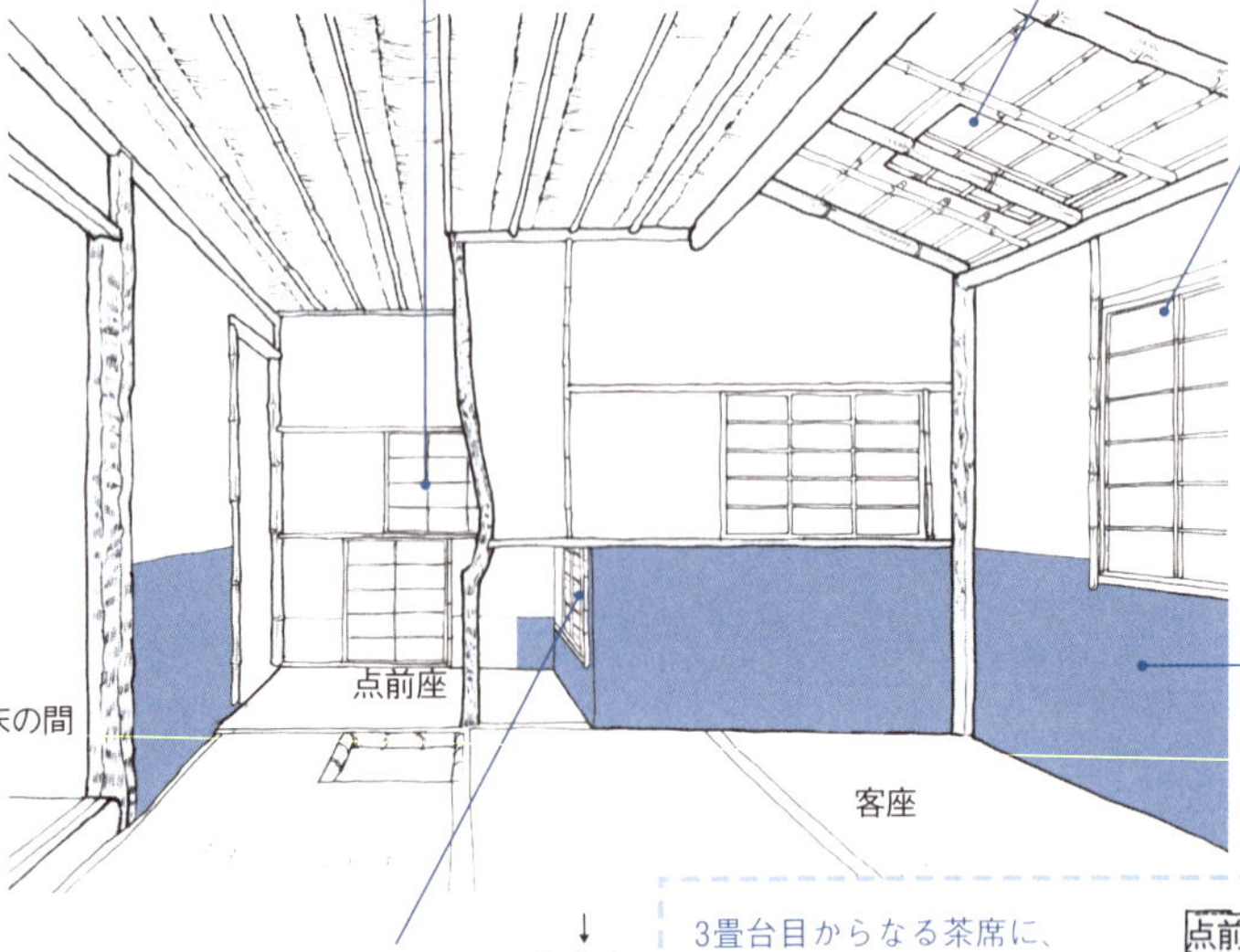
2つの窓をずらして上に連子窓、下に下地窓を重ねた色紙窓（19頁参照）は、座敷の景となる。点前座の背後に設けて、お点前を演出する効果もある
トップライトである突上げ窓からは愛宕山（京都）が見えたという。景色を制限した利休とは対照的
明るい連子窓。3畳台目の茶室には、突上げ窓を含め、計8カ所の窓がある。相伴席部分の窓を含めると計10カ所も
点前座
床の間
客座
客座廻りの腰紙は黒染めの奉書紙。下地窓の障子の白と対比の妙を楽しむ
炉の前にある風炉先窓
↓
相伴席

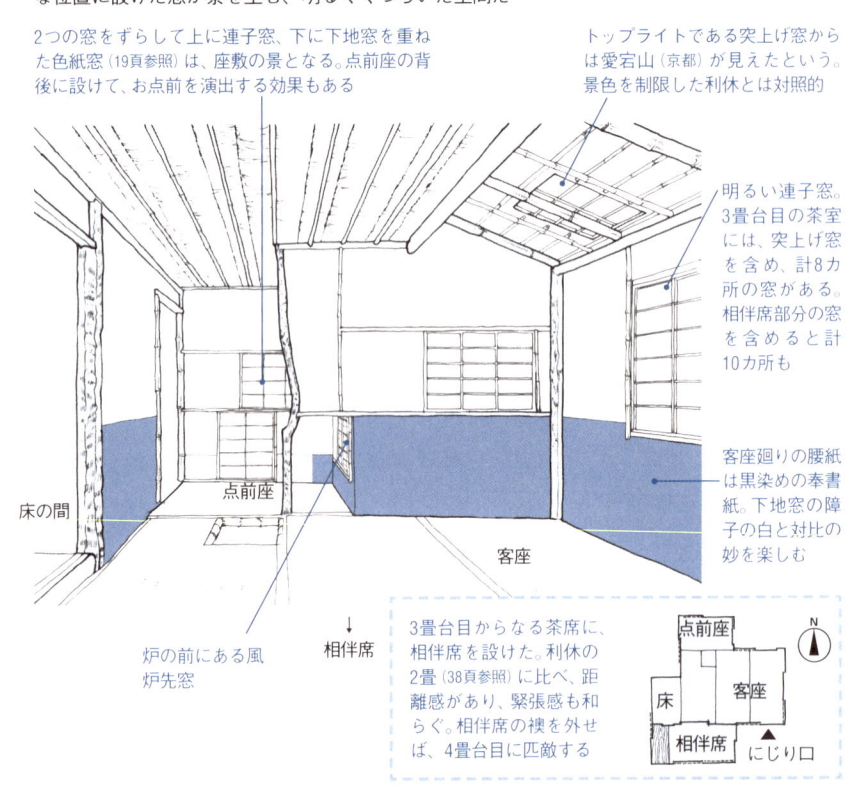

3畳台目からなる茶席に、相伴席を設けた。利休の2畳（38頁参照）に比べ、距離感があり、緊張感も和らぐ。相伴席の襖を外せば、4畳台目に匹敵する

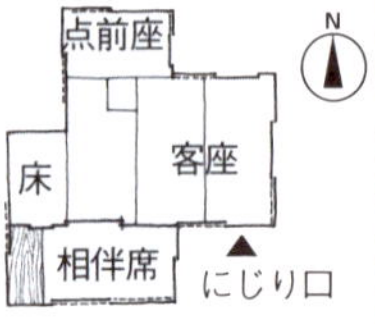
N
点前座
床
客座
相伴席
にじり口

※1：書き損じなどをして、不要になった紙　※2：次客以下、末客までの席

織部の創意にあふれた空間

空間を操る相伴席

燕庵の相伴席は、引違いの太鼓襖と欄間で仕切られる。貴人を招く際は、図のように襖と欄間を外し、相伴席の薄縁(うすべり)を取って板の間とした。本席を上段、相伴席を下段として扱える

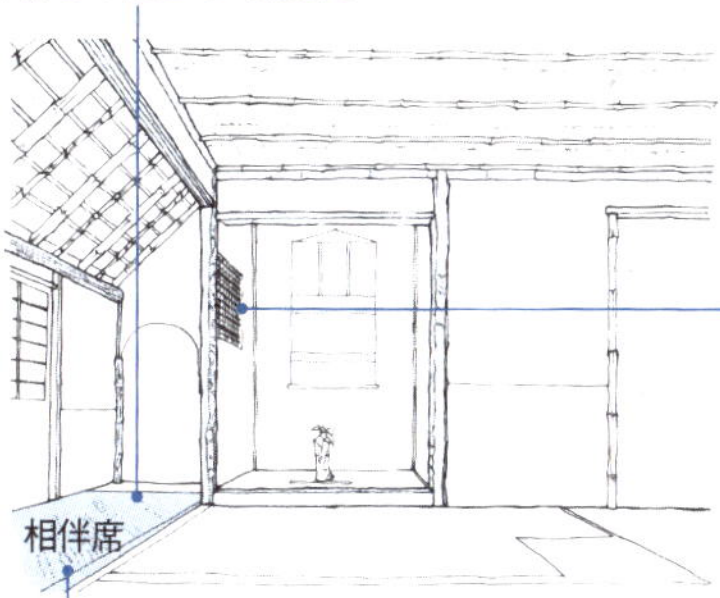

相伴席を置くことで、茶室の大きさを自由にコントロールできるようになった。固く閉ざされた利休の茶室から囲いをとり、開放した

室内の景を楽しむ工夫

燕庵の床の間にある下地窓は、光を採り入れない織部窓。木舞に折れ釘を打ち、花を飾る。景を楽しむ織部の創案だ。また、天井回り縁の下に幅8寸(24cm)ほどの化粧板を取り付け、床(とこ)と見立てた「織部床」も織部の創意による

織部窓

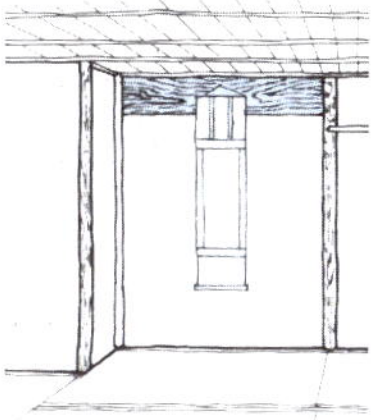
織部床

露地も景を重視する

織部灯籠。露地の景を妨げないよう、「低く居る」ことをよしとした。基礎を排し、竿石を埋め込んで、自在の高さで明かりをつくる

茶室へといざなう、露地の飛び石。利休の「渡り(歩きやすさ)6分に景4分」に対し、織部は「渡り4分に景6分」。景への配慮が強い

飛び石

織部延段《のべだん》

切石と自然石を組み合わせた延段は織部の創案

data

藪内家・燕庵

所在地・京都市下京区西洞院正面下ル　藪内家内
行き方・JR東海道本線「京都駅」から徒歩10分

原則的に非公開だが、見学会などが開かれることも

織部好み「かぶきたる」茶器

ひょうげた茶碗は織部の茶風を象徴する。ゆがみ茶碗は「へうげもの」(風変わりで奇抜なこと)を表現する

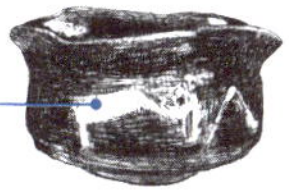
黒織部茶碗

割高台茶碗

極めて作為的につくられた割高台

水指は、膨らんだ胴に割目が生じているが、そこにおもしろさを見出した

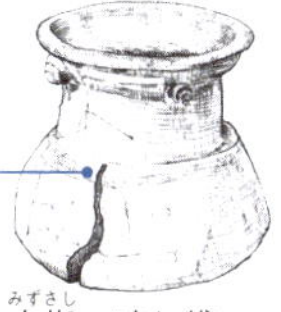
水指《みずさし》　破れ袋

MEMO：燕庵は織部が義弟の藪内家初代へ譲った茶室。焼失したが、1831(天保2)年に忠実な写しを移築し、それが現存する。武家社会に好まれ、燕庵ほど世に知れ渡った茶室はないといわれた

京都

藪内家《やぶのうち》・燕庵《えんなん》の露地

世の塵、心の穢れを祓《はら》い落とす露地

町なかから山中の庵《いおり》を訪ねる道中を体験する場が「露地」である。露地とは茶室へのアプローチ。趣ある自然に分け入る道すがら、来訪者は除々に世俗から離れ、精神を集中していく。入席までの間、心身浄化の仕掛けがいくつも施されている。灯籠《とうろう》など神社の参道にあるしつらえも多い。

明るい山辺から序々に暗い奥山への道すがらを表した三重の露地を考案したのは、燕庵（30頁参照）を作庭した古田織部《ふるたおりべ》である。

織部《おりべ》好みの露地

燕庵の露地は外露地・中露地・内露地からなる。静寂を保ちつつ、「きれいさ」や「晴れやかさ」を併せもつのが織部好みだ

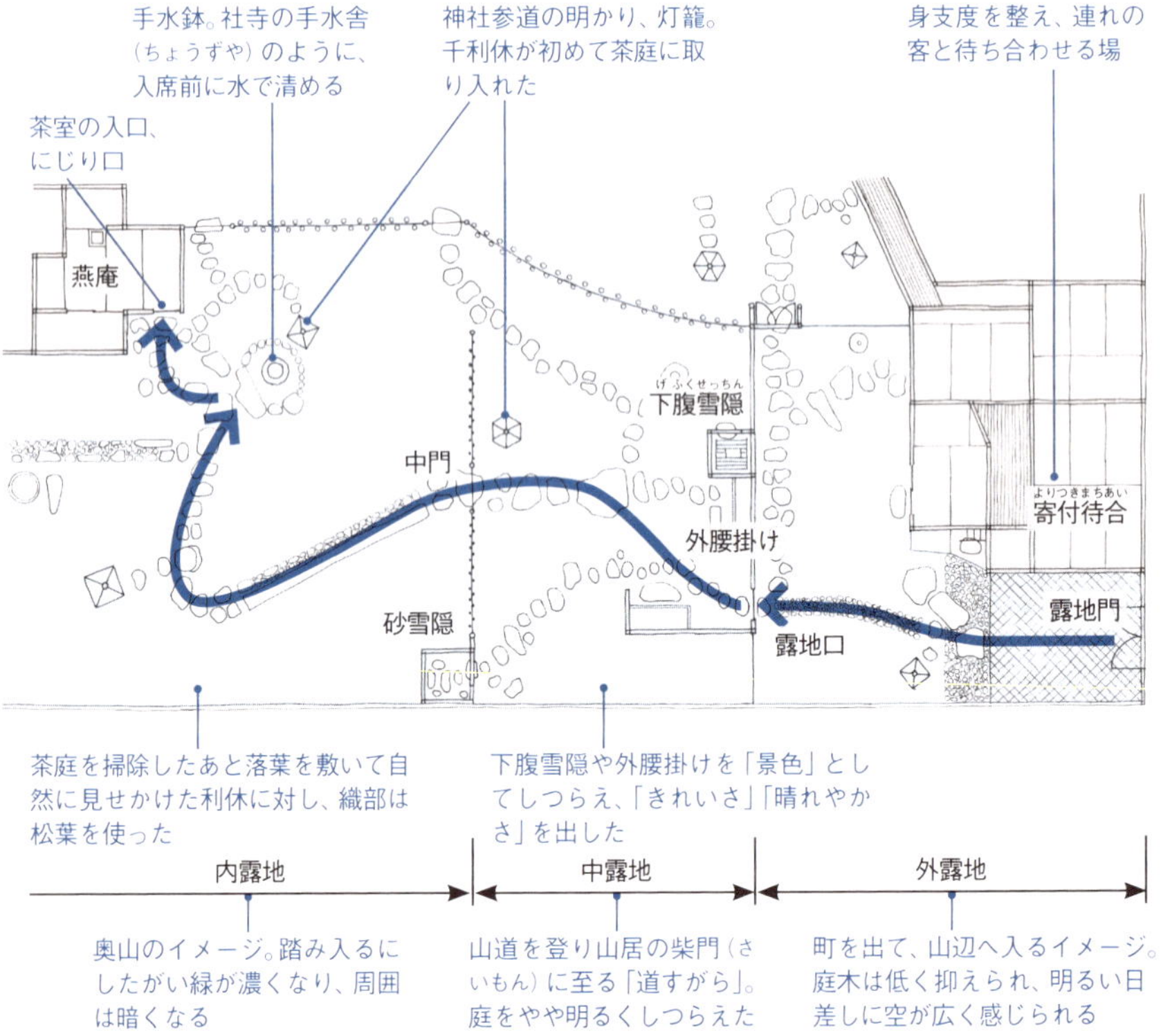
手水鉢。社寺の手水舎（ちょうずや）のように、入席前に水で清める
神社参道の明かり、灯籠。千利休が初めて茶庭に取り入れた
身支度を整え、連れの客と待ち合わせる場
茶室の入口、にじり口
燕庵
下腹雪隠《げふくせっちん》
中門
寄付待合《よりつきまちあい》
外腰掛け
露地門
砂雪隠
露地口
茶庭を掃除したあと落葉を敷いて自然に見せかけた利休に対し、織部は松葉を使った
下腹雪隠や外腰掛けを「景色」としてしつらえ、「きれいさ」「晴れやかさ」を出した
内露地
中露地
外露地
奥山のイメージ。踏み入るにしたがい緑が濃くなり、周囲は暗くなる
山道を登り山居の柴門（さいもん）に至る「道すがら」。庭をやや明るくしつらえた
町を出て、山辺へ入るイメージ。庭木は低く抑えられ、明るい日差しに空が広く感じられる

世の塵を落し、心身を清める

①外腰掛けで世俗を捨てる

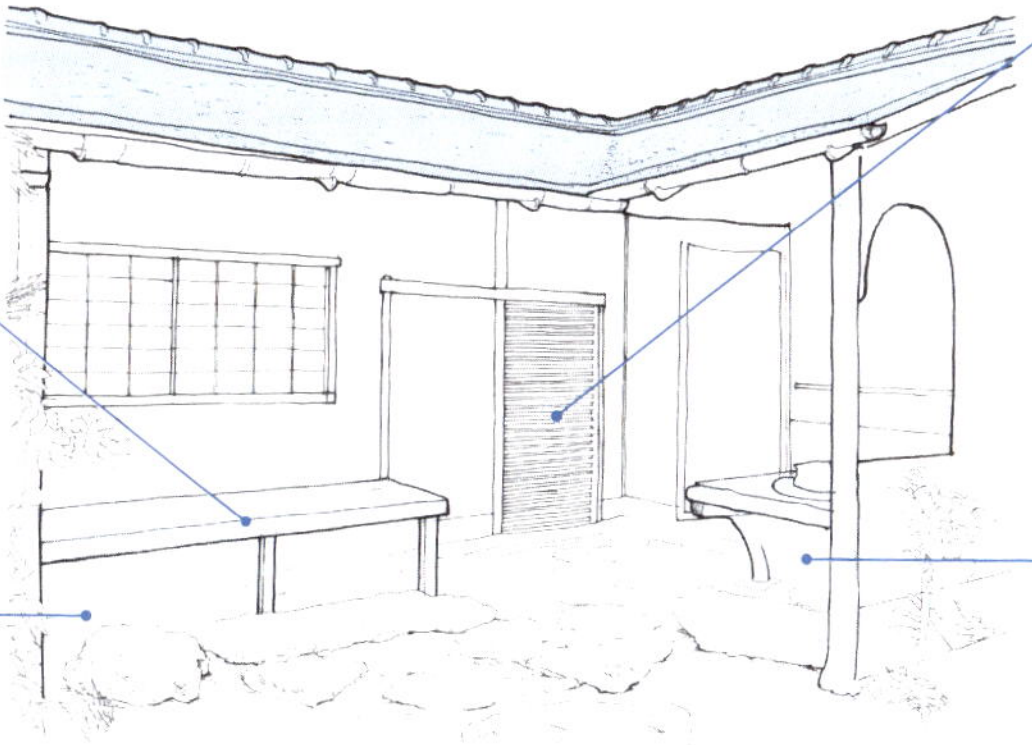
露地口を入った所に設けられる外腰掛けは、客が待ち合わせる場であり亭主の迎付（むかえつけ）を待つ場でもあることから、待合（まちあい）とも称される
亭主の気配が客に伝わるところ。茶の題目にしたがい、心構えをする
相伴用
（30頁参照）
貴人用。貴人に対して特別な場を設けることを、利休はしなかった

②下腹雪隠で体を清める

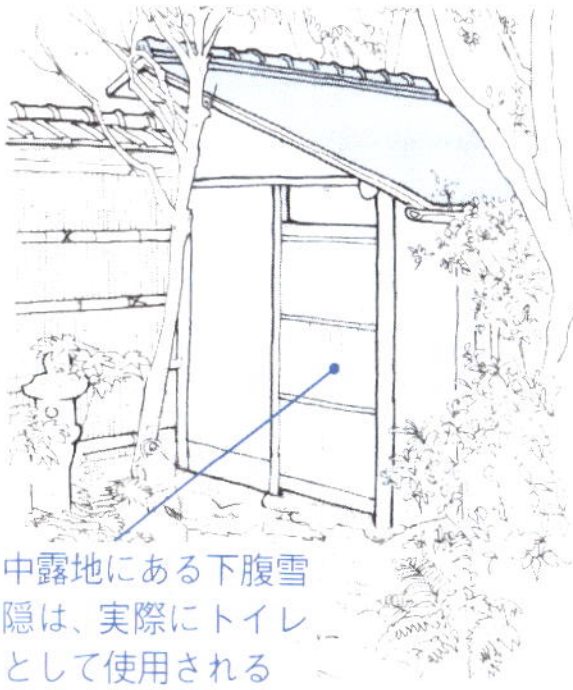
中露地にある下腹雪隠は、実際にトイレとして使用される

③砂雪隠で精神を清める

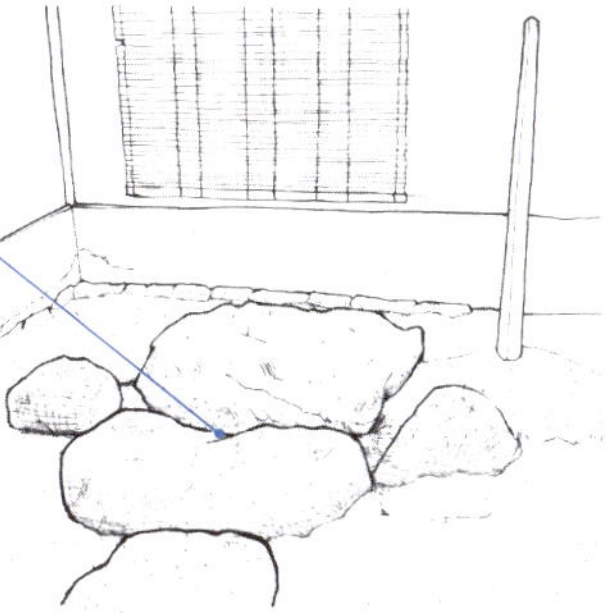
内露地にある砂雪隠は、形式上のトイレ。ここで心の塵を落とす

④最後に手水《ちょうず》鉢《はち》で手を清める

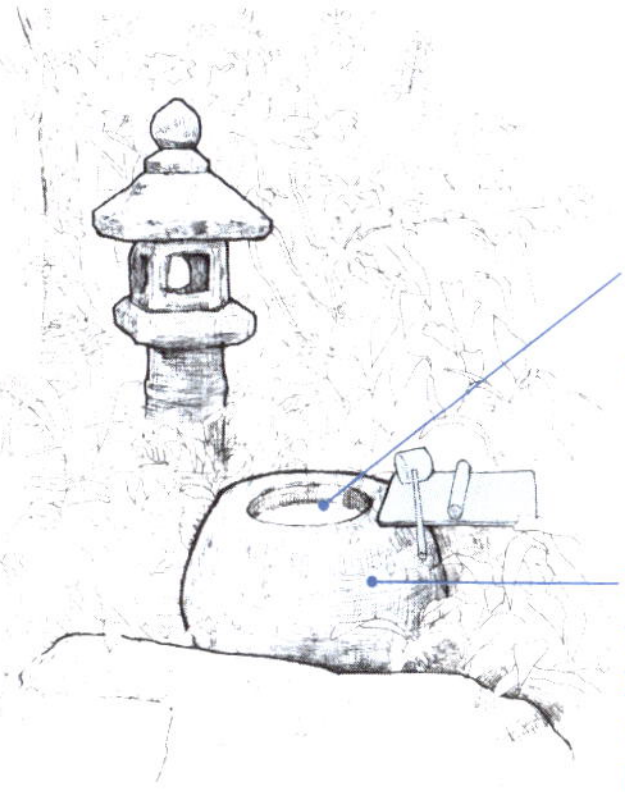
何をするにも手を使う。そのため最後に清めるのは手である
茶室前にある手水鉢。清浄境にある、最も重要な仕掛けだ。腰を屈めて手を清め、口をすすぐ

景を楽しむ一面も

織部好みの延段（のべだん、石畳）は内露地の見せ場。客を誘導するという実用を備えつつ、大胆で華やかな景観をつくる

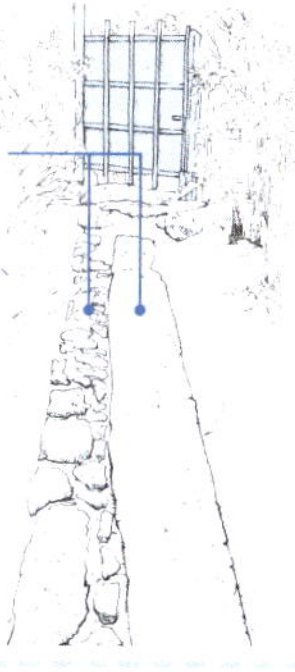
自然石のみで構成した利休に対し、織部は切石と組み合わせ、晴れやかさをつくった

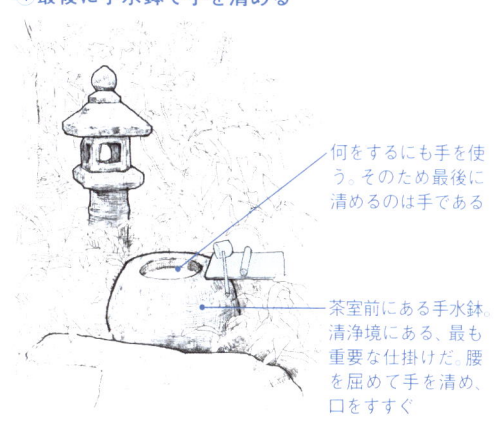

MEMO：古田織部は、千利休と同様に花木を植えなかったが、ビワなど果樹を1本許容し、ソテツやシュロなどを好んだという

聖なるものへと近づく仕掛け

手水《ちょうず》・灯籠など、露地には神社参道からの転用物が多い。いくつか設けられた門を鳥居と見立てると、聖なるものへ近づく道具立てが見えてくる

①露地口を潜る

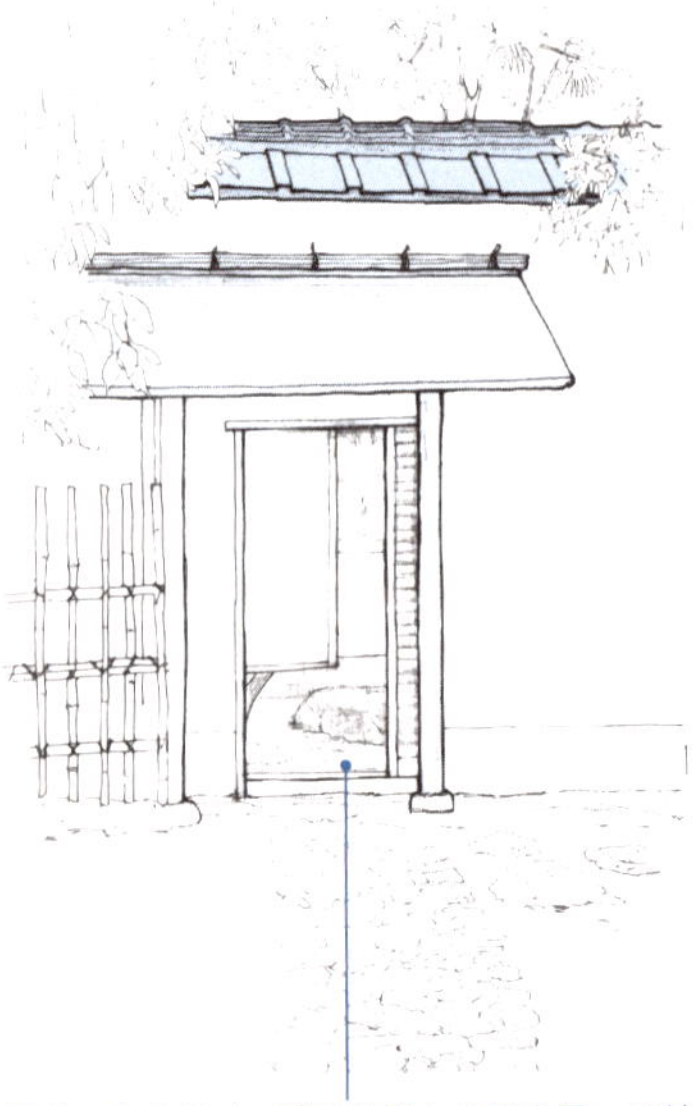

露地口をはじめ、門は外界から別世界への結界となる

②中門を潜って内露地へ

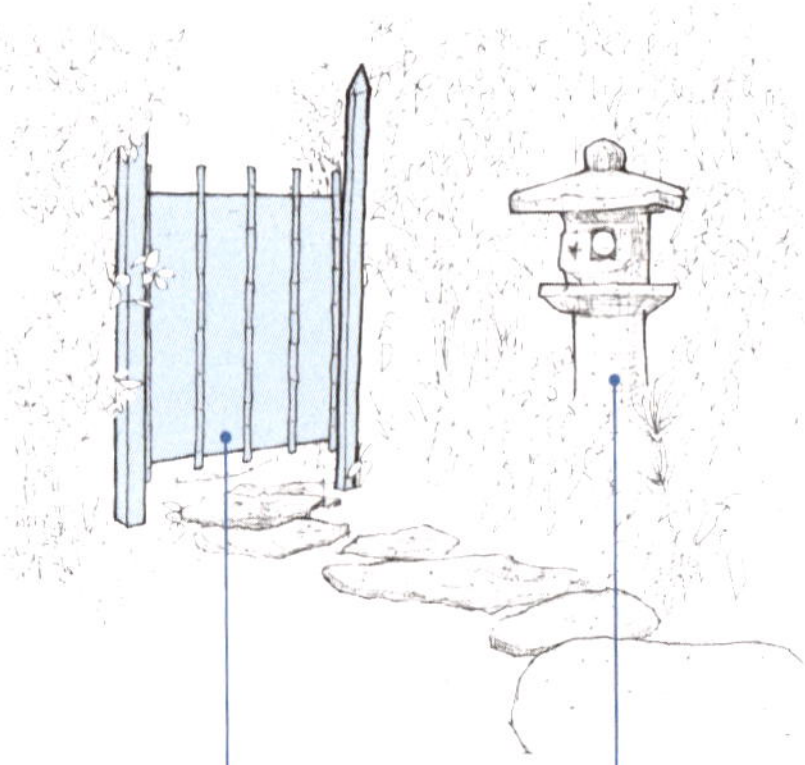

中門は、中露地と幽玄の趣を含む内露地とを分ける門

参道にあるような「灯籠」が客を誘導する

③にじり口から茶席へ

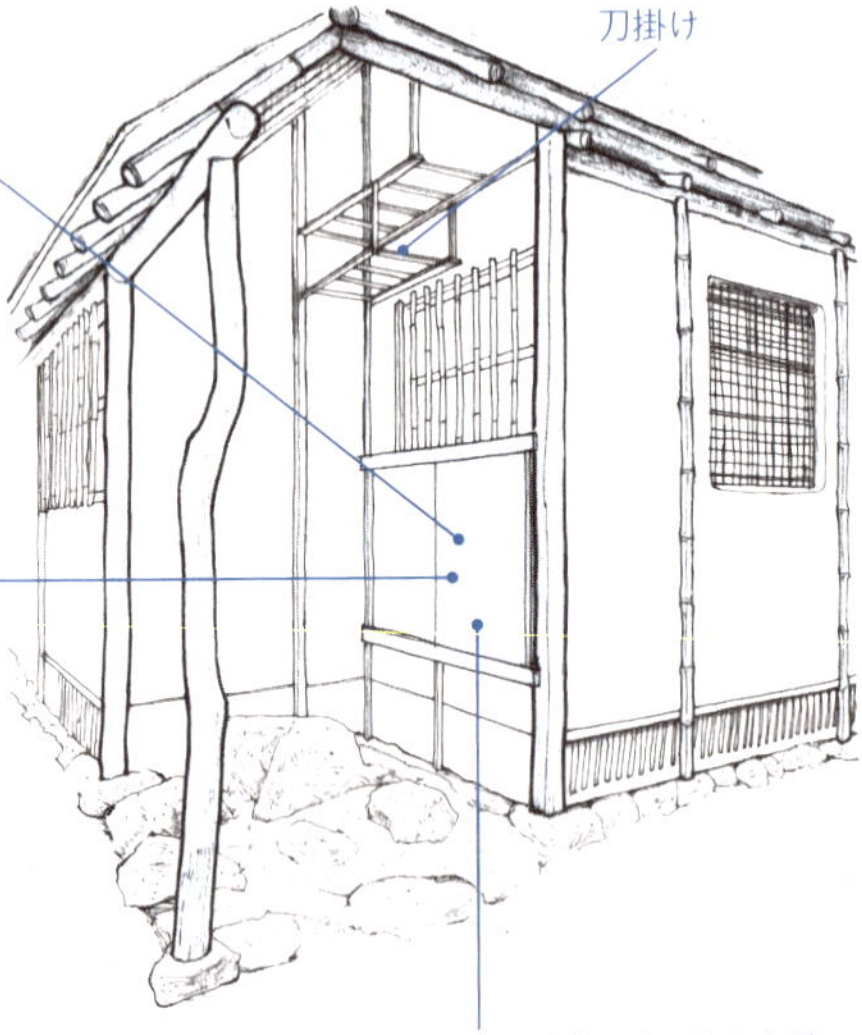

にじり口上にある刀掛け

公家は冠を除し、武士は刀を外し、身体ひとつでにじり口を潜る。屈むことにより胎児のように真新しい気持ちになる

進むにつれ、潜る「門」は小さくなる。これは参道の鳥居と同じ

大・中・小の関門を潜るに従い、浮世の塵・穢れを祓い、心の内にある、欲・妬み・不平をそぎ落として入席する

data

藪内家・燕庵

所在地・行き方・31頁参照

建物は、木造茅葺き入母屋造り。重要文化財。庭園は国指定名勝

世界遺産｜国宝

京都

平等院鳳凰《ほうおう》堂

光が映し出す極楽浄土の世界

平安時代後期の貴族たちは、悟りを得られない時代が到来するという末法《まっぽう》思想に怯えていた。そんなころ、浄土への往生を願い、西方にあるといわれる極楽浄土の楼閣をイメージして建てられたのが、宇治の平等院鳳凰堂※である。

阿字池《あじいけ》に浮かぶように建つ鳳凰堂は、まるで浄土世界そのもの。堂内に入り、ほぼ東向きに安置された阿弥陀如来（西方極楽浄土に存在する仏）に対面した参拝者は、ここで西方の浄土と巡り合うことになるのだ。

この世の極楽浄土

西方にあるという極楽浄土を具現化した平等院鳳凰堂。極楽浄土は、水上の大地に木々が生い茂り、楼閣が建ち並ぶ。その楼閣には蓮華の台座があり、阿弥陀如来が座するとされる

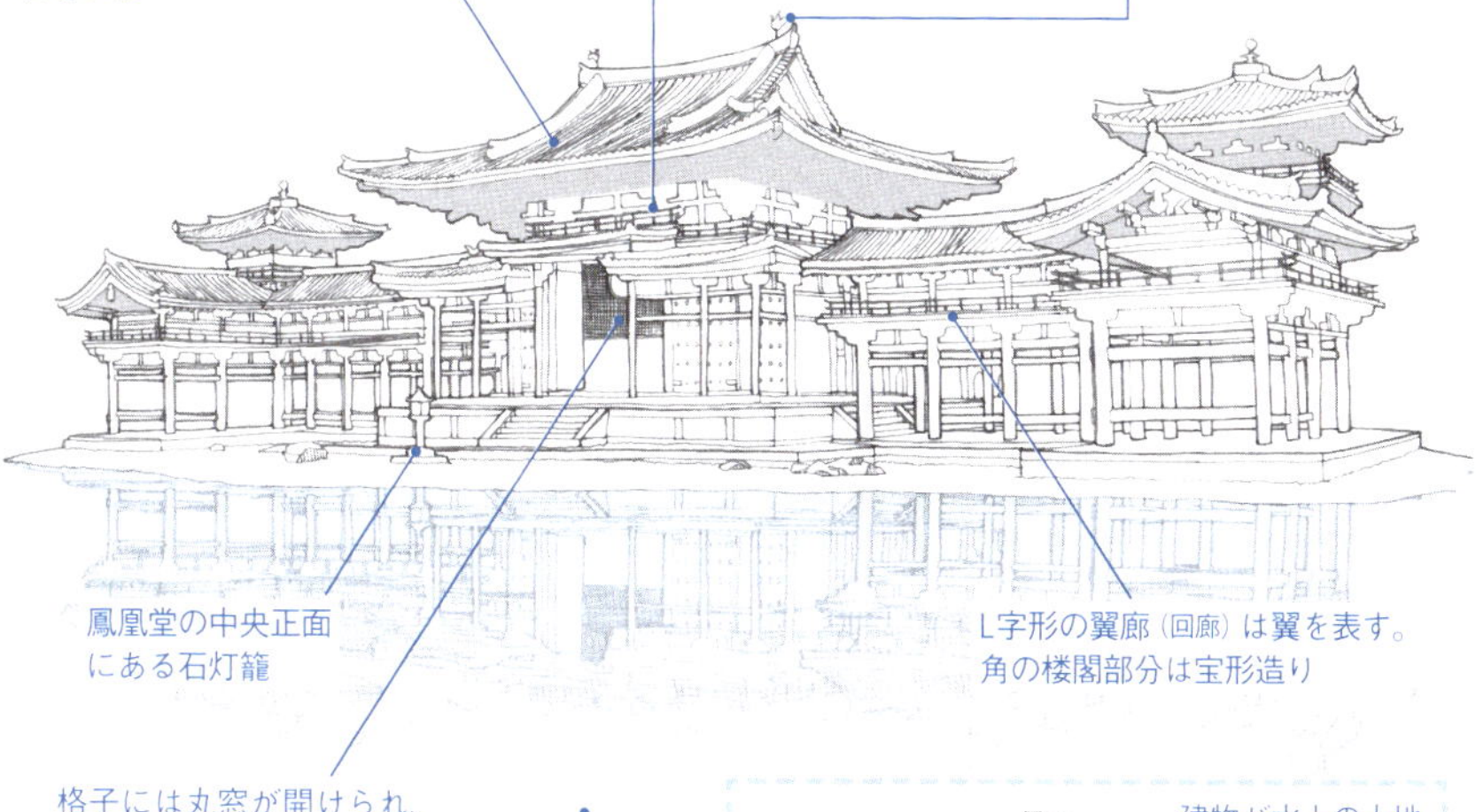
建物は鳳凰が翼を広げたようなかたち。鳳凰の頭と体に当たる「中堂」と左右の「翼廊」、尾の部分である「尾廊」は中堂の後ろに伸びる。それぞれ縁が切れている
中堂は入母屋（いりもや）造り。裳階（もこし）の上に欄干があり、2階建てのように見える
西の空から飛来し、舞い降りたかのような鳳凰像
鳳凰堂の中央正面にある石灯籠
L字形の翼廊（回廊）は翼を表す。角の楼閣部分は宝形造り
格子には丸窓が開けられ、池を挟んで反対側から阿弥陀如来像を拝顔できる
阿字池は、浄土にある清らかな水を表す

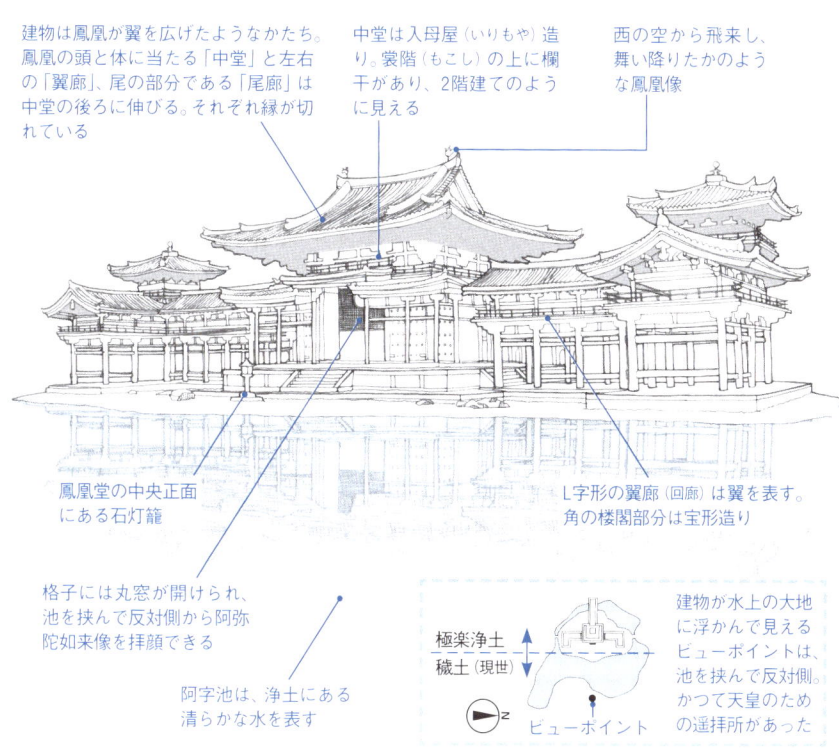

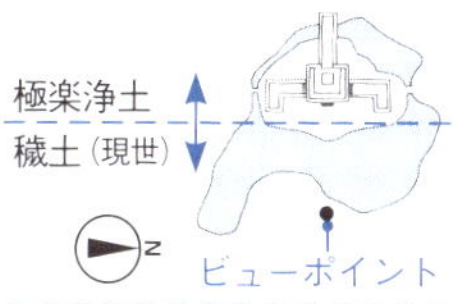
極楽浄土
穢土（現世）
ビューポイント

建物が水上の大地に浮かんで見えるビューポイントは、池を挟んで反対側。かつて天皇のための遥拝所があった

※：平等院鳳凰堂は、藤原道長の子、頼道が父の別荘を寺として創建した（1053［永承8］年）

金色に輝く阿弥陀堂

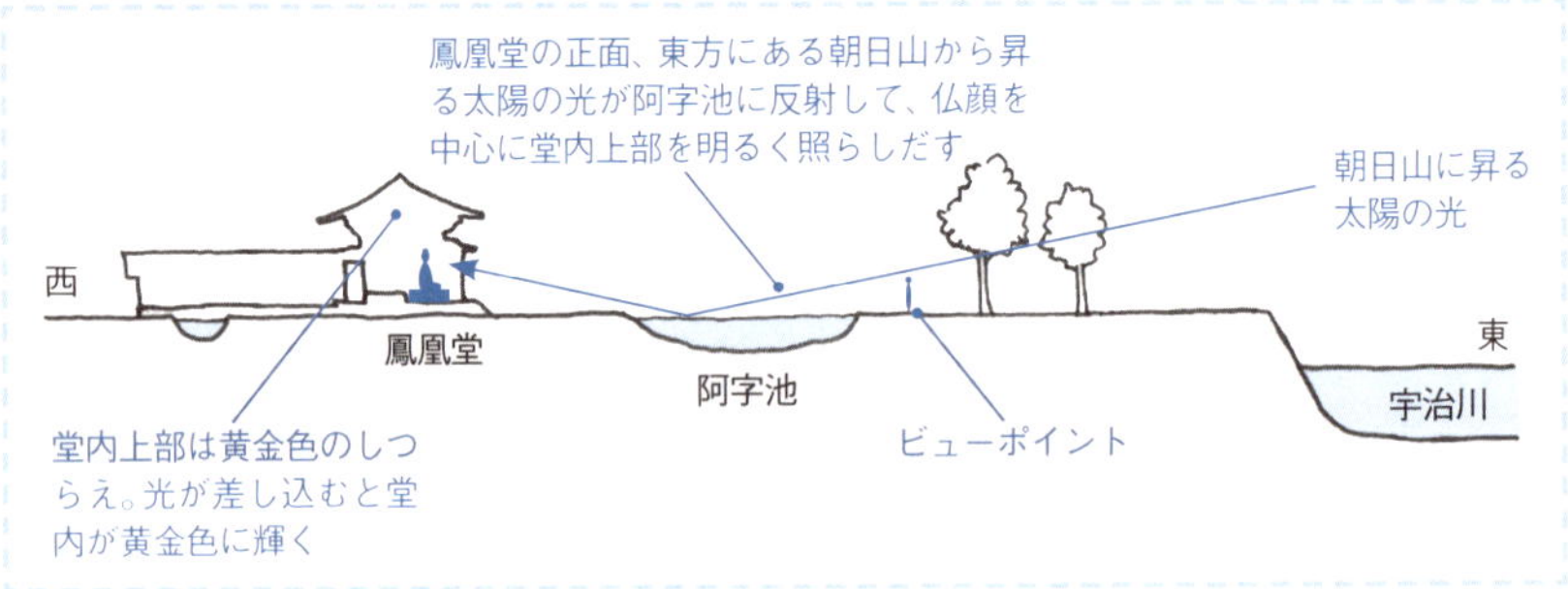
鳳凰堂の正面、東方にある朝日山から昇る太陽の光が阿字池に反射して、仏顔を中心に堂内上部を明るく照らしだす
朝日山に昇る太陽の光
西
東
鳳凰堂
阿字池
宇治川
ビューポイント
堂内上部は黄金色のしつらえ。光が差し込むと堂内が黄金色に輝く

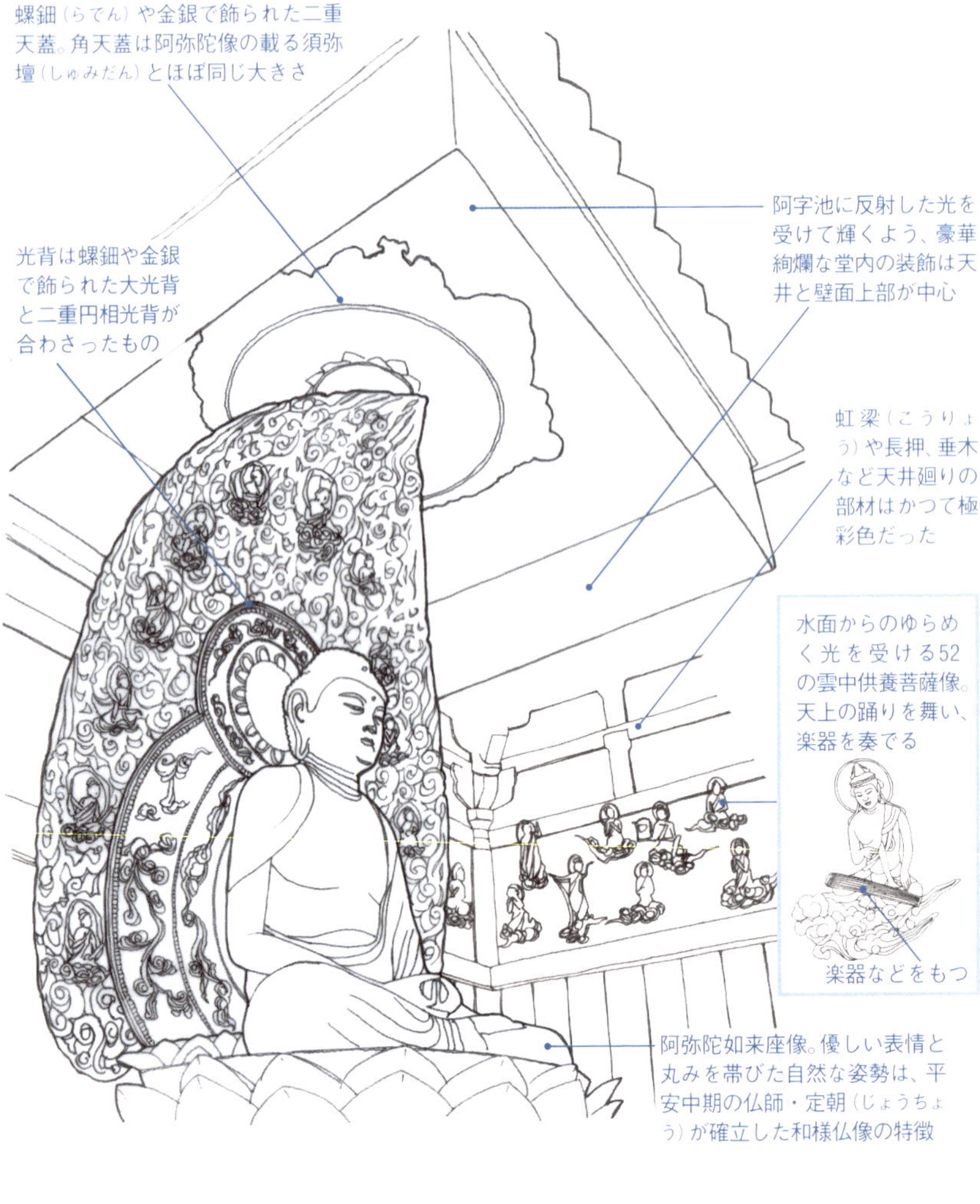
螺鈿（らでん）や金銀で飾られた二重天蓋。角天蓋は阿弥陀像の載る須弥壇（しゅみだん）とほぼ同じ大きさ
阿字池に反射した光を受けて輝くよう、豪華絢爛な堂内の装飾は天井と壁面上部が中心
光背は螺鈿や金銀で飾られた大光背と二重円相光背が合わさったもの
虹梁（こうりょう）や長押、垂木など天井廻りの部材はかつて極彩色だった
水面からのゆらめく光を受ける52の雲中供養菩薩像。天上の踊りを舞い、楽器を奏でる
楽器などをもつ
阿弥陀如来座像。優しい表情と丸みを帯びた自然な姿勢は、平安中期の仏師・定朝（じょうちょう）が確立した和様仏像の特徴

14 想像のなかに極楽浄土を見る

浄土の世界を思い浮かべる16種の瞑想法により、浄土に生まれることができるという（十六観）。極楽浄土を具現化した鳳凰堂の見方を紹介する

日没を見て浄土を思う ── 日想観

辺りが暗くなると、建物の細部は見えなくなり、背後から差す夕日でシルエットが浮かび上がる。浄土にいる鳳凰が今にも飛び立つ姿だ

水を見て浄土を思う ── 水想観

水面に映る「逆さの鳳凰堂」を蓮の花、「逆さの石灯籠」を茎とみなせば、極楽浄土の載る蓮台に変化する

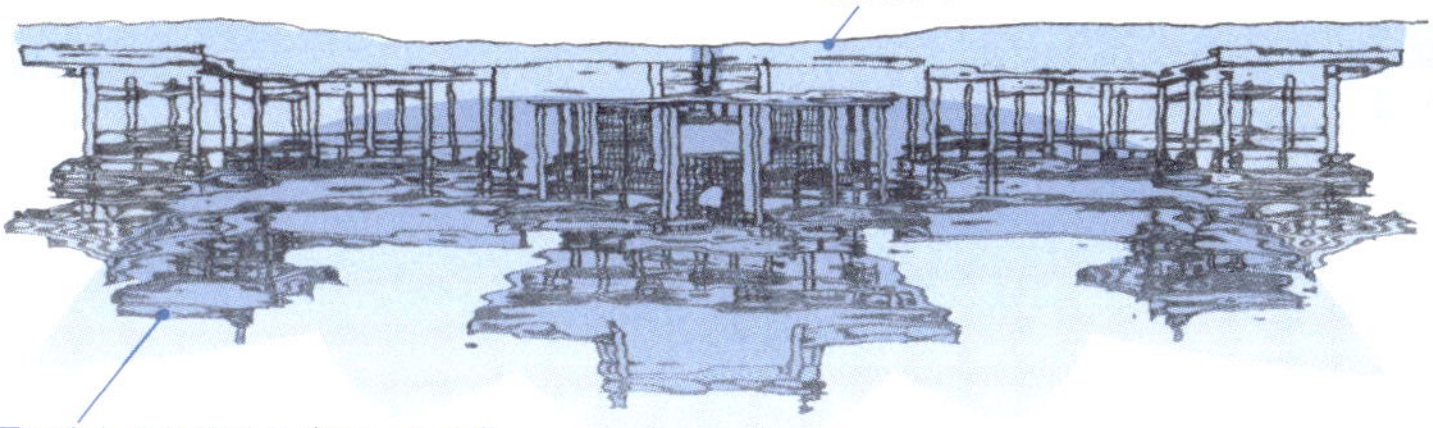

水面にゆらゆらゆれる姿は、この世のものとは思えない美しさ

浄土を思わせる道具立て

浄土に生い茂る宝樹を望む（宝樹観）

浄土の大地を望む（地想観）

浄土に数多くあるという楼閣を望む（宝楼観）

data

平等院鳳凰堂

所在地・京都府宇治市宇治蓮華116
行き方・JR奈良線「宇治駅」または京阪「京阪宇治駅」下車、徒歩10分

平等院は世界遺産。鳳凰堂と阿弥陀如来座像は国宝。内部の拝観は20分ごとに1回50名まで

阿弥陀如来の姿を望む（真身観）

阿弥陀如来の蓮華座を望む（華座観）

MEMO：阿弥陀如来が西方極楽浄土の教主であるのに対し、薬師如来は東方瑠璃光浄土の教主

京都

利休の侘び茶は暗さにあり

国宝

妙喜庵《みょうきあん》の待庵《たいあん》

茶室に見られる「にじり口」と「下地窓」は、安土桃山時代の茶人・千利休の創案。土壁を塗り回した室内は、出入口を障子戸ではなく小さな板戸（にじり口）にすることで、暗さを保っている。そこに下地窓を設け、必要なところだけに適度な光を採り入れた。

暗さの中で思索にふけることで、人の内面と向き合う「侘び茶」※1。千利休がつくった待庵※2を暗さと光で読み解いて、侘びの世界にひたってみよう。

「黒」が暗さのキーワード

1582（天正10）年に利休がつくったとされる待庵は、2畳という究極の狭さ。四方を壁で囲われた小空間は、限られた開口部しかなく、暗い。黒ずんだ土壁など、暗さを引き立てる仕掛けにあふれている

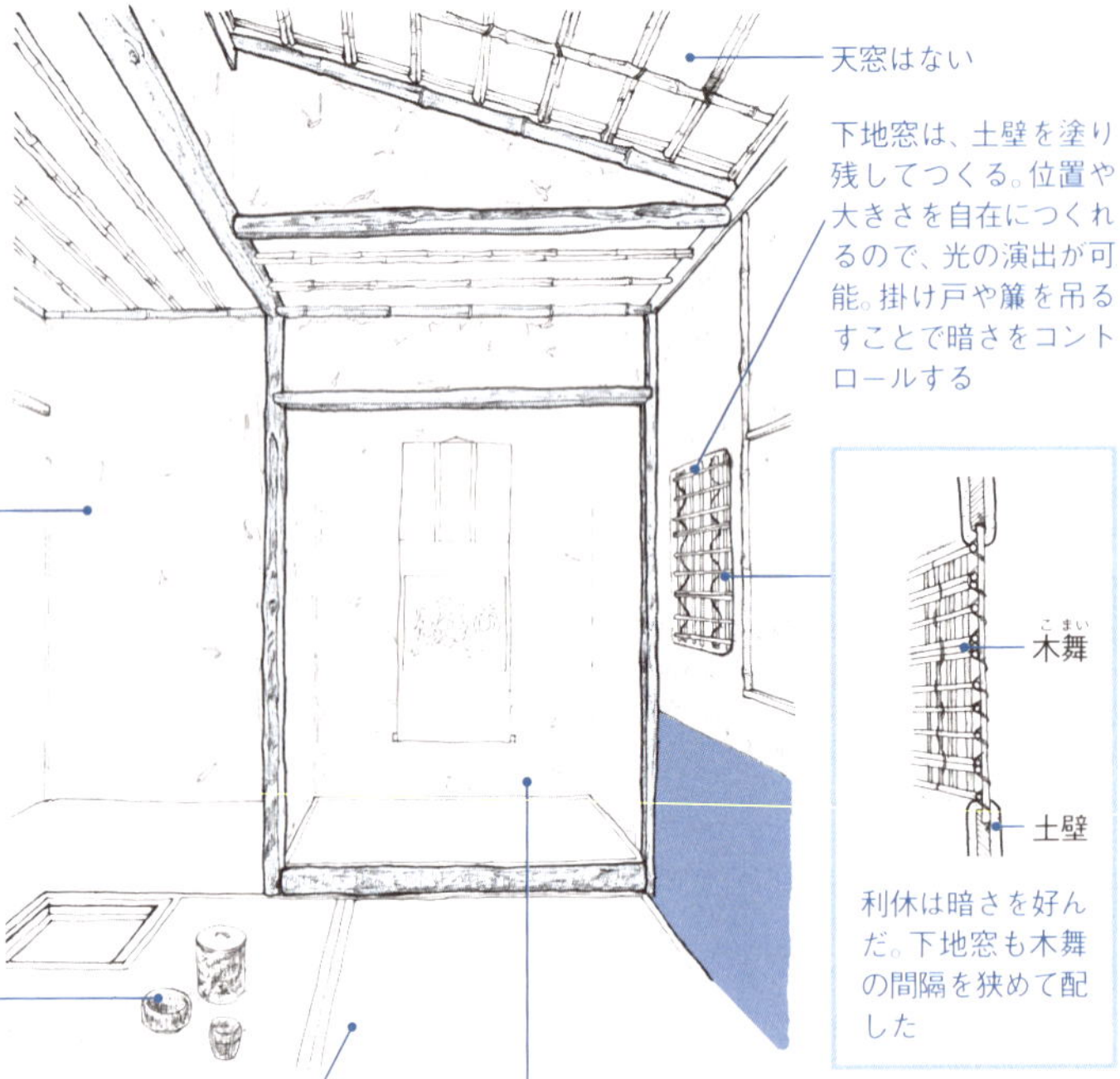
天窓はない
下地窓は、土壁を塗り残してつくる。位置や大きさを自在につくれるので、光の演出が可能。掛け戸や簾を吊るすことで暗さをコントロールする
木舞《こまい》
土壁
利休は暗さを好んだ。下地窓も木舞の間隔を狭めて配した
藁スサ入り荒壁は発酵して黒ずみ、暗い部屋を演出
暗がりの空間で味わえる茶道具が好まれた
暗がりのなかでは、2畳という狭さを感じない
床の間は、三方の壁と天井を壁土で塗り回して木部を消した「室床」（むろどこ）。暗い室床からは底知れない深さが生まれる

※1：侘び茶は千利休が完成させたといわれる　※2：待庵は、臨済宗の寺・妙喜庵（京都）にある

書院の茶室から、侘びの茶室へ

室町時代末期にはやった「書院茶」は、華美な書院造りの茶室で行われた。
続く安土桃山時代には、暗がりの草庵茶室で行う「侘び茶」が流行した

入口は障子戸からにじり口へ

書院茶室では、玄関から縁側を進み、障子戸から茶室内に入る

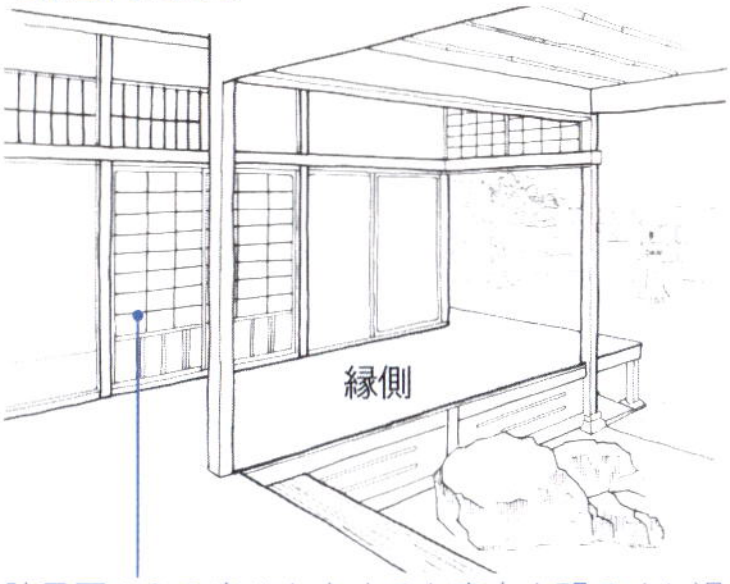
縁側

障子戸からの光はともすると室内を明るくし過ぎる。入口を北に向け、明るさを抑制した

侘びの茶室には縁側がない。露地よりにじり口を潜って、直接室内へ入る

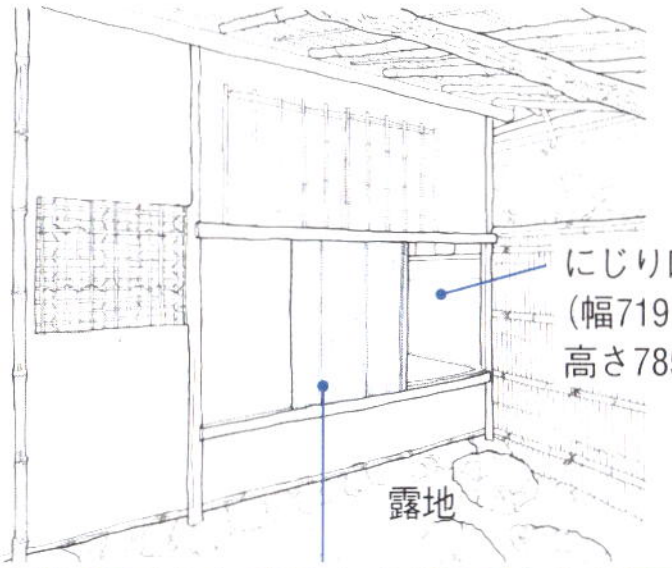
にじり口
（幅719×
高さ785㎜）
露地

土壁で囲まれた茶室。にじり口の小さな板戸を開けても、奥まで光が差し込まない

華美をそぎ落とす

書院座敷は、大きな障子戸から入る光で明るい。格式を示す長押や座敷飾りの場（違い棚や付け書院）が、華美な印象を与える

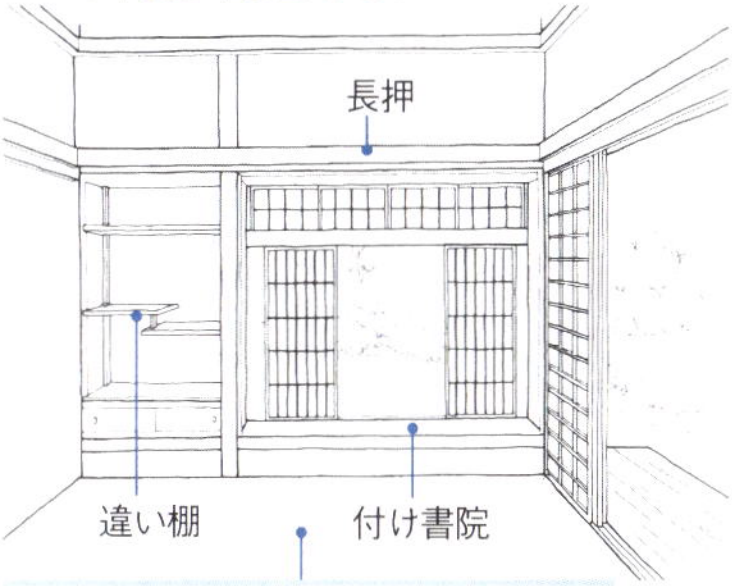
長押
違い棚
付け書院

茶器は唐物など、明るさのなかで映える器を使用

曜変天目茶碗

砧青磁

四方を土壁で囲まれた侘びの茶室。光を透かす開口部は小さな下地窓と連子窓のみで、室内は暗い

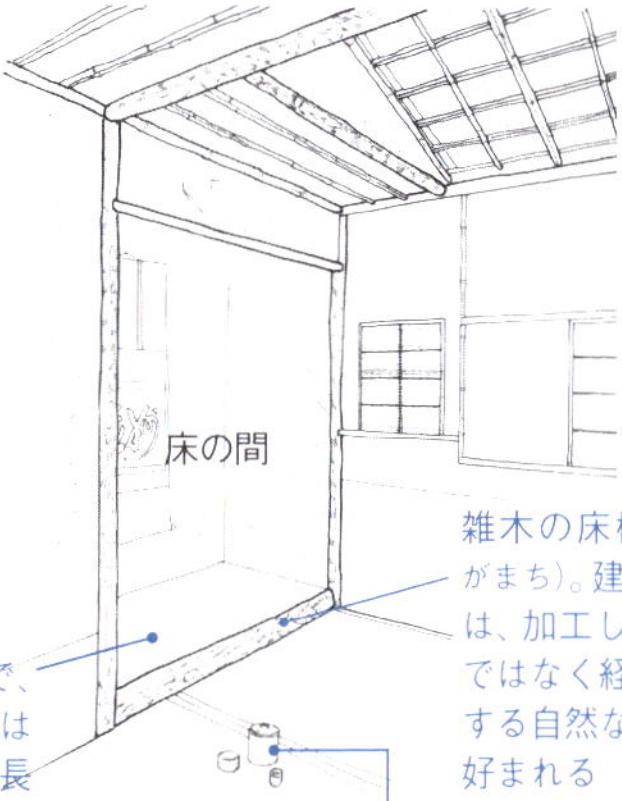
床の間

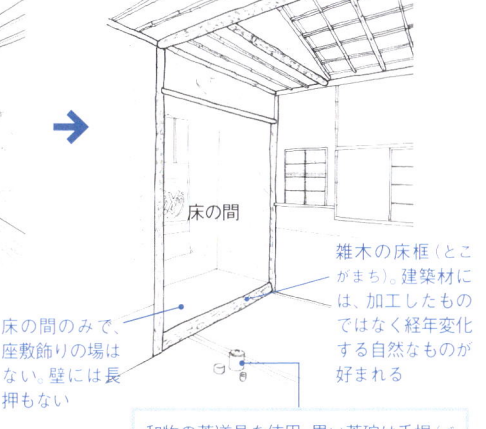

床の間のみで、座敷飾りの場はない。壁には長押もない

雑木の床框（とこがまち）。建築材には、加工したものではなく経年変化する自然なものが好まれる

和物の茶道具を使用。黒い茶碗は手捏（づく）ねの凹凸が光を拡散し、落ち着きを見せる。花入れには雪割れが生じた竹をあえて用い、経年変化の黒ずみも味わう

黒楽茶碗
（銘大黒）

竹一重切花入れ
（利休作）

data

妙喜庵・待庵

所在地・京都府乙訓郡大山崎町大山崎小字龍光56
行き方・JR東海道線「山崎駅」下車すぐ。または、阪急「大山崎駅」下車、徒歩5分
木造柿葺きの茶室は国宝。拝観には予約申込みが必要

MEMO：待庵がもつ、2畳という狭さ、暗がりの空間、土壁の「土から生まれ、土に死す」という再生のイメージ。この「狭い・暗い・再生」というキーワードは、母の子宮を連想させる

column｜主役で分かる　日本庭園

日本庭園は、自然の風景を表した庭だ。時代によりその表現方法は異なり、特に、庭を構成する主な要素（水・石・植栽・灯籠や橋などの景物）の使い方に特徴がある。

主役となる庭の要素に着目しながら、庭を見てみよう。

水が主役 ── 浄土庭園（平安時代～）

末法思想の広まりから極楽浄土を求める浄土信仰が流行し、新たな庭が生まれた。西方浄土に基づき、水辺の西側に極楽浄土を表現した庭である（阿弥陀堂を西に配置し、池であの世とこの世を仕切る）。水面に建物の姿を映すことも極楽浄土の表現の1つ

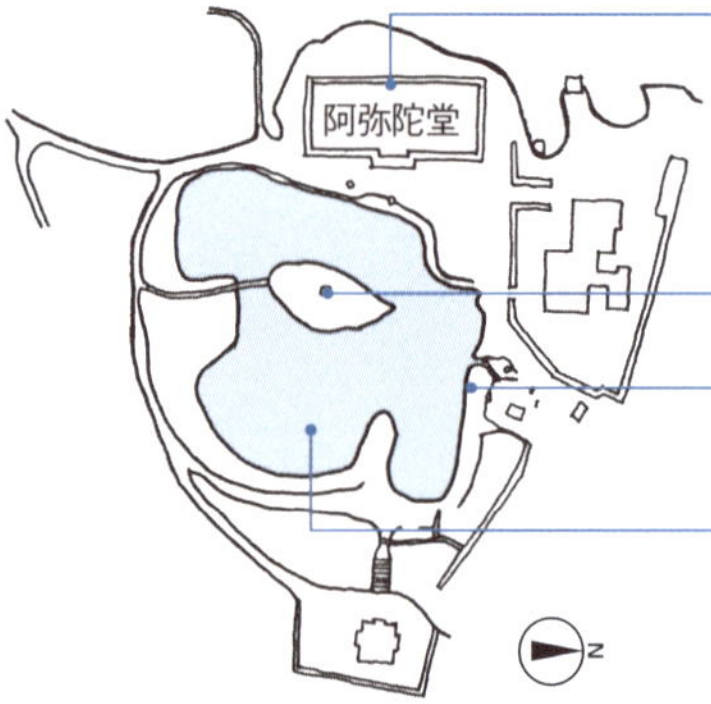
阿弥陀堂
池の西側には来世利益の阿弥陀如来を祭る
中の島を設ける
岸辺に洲浜や荒磯の石組みをつくる
極楽浄土を表す蓮池
N

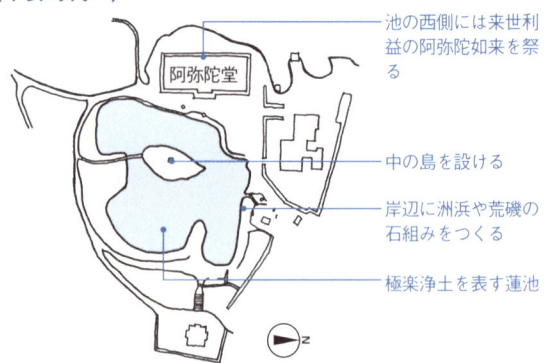

石が主役 ── 枯山水庭園（室町時代～）

禅宗の寺院で見られる庭は室町時代に広まった。石と砂に、わずかな苔・灌木を交えて水の流れを表現する。座って鑑賞する座観式庭園（1点から見る庭）の1つ

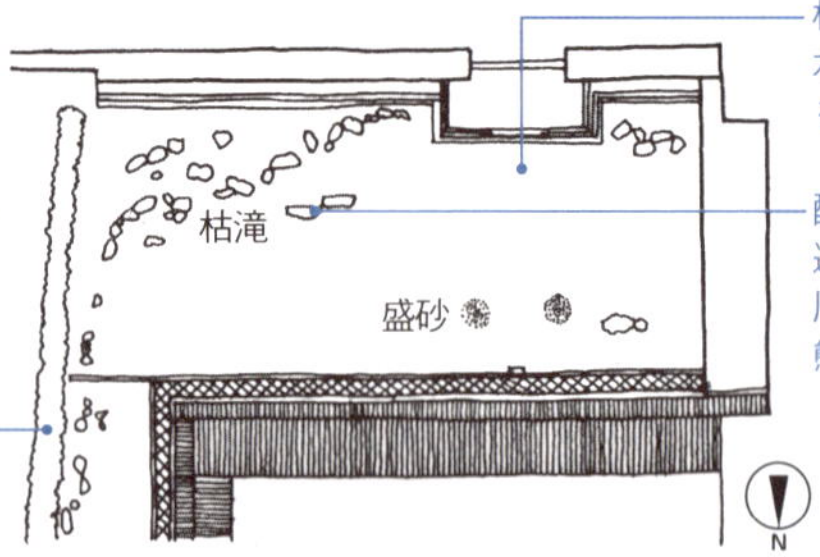
枯山水庭園では、水を用いずに山水を表現
配石や砂の紋様の違いにより、海・川・沼など水の様態が読み解ける
枯滝
盛砂
植栽も使う
N

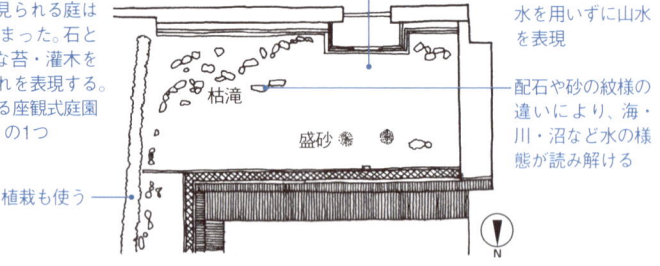

みなが主役 ── 回遊式庭園（江戸時代～）

近世に現れた庭園形式。園路に沿って歩きながら鑑賞する庭で、移り変わる景色がストーリー性をつくり出す。中心に池を設けた場合は池泉（ちせん）回遊式庭園といい、大名庭園にも多く見られる

築山、鴨場、露地、枯山水などを取り入れた総合庭園
さまざまにしつらえられた自然の風景や名所の写しを順々に巡る
N

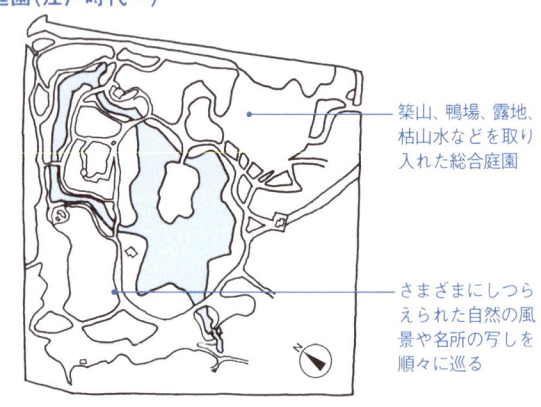

注：このほか日本庭園には茶室の庭（露地、32頁参照）もある。茶の湯が広がった桃山時代以降に完成した

2章

関西②

三重・奈良・和歌山・大阪・滋賀・兵庫

彦根城 66
京都府
滋賀県
兵庫県
大津
姫路城 72
浄土寺の浄土堂 69
大丸心斎橋店 62
津
神戸
大阪
奈良
大阪府
法隆寺 56
三重県
大仙古墳［仁徳天皇陵古墳］ 64
伊勢神宮 42
奈良県
東大寺・南大門の仁王像 44
東大寺の盧舎那仏 46
春日大社 48
薬師寺の三重塔 50
唐招提寺の千手観音立像 52
奈良少年刑務所［旧奈良監獄］ 54
根来寺の大塔 60
和歌山
和歌山県
熊野三山 58

三重

内宮と外宮はセットで見よう

伊勢神宮

伊勢神宮（神宮）※は農耕に深く関係する。神域を流れる五十《い》鈴川《すずがわ》は灌漑を、平坦な敷地は耕作地を象徴する。鎮守の森は明るく里山のようで、茅葺き（90頁参照）の素朴な社殿は農家の小屋にも見える。

伊勢神宮は、内宮《ないくう》（皇大神宮《こうたいじんぐう》）で太陽の神・天照大神《あまてらすおおみかみ》を祭り、外《げ》宮《くう》（豊受大神宮《とようけだいじんぐう》）で穀物の神・豊受《とようけの》大神《おおかみ》を祭る。この2神がそろうことで、豊穣の願いが通じる。伊勢神宮を内宮と外宮のセットで考えると、農耕神としての姿が見えてくる。

「唯一神明造り」は伊勢神宮だけ

茅葺きの切妻屋根で、平《ひら》側を正面にした（平入り）社殿のつくりを神《しん》明《めい》造りという（11頁参照）。屋根の先端の千木《ちぎ》、棟に載せた鰹木《かつおぎ》、両妻面には棟持ち柱（うず柱）がある。内宮・外宮の正殿《しょうでん》は「唯一神明造り」といい、鰹木の数などで差別化される

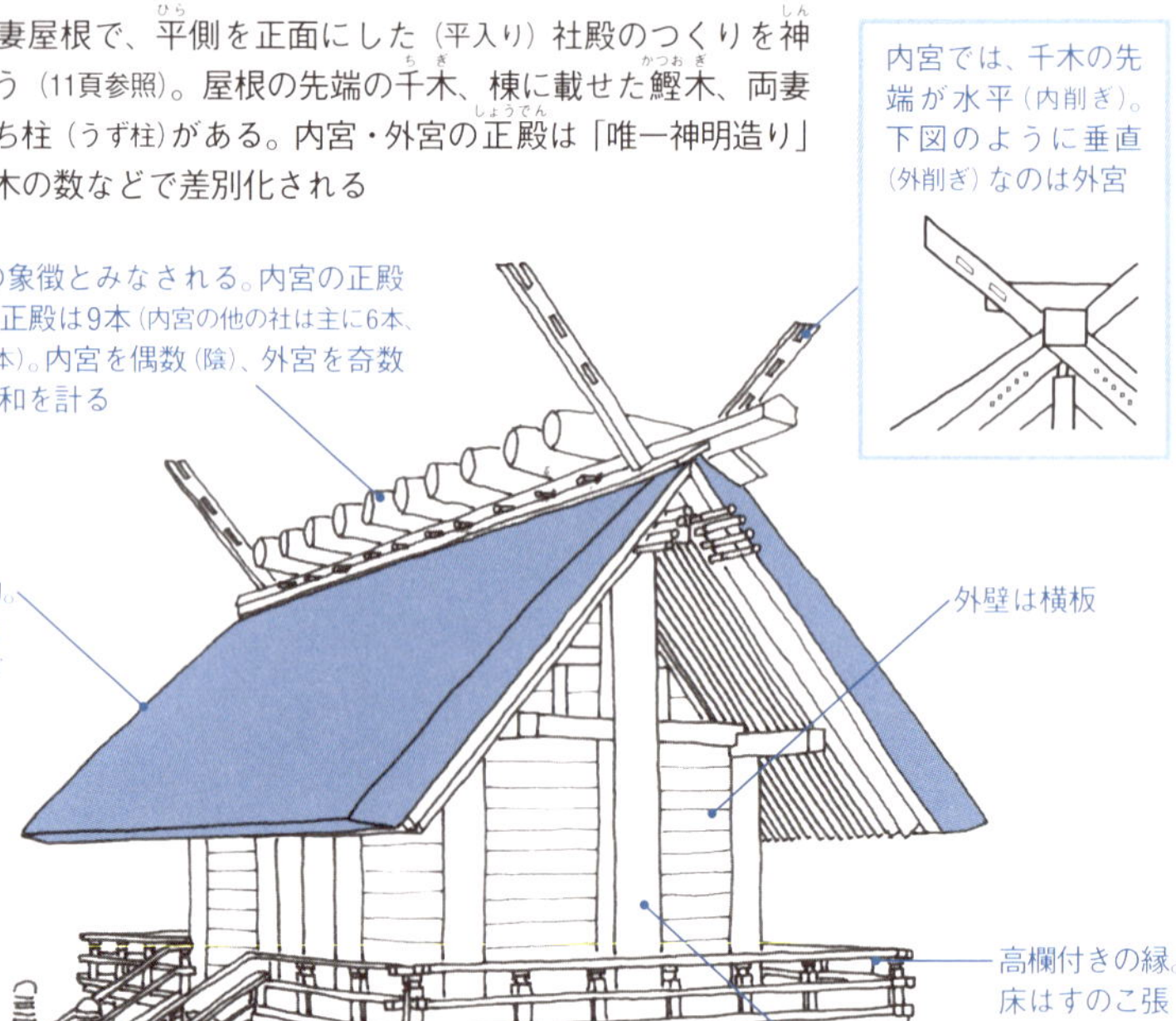
内宮では、千木の先端が水平（内削ぎ）。下図のように垂直（外削ぎ）なのは外宮
鰹木は権威の象徴とみなされる。内宮の正殿は10本、外宮正殿は9本（内宮の他の社は主に6本、外宮では主に5本）。内宮を偶数（陰）、外宮を奇数（陽）として調和を計る
屋根は直線的。古式の神社は屋根に反りがない
外壁は横板
高欄付きの縁。床はすのこ張り（大床）
入口は平側（平入り）。高床式の建物なので、階（きざはし）という階段がつく。「はし」は「橋」に通じ、神（天）と人（地）の世界をつなぐ役割をもつ
柱は下に礎石を置くのではなく、地中より立ち上げる「掘立柱」
床下の心御柱（しんのみはしら）はご神体。1本の杖を立て、そこを回ったのが伊勢神宮の始まりだったことから
棟持ち柱が正殿から離れているのは神明造りの特徴。他の柱より太く、上に行くほど細くなり傾く（内転び）

※：伊勢神宮の正式な名称は「神宮」。内宮と外宮の両正宮を含め125社の総称

農の思想を造形、視覚化

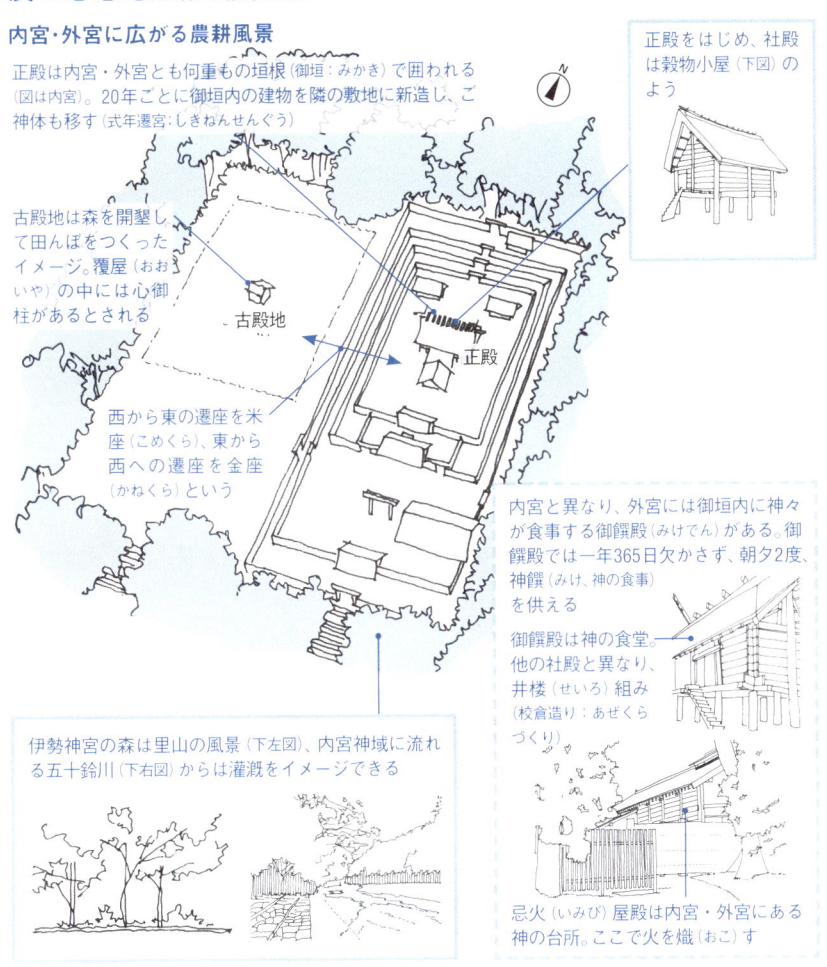

内宮・外宮に広がる農耕風景

正殿は内宮・外宮とも何重もの垣根（御垣：みかき）で囲われる（図は内宮）。20年ごとに御垣内の建物を隣の敷地に新造し、ご神体も移す（式年遷宮：しきねんせんぐう）

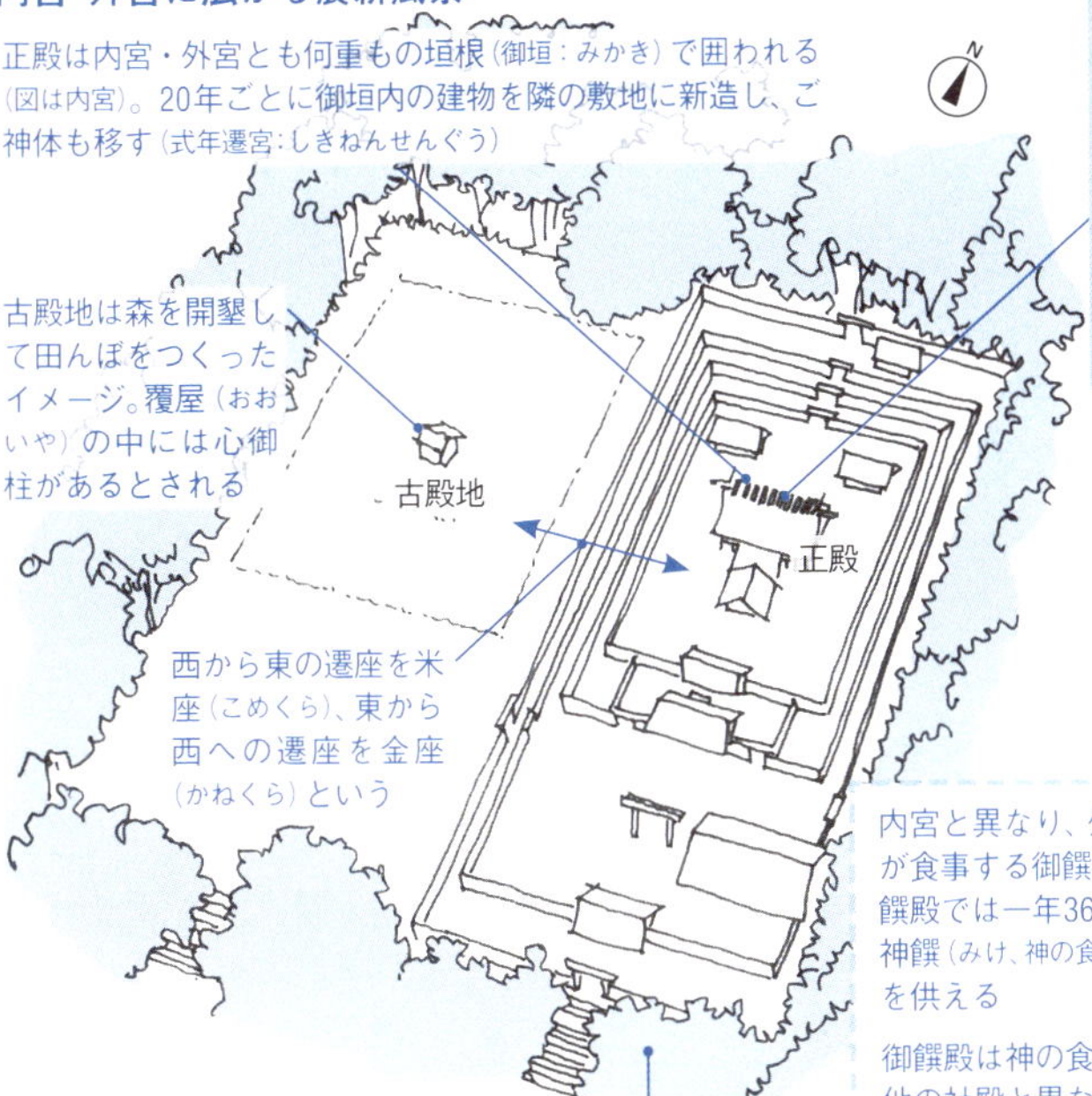

古殿地は森を開墾して田んぼをつくったイメージ。覆屋（おおいや）の中には心御柱があるとされる

西から東の遷座を米座（こめくら）、東から西への遷座を金座（かねくら）という

正殿をはじめ、社殿は穀物小屋（下図）のよう

内宮と異なり、外宮には御垣内に神々が食事する御饌殿（みけでん）がある。御饌殿では一年365日欠かさず、朝夕2度、神饌（みけ、神の食事）を供える

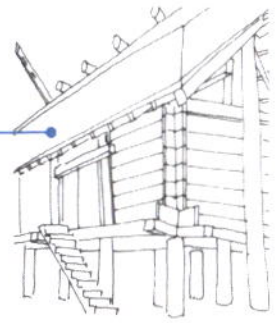

御饌殿は神の食堂。他の社殿と異なり、井楼（せいろ）組み（校倉造り：あぜくらづくり）

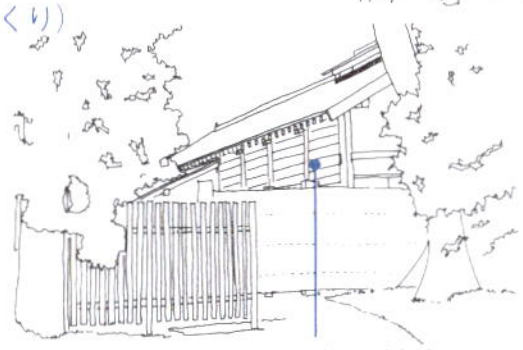

忌火（いみび）屋殿は内宮・外宮にある神の台所。ここで火を熾（おこ）す

伊勢神宮の森は里山の風景（下左図）、内宮神域に流れる五十鈴川（下右図）からは灌漑をイメージできる

畑の暦を告げる鳥居

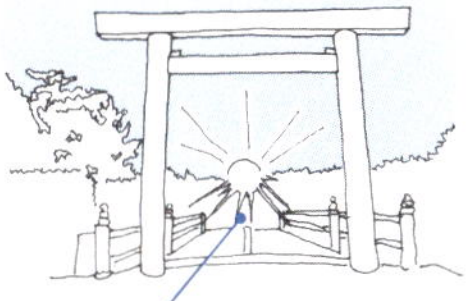

冬至の日（畑の暦）、内宮入口にある宇治橋の鳥居から朝日が昇る。稲作の準備は冬至から始まる

農を支える神々たち

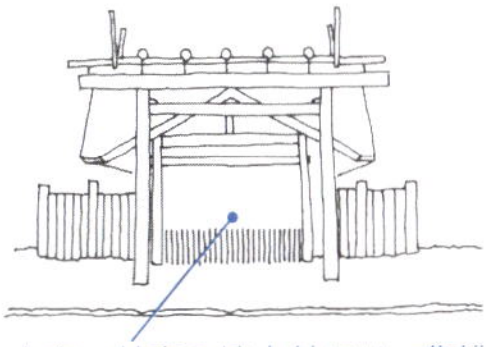

内宮・外宮の境内外には、農耕を支える神が祭られる。水の神は津長神社（内宮摂社）。土の神は土宮（外宮別宮）。風の神は風日祈宮（内宮別宮）や風宮（外宮別宮）

data

伊勢神宮（①内宮、②外宮）

所在地・①三重県伊勢市宇治館町1、②伊勢市豊川町279
行き方・①近鉄「宇治山田駅」またはJR・近鉄「伊勢市駅」からバス、「内宮前」下車すぐ。②JR・近鉄「伊勢市駅」から徒歩5分

参拝は、外宮→内宮の順で行うのがならわし

MEMO：伊勢神宮は、山に祭られていた瀧原宮（たきはらのみや［元伊勢］）を平地の伊勢の森へと移したことに始まるといわれる。山の神が農耕神に変わったと考えられる

世界遺産｜国宝

奈良

東大寺・南大門の仁王像

巨大仁王はなぜ向かい合う

世界最大級の木造建築、東大寺南大門※1。巨大な門ゆえ、深い庇でも雨風が吹き込むのを防げず、脚部を板塀で覆うことになったという。おかげで南大門の仁王像※2は、正面を向き門外ににらみを利かすのではなく、向かいあうように設置されることになった。像の作者は希代の大仏師、運慶と快慶。光を集め、気を送る、独自のテーマで「向かい合う像」をデザインして見せた。

垂直の空間を強調する動き「吽形《うんぎょう》」

南大門は天井に板を張っておらず、構造体がむき出しのまま。像と頭上の空間とをうまく関連づけた。全高8.4mの像は定覚（運慶の弟）と湛慶（運慶の長男）らが制作。細部にこだわらない動的な造形が特徴だ

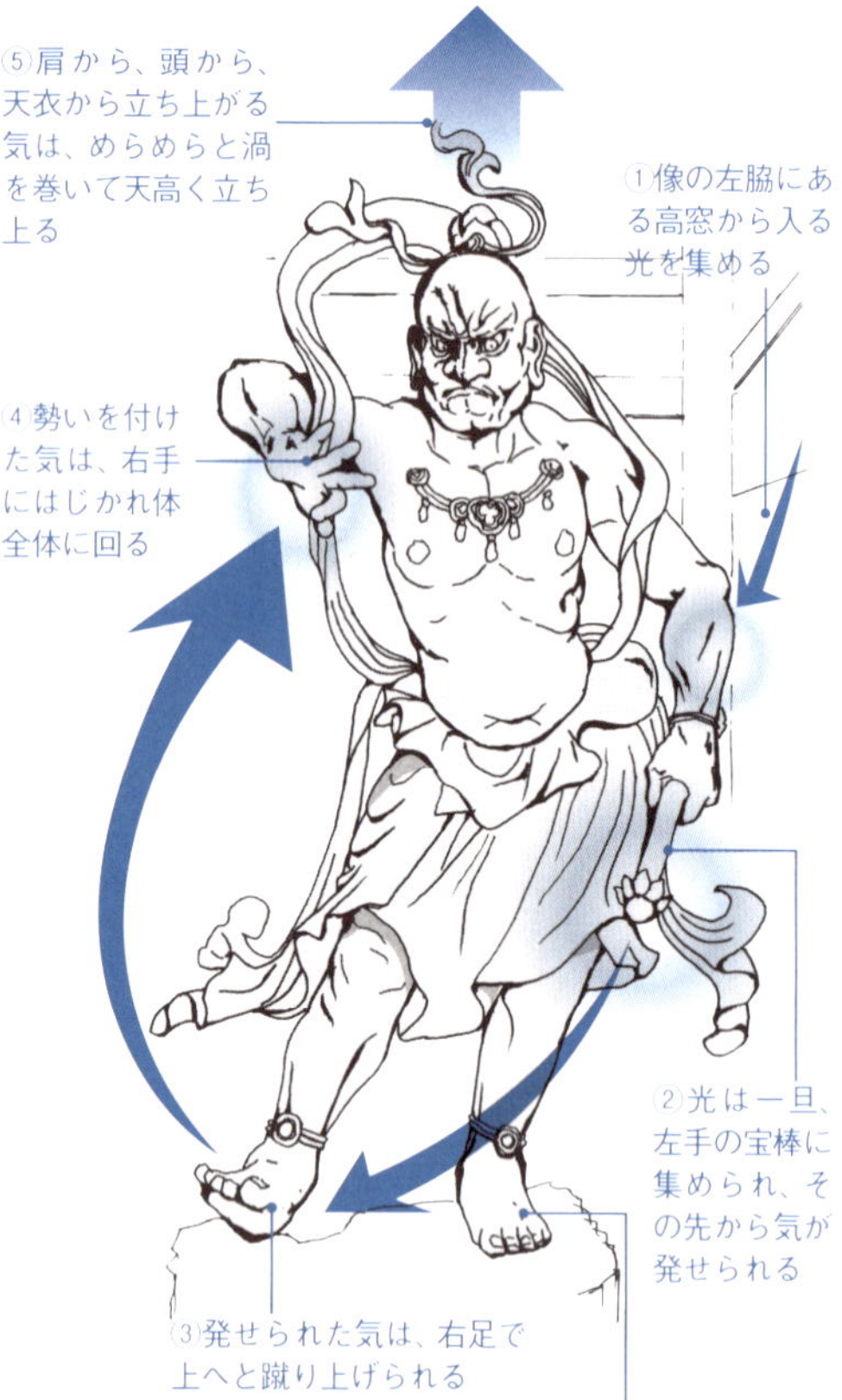
⑤肩から、頭から、天衣から立ち上がる気は、めらめらと渦を巻いて天高く立ち上る
①像の左脇にある高窓から入る光を集める
④勢いを付けた気は、右手にはじかれ体全体に回る
②光は一旦、左手の宝棒に集められ、その先から気が発せられる
③発せられた気は、右足で上へと蹴り上げられる

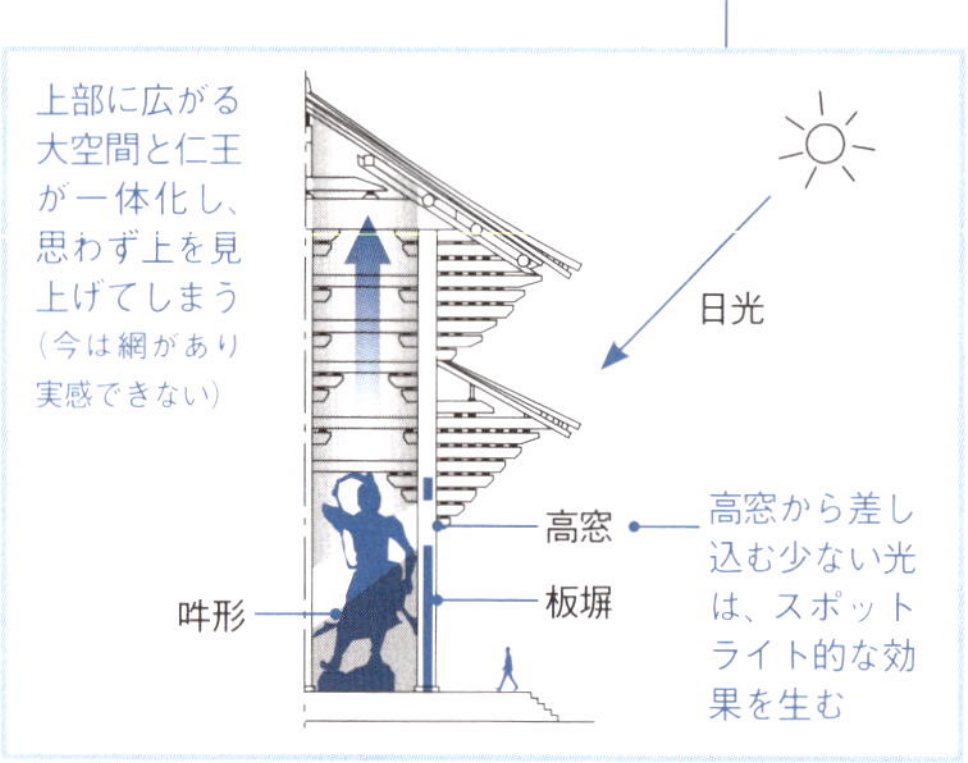
上部に広がる大空間と仁王が一体化し、思わず上を見上げてしまう（今は網があり実感できない）
日光
高窓
板塀
吽形
高窓から差し込む少ない光は、スポットライト的な効果を生む

※1：1199（正治元）年に復興されたもの　※2：金剛力士像。激しい怒りを表す、2体の像。門などの左右に安置される
注：本稿における力士像の「気の流れ」は、西村公朝・熊田由美子著『運慶 仏像彫刻の革命』による

2　運慶と快慶のセンスと技が光る

1203（建仁3）年、大仏師・運慶と快慶が小仏師らを率い、わずか69日で仕上げたという仁王像。門正面に向かって左を「阿形」、右を「吽形」にした、一般とは逆の配置

大仏殿まで水平に気を送る「阿形《あきょう》」

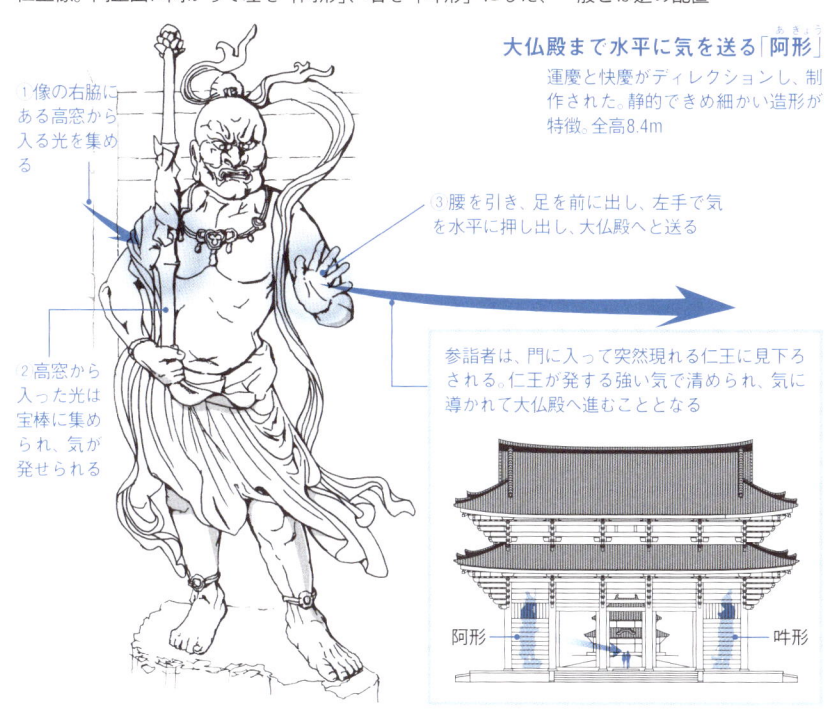

運慶と快慶がディレクションし、制作された。静的できめ細かい造形が特徴。全高8.4m

①像の右脇にある高窓から入る光を集める

②高窓から入った光は宝棒に集められ、気が発せられる

③腰を引き、足を前に出し、左手で気を水平に押し出し、大仏殿へと送る

参詣者は、門に入って突然現れる仁王に見下ろされる。仁王が発する強い気で清められ、気に導かれて大仏殿へ進むこととなる

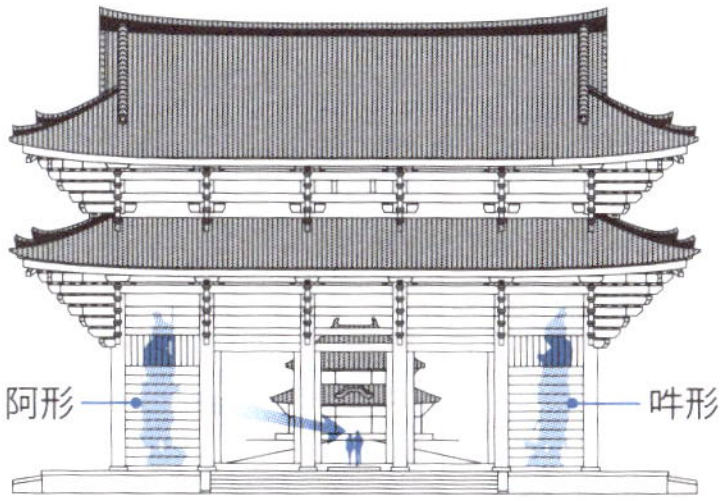

慶派のデフォルメされたリアリズム

像の視線は、設置後にも調整された。一方、背後など見えない部分の仕上げは粗い

解剖学的にも正しい骨格・筋肉描写。ただし躍動感を優先した表現とすることも

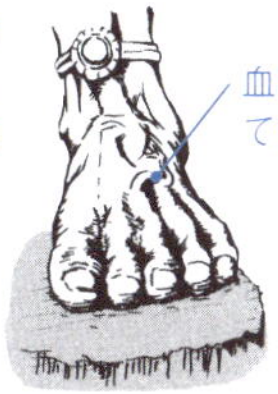

血管まで浮いて見える

data

東大寺

所在地・奈良市雑司町406－1
行き方・JR奈良線「奈良駅」から市内循環バスで「大仏殿春日大社前」下車、徒歩5分。または近鉄「奈良駅」から徒歩20分

南大門や金剛力士像をはじめ、国宝多数

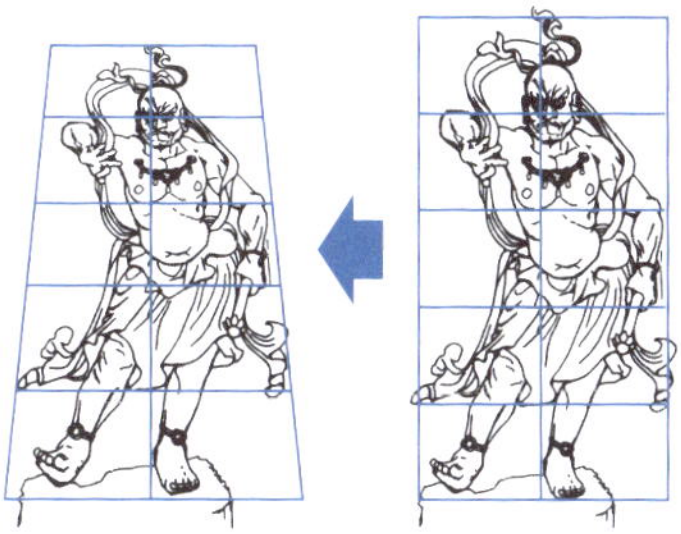

頭でっかちでバランスが悪いようだが（右）、実際に見上げると、均整と迫力の両立したフォルム（左）。ミケランジェロのダビデ像などにも見られる技法

MEMO：東大寺南大門は、5間3戸2重門の古来最高の格式を持つ日本最大の門で、大仏様（よう）を代表する建築（69頁参照）。貫（ぬき）という柱を貫通する水平材を多用し、堅固な構造にしているのが特徴。高さ25.5m、横幅28.5m

奈良

蓮華座《れんげざ》に描かれた壮大な宇宙

世界遺産｜国宝

東大寺の盧舎那仏《るしゃなぶつ》

東大寺の大仏[※1]（盧舎那仏[※2]）は、その大きさに目を奪われがちだが、蓮華座（台座）にも目を向けてみよう。そこには、「蓮華蔵世界図」と呼ばれる仏教の宇宙が絵解きされている。

蓮華座の大小14枚の花びら（蓮弁）に緻密に線刻された、仏教の概念図。大仏の大きさに比べると非常に小さいが、中身はマクロで壮大。まだ仮名文字もなかった時代、布教には、お経よりも効果があったに違いない。

大仏の台座にも仏あり

東大寺は天平（729～749年）の創建。2度の火災に遭い、現在の大仏は3代目。一方、災禍に耐えた蓮華座は創建当時もの。仏教の概念を図式化したものはインド・中国にもすでになく、東大寺にしか残っていない非常に貴重なものだ

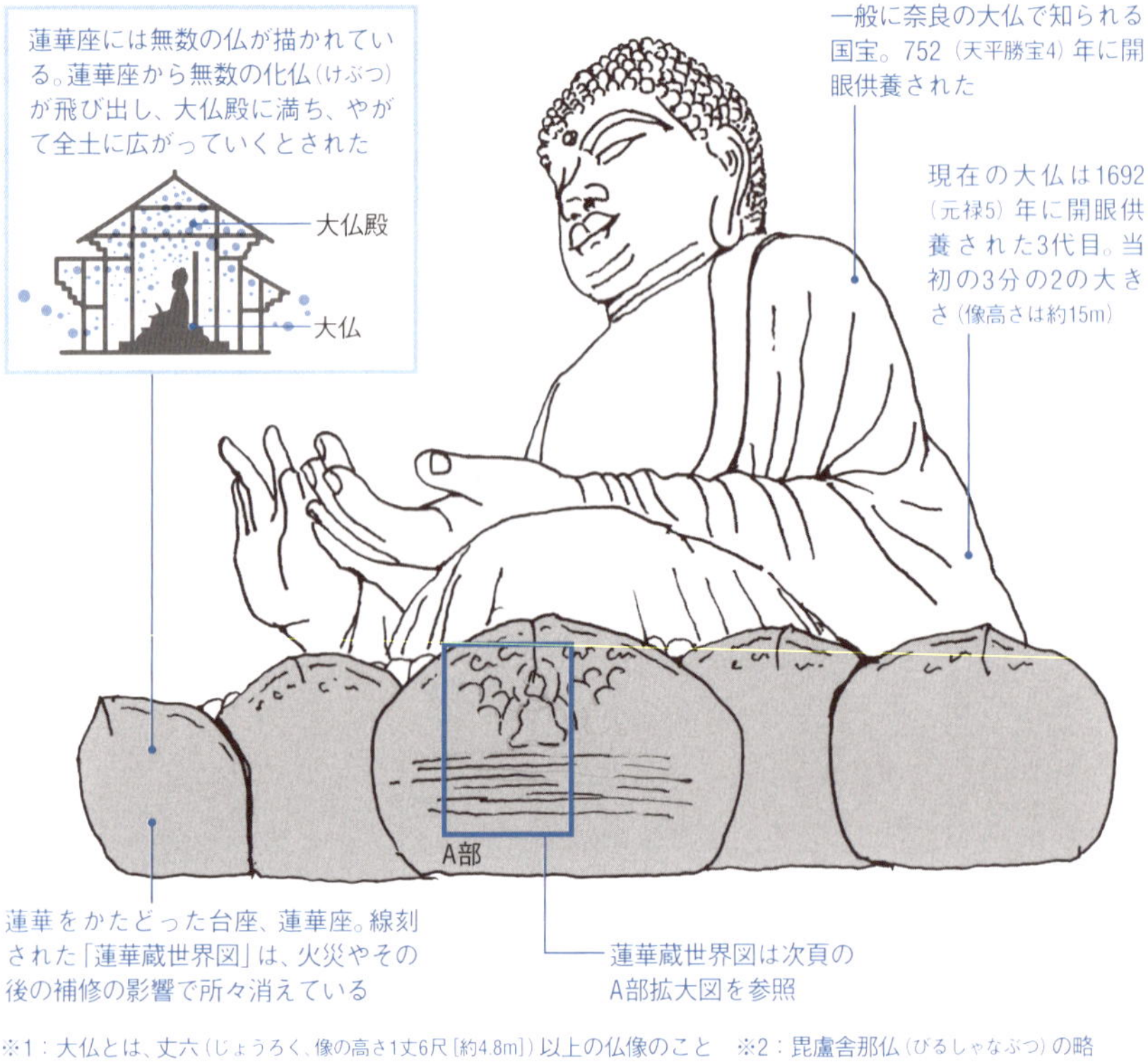

蓮華座には無数の仏が描かれている。蓮華座から無数の化仏（けぶつ）が飛び出し、大仏殿に満ち、やがて全土に広がっていくとされた
大仏殿
大仏
一般に奈良の大仏で知られる国宝。752（天平勝宝4）年に開眼供養された
現在の大仏は1692（元禄5）年に開眼供養された3代目。当初の3分の2の大きさ（像高さは約15m）
A部
蓮華をかたどった台座、蓮華座。線刻された「蓮華蔵世界図」は、火災やその後の補修の影響で所々消えている
蓮華蔵世界図は次頁のA部拡大図を参照

※1：大仏とは、丈六（じょうろく、像の高さ1丈6尺［約4.8m］）以上の仏像のこと　※2：毘盧舎那仏（びるしゃなぶつ）の略

蓮の花びら1枚に描かれた宇宙

大仏を安置する蓮華座。蓮の花びら1枚が1つの仏世界を表す。下から「須弥山《しゅみせん》」という山、その上に「25本の層」があり、頂部に菩薩を従えた盧舎那仏（盧舎那如来）がいるのが分かる。須弥山は金属や水、風などの層（輪）の上にある

蓮華蔵世界図（部分）［A部拡大図］

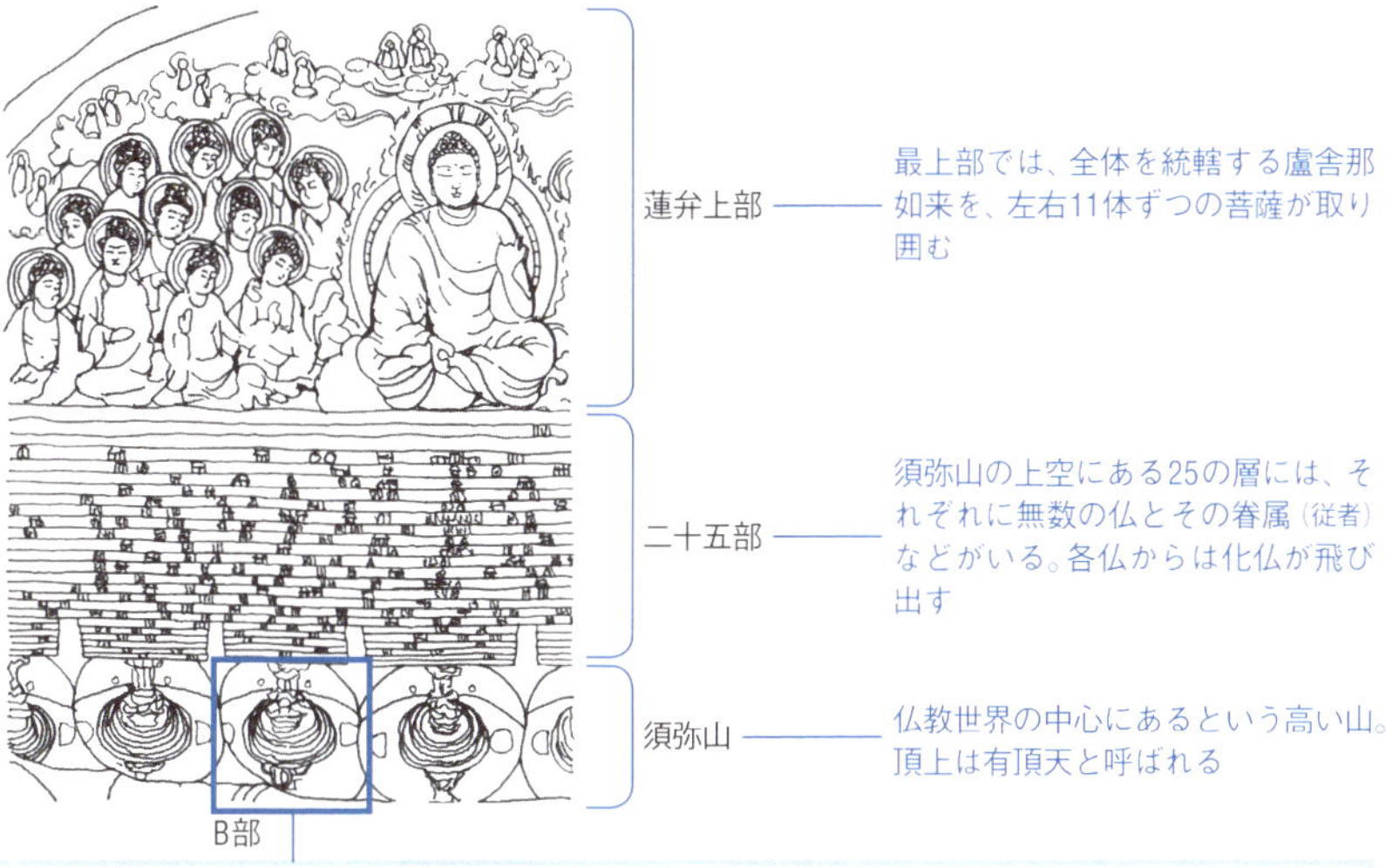
蓮弁上部
最上部では、全体を統轄する盧舎那如来を、左右11体ずつの菩薩が取り囲む
二十五部
須弥山の上空にある25の層には、それぞれに無数の仏とその眷属（従者）などがいる。各仏からは化仏が飛び出す
須弥山
仏教世界の中心にあるという高い山。頂上は有頂天と呼ばれる
B部

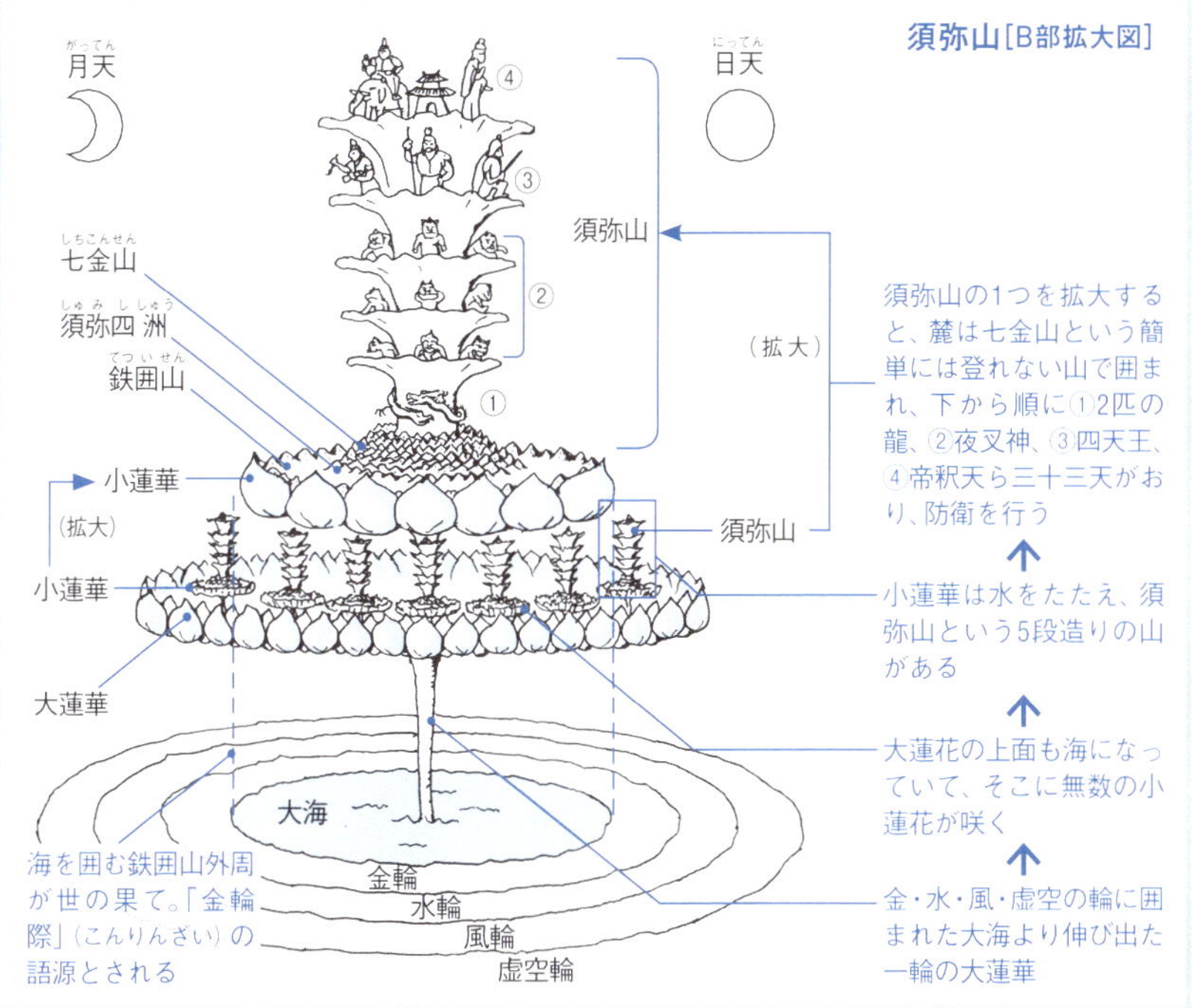
須弥山［B部拡大図］
月天《がってん》
日天《にってん》
④
③
②
①
須弥山
（拡大）
七金山《しちこんせん》
須弥四《しゅみし》洲《しゅう》
鉄囲山《てついせん》
小蓮華
（拡大）
小蓮華
須弥山
大蓮華
大海
金輪
水輪
風輪
虚空輪
須弥山の1つを拡大すると、麓は七金山という簡単には登れない山で囲まれ、下から順に①2匹の龍、②夜叉神、③四天王、④帝釈天ら三十三天がおり、防衛を行う
小蓮華は水をたたえ、須弥山という5段造りの山がある
大蓮花の上面も海になっていて、そこに無数の小蓮花が咲く
金・水・風・虚空の輪に囲まれた大海より伸び出た一輪の大蓮華
海を囲む鉄囲山外周が世の果て。「金輪際」（こんりんざい）の語源とされる

MEMO：東大寺の所在地などは45頁参照。大仏殿や盧舎那仏座像は国宝。蓮華座を間近で見ることはできないが、堂内にあるレプリカで蓮華蔵世界図を確認できる

奈良

世界遺産｜国宝

春日大社

鹿が結ぶ2つの東西軸

奈良・三笠山（御蓋山《みかさ》）のふもとにある春日大社は、藤原（中臣）鎌足[※1]の子・不比等が常陸《ひたち》国《のくに》・鹿島神宮の武神、武甕槌命《たけみかづちのみこと》を祭ったのが始まりだ。それゆえ、両社には深いつながりがいくつか見て取れる[※2]。

白鹿に乗ってやって来た神は、三笠山で腰を下ろしたと伝えられる。奈良では今日まで、鹿は神の使い、三笠山は神域とされ、人々に崇《あが》められてきた。

春日大社は藤原氏の氏神。神鹿に仮託し、藤原氏は政治への影響力を維持し続けた。

春日大社で目にする鹿と藤

神の使いである鹿はもちろん、藤も春日大社に縁あるものの1つ。藤原家の紋でもある藤は大事にされ、境内でもたくさんの美しい花を楽しめる[※2]

下がり藤は春日大社の社紋でもある

神の使い「鹿」

奈良の鹿は、国の特別天然記念物として保護されている。意外にも、飼われたり、餌付けされたりしていない「野生」の鹿だ

鹿に関する一切は、長らく、藤原氏の氏寺・興福寺（奈良）が取り仕切っていた。同時期に建立された興福寺と春日大社は、神仏習合により一体化し、権勢を誇った

藤原氏の「藤」

藤原家の紋（下がり藤）にも使われた「藤」はとりわけ大切にされた。ツル植物である藤は自立せず、親木に寄り添う。藤原氏と朝廷との関係を暗示しているかのよう

※1：はじめは中臣鎌足。藤原の姓を賜り、藤原氏の祖となった。鎌足の出身地は常陸国（現在の茨城県）といわれ、常陸国一の宮である鹿島神宮は藤原氏の氏神　※2：春日大社に縁のある鹿と藤は、同じ祭神を祭る鹿島神宮でも見ることができる（境内には藤が自生し、鹿園で鹿が神鹿として大切にされている）

東西軸のレイアウトは親譲り

鹿島神宮、春日大社ともに神は東からやって来て、森に鎮座した。また本殿は、東西に取った参道の正面ではなく横に配されている

鹿島神宮の配置

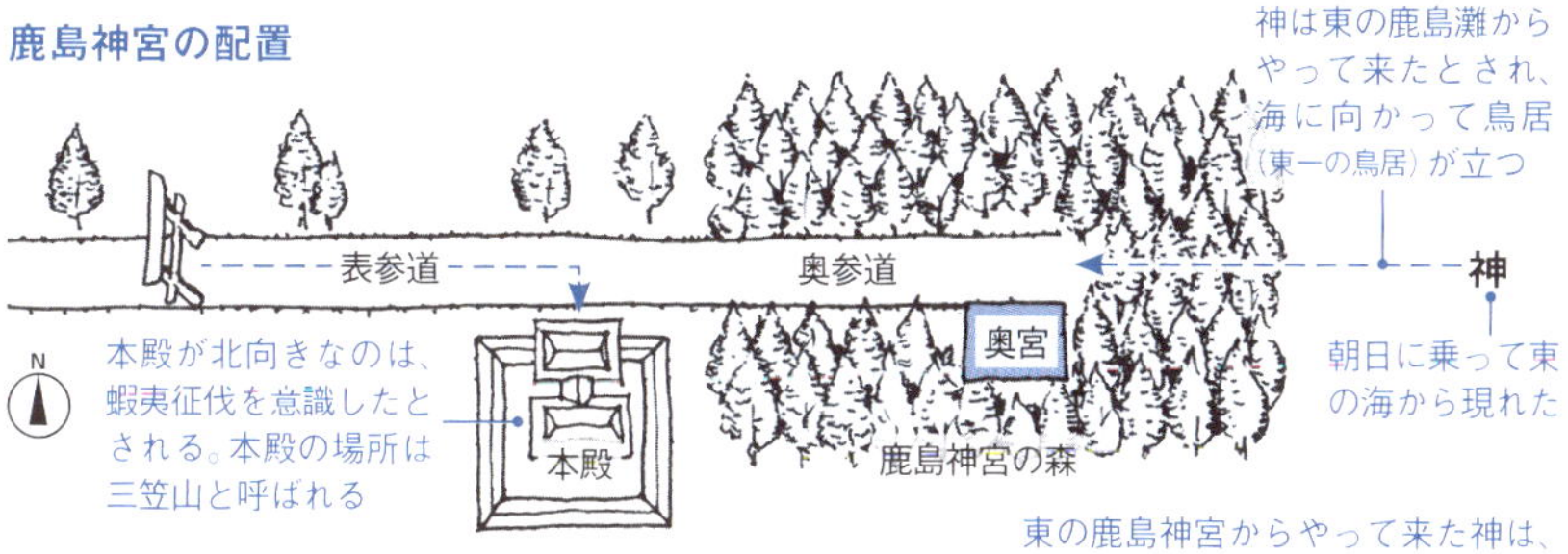
神は東の鹿島灘からやって来たとされ、海に向かって鳥居（東一の鳥居）が立つ
表参道
奥参道
神
奥宮
朝日に乗って東の海から現れた
N
本殿が北向きなのは、蝦夷征伐を意識したとされる。本殿の場所は三笠山と呼ばれる
本殿
鹿島神宮の森

春日大社の配置

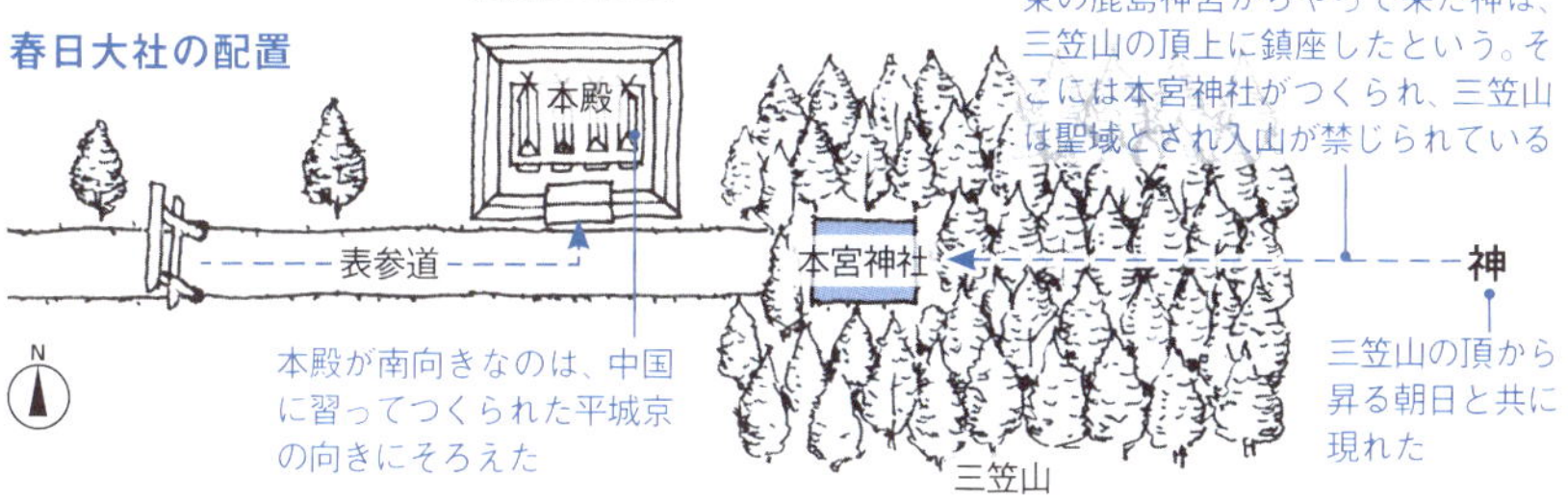
東の鹿島神宮からやって来た神は、三笠山の頂上に鎮座したという。そこには本宮神社がつくられ、三笠山は聖域とされ入山が禁じられている
本殿
表参道
本宮神社
神
N
本殿が南向きなのは、中国に習ってつくられた平城京の向きにそろえた
三笠山の頂から昇る朝日と共に現れた
三笠山

朝廷を補佐する東西軸

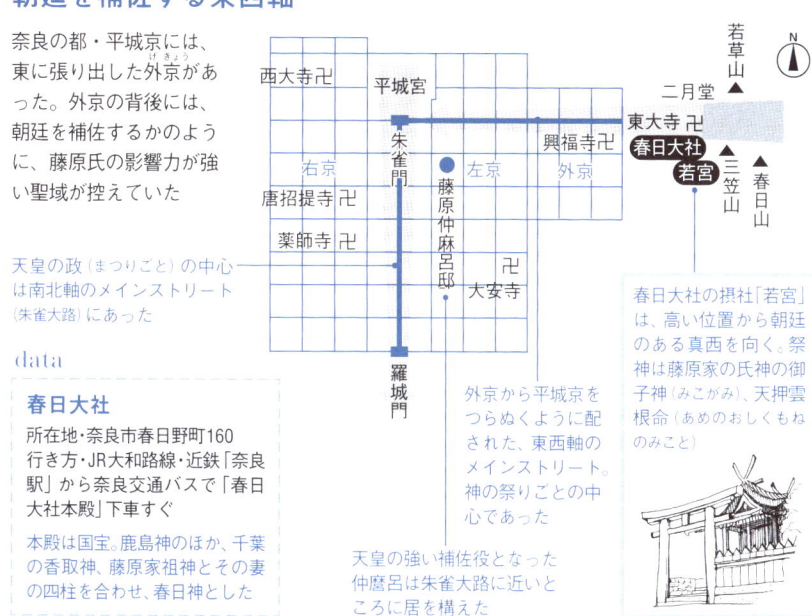

奈良の都・平城京には、東に張り出した外京《げきょう》があった。外京の背後には、朝廷を補佐するかのように、藤原氏の影響力が強い聖域が控えていた

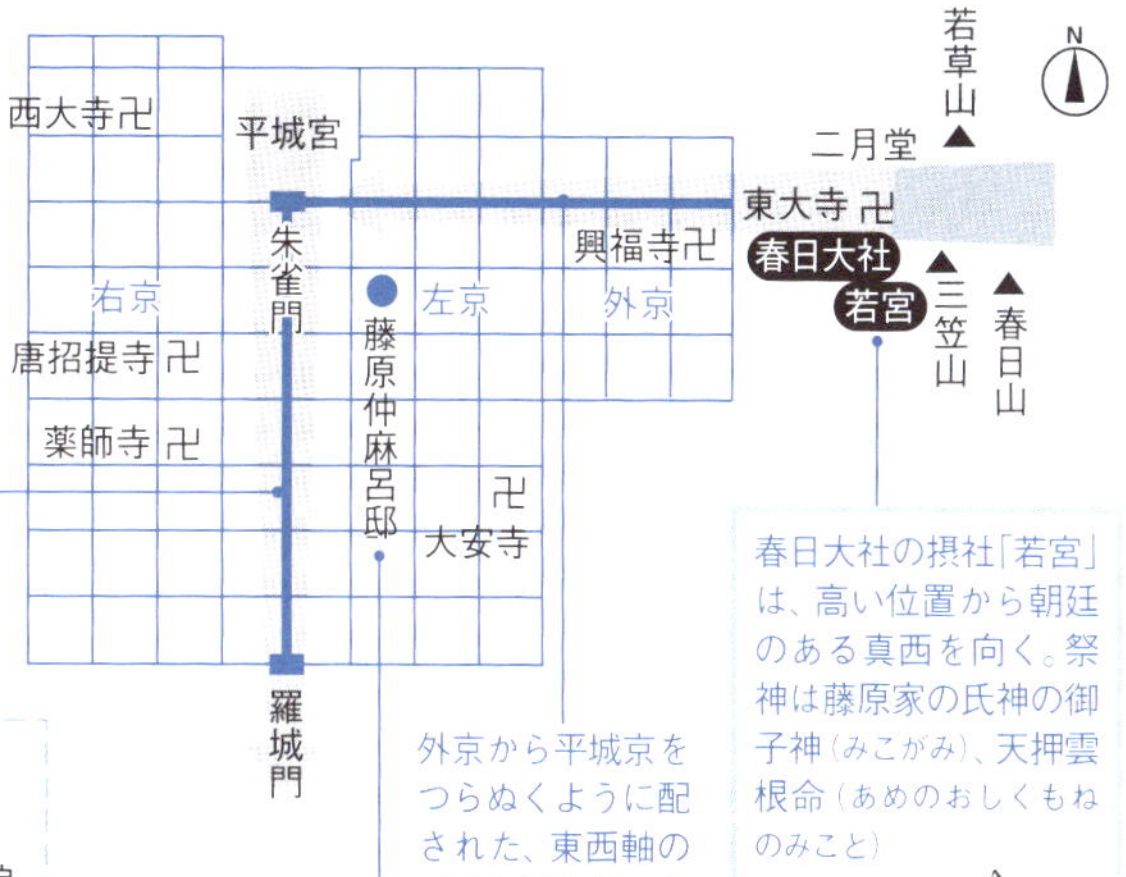
西大寺
平城宮
若草山
N
二月堂
東大寺
朱雀門
興福寺
春日大社
若宮
三笠山
春日山
右京
左京
外京
藤原仲麻呂邸
唐招提寺
薬師寺
大安寺
羅城門
天皇の政（まつりごと）の中心は南北軸のメインストリート（朱雀大路）にあった
外京から平城京をつらぬくように配された、東西軸のメインストリート。神の祭りごとの中心であった
天皇の強い補佐役となった仲麿呂は朱雀大路に近いところに居を構えた
春日大社の摂社「若宮」は、高い位置から朝廷のある真西を向く。祭神は藤原家の氏神の御子神（みこがみ）、天押雲根命（あめのおしくもねのみこと）

data

春日大社

所在地・奈良市春日野町160
行き方・JR大和路線・近鉄「奈良駅」から奈良交通バスで「春日大社本殿」下車すぐ

本殿は国宝。鹿島神のほか、千葉の香取神、藤原家祖神とその妻の四柱を合わせ、春日神とした

MEMO：春日大社では、本殿の位置を変えずに建替え・修復する「式年造替」（しきねんぞうたい）が20年に1度行われる（今次は2016［平成28］年に完了する）

奈良

裳階《もこし》が塔を支え美を生む

世界遺産｜国宝

薬師寺の三重塔

薬師寺の東塔・西塔は、六重塔に見えるが、三重塔だ。3層の屋根の下にそれぞれ裳階《もこし》が付いている。屋根と裳階の庇が大小重なることでリズムが生まれ、その姿は「凍れる音楽」とも。一般的には最下層部にのみ設けられる裳階が、見栄えに大きく貢献した。

高い塔は揺れやすい。同じ高さでも、階高[※1]の大きいほうが揺れる[※2]。薬師寺三重塔の裳階は、各層を固めて揺れにくくする役割も担っているのだ。

高さ30m超の塔は3階建て

730（天平2）年建立の東塔と、1981（昭和56）年に再建された西塔。西塔の木造部分は東塔より33cm高いが、200年経つと重さで同じ高さになるという

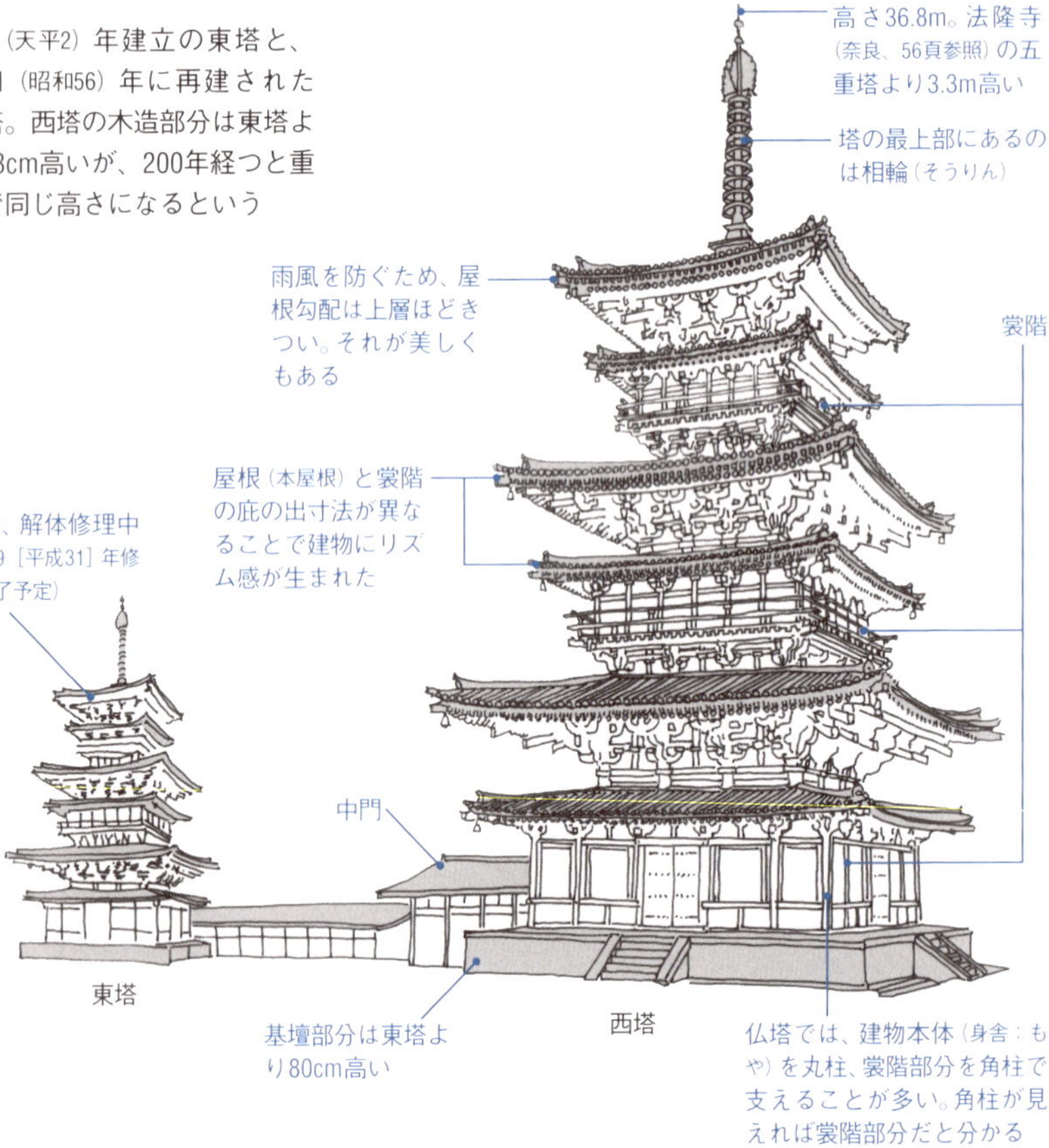
高さ36.8m。法隆寺（奈良、56頁参照）の五重塔より3.3m高い
塔の最上部にあるのは相輪（そうりん）
雨風を防ぐため、屋根勾配は上層ほどきつい。それが美しくもある
裳階
屋根（本屋根）と裳階の庇の出寸法が異なることで建物にリズム感が生まれた
現在、解体修理中（2019［平成31］年修理完了予定）
中門
東塔
西塔
基壇部分は東塔より80cm高い
仏塔では、建物本体（身舎：もや）を丸柱、裳階部分を角柱で支えることが多い。角柱が見えれば裳階部分だと分かる

※1：1層分の高さ　※2：各層の柱が長くなると、建物は揺れやすくなる

相輪を見れば塔が分かる

仏塔の最上部にある相輪は、釈迦の墓ストゥーパ（卒塔婆）を表している。下の木造部分は、ストゥーパを引き立てる飾りのようなものだ

相輪は①〜⑦の7つからなる。薬師寺三重塔の相輪部分の高さは全体の1／3程度で、バランスがよいとされる（奈良・法隆寺の五重塔［57頁参照］も同様）

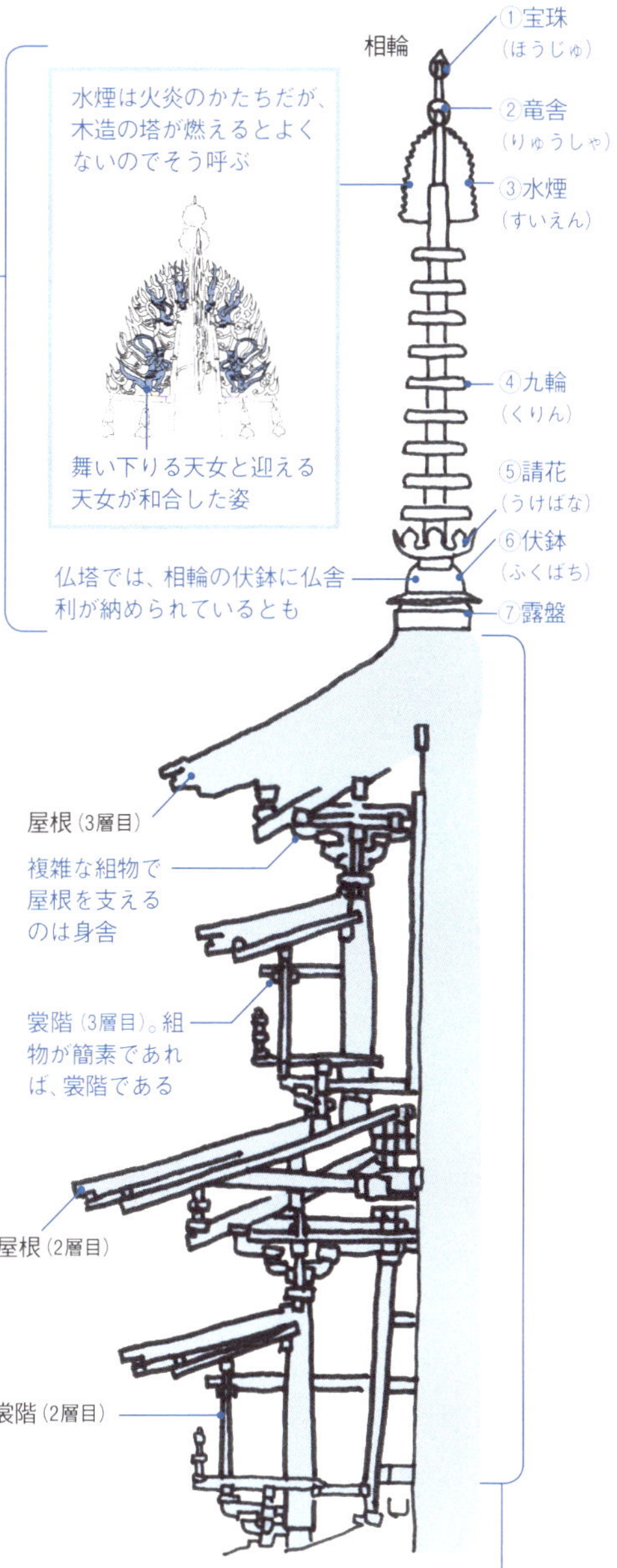
相輪
①宝珠
（ほうじゅ）
②竜舎
（りゅうしゃ）
③水煙
（すいえん）
④九輪
（くりん）
⑤請花
（うけばな）
⑥伏鉢
（ふくばち）
⑦露盤
水煙は火炎のかたちだが、木造の塔が燃えるとよくないのでそう呼ぶ
舞い下りる天女と迎える天女が和合した姿
仏塔では、相輪の伏鉢に仏舎利が納められているとも
屋根（3層目）
複雑な組物で屋根を支えるのは身舎
裳階（3層目）。組物が簡素であれば、裳階である
屋根（2層目）
裳階（2層目）
2層、3層と上層になるほど床面積が小さくなるのは、奈良時代以前の塔の特徴

ストゥーパと相輪を比較

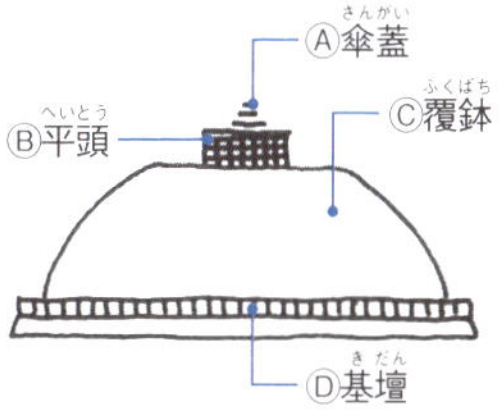
Ⓐ傘蓋《さんがい》
Ⓑ平頭《へいとう》
Ⓒ覆鉢《ふくばち》
Ⓓ基壇《きだん》

半球形の覆鉢に仏舎利（釈迦の遺骨）を納めたストゥーパ。ストゥーパのⒶは仏塔の相輪のうち①宝珠〜④九輪に、Ⓑ平頭は⑤請花に、Ⓒ覆鉢は⑥伏鉢に、Ⓓ基壇は⑦露盤にそれぞれ対応している

data

薬師寺

所在地・奈良市西ノ京町457
行き方・近鉄「西ノ京駅」下車すぐ

近鉄橿原線
唐招提寺
N
9
24
西ノ京駅
薬師寺
関西本線

東塔は国宝。朱緑のきつい西塔の色は30年もすれば落ち着くのだそうだ

MEMO：一般的に、神社仏閣の瓦屋根の勾配は急で、7〜8寸ほど。一方、薬師寺三重塔の屋根勾配は東塔が4寸、西塔が3寸5〜6分。緩やかに葺けたのは、白鳳時代の瓦の質がよかったから

奈良

人々を救う広大無辺に働く手

世界遺産｜国宝

唐招提寺《とうしょうだいじ》の千手観音立像《せんじゅかんのんりゅうぞう》

千手観音※1は、密教の伝来と共に民衆の前に現れた奇怪な仏像だ。11の仏面※2と3つの眼をもち、1千本あるという手にもそれぞれ眼がある。一見、化け物のような様相だが、世の隅々まで眼を通し、手に持つあらゆる法力《ほうりき》ですべての人を救うといわれる。

唐招提寺の千手観音立像は像高さ5m超。手の数やその大きさに圧倒され、なるほど観音様の前に立てば、自分も救ってもらえるに違いないと思えてくる。

本名は「十一面三眼《さんげん》千手千眼観世音《かんぜおん》菩薩」

千手観音像は、合掌した手を除き、左右に20本ずつ、計40本の腕をもつのが通例。一方、唐招提寺の千手観音立像は、953本もの腕をもつ。元々は1,000本あったと考えられている

左右の脇から出ているのは脇手。大きいものを大脇手（42本）、小さいものを小脇手（911本）という。これらがバランスよく配されている
頭上には10の仏顔
額にあるのは、左右の眼に続く第三の眼。3つを合わせて三眼（さんげん）という
胸の前で合掌する手（真手：しんしゅ）
大脇手は大願成就のための持物（じぶつ）をもつ。願いを叶える秘密道具だ。たとえば「錫杖」（しゃくじょう）の輪を鳴らすと、煩悩が除去され知恵を授かる

立像高さが5.3mなのに対し、金堂内部の高さは約8m。建物いっぱいに像が立つ

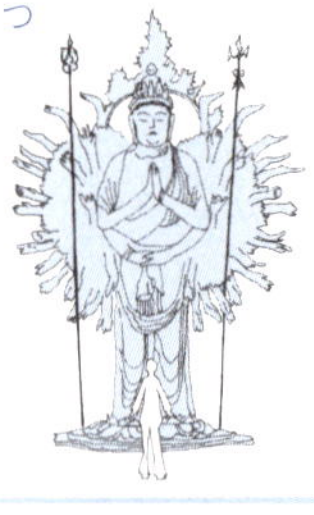

手のひらには眼という文字がある。つまり千の手に千の眼をもつということ。千は極限の力を表し、救いを求めるすべての衆生を、千の眼と千の手（法力）で漏れなく救い出す

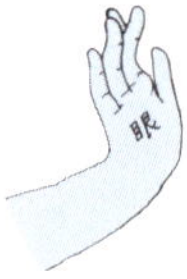
眼

※1：過去・現在・未来にわたり力を与える慈悲深い仏　※2：一般的に千手観音は、本体の仏面と頭上の10の仏頭の面を合わせ「十一面」をもつとされる。頭上の仏頭だけで「十一面」となる場合もある（法華寺［奈良］の十一面観音立像）

千手観音はこうして人々を救う

眼と頭で心を見抜く

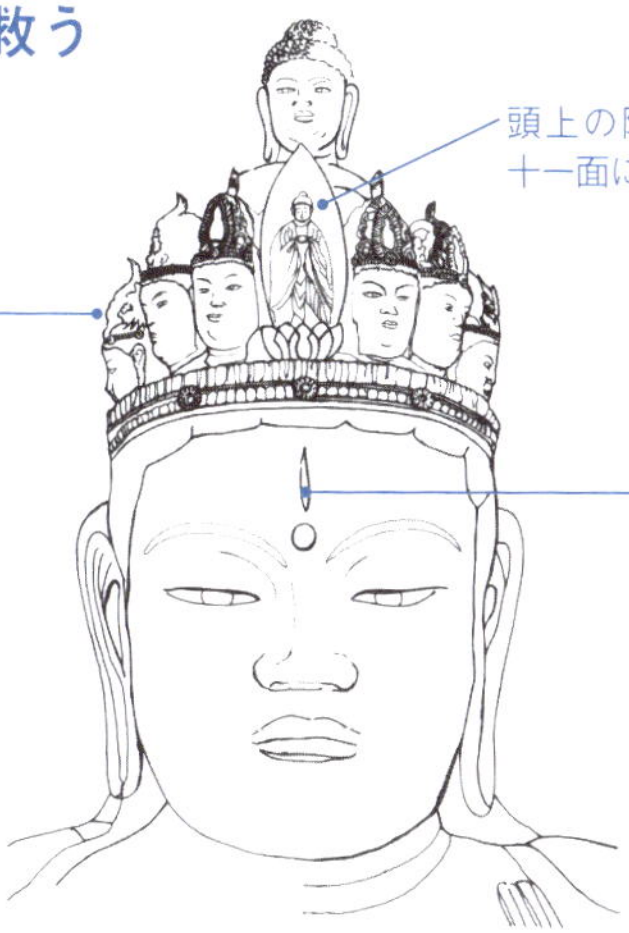
頭上の阿弥陀の化仏は十一面にカウントしない
第三の眼とされる縦の眼は「真眼」（しんがん）といい、すべてを見通し真実を見抜くことができる

上から見ると、頭部には10の仏頭（化仏）と阿弥陀の化仏があるのが分かる。11の悩みを受け止めるとも。悟りや慈悲、憤怒などさまざまな表情をしている

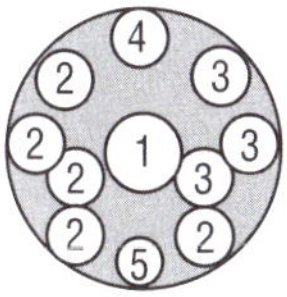
4
2
3
2
1
3
2
3
2
2
5
正面

①頂上仏面
②菩薩面
③瞑怒面（しんぬめん）
④大笑面
⑤阿弥陀の化仏（けぶつ）

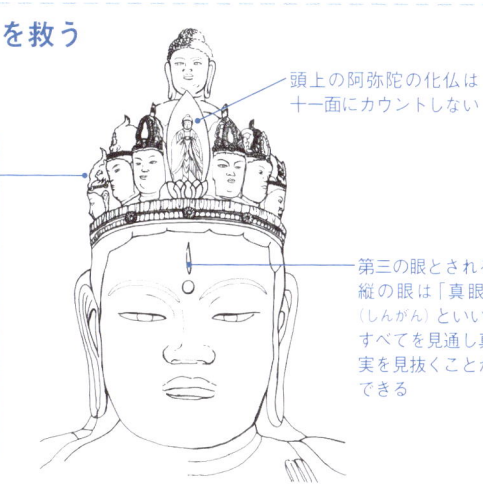

手でお悩み解決！　持物で異なる法力

一人ひとりの悩みに合わせ、真手が脇手に法力を発揮させる

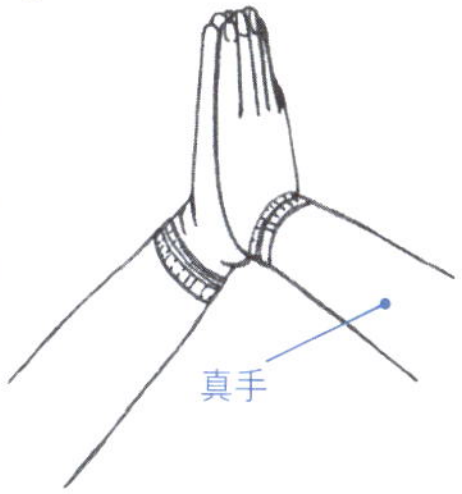
真手

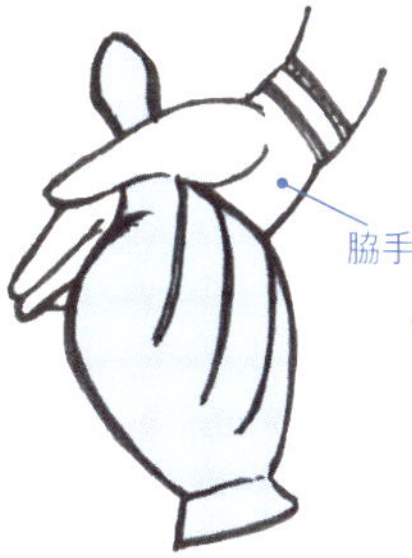
脇手

「胡瓶」（こびょう）は過去に罪を犯した人向け。八功徳水を振りかけると、一切の穢れが消える

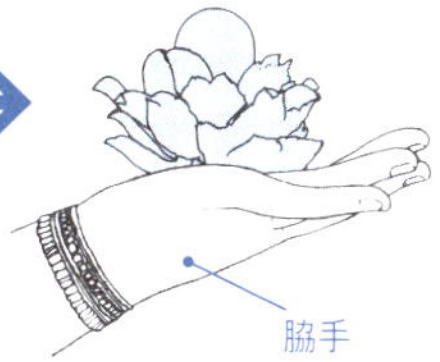
脇手

「宝珠」は衣食住を与える。安定した生活をお望みの人向け

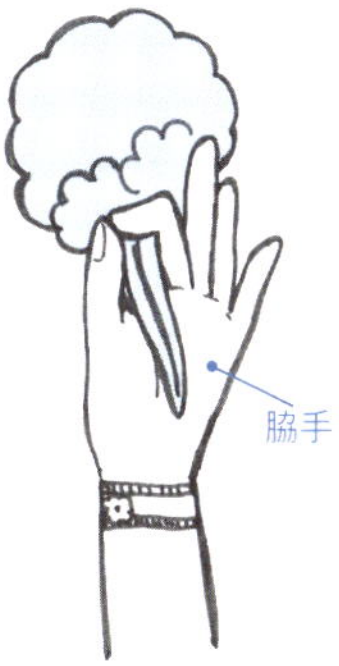
脇手

「五色雲」は不老長寿のアイテム。長生きしたい人向け

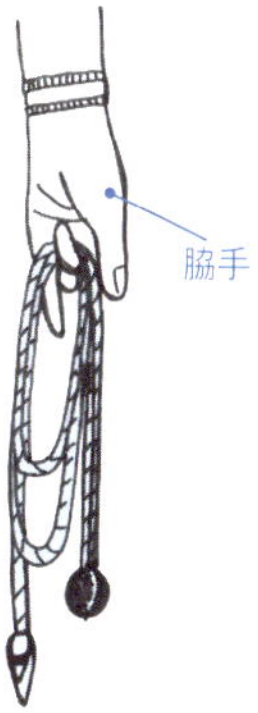
脇手

「羂索」（けんさく）は悩みをとらえることのできる縄で、人を救済する。悩みでつらい人向け

data

唐招提寺

所在地・奈良市五条町13－46
行き方・近鉄「西ノ京駅」から徒歩9分

宝来山古墳
尼ケ辻駅
308
近鉄橿原線
唐招提寺
24
9
西ノ京駅
薬師寺
N

国宝・千手観音立像が安置される金堂は、創建時（奈良時代［8世紀後半］）の姿を残す国宝の建物

MEMO：唐招提寺金堂には、中央に本尊・盧舎那仏座像（るしゃなぶつざぞう）、右に薬師如来立像、左に千手観音立像（十一面三眼千手千眼観世音菩薩像）が安置され、いずれも国宝である。中秋の名月を愛でる観月讃仏会（かんげつさんぶつえ）では夜間に金堂が開かれ、三尊仏のシルエットが浮かび上がる

奈良

美しき近代化遺産 日本最古の刑務所

奈良少年刑務所［旧奈良監獄］

欧米諸国にならった「明治の近代化」は、美しさと機能性に優れた刑務所建築を生んだ。欧米の刑務所は、修道院や宮殿、城塞などを利用してつくられたもの。ゆえに明治の刑務所も、城のような美しい外観と強固な塀をもつことになった。

建物は1908（明治41）年に竣工。赤レンガが印象的な双塔の門や、宮殿のような本館、集中型の一望監視施設※など、当時の施設は今も現役だ。

レンガ造りの美しい正門

美しさだけでなく、機能も兼ね備えた正門。対称性の強い建物は、威圧的・支配的なイメージをつくり出す。ここを通る者は、双塔の上下からの視線を感じ、畏れすら抱く

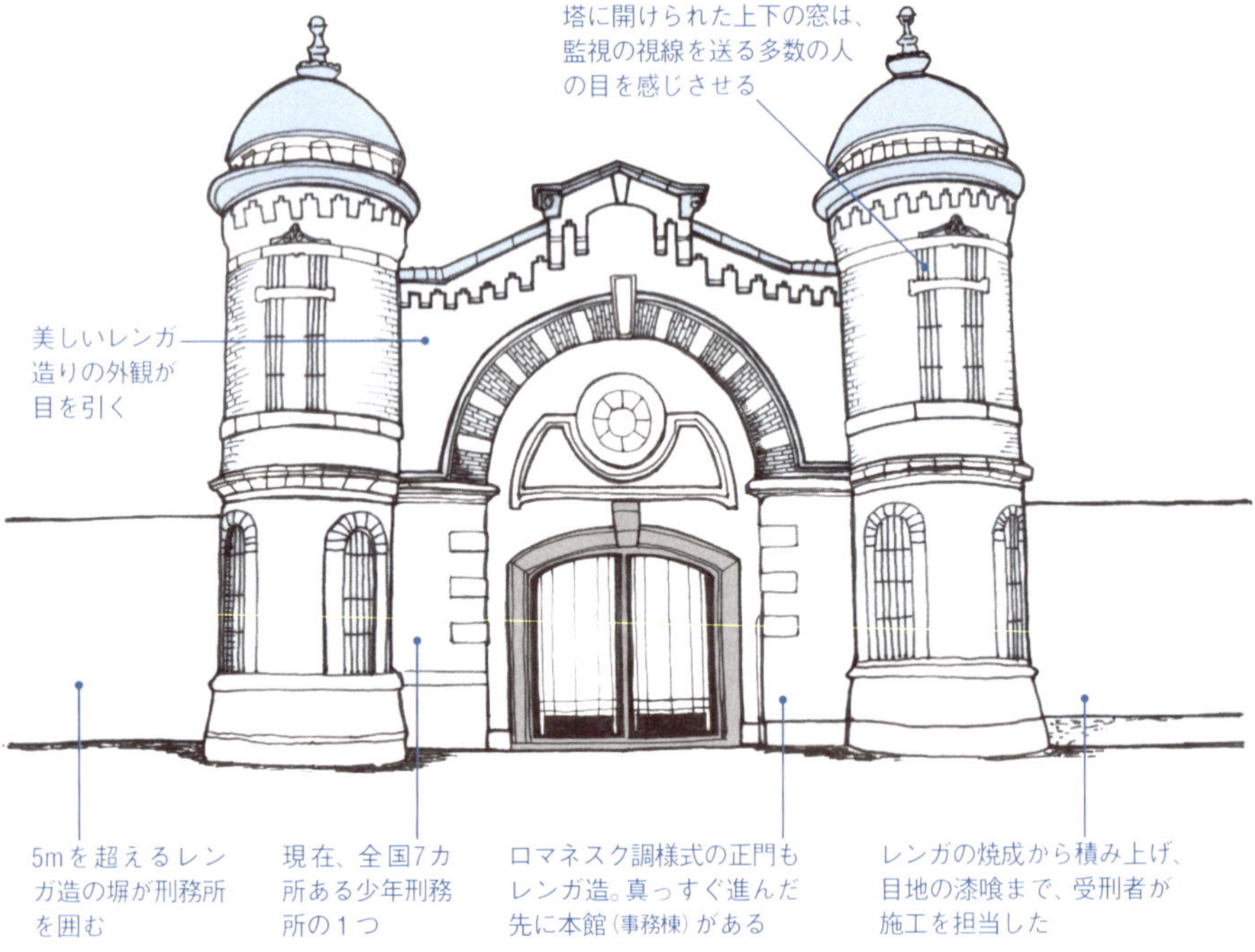
塔に開けられた上下の窓は、監視の視線を送る多数の人の目を感じさせる
美しいレンガ造りの外観が目を引く
5mを超えるレンガ造の塀が刑務所を囲む
現在、全国7カ所ある少年刑務所の1つ
ロマネスク調様式の正門もレンガ造。真っすぐ進んだ先に本館（事務棟）がある
レンガの焼成から積み上げ、目地の漆喰まで、受刑者が施工を担当した

※：パノプティコンともいわれ、房舎を放射状に配置するもの。監獄建築では、アメリカ・ペンシルバニア東部懲治監（イースタン州立刑務所）が有名

美のなかに潜む監視の目

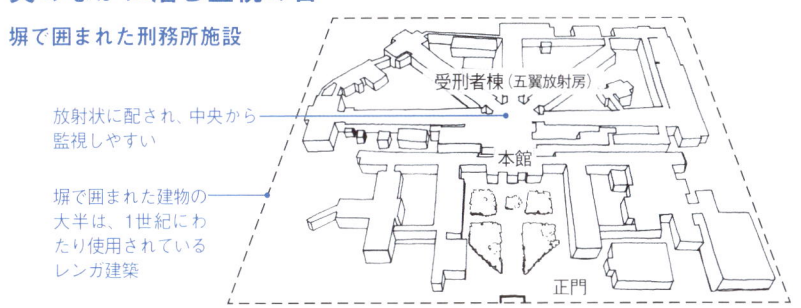

塀で囲まれた刑務所施設

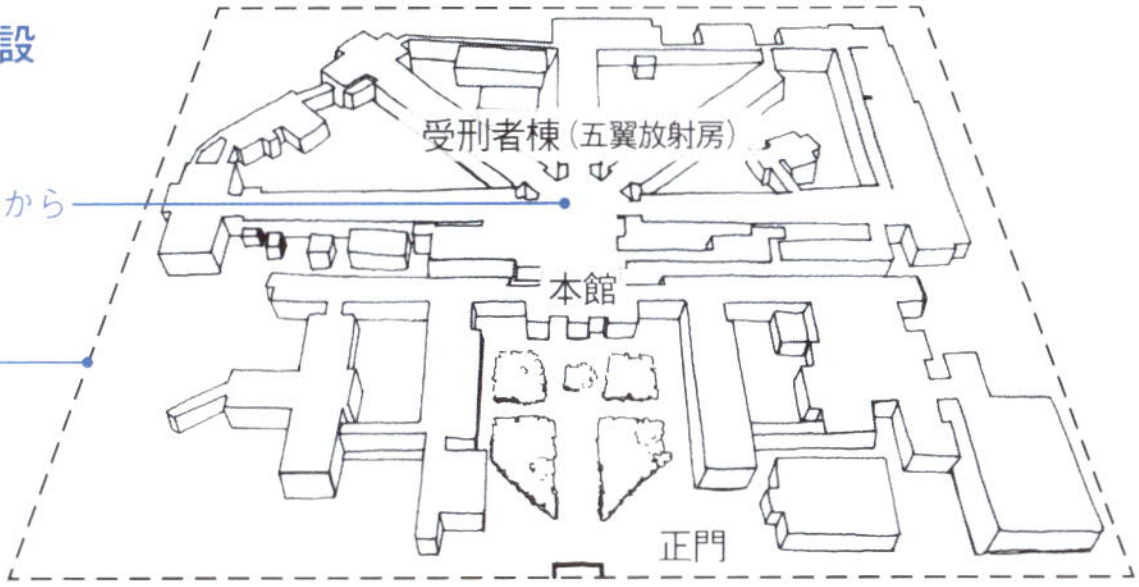

放射状に配され、中央から監視しやすい

塀で囲まれた建物の大半は、1世紀にわたり使用されているレンガ建築

立ちはだかる威厳ある建物

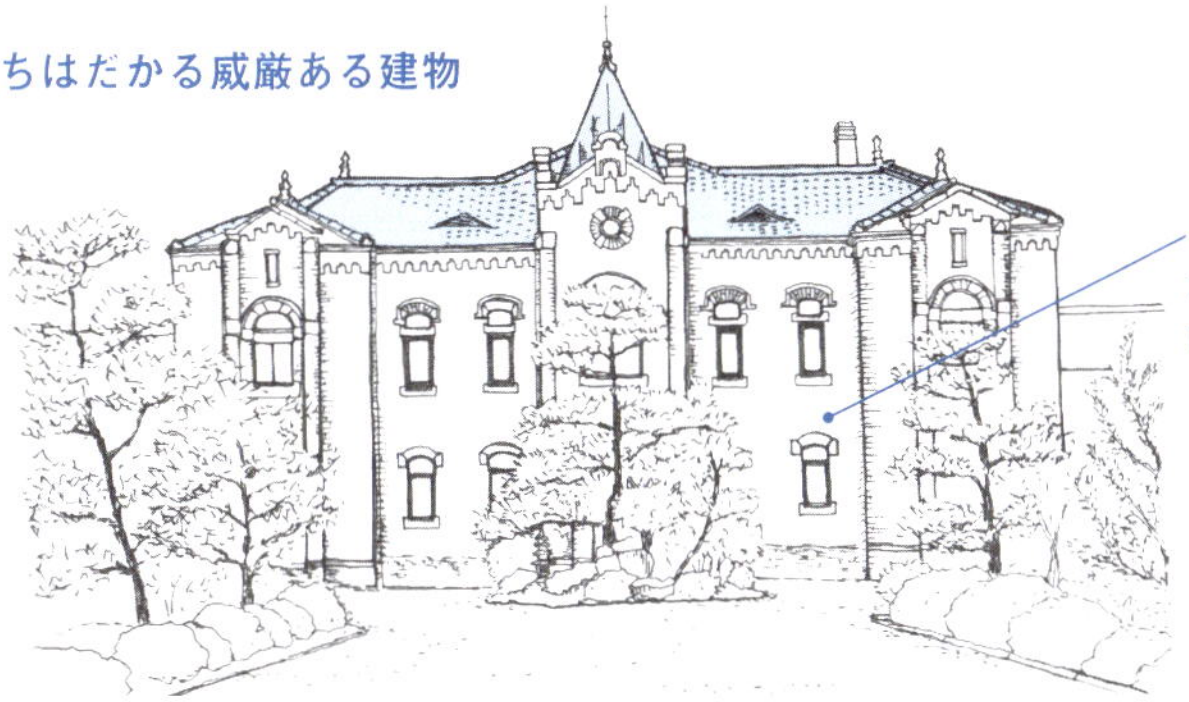

レンガ造の重厚な建築は、本館（事務棟）。奥の五翼放射房につながる

監視しやすいプラン

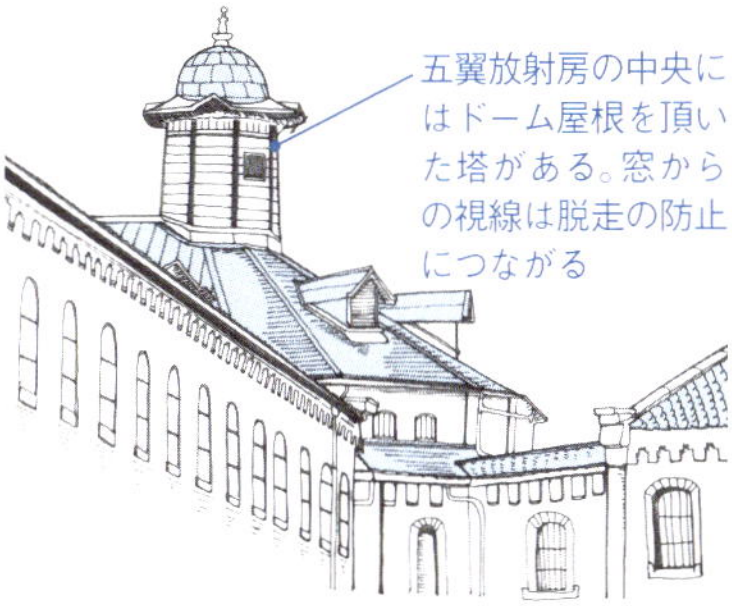

五翼放射房の中央にはドーム屋根を頂いた塔がある。窓からの視線は脱走の防止につながる

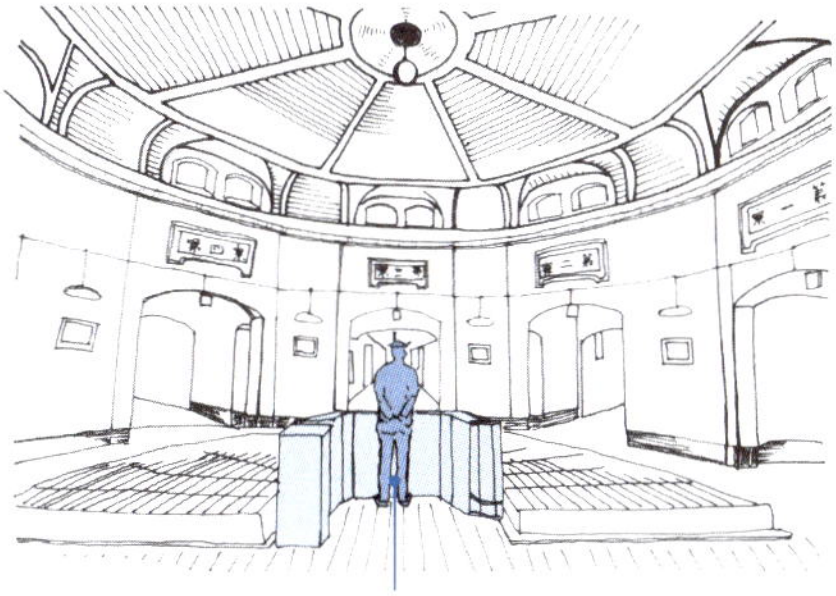

五翼放射房の中央にある中央監視台から、5棟の受刑者を監視する。収監者には、24時間絶えず監視されているような意識が生まれる（写真提供：上條道夫）

data

奈良少年刑務所

所在地・奈良市般若寺町18
行き方・JR関西線・近鉄「奈良駅」からバス「般若寺町」下車、徒歩3分

毎年9月に開かれる矯正展では、構内施設の一部を見学できる

その他の近代刑務所

網走刑務所（「博物館網走監獄」内の再現建築）

フランス様式の建物（大正11年竣工）や塀に使われたレンガは、刑務所用地内の粘土を使い、所内で焼いたもの。総数は150万個とも。図は受刑者がつくった赤レンガの表門

MEMO：1900（明治33）年施行の監獄法により、全国規模での監獄改修計画が策定された。第1期は奈良・千葉・金沢・長崎・鹿児島の5監獄が対象となり、山下啓次郎が設計を担当。建物は耐火性を考慮し、当時製造技術が向上したレンガでつくられた。明治の5大監獄と呼ばれたが、建物の多くが今も残るのは旧奈良監獄のみ（旧千葉監獄は正門と本館が現存）

世界遺産｜国宝

奈良

法隆寺

自説を立てて七不思議を楽しむ

斑鳩《いかるが》の里にある法隆寺は、7世紀に聖徳太子によって創建された※1。飛鳥様式の中門《ちゅうもん》・金《こん》堂《どう》・五重塔は、現存する世界最古の木造建築だ。

この寺にまつわる言い伝えは多く、昔から「七不思議」がまことしやかに語られてきた。哲学者・梅原猛によれば、中門の真ん中にある柱は、死んでなお強い聖徳太子の影響力を封印するために藤原氏が立てたという※2。ミステリアスな説には否定派も多いが、自説を立てて想像しながら見るのも一興である。

論争を呼んだ中門の柱

法隆寺の伽藍《がらん》は、金堂と五重塔などが並ぶ「西院」と、夢殿《ゆめどの》がある「東院」からなる。西院伽藍の本来の入口となるのが中門だ。西院の伽藍配置は、法隆寺式（74頁参照）といわれる

金堂と五重塔の周りに回廊が巡らされている
中央に柱を置いたので4間の門となった。偶数、特に4を使うことは寺院では珍しい
門の真ん中に立てられた柱。進入禁止的な意味合いで、「御霊を封じ込めた」、逆に「外から邪悪なものが入り込まないように立てた」という考え方もできるが、「入口と出口を分けた」などとシンプルに推理してみるのも楽しい

※1：創建は607年と伝わるが、その後火災に遭い、再建された　※2：梅原猛著『隠された十字架——法隆寺論』による

洞察力を磨き、不思議を楽しむ

五重塔の不思議

古（いにしえ）より伝えられる「七不思議」の1つが、頂上部の相輪に刺さった鎌のオブジェ。1本しか残っていなかったが、昭和の大修理で本来の4本のかたちに戻った

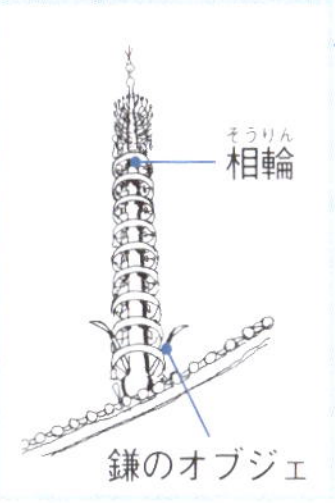
相輪《そうりん》
鎌のオブジェ

「4」は死と結び付く数字だが、法隆寺では各所に4の倍数が見られる。五重塔の高さも資材帳に高さ16丈と記される（実際は異なる）。数字をキーワードにして観察すれば、何か発見できるかも

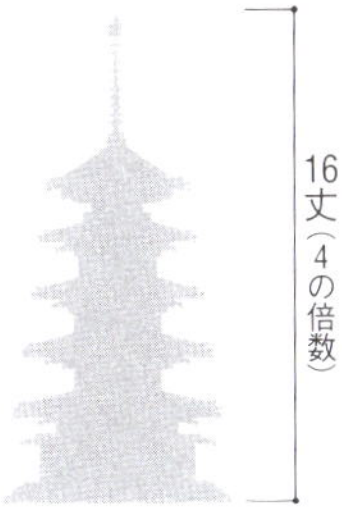
16丈（4の倍数）

夢殿の不思議

夢殿は八角形平面をした建物。八角形の伽藍といえば、興福寺の北円堂（ほくえんどう）など、その多くは墓であるが……

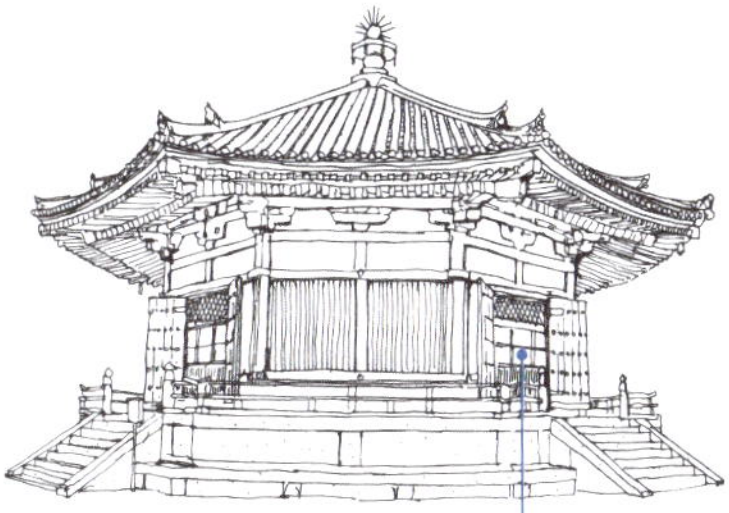

夢殿に安置される秘仏、救世（ぐぜ）観音。そのお顔は聖徳太子がモデルとされる。梅原説では、光背が杭で後頭部に固定されているという（通常は下から支える）。厨子の中にあり確認できないが、もし本当なら、なぜこんな罰当たりをしたか想像がふくらむ

光背

まだある不思議

西院と東院をつなぐ参道はわずかに曲がっているが、創建時の位置をプロットすると、ぴったり合う。再建時になぜ参道の一部を残したのだろうか

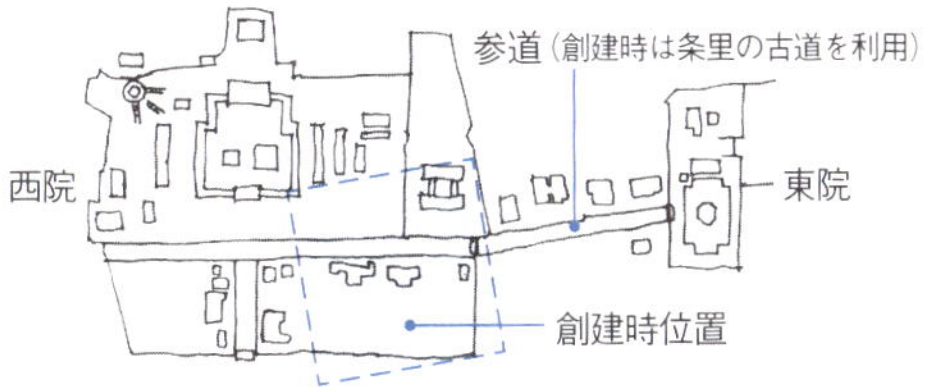
参道（創建時は条里の古道を利用）
西院
東院
創建時位置

法隆寺など斑鳩三塔の寺に見られる、雲のかたちをした肘木（雲肘木）と雲斗は飛鳥時代の意匠。再建時にも創建時の様式を取り入れたのは、火災除け（雲は雨を降らせる）の念を込めたからだけなのか

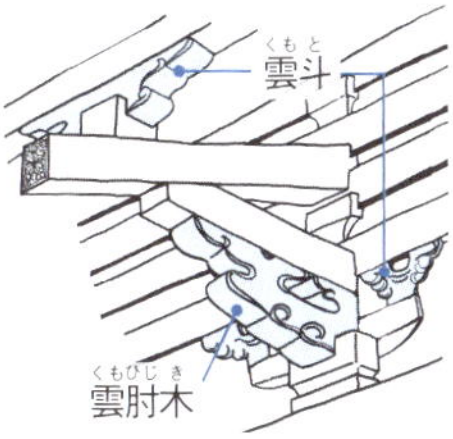
雲斗《くもと》
雲肘木《くもひじき》

data

法隆寺

所在地・奈良県生駒郡斑鳩町法隆寺山内1－1
行き方・JR関西本線「法隆寺駅」から徒歩20分。またはバスで「法隆寺門前」下車すぐ

N
法隆寺
法輪寺
中宮寺
法起寺
25
5
至大阪
法隆寺駅
関西本線
至奈良

建物や寺宝の多くが国宝。国内初の世界遺産として登録された

MEMO：斑鳩にある法隆寺、法輪寺、法起寺の飛鳥様式の仏塔を斑鳩三塔という。法輪寺の塔は雷火で焼失したが（1944［昭和19］年）、後に再建された

和歌山

自然のパワーでリフレッシュ

世界遺産

熊野三山《さんざん》

古くより熊野三山（熊野本宮《ほんぐう》大社［本宮］・熊野速玉《はやたま》大社［新宮］・熊野那智《なち》大社［那智］）※には、天皇・貴族から庶民に至るまで、多くの人々が「再生」を願って詣でてきた。

熊野三山において、よみがえりのパワーをもつのは、神社本殿に安置されている名だたる神ではない。背後にある「自然」に鎮座する古き神々である。人々はこの地にこもり、自然の生命力に触れ、再生を図った。ここでは、自然に宿る神々に目を向け、熊野がもつ霊力を見ていこう。

熊野三山は自然そのものがご神体

熊野三山はそれぞれ、自然のご神体に本来の霊力が宿る。熊野本宮大社には川の中洲に鎮座した神が、熊野那智大社には滝に鎮座した神が、熊野速玉大社には岩に鎮座した神が坐《ま》す

本宮 ── 中洲に坐す神

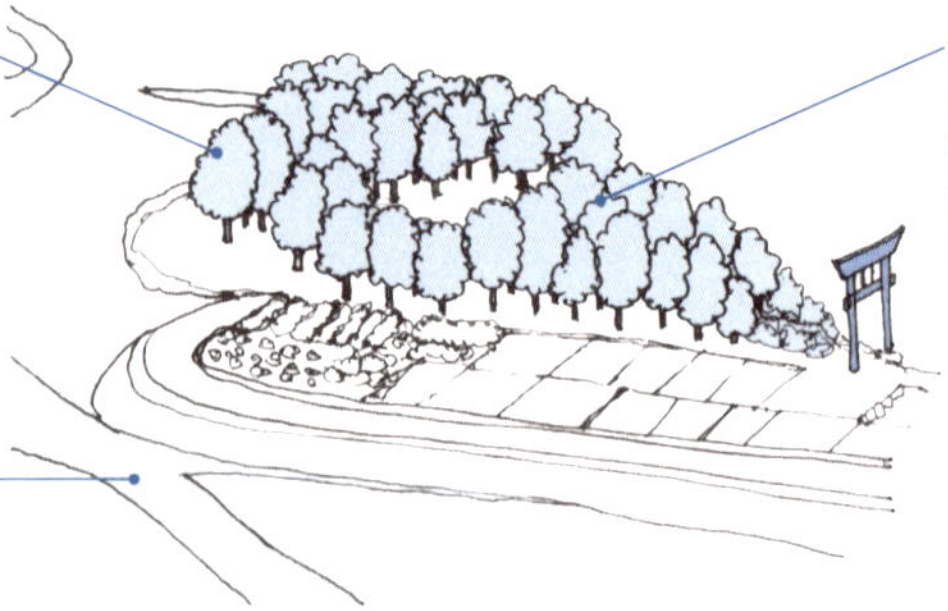
明治期の大洪水以前、熊野本宮大社は3つの川が合流する中洲・大斎原（おおゆのはら）にあった。異なる水系が交わる中洲には霊力が宿るとされる
この地にあった巨大なイチイの木に神が宿ったのが熊野本宮大社の始まりとされる
川は神聖であり、水行（水垢離：みずごり）の場でもあった

那智 ── 滝に坐す神

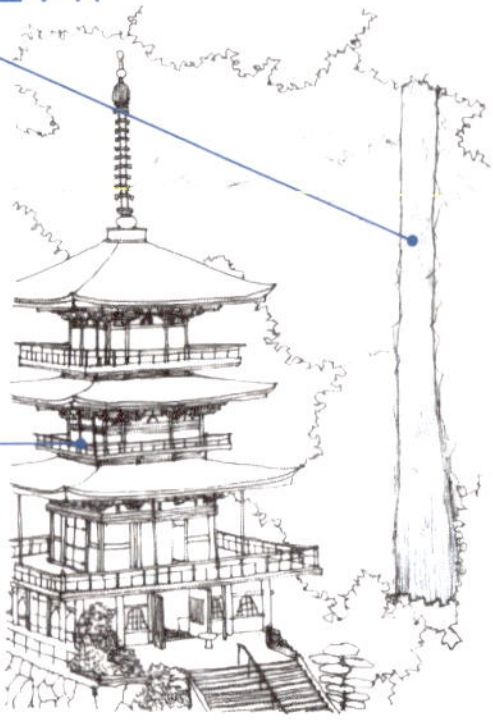
那智の滝は滝自体が信仰の対象。熊野那智大社の別宮（飛瀧［ひろう］神社）のご神体
熊野那智大社の隣にある青岸渡寺（神仏分離令までは、熊野那智大社と一体だった）の三重塔

新宮 ── 岩に坐す神

熊野速玉大社の摂社（神倉神社）
神倉（かみくら）神社のご神体、ゴトビキ岩。神武東征の際に登った天磐盾（あまのいわたて）の山とされる

※：熊野三社ともいう

熊野に息づく自然信仰

地に宿る神

湯の峰温泉は、熊野本宮大社の湯垢離(ゆごり)場。地から湧き出る温泉には再生力があるとされた

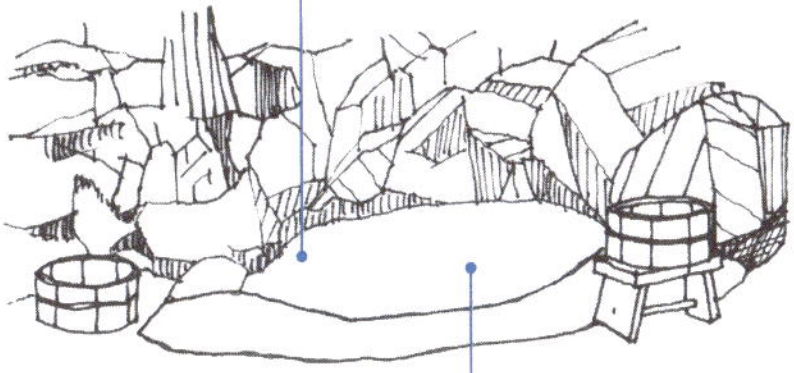

伝説上の人物、小栗判官は、瀕死の状態にあったのをここで湯治することで復活したとされる

山に宿る神

熊野三山への参詣道・大峯奥駈道(おおみねおくがけみち)は修行道。行場「西の覗き」では、断崖絶壁で身を乗り出す

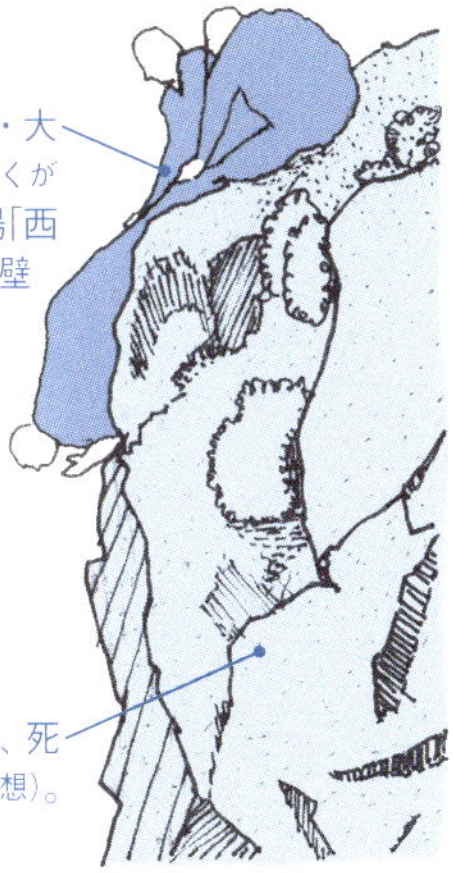

山奥の険しい自然は、死者の世界(山中他界思想)。そこで修行を積む

穴に宿る神

大峯奥駈道の行場、笙(しょう)の窟。修験道の開祖・役行者(えんのぎょうじゃ)も修行したという、こもり行の場

石に宿る神

熊野三山の奥院・玉置神社の末社・玉石社。社殿はなく、玉石がご神体

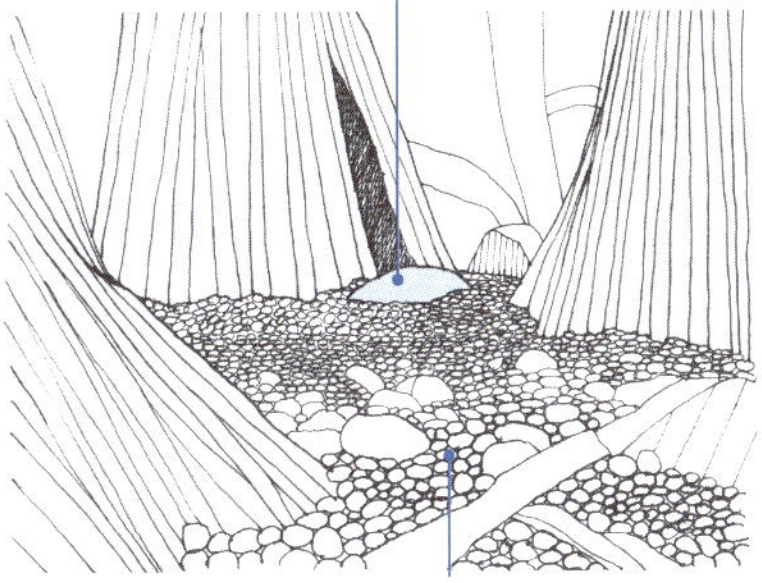

玉石信仰は熊野で最も古い信仰との説も

data

熊野三山(①本宮、②新宮、③那智)

所在地・①和歌山県田辺市本宮町本宮1100、②新宮市新宮1、③東牟婁郡那智勝浦町那智山1

行き方・①はJR紀勢本線「新宮駅」からバス。②は同駅から徒歩。③は同線「紀伊勝浦駅」からバスを利用

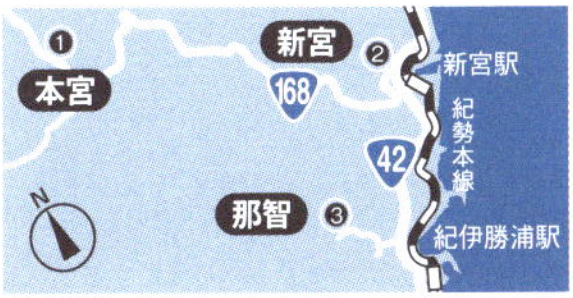

世界遺産「紀伊山地の霊場と参詣道」に登録

海に宿る神

海の彼方に浄土があるとし(海中他界思想)、船出する補陀落渡海(ふだらくとかい)は捨身(しゃしん)行の1つ。熊野から沖に出る

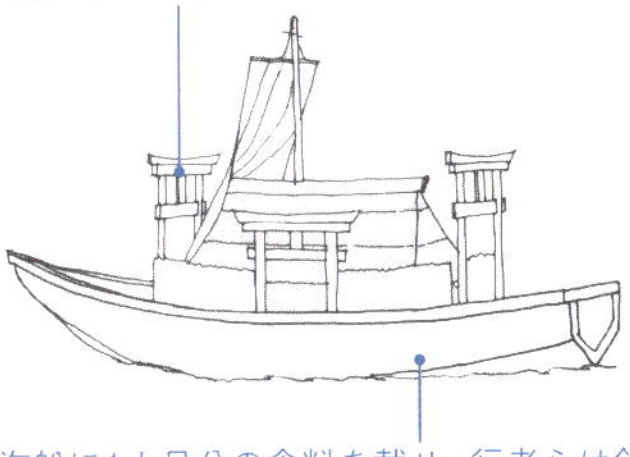

渡海船に1カ月分の食料を載せ、行者らは釘で閉じ込められた状態で出発した

MEMO：補陀落渡海の出発地とされた補陀落山寺(ふだらくさんじ、和歌山)には、渡海船の復元模型が展示されている

和歌山

国宝

根来寺《ねごろじ》の大塔

多宝塔に見る密教思想

根来寺・大塔は、日本一大きな木造の大塔である。大塔とは、規模の大きな多宝塔※のこと。上下層の間に見える、白く丸みを帯びた饅頭《まんじゅう》形（亀腹《かめばら》）が特徴的だ。

多宝塔は、正方形の下層部に円形の上層部を載せた独特のかたちをしている。天は丸く地は四角いという「天円地方思想」に、仏の教えを図示した密教の「曼荼羅《まんだら》」をプラスした、日本独自の建物である。

宇宙を表す◯と□

立面と平面に◯と□のかたちを併せもつ多宝塔。古代中国の思想「天円地方」によれば宇宙を表している

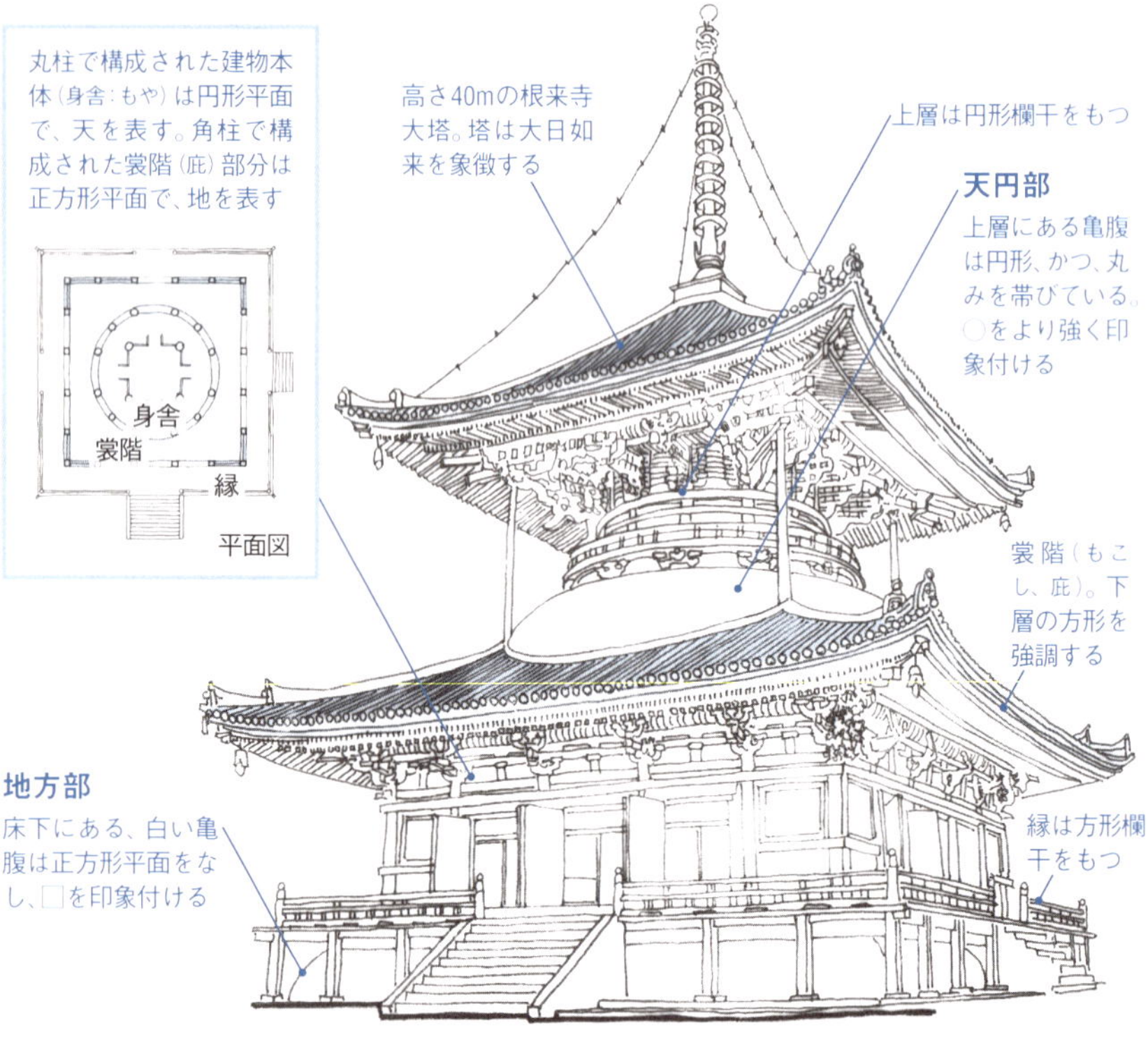
丸柱で構成された建物本体（身舎：もや）は円形平面で、天を表す。角柱で構成された裳階（庇）部分は正方形平面で、地を表す
身舎
裳階
縁
平面図
高さ40mの根来寺大塔。塔は大日如来を象徴する
上層は円形欄干をもつ
天円部
上層にある亀腹は円形、かつ、丸みを帯びている。◯をより強く印象付ける
裳階（もこし、庇）。下層の方形を強調する
地方部
床下にある、白い亀腹は正方形平面をなし、□を印象付ける
縁は方形欄干をもつ

※：空海によって考え出されたといわれ、中国や朝鮮では見られない日本独自の形態をもつ

立体化した曼荼羅

多宝塔は、曼荼羅を立体化したものと推察される。曼荼羅の中心は、密教が本尊と仰ぐ大日如来。根来寺大塔はその大日如来を安置する

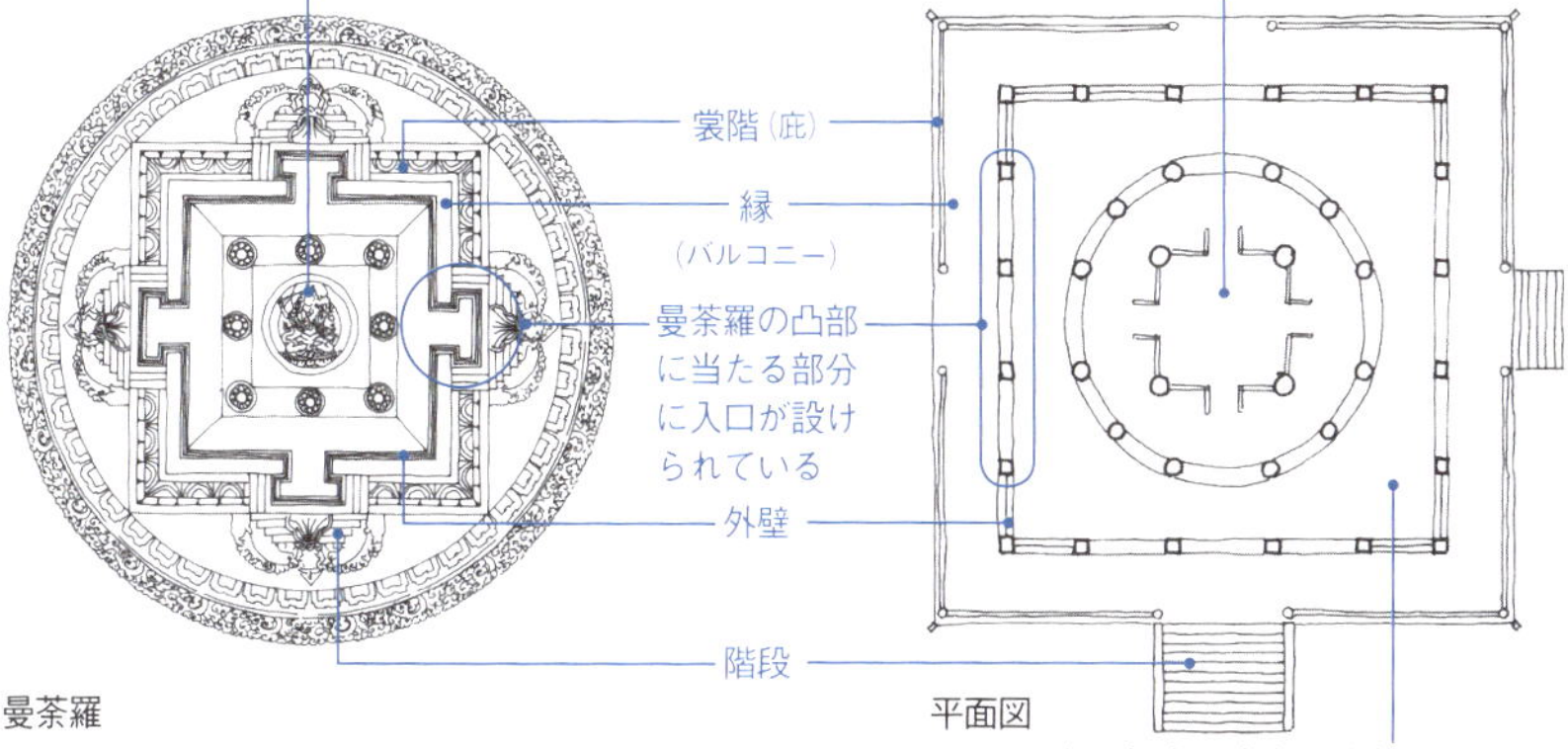
曼荼羅の中心に描かれた大日如来。大塔でも中心部に胎蔵界大日如来を置き、周囲に四仏四菩薩を安置
裳階（庇）
縁
（バルコニー）
曼荼羅の凸部に当たる部分に入口が設けられている
外壁
階段

曼荼羅　平面図

大日如来を中心に右繞（うにょう、仏の周りを右旋）する礼拝方法がある

五大思想を立体化

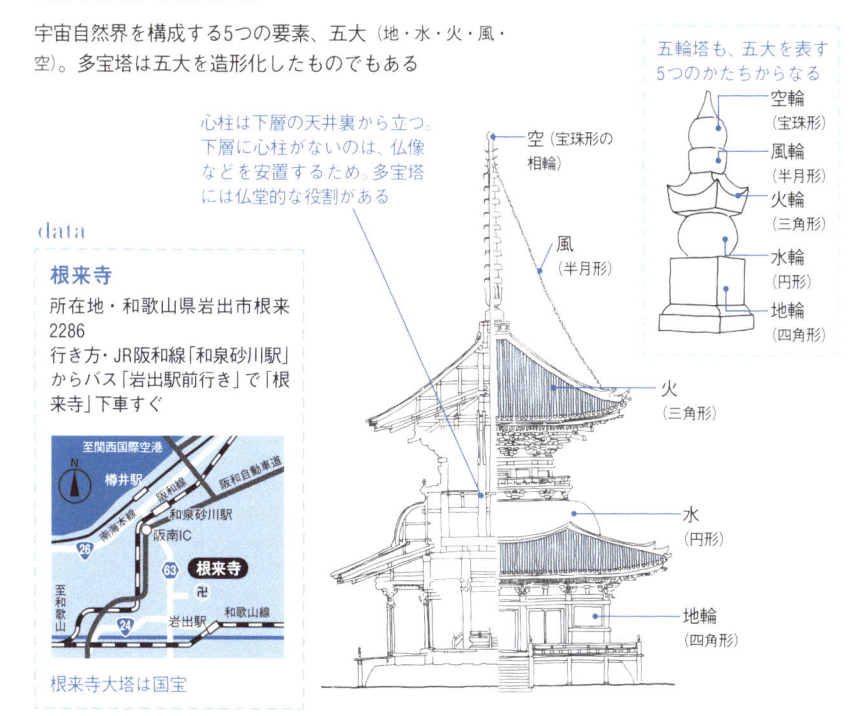

宇宙自然界を構成する5つの要素、五大（地・水・火・風・空）。多宝塔は五大を造形化したものでもある

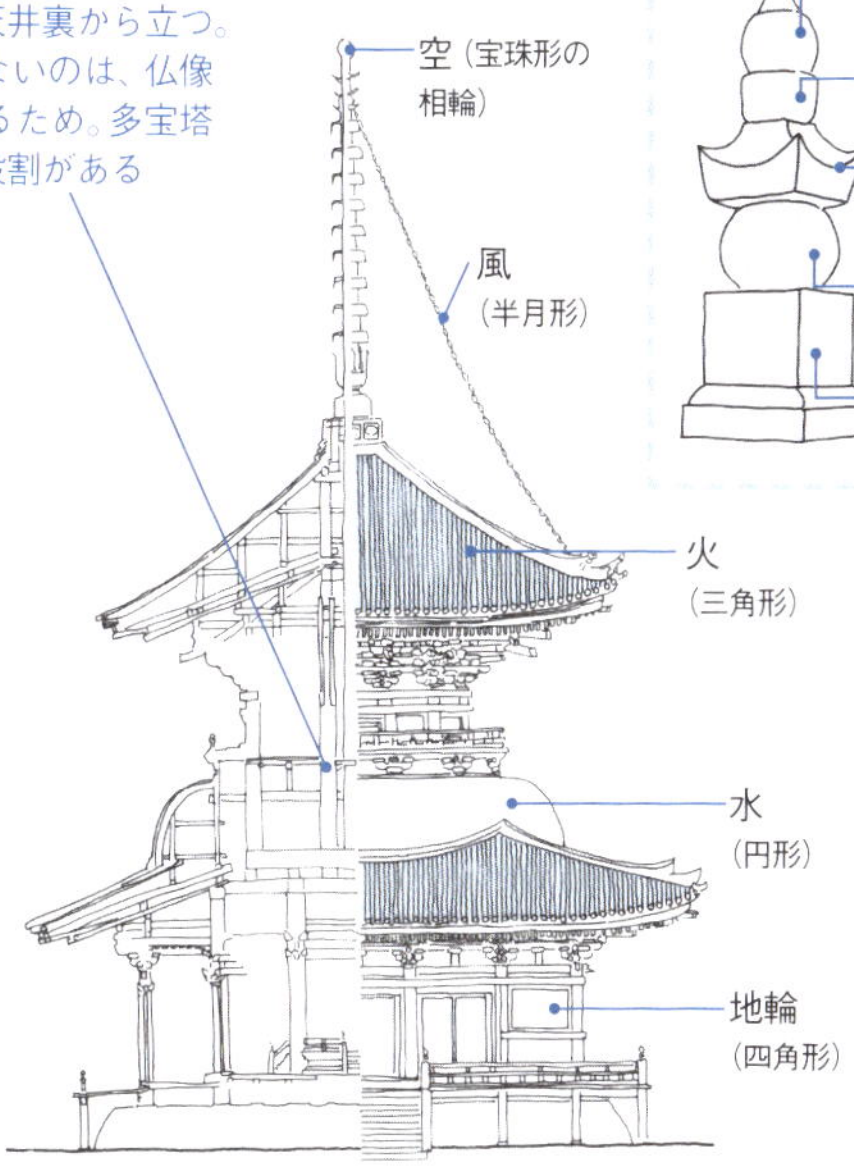
心柱は下層の天井裏から立つ。下層に心柱がないのは、仏像などを安置するため。多宝塔には仏堂的な役割がある
空（宝珠形の相輪）
風（半月形）
火（三角形）
水（円形）
地輪（四角形）

五輪塔も、五大を表す5つのかたちからなる

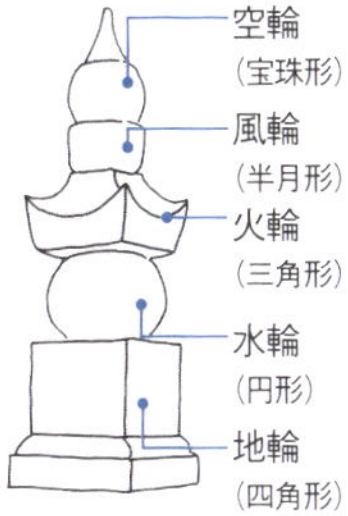
空輪（宝珠形）
風輪（半月形）
火輪（三角形）
水輪（円形）
地輪（四角形）

data

根来寺

所在地・和歌山県岩出市根来2286
行き方・JR阪和線「和泉砂川駅」からバス「岩出駅前行き」で「根来寺」下車すぐ

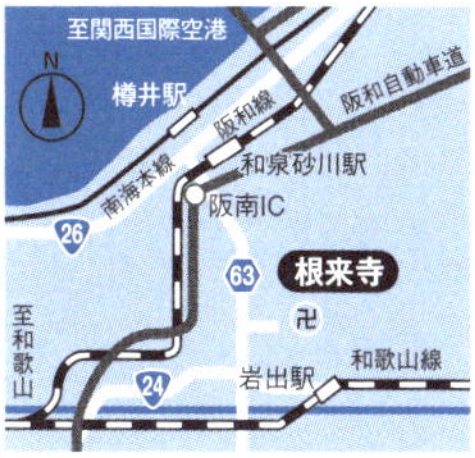
至関西国際空港
N
樽井駅
阪和線
阪和自動車道
南海本線
和泉砂川駅
阪南IC
26
63
根来寺
至和歌山
24
岩出駅
和歌山線

根来寺大塔は国宝

MEMO：多宝塔のうち、下層が方5間（9.090m四方）のものを特に大塔と呼ぶ

大阪

老舗百貨店に残るアール・デコ

大丸心斎橋店

百貨店が「家族の娯楽の場」として大衆化したのは、大正末期から昭和初期のこと。建築様式もネオ・ルネサンスからアール・デコ（112頁参照）へと変わり、工場生産できるデザインが主流になった。

昭和初期に建てられた老舗百貨店では、当時のアール・デコ様式を今も見ることができる。量産化できるデザインながら、現在の建築にはない豊かな装飾性。定規とコンパスで描く幾何学模様のモチーフや繰返しのリズムを見つけに出掛けよう。

アール・デコをお探しなら百貨店へ

アール・デコ様式を見たいなら、大阪にある大丸心斎橋店。下図は独特なデザインをもつメインエントランスだ。関東であれば、伊勢丹新宿店や日本橋三越本店。いずれのデパートでも豊かなアール・デコ装飾を見ることができる

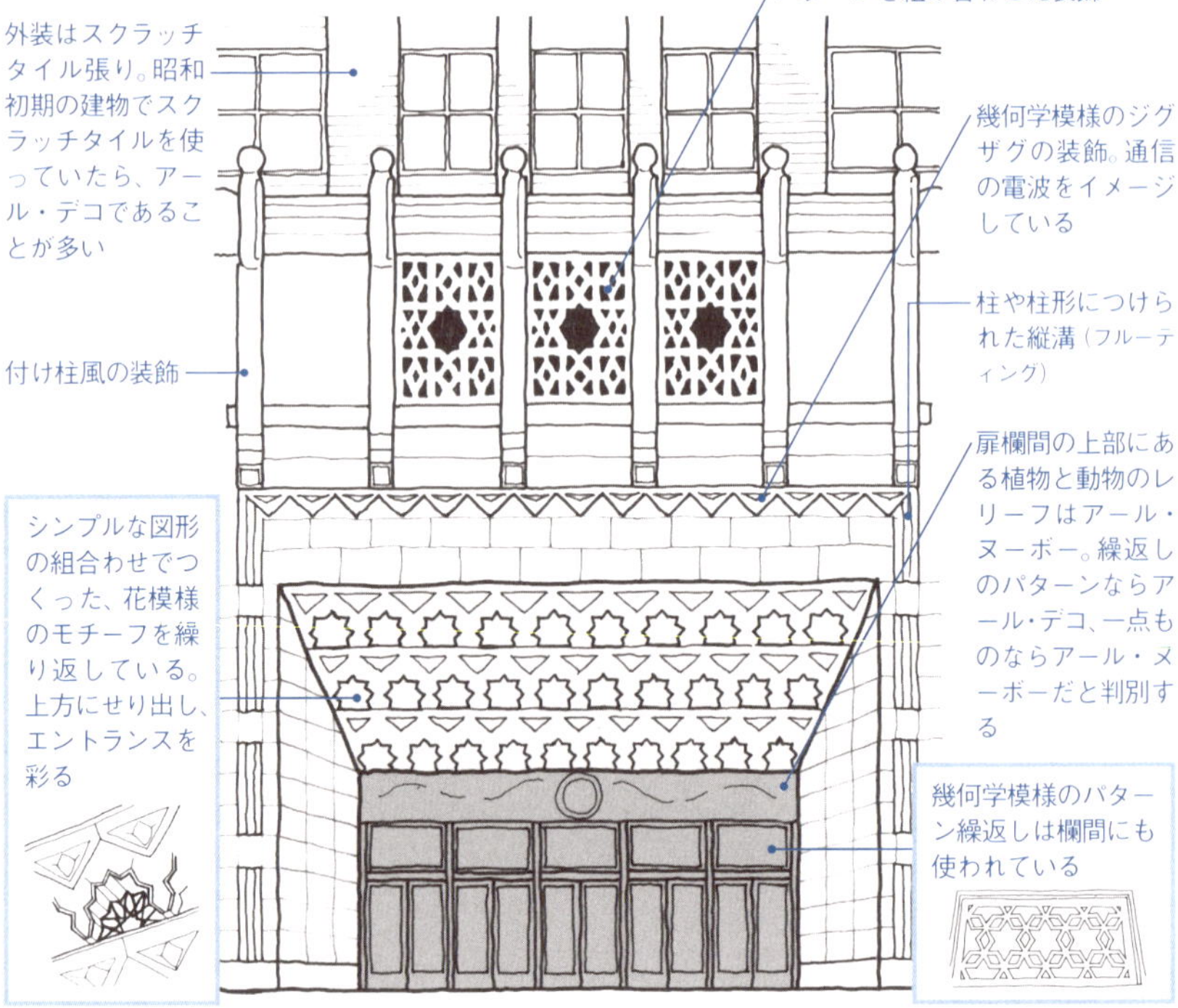
パターンを組み合わせた装飾
外装はスクラッチタイル張り。昭和初期の建物でスクラッチタイルを使っていたら、アール・デコであることが多い
幾何学模様のジグザグの装飾。通信の電波をイメージしている
柱や柱形につけられた縦溝（フルーティング）
付け柱風の装飾
扉欄間の上部にある植物と動物のレリーフはアール・ヌーボー。繰返しのパターンならアール・デコ、一点ものならアール・ヌーボーだと判別する
シンプルな図形の組合わせでつくった、花模様のモチーフを繰り返している。上方にせり出し、エントランスを彩る
幾何学模様のパターン繰返しは欄間にも使われている

11 改装されずに残ったアール・デコ

「外装」のディテールに潜む

はっきりした左右対称性と繰返しの多いパターン。工場生産とデザインの融合が読み取れる

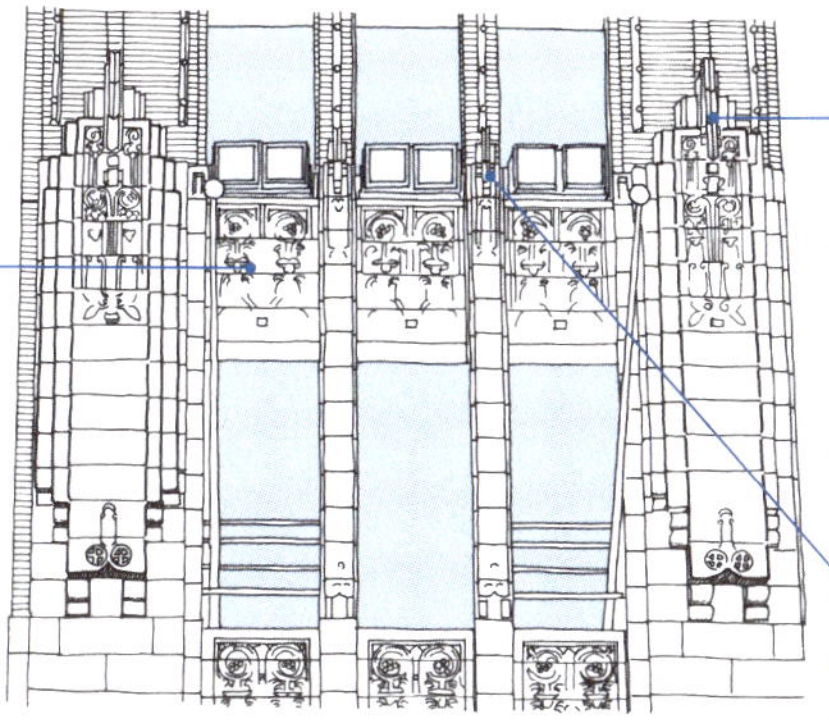

線条を微妙にずらしながら、リズムを出す

コンパスと定規で描いたような幾何学模様が特徴

伊勢丹新宿店（東京）

繰返しのリズムは「天井」に

細部までつくり込まれた植物モチーフのステンドグラス。装飾とともに、アール・デコのデザイン

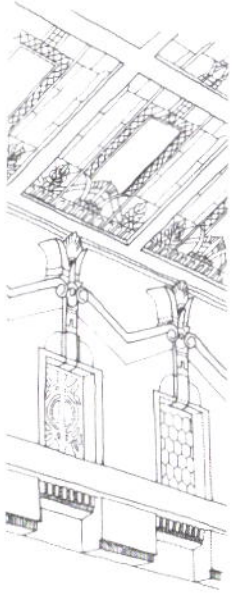

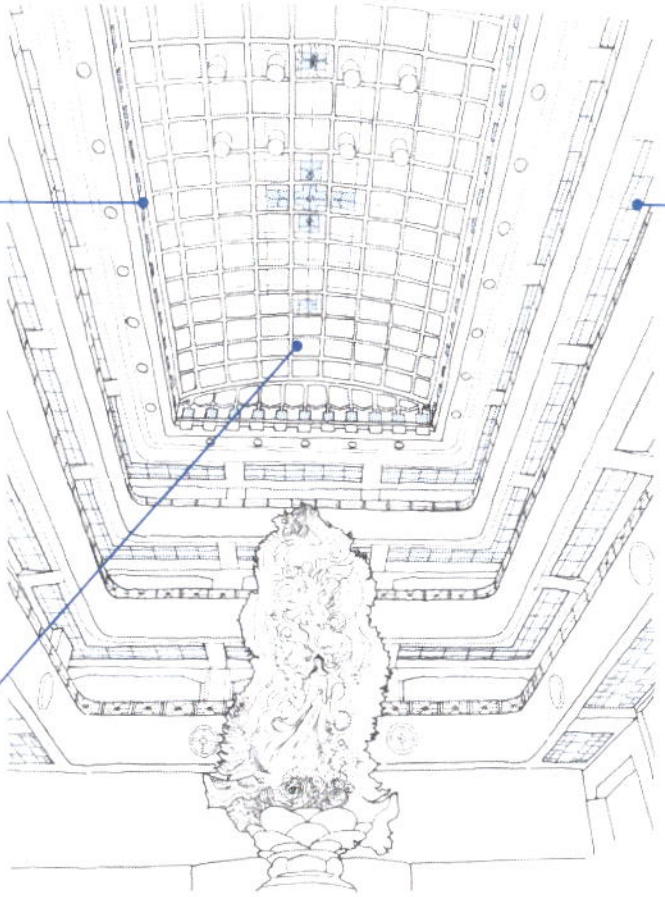

スクエアのバリエーションで、リズム感のあるステンドグラスの照明

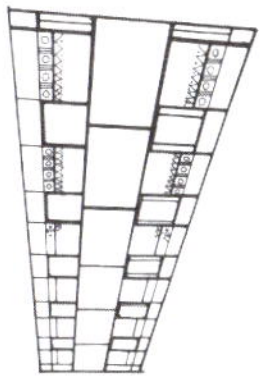

吹抜けの天井は、豪華なステンドグラスで覆われている。かつては自然光が降り注いでいた

日本橋三越本店（東京）

「階段室」に残るかつてのしつらえ

屋上へ続く階段のステンドグラス。手摺の意匠もアール・デコ

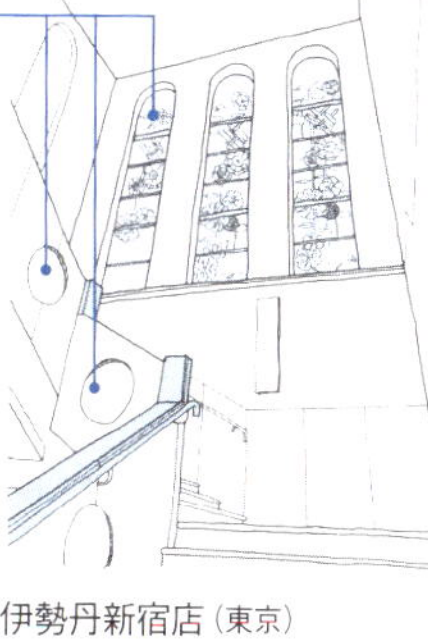

伊勢丹新宿店（東京）

手摺の上部は、六角形の立体と平面デザインの組合わせ

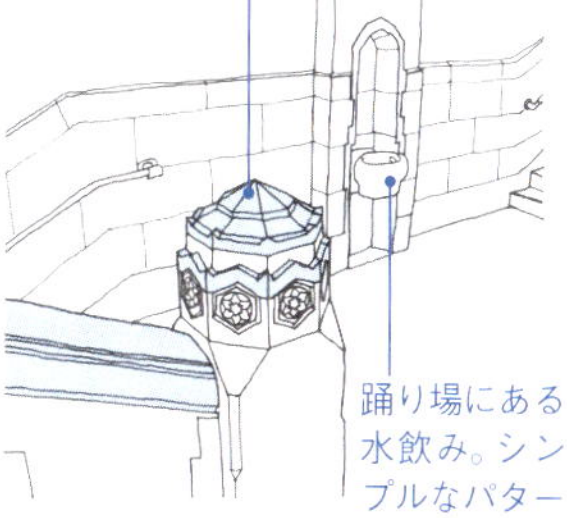

踊り場にある水飲み。シンプルなパターンで縁取り

大丸心斎橋店

data

大丸心斎橋店

所在地・大阪市中央区心斎橋筋1丁目7−1

行き方・市営地下鉄「心斎橋駅」下車すぐ

竣工は1933（昭和8）年。設計はW・M・ヴォーリズ

MEMO：伊勢丹新宿店（東京）は1933（昭和8）年竣工、清水組設計部（現清水建設）の設計による。日本橋三越本店（東京）は、1927（昭和2）年竣工、横河工務所（横河民輔・中村伝助）の設計による

大阪

超巨大な墓 前方後円墳の謎

大仙古墳［仁徳天皇陵古墳］

5世紀のなかごろに築造されたという大仙古墳は、日本最大の前方後円墳。長く仁徳天皇の墓とされてきたが、時代的には矛盾があるという[※1]。

○と□を合わせたようなかたちをもつ前方後円墳は、日本特有な墳墓形式だ。ただ、考古学的には、解明されていない部分が多い。まずは大仙古墳を例に「古墳のかたち」を楽しもう。当時の姿を想像すれば、かたちのもつ意味も見えてくる。

上から見よう！　前方後円墳

三重の濠に囲まれている大きな前方後円墳が大仙古墳だ。円形と方形が、小さなくびれで接続されたかたちが分かる。周囲には関連する小さな古墳（陪塚《ばいちょう》）[※2]が多数見られる

後円部には大王（天皇）や首長などを埋葬。石室がある場所。石棺も出土した

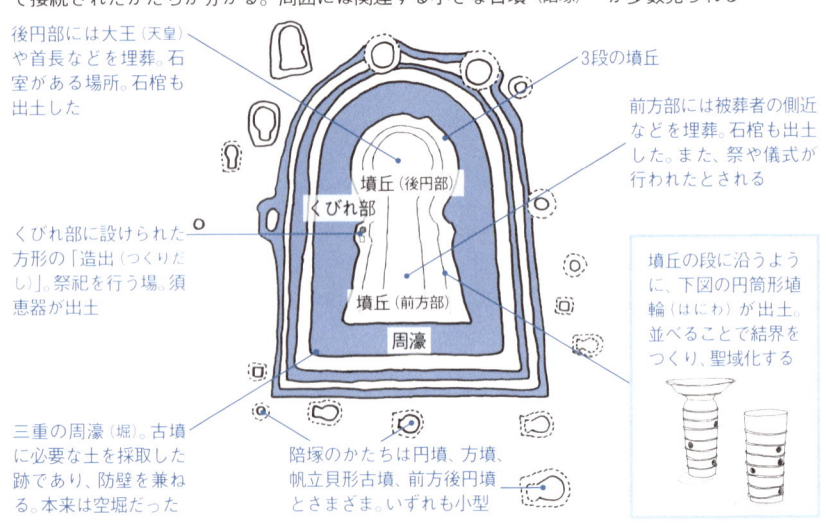

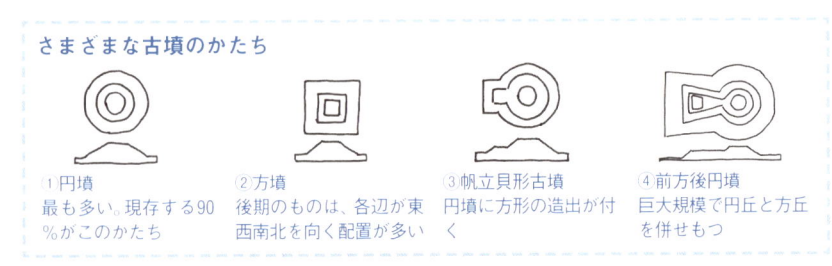

3段の墳丘

前方部には被葬者の側近などを埋葬。石棺も出土した。また、祭や儀式が行われたとされる

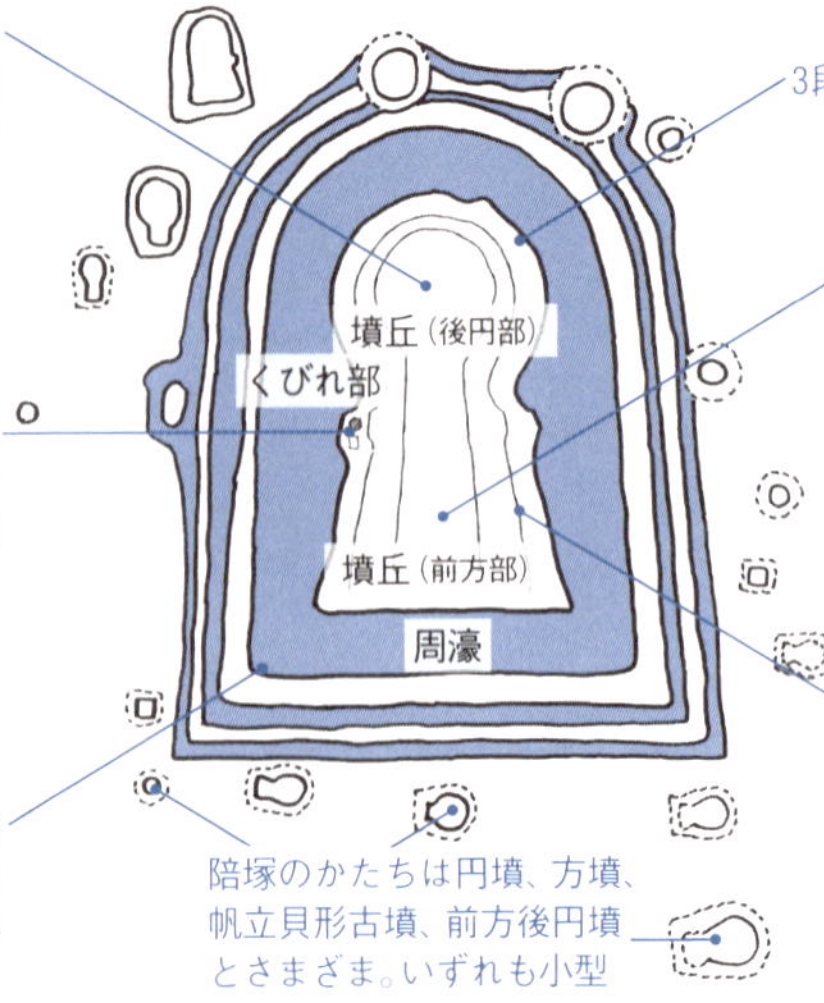
墳丘（後円部）
くびれ部
墳丘（前方部）
周濠

くびれ部に設けられた方形の「造出（つくりだし）」。祭祀を行う場。須恵器が出土

三重の周濠（堀）。古墳に必要な土を採取した跡であり、防壁を兼ねる。本来は空堀だった

陪塚のかたちは円墳、方墳、帆立貝形古墳、前方後円墳とさまざま。いずれも小型

墳丘の段に沿うように、下図の円筒形埴輪（はにわ）が出土。並べることで結界をつくり、聖域化する

さまざまな古墳のかたち

①円墳
最も多い。現存する90%がこのかたち

②方墳
後期のものは、各辺が東西南北を向く配置が多い

③帆立貝形古墳
円墳に方形の造出が付く

④前方後円墳
巨大規模で円丘と方丘を併せもつ

※1：宮内庁が第16代仁徳天皇の陵墓に治定　※2：陪塚とは、主墳被葬者の従臣や近親者の墓と考えられる　※3：天は円（まる）く、大地は四角くできているという考え。和同開珎銭や土俵、上円下方墳など造形の原理として多用される

当時の姿に思いを馳せる

○と□を組み合わせて宇宙を現す、「天円地方」※3の思想をかたちにしたともいわれる前方後円墳。代替わりの儀式の場であったと考えられる。その時代、墳丘を覆っていたのは木々ではなく、白い石だった

代替わりの儀式を行う場

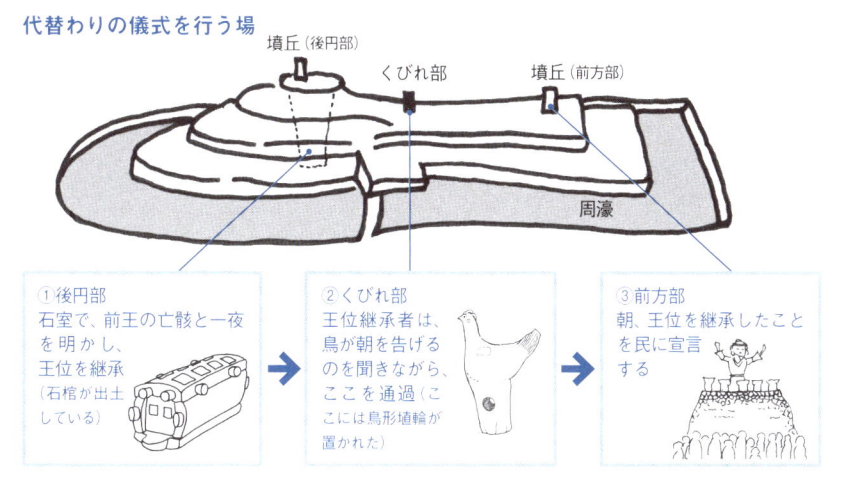

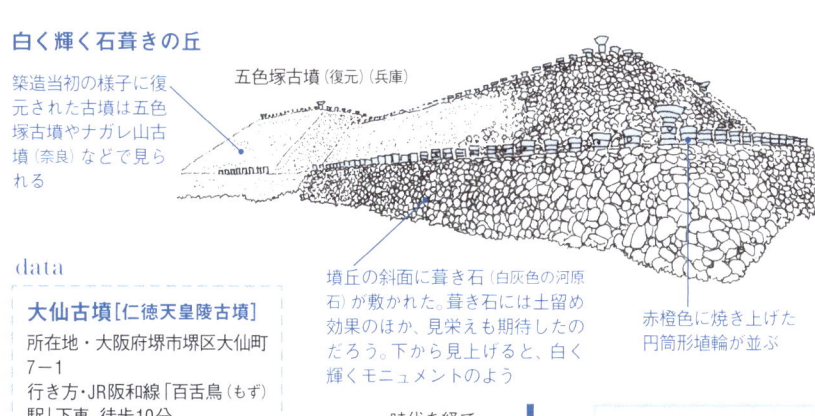

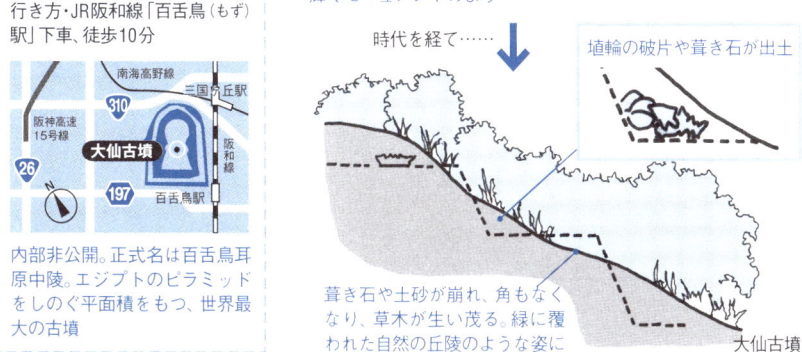

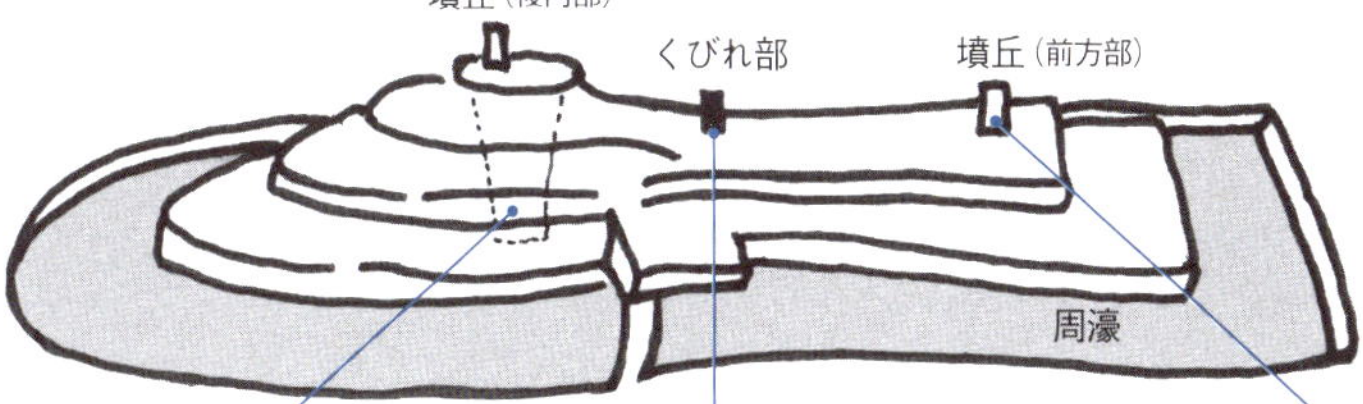
墳丘（後円部）
くびれ部
墳丘（前方部）
周濠

①後円部
石室で、前王の亡骸と一夜を明かし、王位を継承（石棺が出土している）

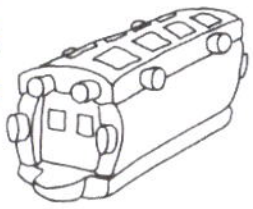

→

②くびれ部
王位継承者は、鳥が朝を告げるのを聞きながら、ここを通過（ここには鳥形埴輪が置かれた）

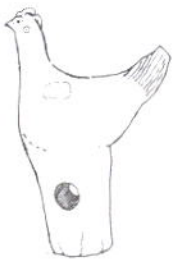

→

③前方部
朝、王位を継承したことを民に宣言する

白く輝く石葺きの丘

築造当初の様子に復元された古墳は五色塚古墳やナガレ山古墳（奈良）などで見られる

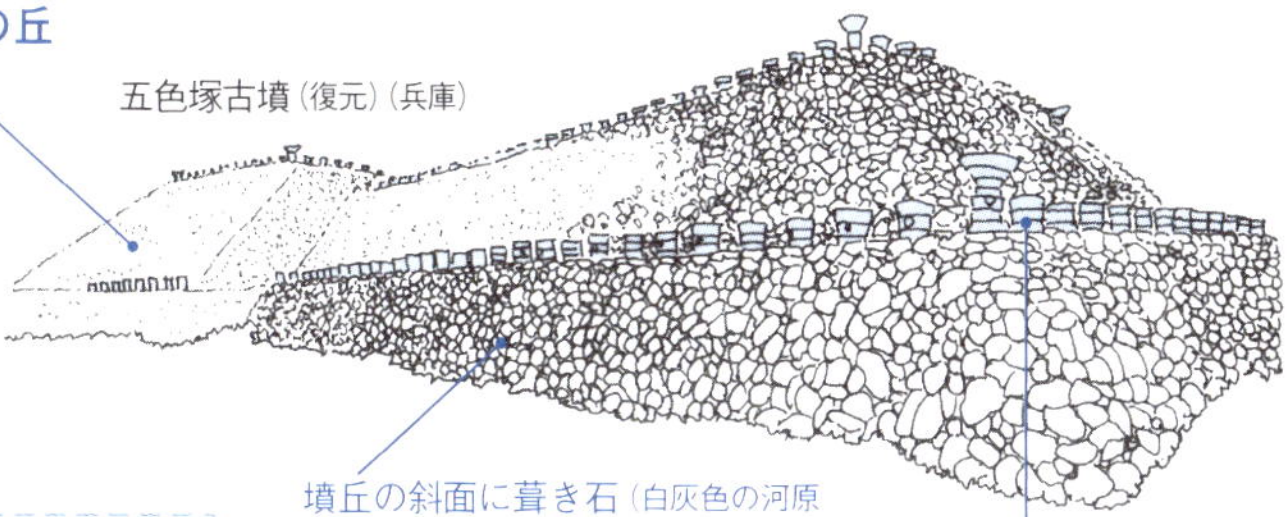
五色塚古墳（復元）（兵庫）

墳丘の斜面に葺き石（白灰色の河原石）が敷かれた。葺き石には土留め効果のほか、見栄えも期待したのだろう。下から見上げると、白く輝くモニュメントのよう

赤橙色に焼き上げた円筒形埴輪が並ぶ

時代を経て……↓

埴輪の破片や葺き石が出土

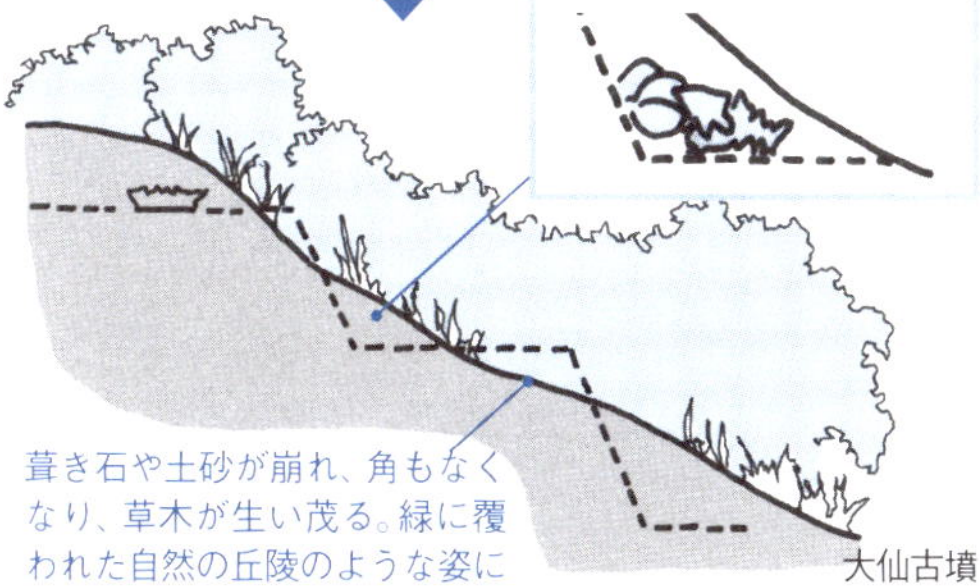
大仙古墳

葺き石や土砂が崩れ、角もなくなり、草木が生い茂る。緑に覆われた自然の丘陵のような姿に

data

大仙古墳［仁徳天皇陵古墳］

所在地・大阪府堺市堺区大仙町7−1
行き方・JR阪和線「百舌鳥（もず）駅」下車、徒歩10分

南海高野線
三国ヶ丘駅
310
阪神高速15号線
大仙古墳
阪和線
26
197
百舌鳥駅
N

内部非公開。正式名は百舌鳥耳原中陵。エジプトのピラミッドをしのぐ平面積をもつ、世界最大の古墳

MEMO：「前方後円墳」という名称は、江戸時代の「寛政の三奇人」の1人、蒲生君平が初めて用いた

国宝

彦根城

滋賀

難攻不落な城は守りのテクが満載

城は地形により、山城《やまじろ》、平山城《ひらやまじろ》、平城《ひらじろ》に大別できる。険しい地形を防御に利用した山城は戦国時代末期から激減し、江戸時代には平山城や平城が主流になった※1。彦根城は、小高い山の尾根を整地して築城された平山城。とはいえ、地形に沿った「曲輪《くるわ》」※2や尾根を断ち切るように設けた「堀切《ほりきり》」などの配置（縄張り）は山城的だ。城の防御に地形の高低を巧みに生かした、守りの手法を見ていこう。

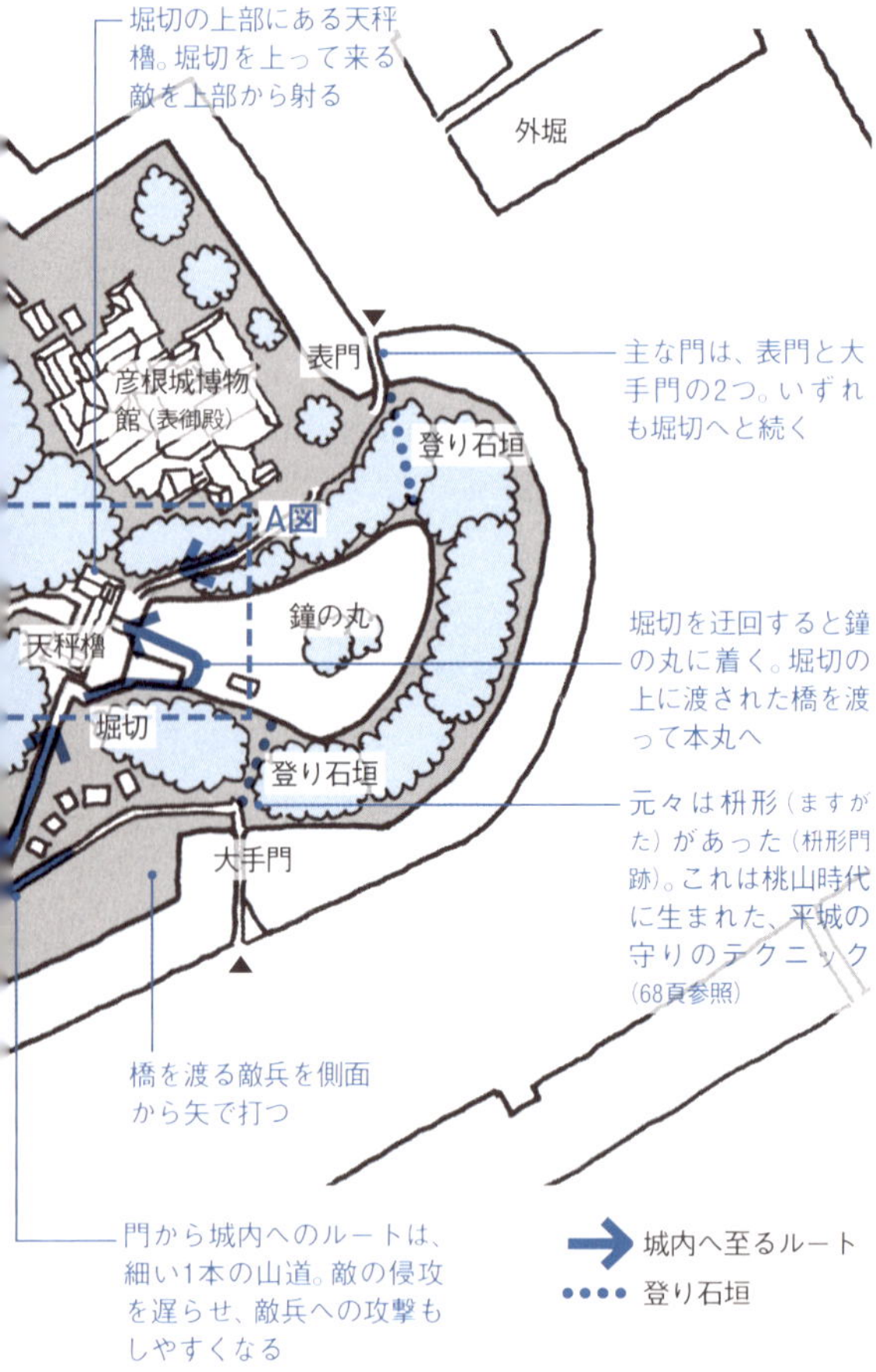
堀切の上部にある天秤櫓。堀切を上って来る敵を上部から射る
外堀
表門
彦根城博物館（表御殿）
主な門は、表門と大手門の2つ。いずれも堀切へと続く
登り石垣
A図
鐘の丸
天秤櫓
堀切を迂回すると鐘の丸に着く。堀切の上に渡された橋を渡って本丸へ
堀切
登り石垣
元々は枡形（ますがた）があった（枡形門跡）。これは桃山時代に生まれた、平城の守りのテクニック（68頁参照）
大手門
橋を渡る敵兵を側面から矢で打つ
門から城内へのルートは、細い1本の山道。敵の侵攻を遅らせ、敵兵への攻撃もしやすくなる
城内へ至るルート
登り石垣

山の尾根筋を切断してつくった堀切。それにより城の縄張りは3つに分断された（曲輪）。おかげで本丸には容易には近づけない。近世城郭に堀切があるのは珍しい

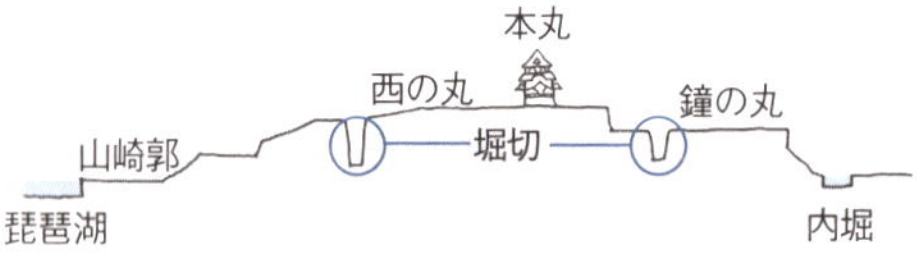
本丸
西の丸
鐘の丸
山崎郭
堀切
琵琶湖
内堀

※1：126頁参照　※2：城の一区画のこと。各曲輪が関連し合って、ひとつの城を形成している

堀切は守りの生命線

彦根城は小高い山に建ち、琵琶湖から引き込んだ堀に囲まれている。場内へ進むには、堀切（地面を掘って切り通した空堀）を通るため、敵の侵入時には上部から攻撃できた

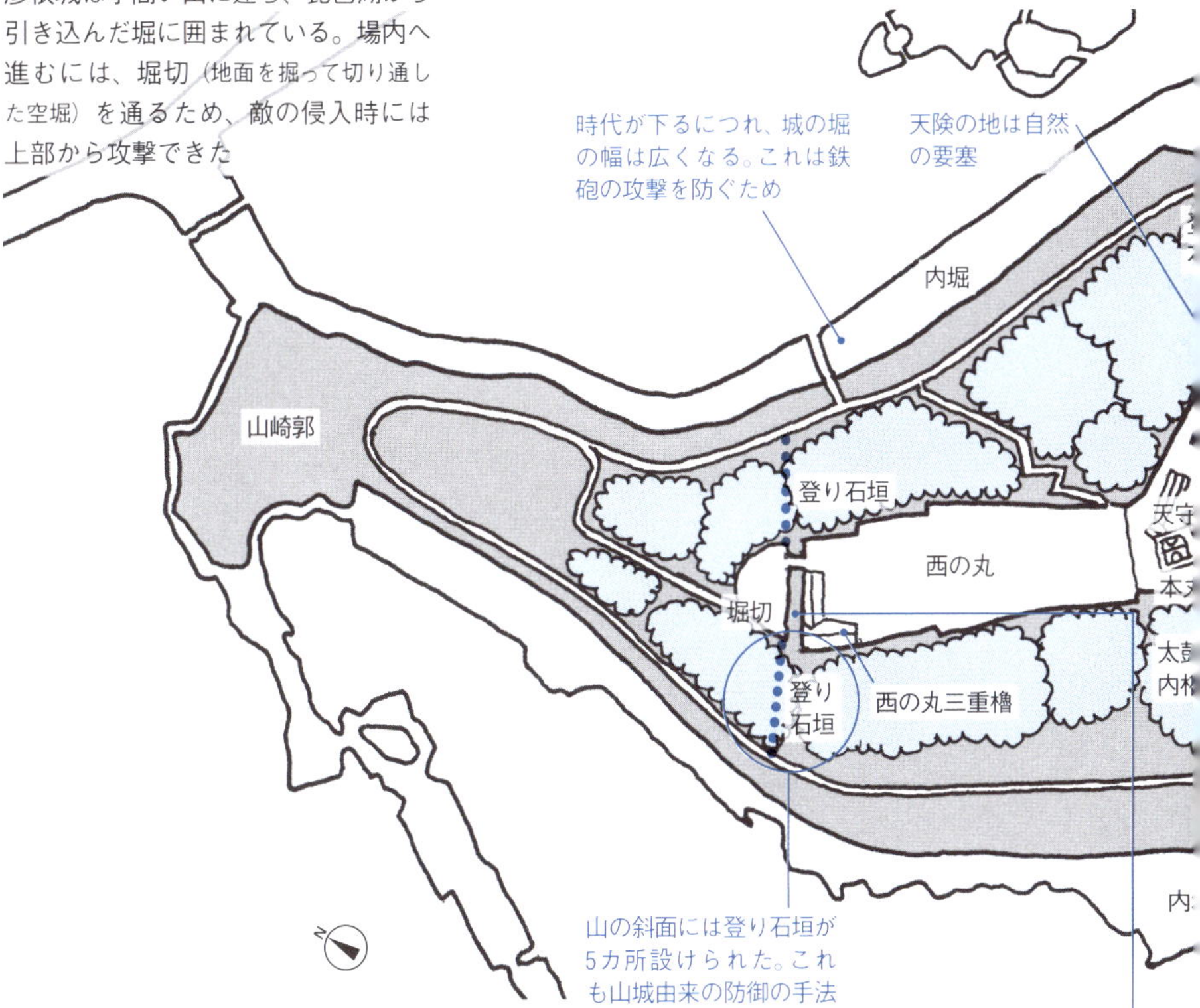
時代が下るにつれ、城の堀の幅は広くなる。これは鉄砲の攻撃を防ぐため
天険の地は自然の要塞
内堀
山崎郭
登り石垣
天守
西の丸
堀切
登り石垣
西の丸三重櫓
山の斜面には登り石垣が5カ所設けられた。これも山城由来の防御の手法

天守へ至る唯一の道が示す「防御法」（A図）

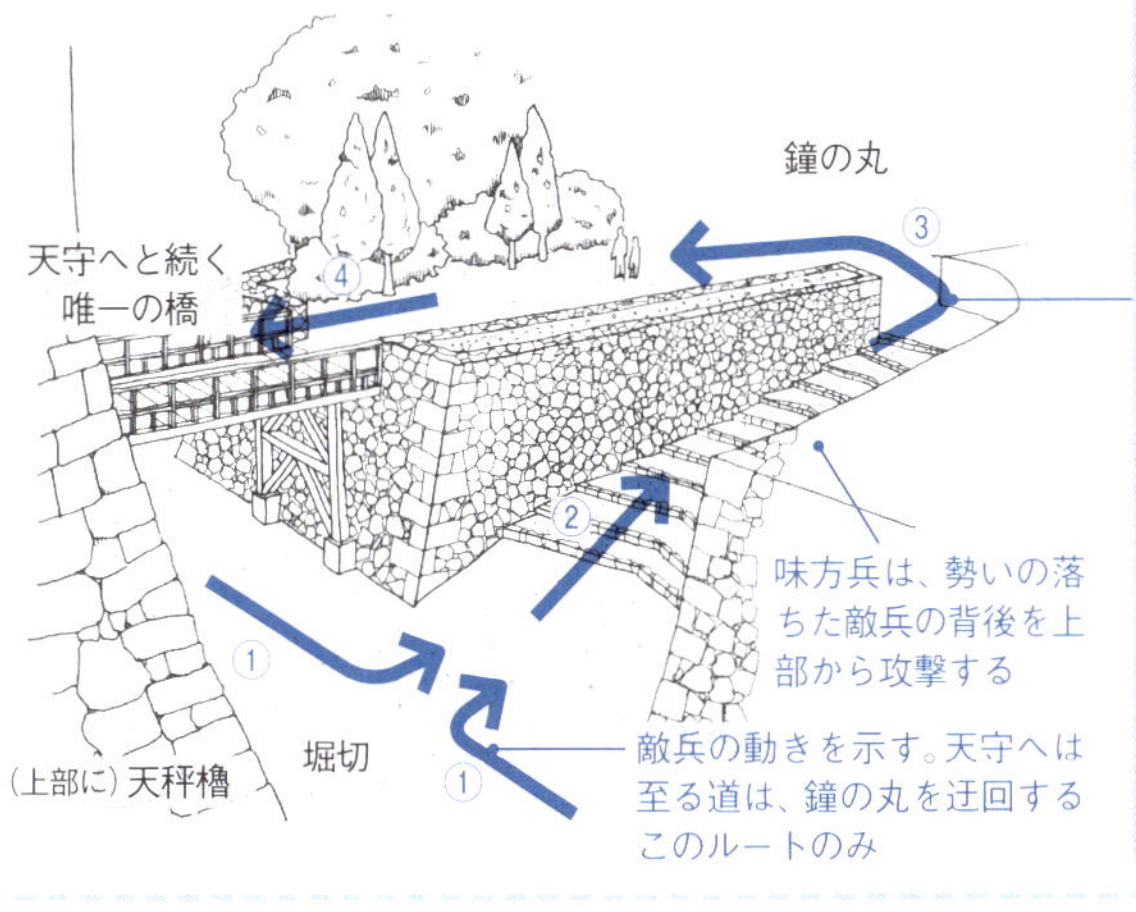
鐘の丸
天守へと続く唯一の橋
④
③
②
①
①
味方兵は、勢いの落ちた敵兵の背後を上部から攻撃する
堀切
（上部に）天秤櫓
敵兵の動きを示す。天守へは至る道は、鐘の丸を迂回するこのルートのみ

①堀切に敵兵を集め、櫓や橋の上、鐘の丸から攻撃する

↓

②本丸へのルートを90°曲げ、階段状の上り道にすることで、敵兵の勢いを落とす

↓

③進行方向が180°変わるので、敵兵の勢いはさらに落ちる

↓

④橋があることで、敵兵から一気に攻められることはない。いざというときは橋を焼き払い、天守への道を絶つ

MEMO：彦根城は、徳川家康の命により諸大名が動員され天下普請（ふしん）で築かれた（対豊臣方の最前線の城として）

彦根城に見る「山城と平城」由来の防御

山城由来の守りの技

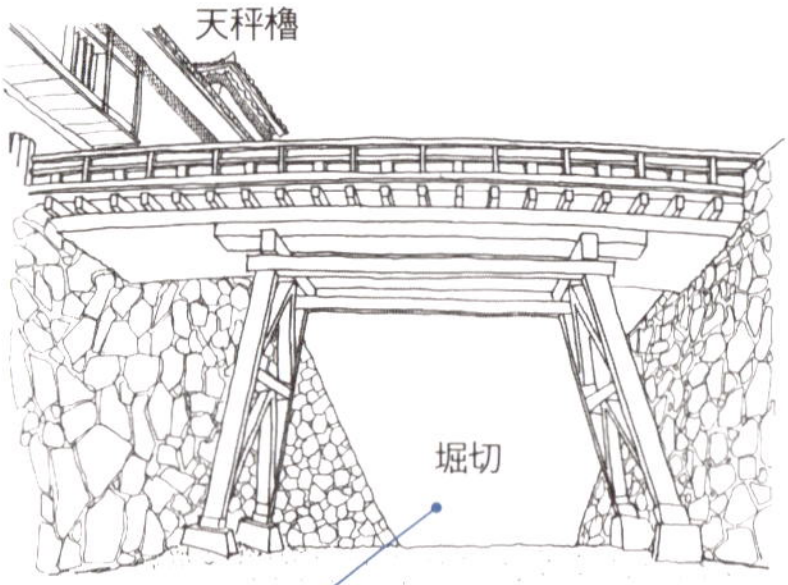
天秤櫓
堀切

敵兵は、大手門・表門のどちらから侵入しても、天秤櫓下の堀切に集められ、一網打尽にされる

登り石垣（一部）。登り石垣や竪堀は、山頂と麓を結ぶよう山の斜面に設け、横方向への敵の動きを封じる。山城から続く守りの手法

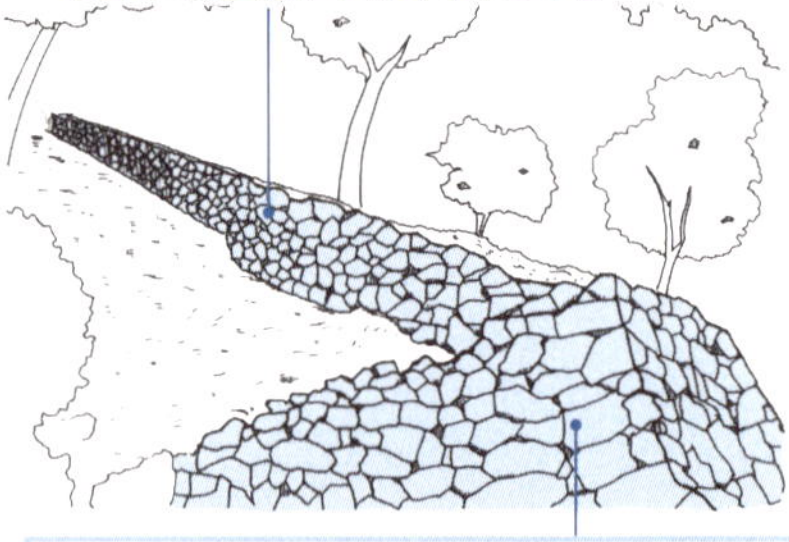

石垣は高さ1 ～ 2mほど。当時は上に瓦塀を建て、敵兵の動きを阻止した

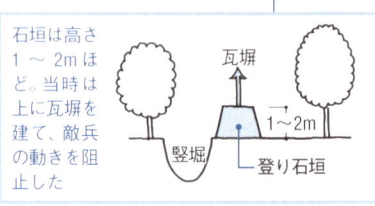

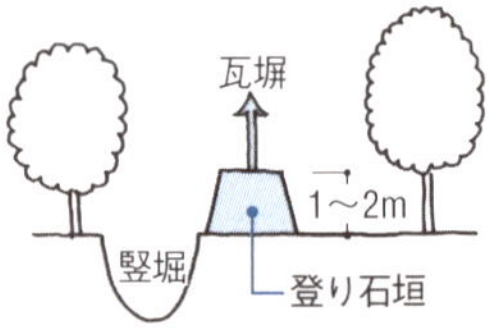
瓦塀
1～2m
竪堀
登り石垣

平城の守りの技も併せもつ

兵の量を計るのに枡形が適していた

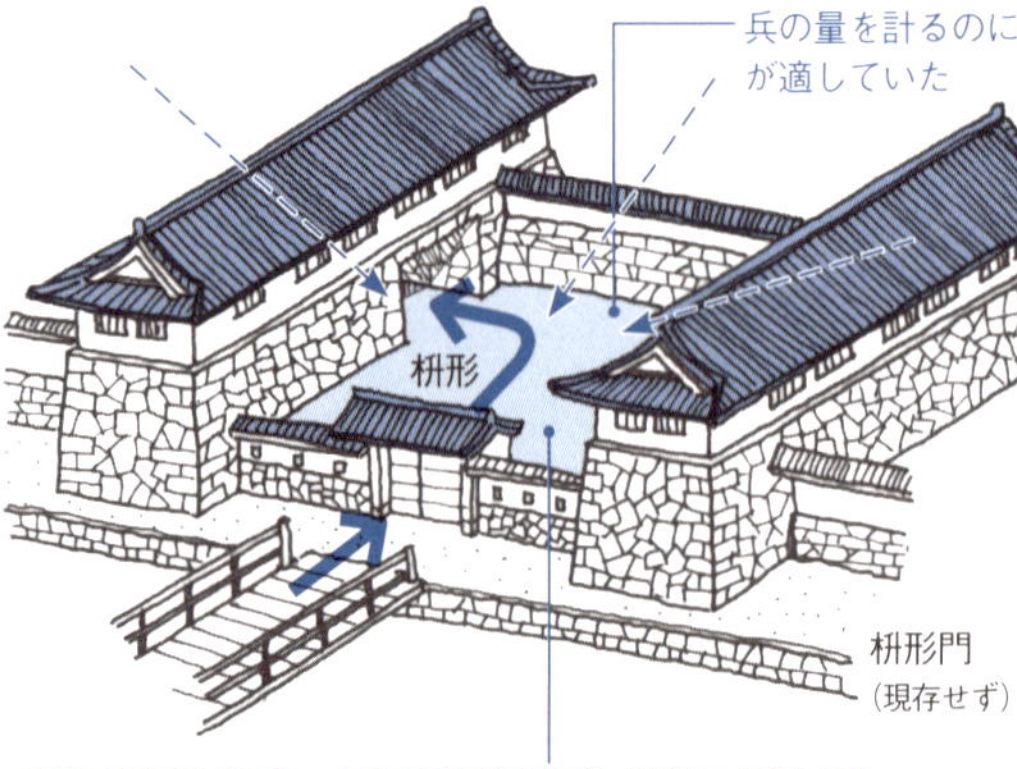
枡形

枡形門
（現存せず）

枡形。石垣や櫓でつくる四角形の広場。城門に枡形を設ければ、敵の側面や背面から射れる

城門は内開き。かんぬきをかけて敵の侵入を防いだ
（現在は、避難上、外開きが多い）

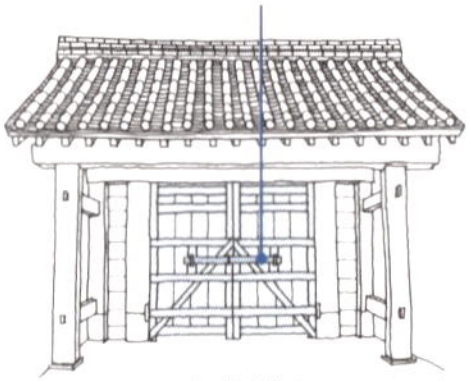

高松城（148頁参照）の水手御門

敵の足取りを乱すため、足元に蹴放ち（横木）を設けた門もある。蹴放ちは高さは7寸（21㎝）までがよいとされた

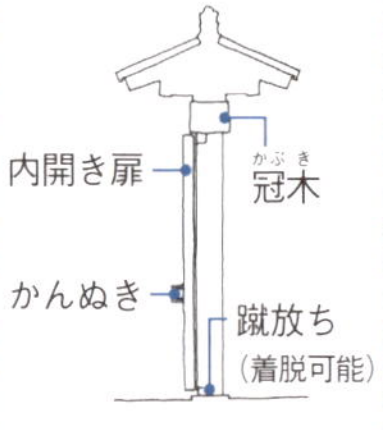
内開き扉
冠木《かぶき》
かんぬき
蹴放ち
（着脱可能）

一般的な城門

data

彦根城

所在地・滋賀県彦根市金亀町1－1
行き方・JR東海道線・近江鉄道「彦根駅」から徒歩10分

天守などは国宝。1622（元和8）年の完成までに約20年もの歳月を要した

N
県立彦根運動場
彦根城
滋賀大学
東海道本線
近江鉄道
彦根駅
彦根税務署

MEMO：登り石垣は、豊臣秀吉の朝鮮出兵に際して築かれた倭城に多用された防御施設

兵庫

国宝

浄土寺の浄土堂

彼岸に舞い降りた阿弥陀如来

鎌倉時代初期に建てられた浄土寺浄土堂は、東大寺南大門（44頁参照）と並ぶ大仏様《よう》※1を代表する建築。装飾らしきもののない無骨な建物だが、朱塗りの柱と白の壁面のコントラストが印象的である。

堂内には快慶※2作の巨大な阿弥陀三尊像が立つ。背面の蔀戸《しとみど》から入る西日を受けて黄金色に輝く姿は、きらびやかな光の衣をまとった阿弥陀仏が今ここに来迎《らいごう》したかのような美しさだ。

光あふれる堂内に浮かぶ阿弥陀如来

東向きに安置された阿弥陀如来と両脇侍《わきじ》の三尊立像。彼岸（春分・秋分）の時期には背後から西日を受け、光輝く

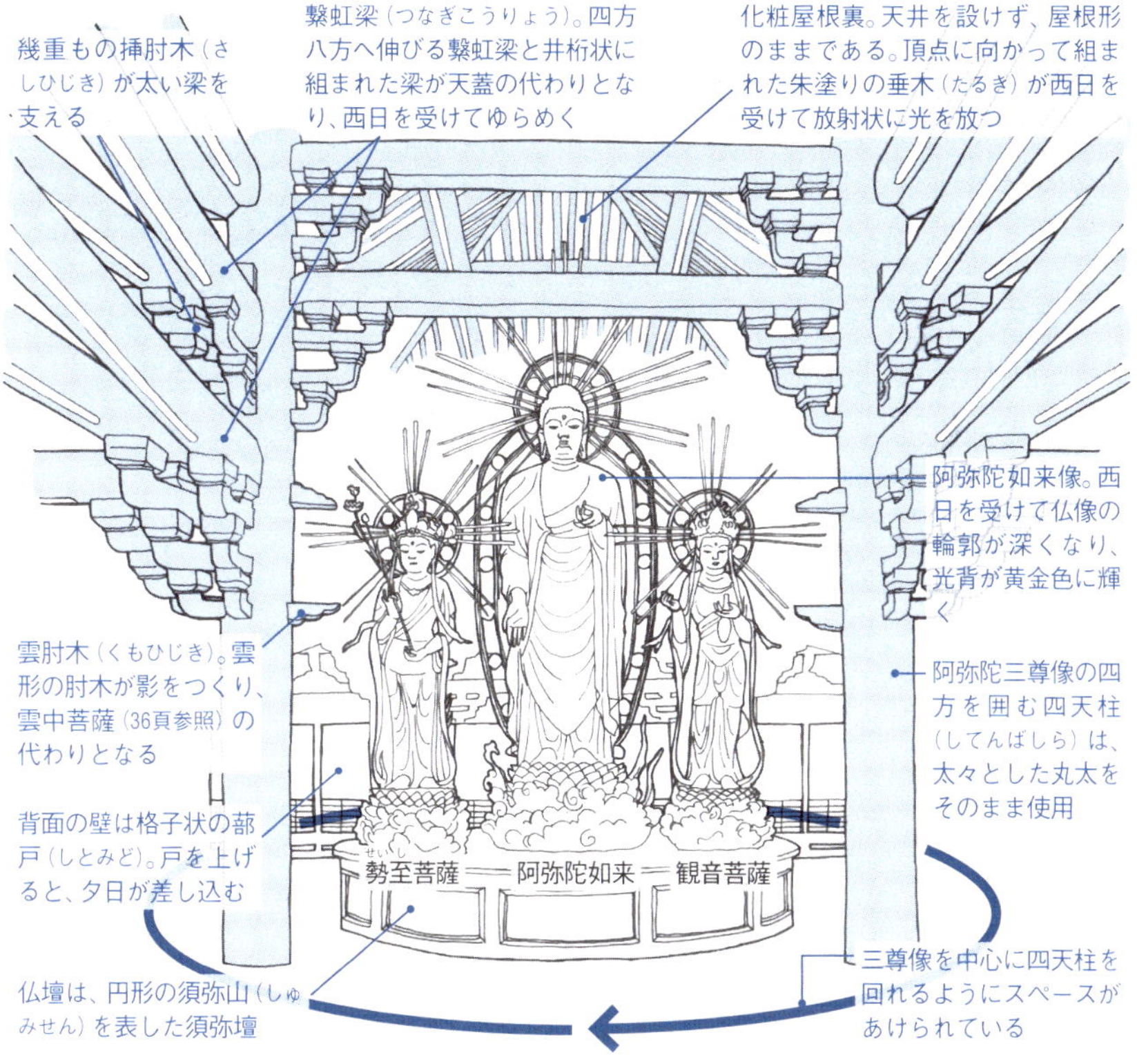
幾重もの挿肘木（さしひじき）が太い梁を支える
繋虹梁（つなぎこうりょう）。四方八方へ伸びる繋虹梁と井桁状に組まれた梁が天蓋の代わりとなり、西日を受けてゆらめく
化粧屋根裏。天井を設けず、屋根形のままである。頂点に向かって組まれた朱塗りの垂木（たるき）が西日を受けて放射状に光を放つ
阿弥陀如来像。西日を受けて仏像の輪郭が深くなり、光背が黄金色に輝く
雲肘木（くもひじき）。雲形の肘木が影をつくり、雲中菩薩（36頁参照）の代わりとなる
阿弥陀三尊像の四方を囲む四天柱（してんばしら）は、太々とした丸太をそのまま使用
背面の壁は格子状の蔀戸（しとみど）。戸を上げると、夕日が差し込む
勢至《せいし》菩薩
阿弥陀如来
観音菩薩
三尊像を中心に四天柱を回れるようにスペースがあけられている
仏壇は、円形の須弥山（しゅみせん）を表した須弥壇

※1：天竺様とも。宋代中国南方の建築を取り入れた建築様式　※2：鎌倉時代を代表する仏師（44頁参照）

地形を生かし、西日を堂内に取り込む

春秋の彼岸のころ、太陽が沈む直前に光が溜め池に反射して堂内を明るく照らし出す

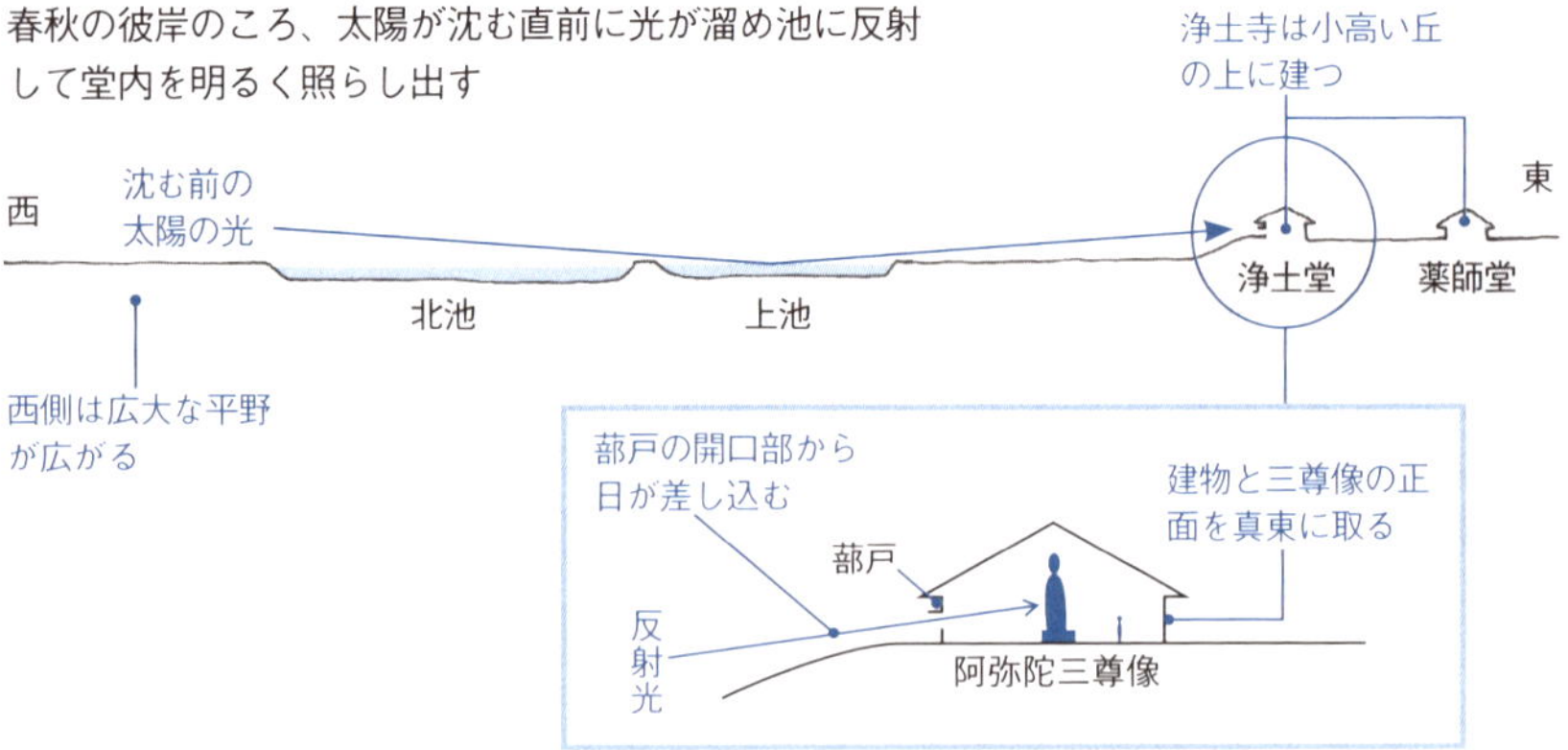
浄土寺は小高い丘の上に建つ
西
東
沈む前の太陽の光
浄土堂
薬師堂
北池
上池
西側は広大な平野が広がる
蔀戸の開口部から日が差し込む
建物と三尊像の正面を真東に取る
蔀戸
反射光
阿弥陀三尊像

背後から光を採り入れる仕組み

三尊像の後ろの壁に設けられた、格子組みの蔀戸。三尊像の背後にある光背《こうはい》「二重円相光背《にじゅうえんそうこうはい》」。これらにより仏像の背後から光が通る

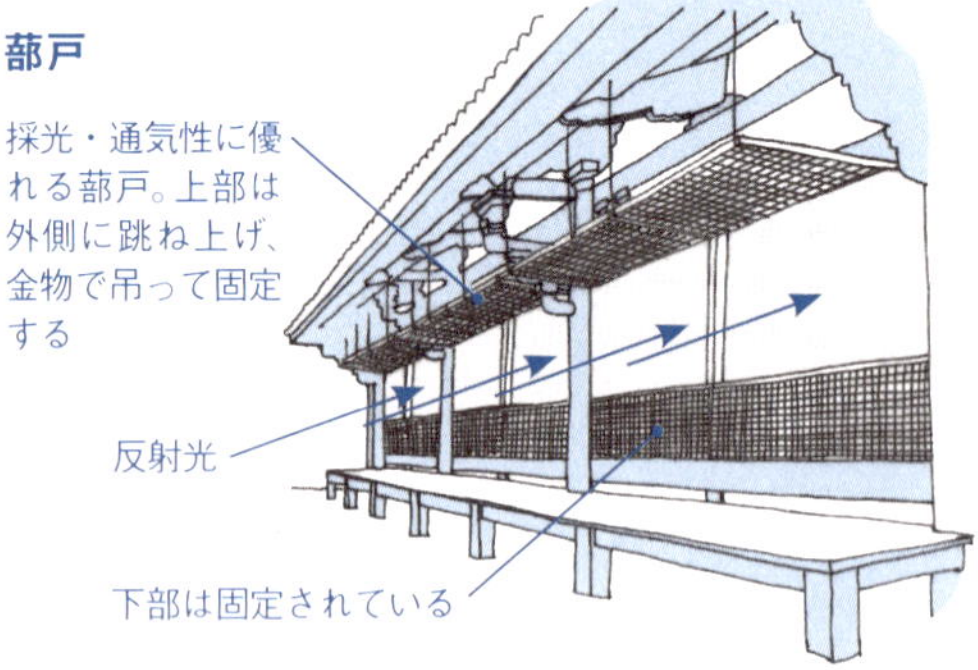
蔀戸
採光・通気性に優れる蔀戸。上部は外側に跳ね上げ、金物で吊って固定する
反射光
下部は固定されている

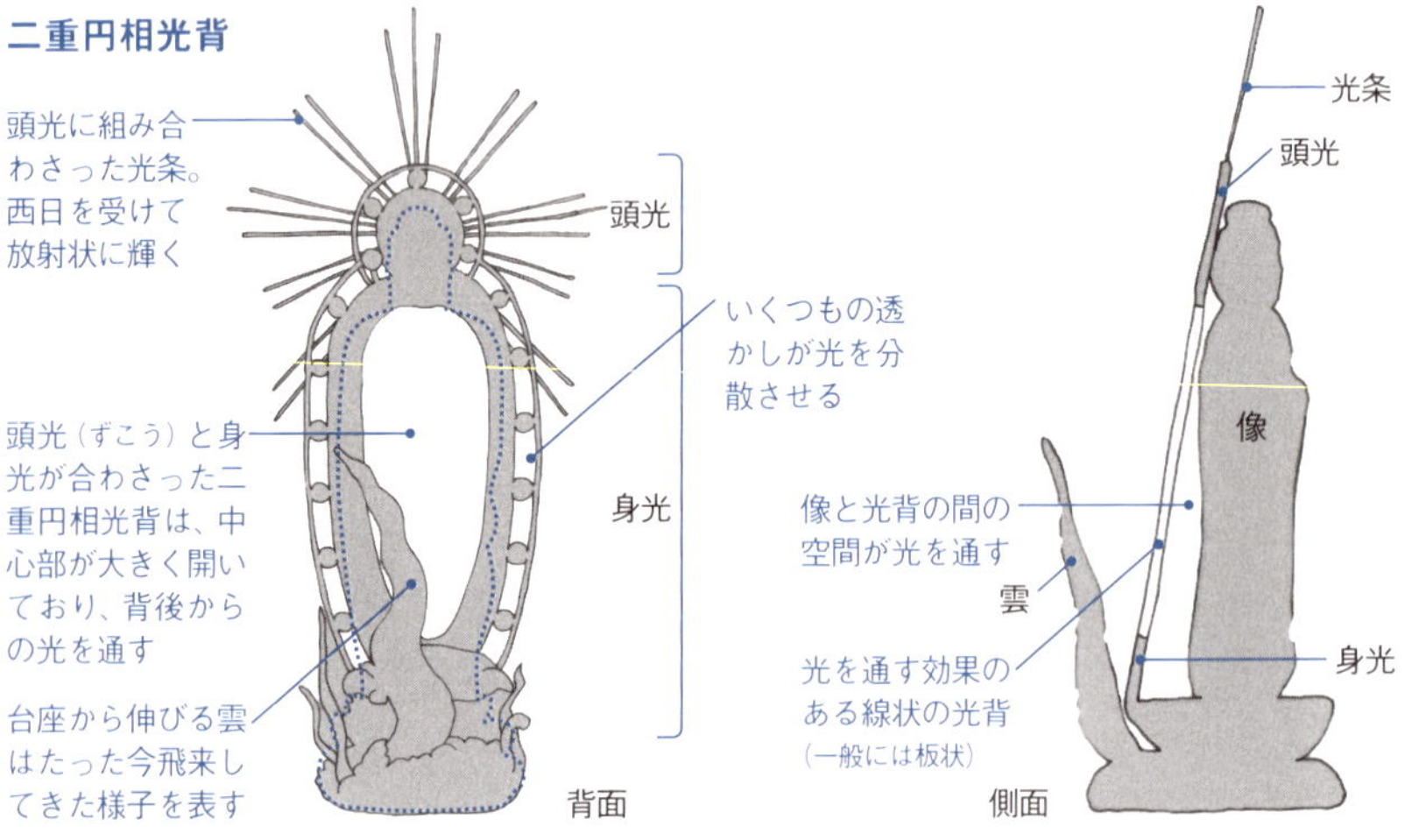
二重円相光背
頭光に組み合わさった光条。西日を受けて放射状に輝く
頭光
いくつもの透かしが光を分散させる
頭光（ずこう）と身光が合わさった二重円相光背は、中心部が大きく開いており、背後からの光を通す
身光
台座から伸びる雲はたった今飛来してきた様子を表す
背面
光条
頭光
像
像と光背の間の空間が光を通す
雲
身光
光を通す効果のある線状の光背（一般には板状）
側面

MEMO：阿弥陀如来像は右手が上になるのが一般的だが、浄土堂の阿弥陀像は左手が上になっている。これは拝む者も拝まない者も救うということを意味する（逆手来迎印）

14 大仏様建築が阿弥陀像を美しく演出する

浄土寺をつくった僧・重源《ちょうげん》は大仏様の考案者でもある。主な特徴に挿肘木、化粧屋根裏、扇垂木などがある

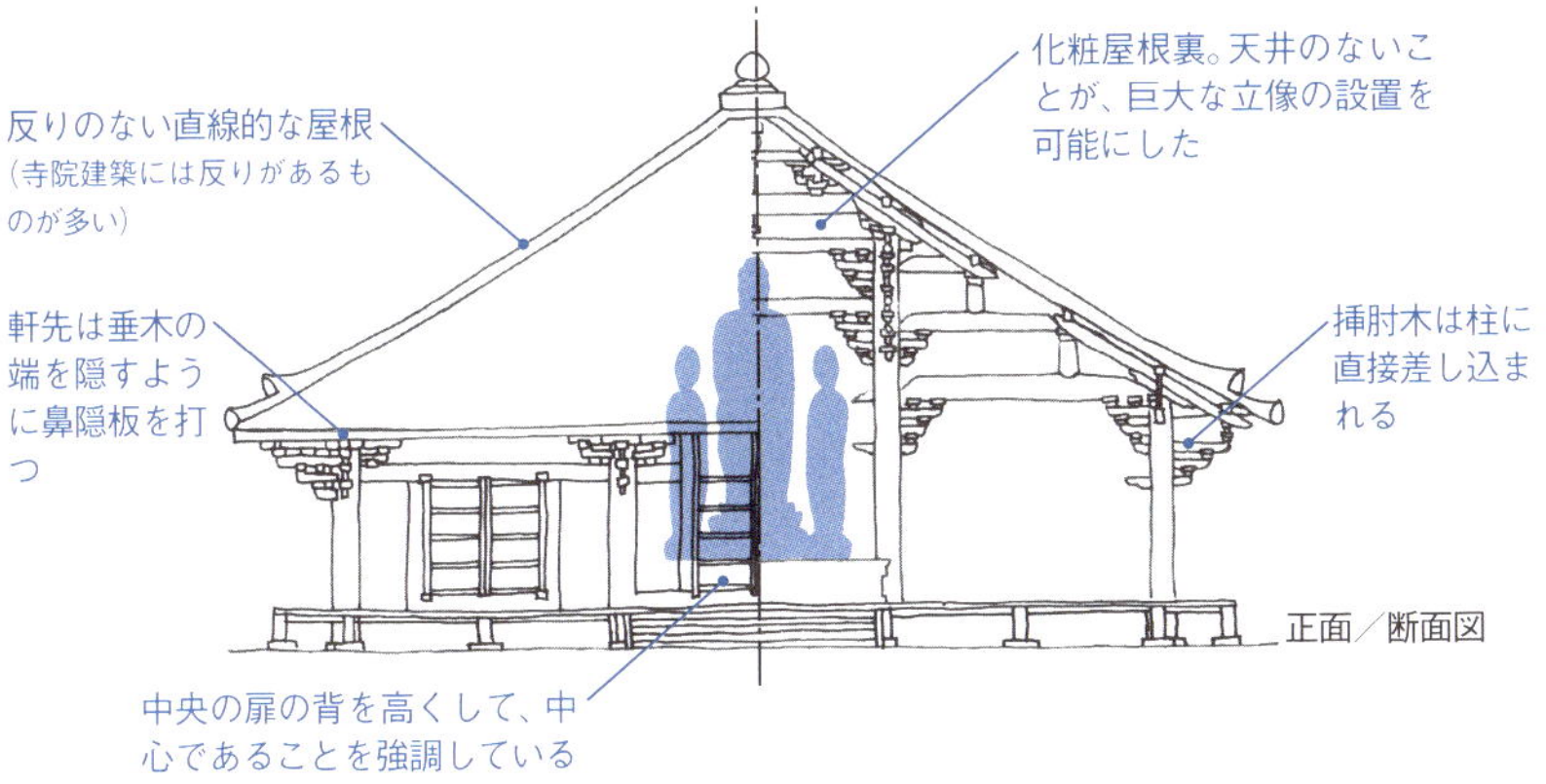
反りのない直線的な屋根（寺院建築には反りがあるものが多い）
化粧屋根裏。天井のないことが、巨大な立像の設置を可能にした
軒先は垂木の端を隠すように鼻隠板を打つ
挿肘木は柱に直接差し込まれる
中央の扉の背を高くして、中心であることを強調している

正面／断面図

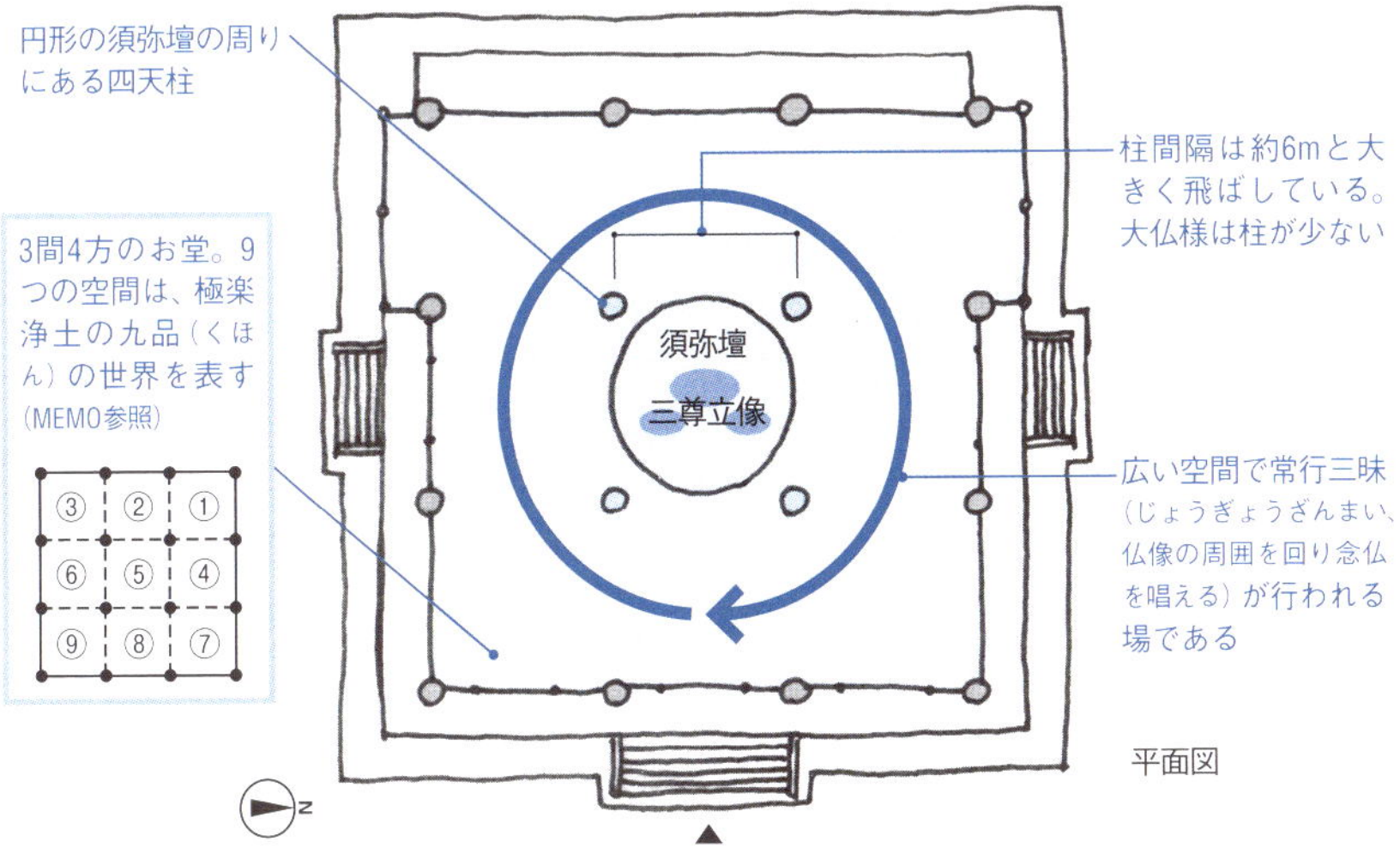
円形の須弥壇の周りにある四天柱
柱間隔は約6mと大きく飛ばしている。大仏様は柱が少ない
3間4方のお堂。9つの空間は、極楽浄土の九品（くほん）の世界を表す（MEMO参照）
③ ② ①
⑥ ⑤ ④
⑨ ⑧ ⑦
須弥壇
三尊立像
広い空間で常行三昧（じょうぎょうざんまい、仏像の周囲を回り念仏を唱える）が行われる場である
N

平面図

data

浄土寺

所在地・兵庫県小野市浄谷町2094
行き方・神戸電鉄「小野駅」から神姫バス「天神行き」で約10分、「浄土寺」下車すぐ

浄土堂と阿弥陀三尊像は国宝。1197（建久8）年につくられた宝形造り・本瓦葺きの建物

至粟生
小野市役所
23
大池総合公園
75
小野駅
81
小野バイパス
浄土寺
神戸電鉄
至鈴蘭台
175
N

MEMO：九品とは、極楽浄土にある9つの世界（九品）のこと。生前の信仰の深さ（品：ほん）と善行の数（生：しょう）によっていずれの世界に行くかが決まる。九品は、①上品上生、②上品中生、③上品下生、④中品上生、⑤中品中生、⑥中品下生、⑦下品上生、⑧下品中生、⑨下品下生からなる

世界遺産｜国宝

兵庫

姫路城

城の櫓《やぐら》は防御のカナメ

かつて、城は防御戦《ぼうぎょせん》の場であった。なかでも重要になるのが櫓《やぐら》だ。周囲に巡らせた城壁（曲《くる》輪《わ》）の角には隅櫓が、本丸の周囲や虎口《こぐち》（要所となる出入口）には多聞《たもん》櫓が設けられる。そこでは監視を行い、近づく敵には矢玉をお見舞いした。いわば戦いの最前線である。

天守と石垣だけの城は本来の姿ではない。天守・櫓・石垣を理解することで、城郭の全体の仕掛けが見えてくる。ここでは100以上もの櫓があったという姫路城を見ていく※1。

天守・櫓・石垣はセットと考える

1601（慶長6）年に武将・池田輝政によって築造された姫路城。白の漆喰壁※2の美しさから、白鷺城《はくろじょう》ともいわれる。見る方向で表情が大きく異なる

天守の構造は連立式で、大天守と小天守を渡櫓で環状につなぐ（144頁参照）
大天守
漆喰の塗りごめ壁。屋根の瓦のつなぎ目にも白漆喰が盛られ、屋根まで白く見える
西小天守
乾小天守
屈曲した城壁の隅部に建てられる隅櫓は、防御の拠点となった
城壁となる石垣
四方に間口のある大天守や小天守と異なり、櫓の城内側には窓や狭間などを設けない。なお、隅櫓は屋根2層が一般的。4層以上は天守として扱う
隅櫓
（城内側）
徳川期以降は、存分に白壁が使われた（それ以前は、黒の板張りが多い）
多聞（たもん）櫓（渡櫓）は長屋状（平櫓が長大化したもの）
石垣上の土塀

※1：櫓や門の数が多く、いろは順で名付けられているものも多い（門はひらがな、櫓はカタカナで表記される）　※2：当時漆喰壁が多用されるようになったのは、それまで米を「つなぎ」に使っていたのが安価な海藻で代用できるようになったため

櫓は戦いの最前線

姫路城の大きな特徴に、多くの櫓があることが挙げられる。その数なんと113（現存は35）。戦いのうえで重要になるのは隅櫓、次に多聞櫓だ

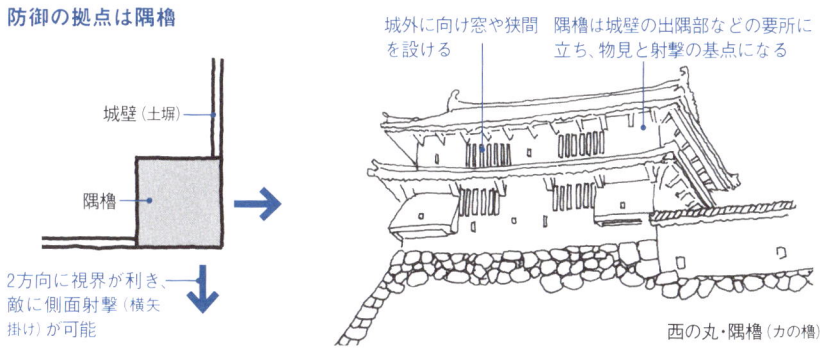

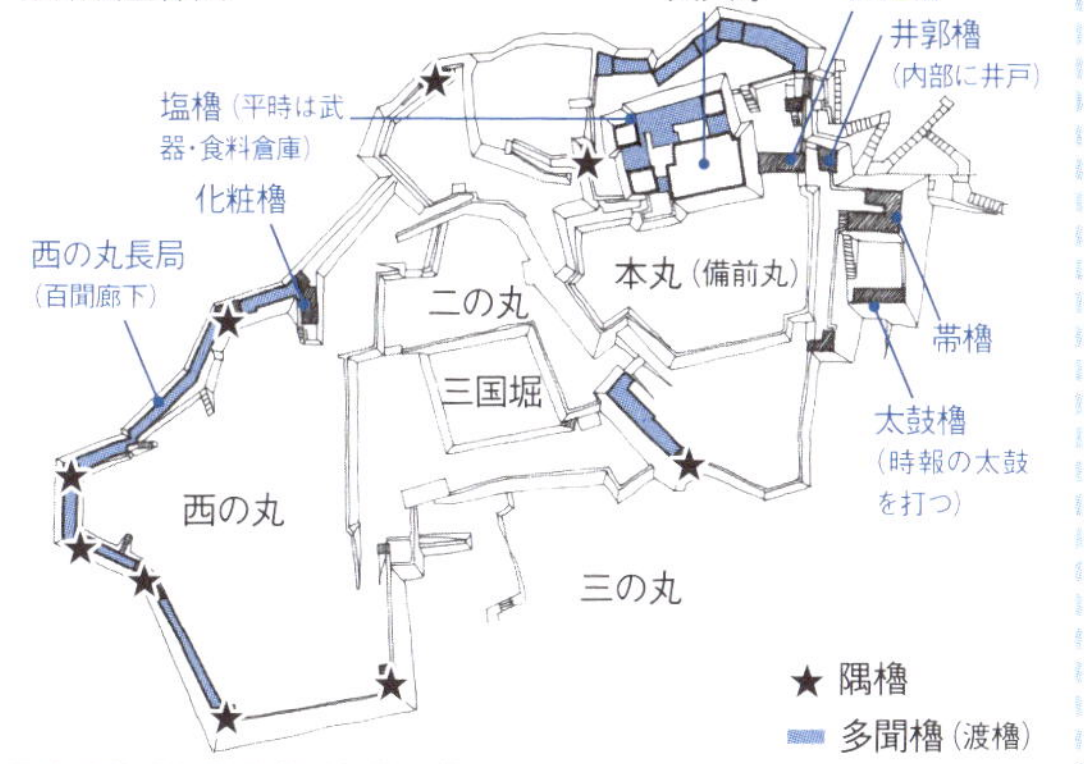
姫路城全体図
大天守
折廻櫓
井郭櫓
（内部に井戸）
塩櫓（平時は武器・食料倉庫）
化粧櫓
西の丸長局
（百間廊下）
二の丸
本丸（備前丸）
三国堀
帯櫓
太鼓櫓
（時報の太鼓を打つ）
西の丸
三の丸
★ 隅櫓
多聞櫓（渡櫓）

防御の拠点は隅櫓

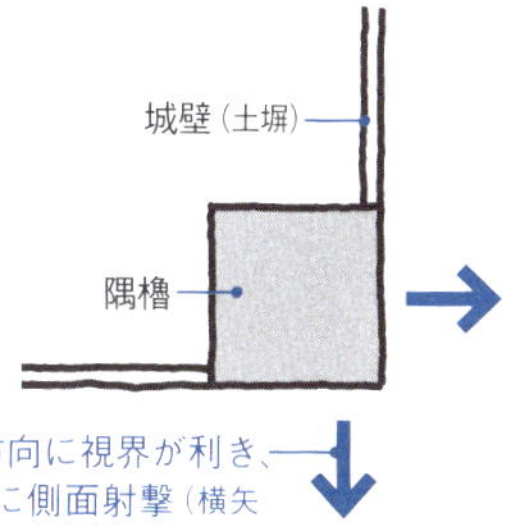
城壁（土塀）
隅櫓
2方向に視界が利き、敵に側面射撃（横矢掛け）が可能

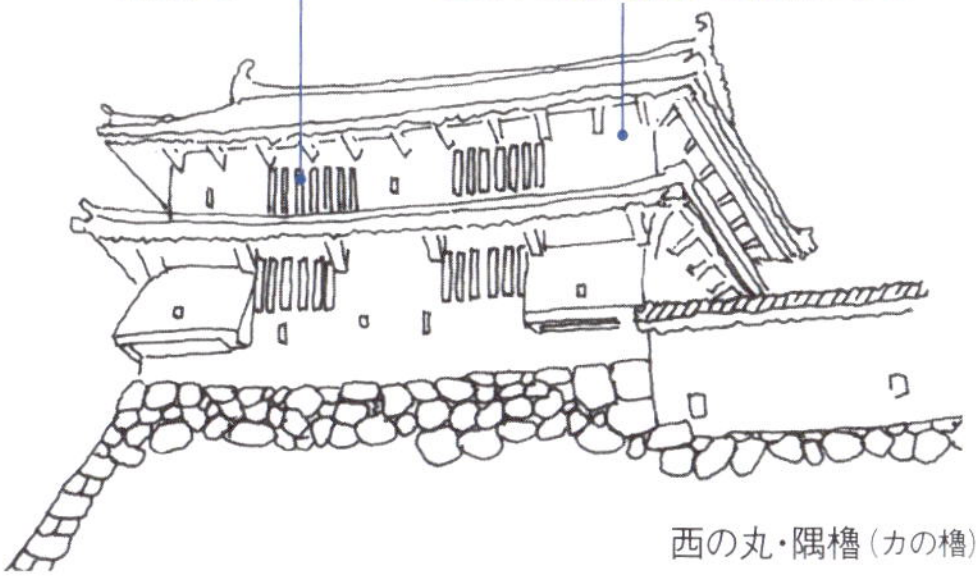
城外に向け窓や狭間を設ける
隅櫓は城壁の出隅部などの要所に立ち、物見と射撃の基点になる

西の丸・隅櫓（カの櫓）

多聞櫓で隅櫓をつなぎ鉄壁に

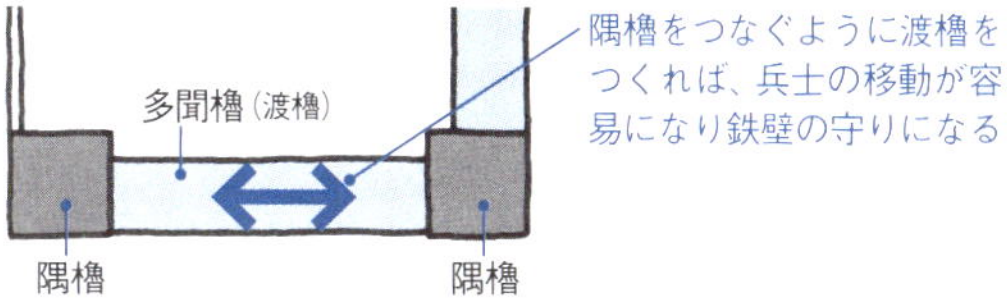
多聞櫓（渡櫓）
隅櫓
隅櫓
隅櫓をつなぐように渡櫓をつくれば、兵士の移動が容易になり鉄壁の守りになる

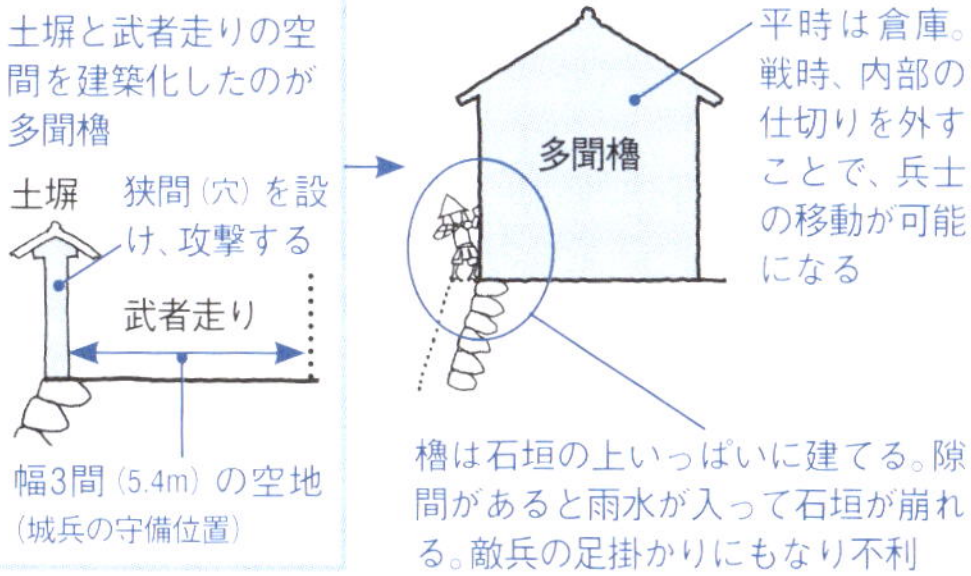
土塀と武者走りの空間を建築化したのが多聞櫓
土塀
狭間（穴）を設け、攻撃する
武者走り
幅3間（5.4m）の空地
（城兵の守備位置）
多聞櫓
平時は倉庫。戦時、内部の仕切りを外すことで、兵士の移動が可能になる
櫓は石垣の上いっぱいに建てる。隙間があると雨水が入って石垣が崩れる。敵兵の足掛かりにもなり不利

data

姫路城

所在地・兵庫県姫路市本町68
行き方・JR山陽本線「姫路駅」下車、徒歩15分

姫路城
N
名古山墓苑
2
大手前通り
山陽電鉄
播但線
至岡山
姫路駅
山陽本線
至神戸

天守は国宝。世界遺産には城全体で登録された

MEMO：姫路城西の丸には太平の世になってできた櫓もある。大開口があり開放的な「化粧櫓」では徳川二代将軍秀忠の娘・千姫が暮らしたと伝わり、座敷がある。「西の丸長局」（百間廊下）は現存する多聞櫓のなかでも最大級。千姫の侍女らの部屋があった

column | 信仰のかたちが変われば、寺のかたちも変わる

仏教寺院の主要な建物の配置（伽藍《がらん》配置）は、時代とともに変化した。

仏教伝来当初、釈迦の遺骨（舎利）を納めた「塔」は信仰のシンボルであり、伽藍の中心にあった。次第に仏像が崇拝の対象となり、仏像を安置した「金堂《こんどう》」が伽藍のセンターに躍り出る。時代が下ると、禅宗の「日常の活動はすべて修行の一環」という考え方から、伽藍に便所（東司《とうす》）や台所（庫裏《くり》）などが加わった※。

飛鳥時代 ── 伽藍の中心は塔

飛鳥寺伽藍

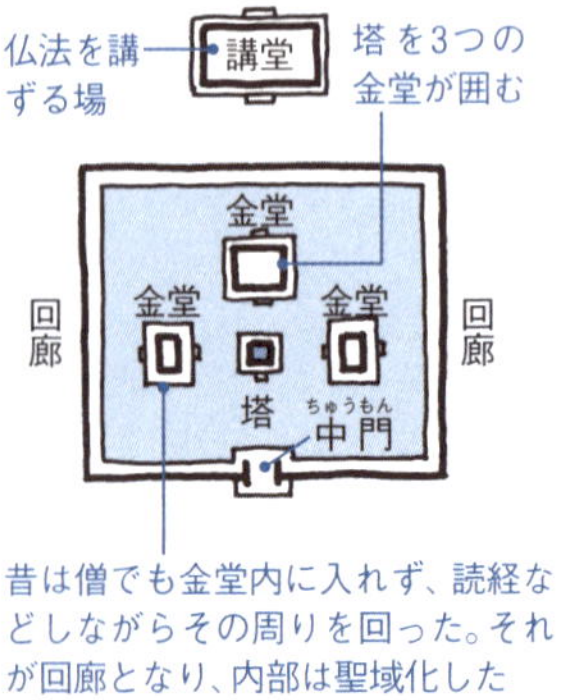
仏法を講ずる場
講堂
塔を3つの金堂が囲む
金堂
金堂
金堂
回廊
回廊
塔
中門《ちゅうもん》
昔は僧でも金堂内に入れず、読経などしながらその周りを回った。それが回廊となり、内部は聖域化した

四天王寺伽藍

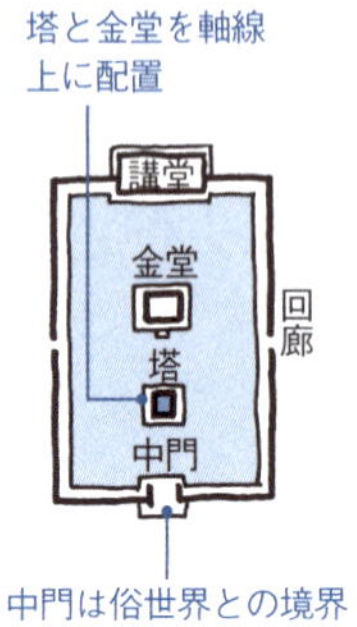
塔と金堂を軸線上に配置
講堂
金堂
塔
中門
回廊
中門は俗世界との境界

法隆寺伽藍

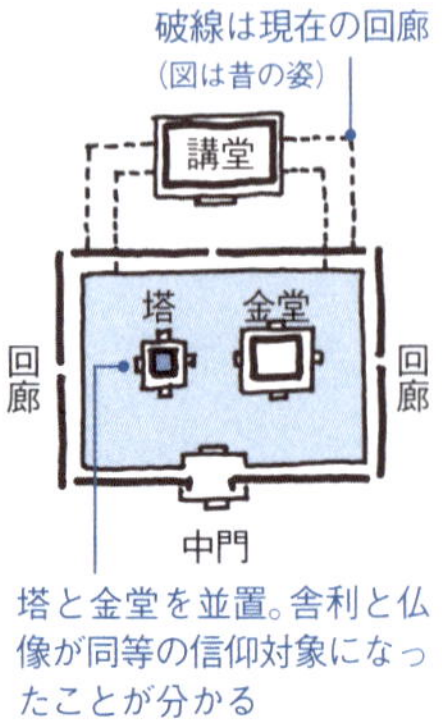
破線は現在の回廊
（図は昔の姿）
講堂
塔
金堂
回廊
回廊
中門
塔と金堂を並置。舎利と仏像が同等の信仰対象になったことが分かる

奈良時代 ── 伽藍の中心は金堂

薬師寺伽藍

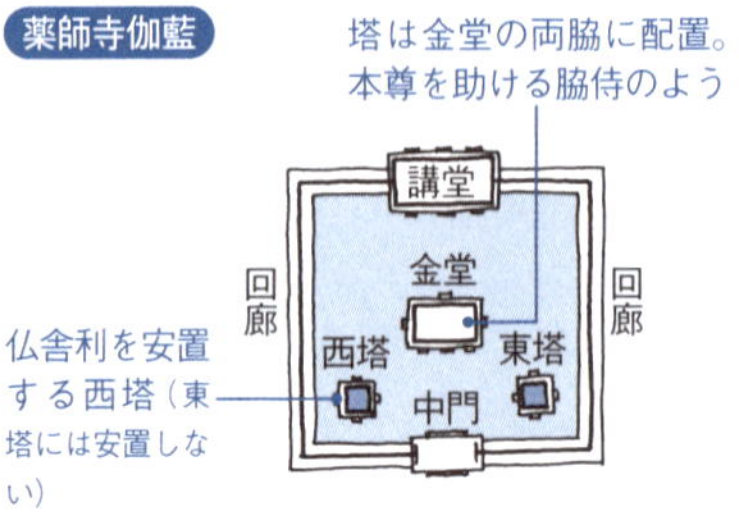
塔は金堂の両脇に配置。本尊を助ける脇侍のよう
講堂
金堂
回廊
回廊
仏舎利を安置する西塔（東塔には安置しない）
西塔
東塔
中門

東大寺伽藍

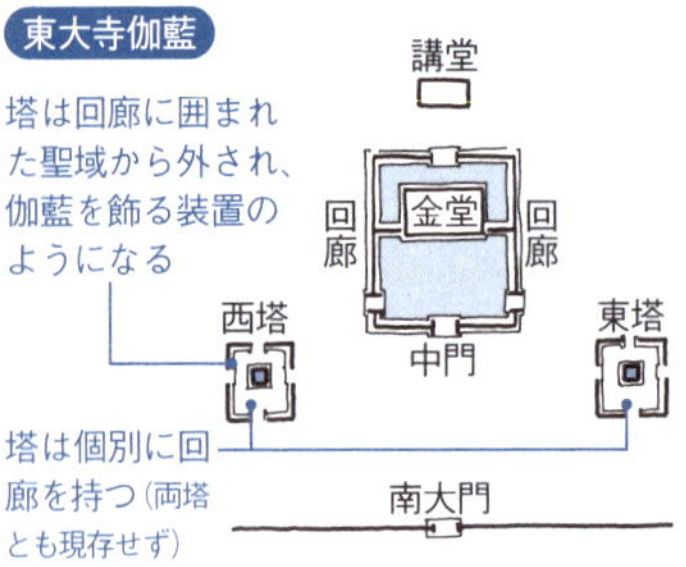
塔は回廊に囲まれた聖域から外され、伽藍を飾る装置のようになる
講堂
金堂
回廊
回廊
西塔
東塔
中門
塔は個別に回廊を持つ（両塔とも現存せず）
南大門

鎌倉時代 ── 伽藍は修行の場

七堂伽藍（禅寺伽藍の基本配置）

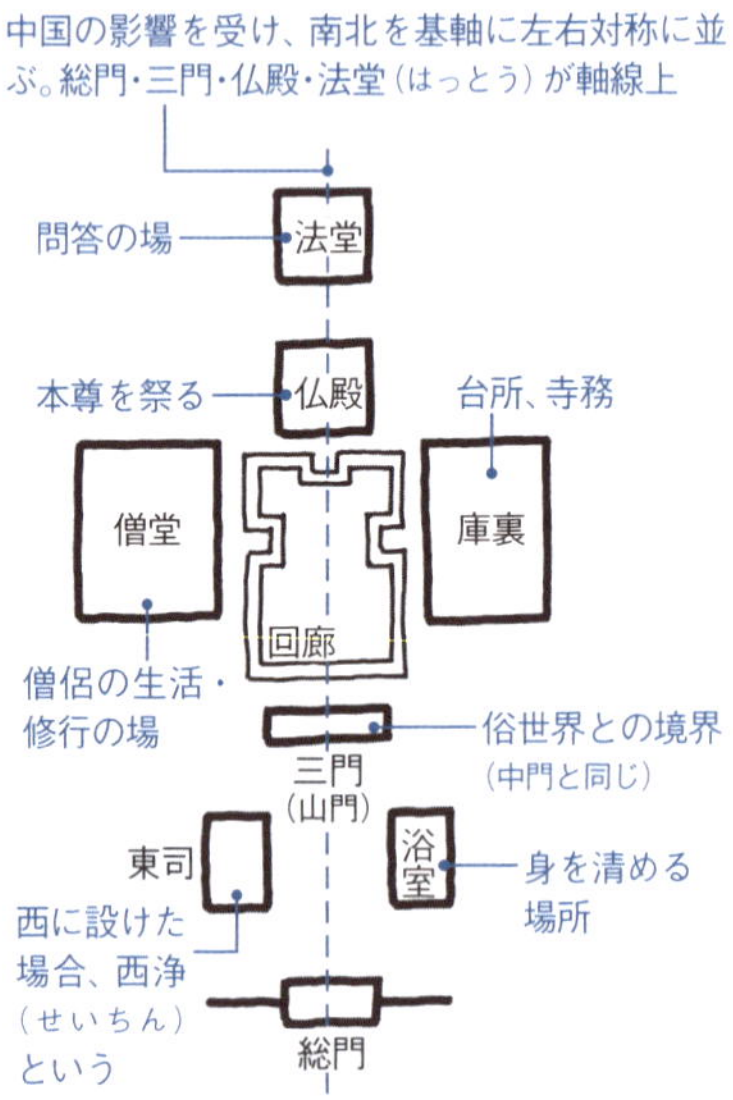
中国の影響を受け、南北を基軸に左右対称に並ぶ。総門・三門・仏殿・法堂（はっとう）が軸線上
問答の場
法堂
本尊を祭る
仏殿
台所、寺務
僧堂
庫裏
回廊
僧侶の生活・修行の場
俗世界との境界（中門と同じ）
三門（山門）
東司
浴室
身を清める場所
西に設けた場合、西浄（せいちん）という
総門

※：七堂伽藍

3章

北海道・東北

北海道

札幌

旧青山家漁家住宅 76

霊場恐山 78

青森県 青森

盛美館 80

秋田県

秋田

盛岡 岩手県

出羽三山 82

銀山温泉 84

山形県 宮城県

山形 仙台

福島

圓蔵寺 88

会津さざえ堂［円通三匝堂］86

福島県

北海道

時は金なり
ニシン番屋の機能美

旧青山家漁家住宅

明治から大正にかけ、北海道ではニシン漁の最盛期を迎えた。北上するニシンを追って、人も物も金も動いた。網元である親方と各地から集まったヤン衆※1は、ニシン番屋で寝食を共にした。土間（ニワ）を挟んで、親方と雇い漁夫の空間が並ぶのが番屋の特徴である。

時間が勝負のニシン漁※2。徹底的に無駄を排したシステマチックな漁と同様、番屋も機能美にあふれた空間だ。

100人以上が暮らしたニシン番屋

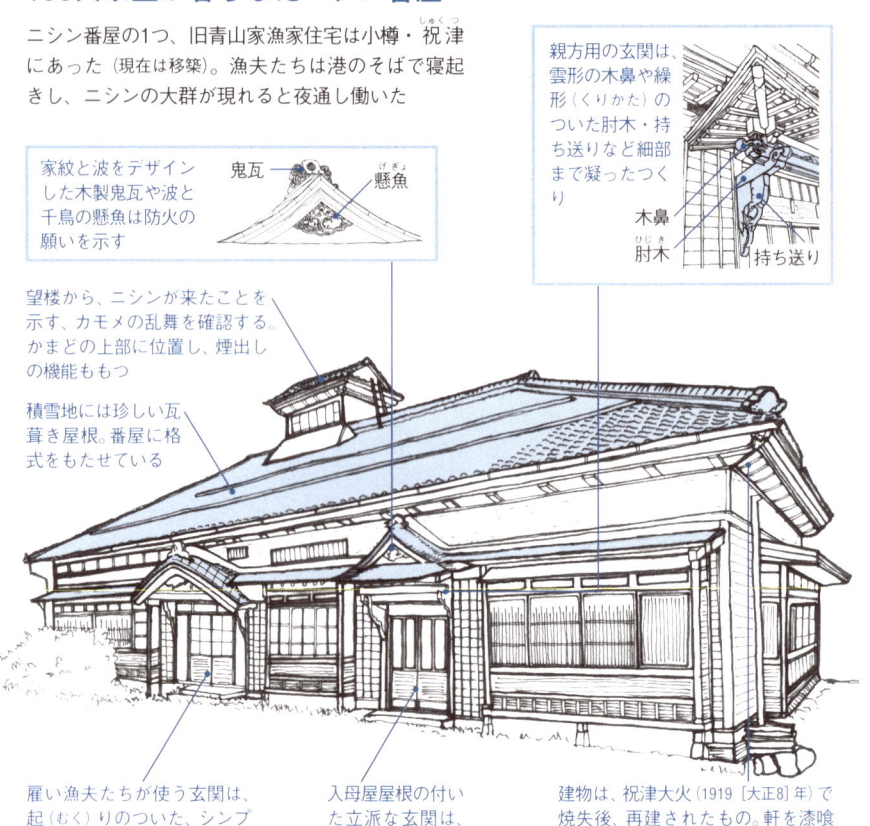

ニシン番屋の1つ、旧青山家漁家住宅は小樽・祝津《しゅくつ》にあった（現在は移築）。漁夫たちは港のそばで寝起きし、ニシンの大群が現れると夜通し働いた

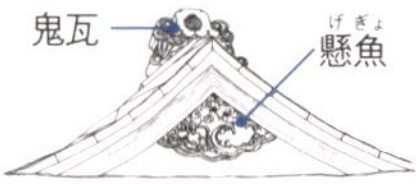
家紋と波をデザインした木製鬼瓦や波と千鳥の懸魚は防火の願いを示す
鬼瓦
懸魚《げぎょ》

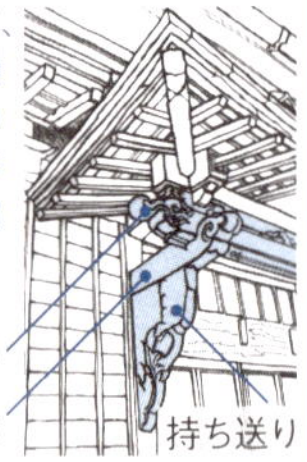
親方用の玄関は、雲形の木鼻や繰形（くりかた）のついた肘木・持ち送りなど細部まで凝ったつくり
木鼻
肘木《ひじき》
持ち送り

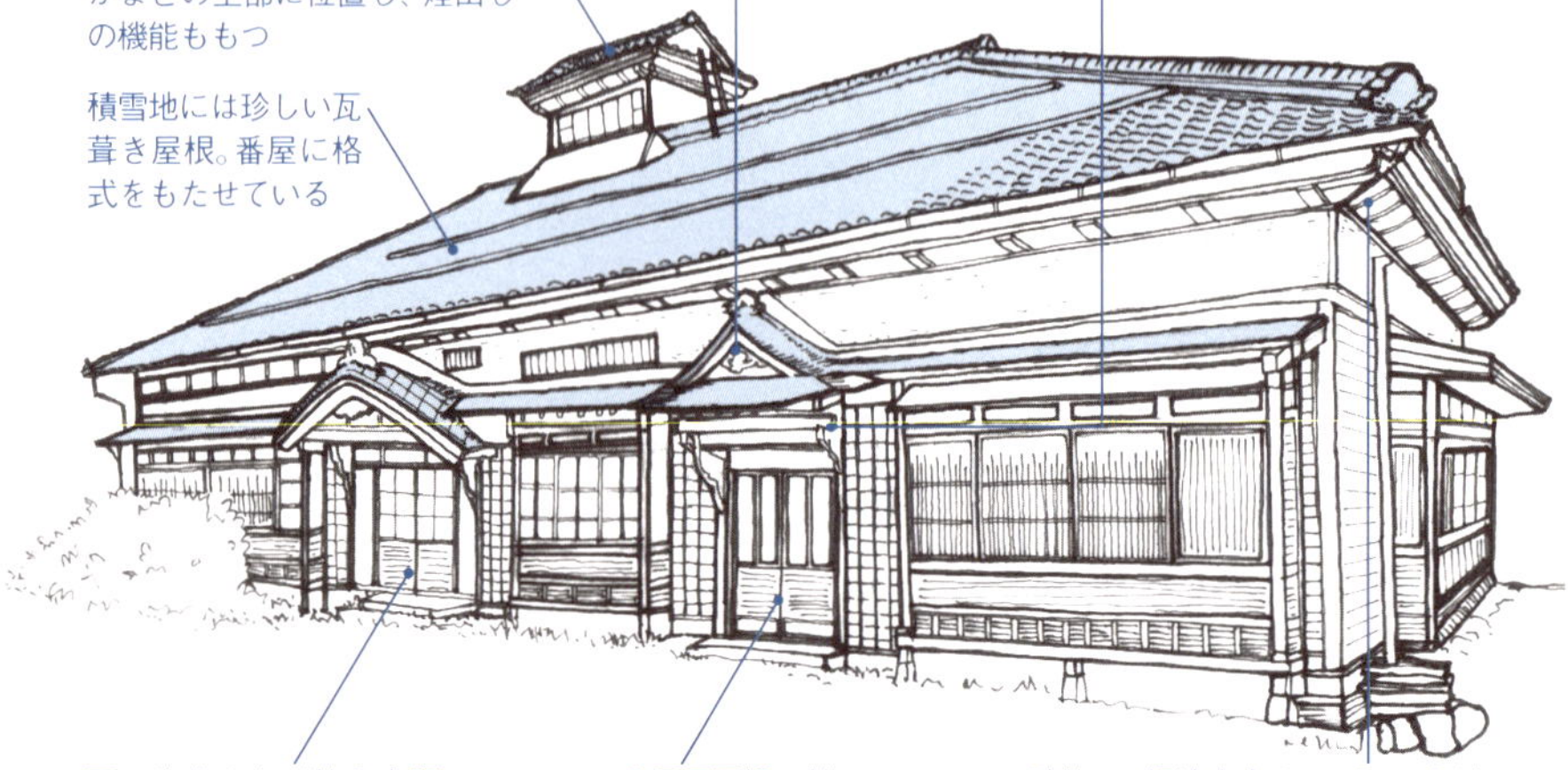
望楼から、ニシンが来たことを示す、カモメの乱舞を確認する。かまどの上部に位置し、煙出しの機能ももつ
積雪地には珍しい瓦葺き屋根。番屋に格式をもたせている
雇い漁夫たちが使う玄関は、起（むく）りのついた、シンプルな切妻屋根
入母屋屋根の付いた立派な玄関は、親方用
建物は、祝津大火（1919［大正8］年）で焼失後、再建されたもの。軒を漆喰で塗りこめ、防火性を高めている

※1：ニシン漁に雇われた労働者たち　※2：「一起こし千両、万両」ともいわれたニシン漁。賃金が完全歩合制だったこともあり、ニシンが現れたときには、みな寝る間を惜しんで働いた

間取りに見られる縦社会

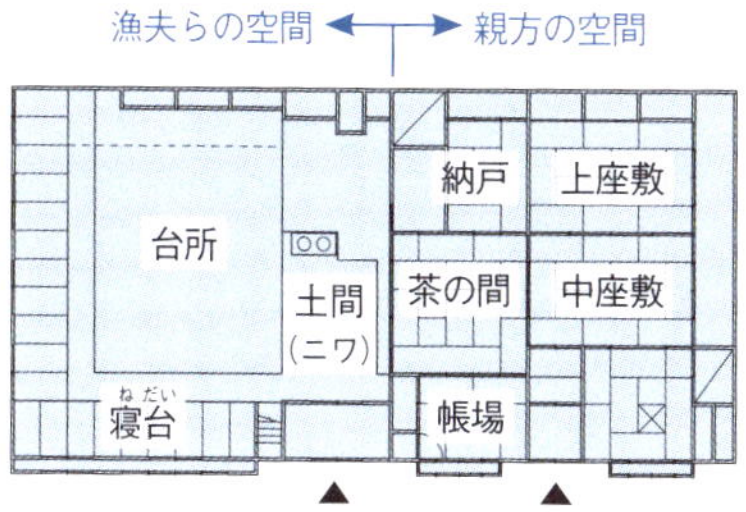

親方と漁夫らの生活空間は、土間(ニワ)を挟んで分けられる。平屋だが、漁夫らの寝台は2層になっていた

豪華な親方スペース

茶の間(手前)と帳場(奥)

財を成した網元の居住空間は本州産のヒノキ・ケヤキなどを使った豪華なしつらえ

雇い漁夫の高密度空間

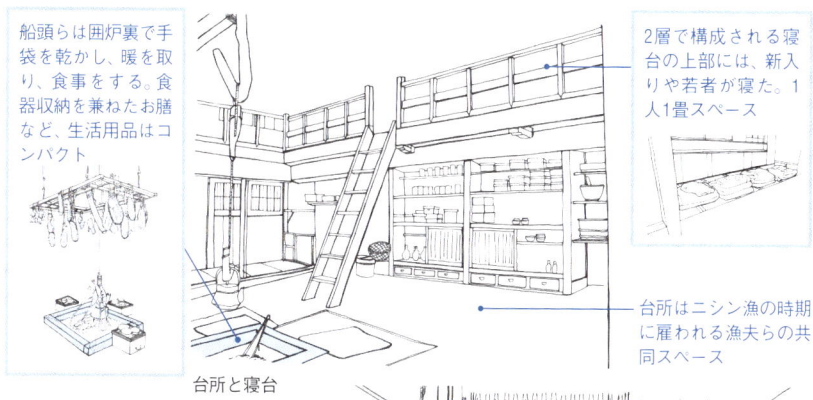

船頭らは囲炉裏で手袋を乾かし、暖を取り、食事をする。食器収納を兼ねたお膳など、生活用品はコンパクト

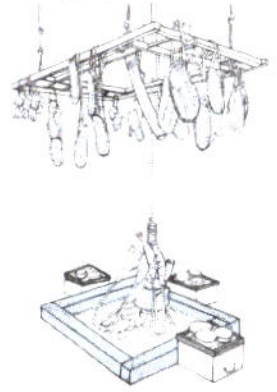

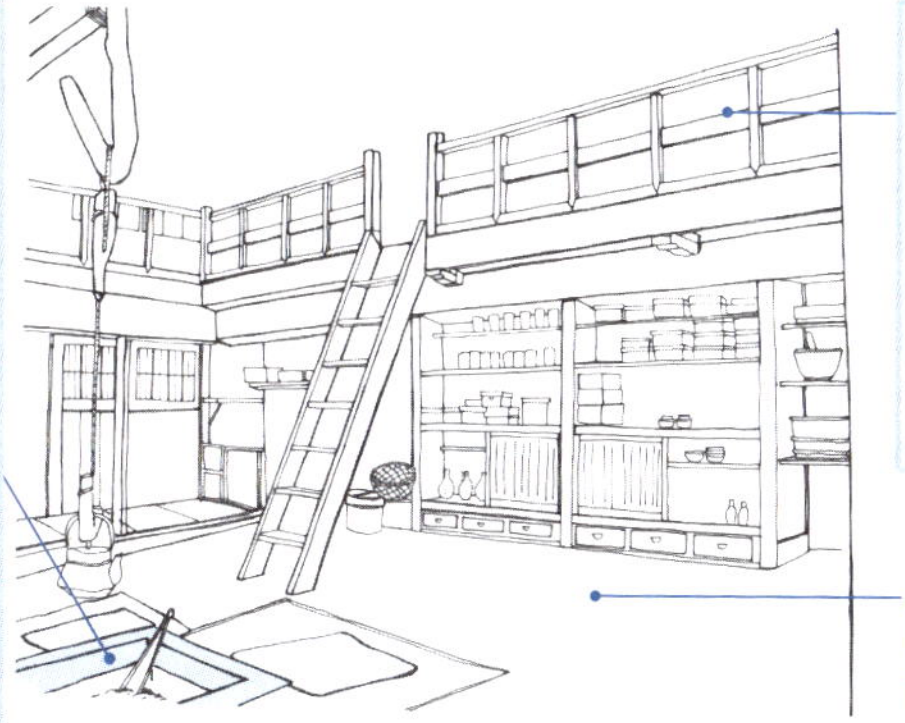

台所と寝台

2層で構成される寝台の上部には、新入りや若者が寝た。1人1畳スペース

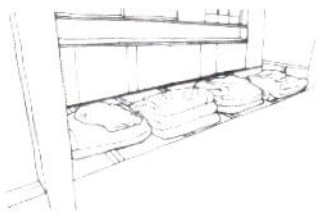

台所はニシン漁の時期に雇われる漁夫らの共同スペース

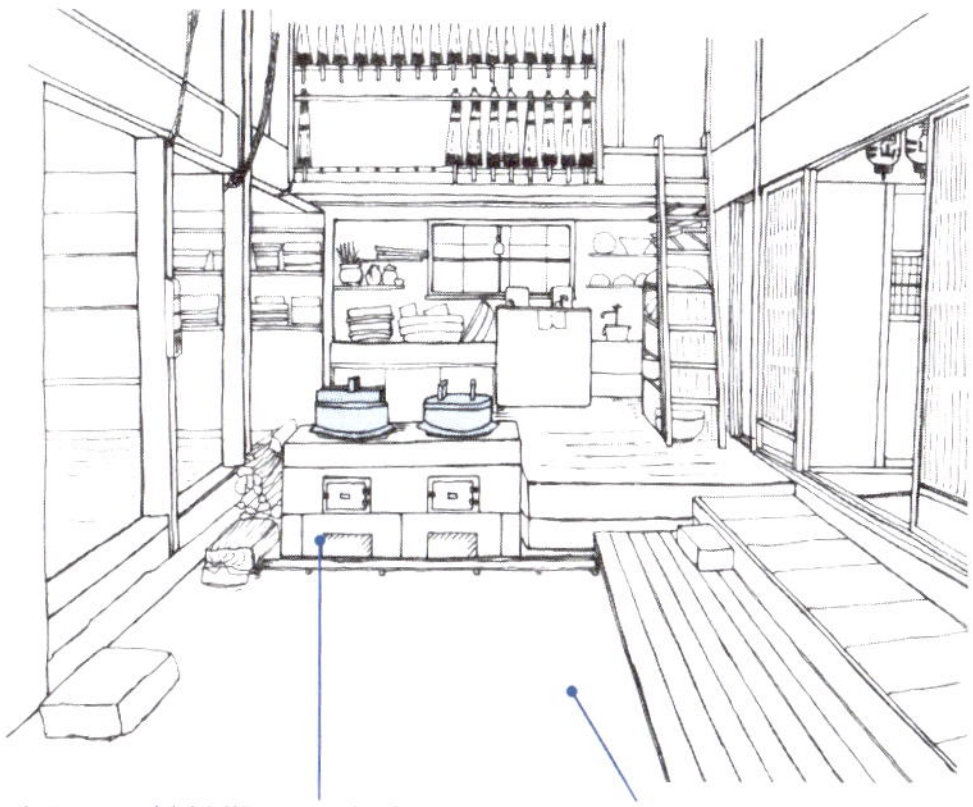

土間

繁忙期には、年寄り・女・子どもまでも駆り出された。白米は働く魅力の1つ

ニワといわれた土間では、漁の準備や道具の修繕も行われた

data

旧青山家漁家住宅
(北海道開拓の村内)

所在地・札幌市厚別区厚別町小野幌50−1
行き方・JR北海道バス「開拓の村」下車すぐ

1919(大正8)年に建てられた旧青山家漁家住宅は、網倉、船倉などとともに「北海道開拓の村」に移築された

MEMO:漁場建築でもある番屋は、「ニシン御殿」ともいわれる。親方の居住空間の豪華なつくりから付いた俗称だが、これとは別に建てた贅を尽くした別邸や別荘こそが、本来の意味でのニシン御殿であろう

青森

死者の世界を体験できる
霊場恐山《おそれざん》

青森・下北《しもきた》地方では古くから、「人が死ねばお山（恐山）さ行ぐ」と伝えられてきた。恐山は死者が集まる場所なのだ。生きている者も、恐山では三途《さんず》の川を渡り、冥土《めいど》で故人の霊と会うことができる。地獄と極楽を巡った後は、胎内潜《くぐ》り※で再生し、現世に戻れるのでご心配なく。

恐山は霊場であり、火山で生じた宇曽利湖《うそりこ》を中心とした外輪山《がいりんざん》の総称だ。蓮の花が咲いたような8峰に囲まれたその地は、八葉蓮台《はちようれんだい》に見立てられ仏教の聖地にふさわしい。

あの世へのルートマップ

三途の川にかかる太鼓橋を渡り、48基の石灯籠に促されて参道を進むと、そこは死の世界。地蔵殿で裁きを受け、西へ進むと硫黄臭漂う地獄。賽《さい》の河原《かわら》へ入ると一変し、美しい宇曽利湖畔の極楽浜だ。死者の霊はしばらくここに漂っているという

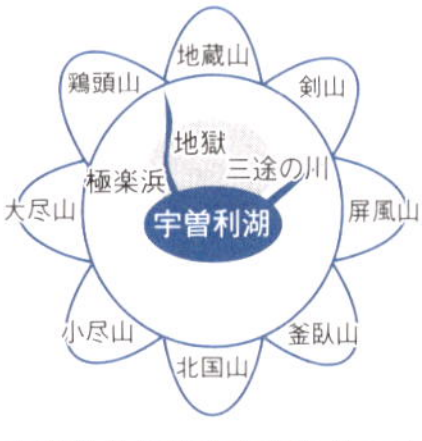
地蔵山
剣山
屏風山
釜臥山
北国山
小尽山
大尽山
鶏頭山
地獄
三途の川
極楽浜
宇曽利湖
8峰に囲まれた霊場・恐山

地獄から板橋を渡ると賽の河原に入る
賽の河原の背後にある鶏頭山には、死霊が集まる。鶏（酉）は太陽が沈む（＝死）方角。鶏頭山はその名からも、死を司ることが分かる
鶏頭山《けいとうさん》
地蔵山
地蔵殿
地蔵殿には、本尊・延命地蔵が安置される。地蔵はこれからどの地獄に行かねばならぬかを人々に提示する
③賽の河原
②地獄
卒塔婆供養堂
④極楽浜
阿弥陀の四十八願にちなんだ、48基の石灯籠が死の世界へ導く
⑤五智山
三途の川とみなされる正津川には、太鼓橋がかかる
①三途の川
宇曽利湖
恐山拝所巡りの入口

※：かつて、五智山の手前にそこを潜ると生まれ変わり現世に戻れるとされた場所があった

あの世の見どころ

①三途の川

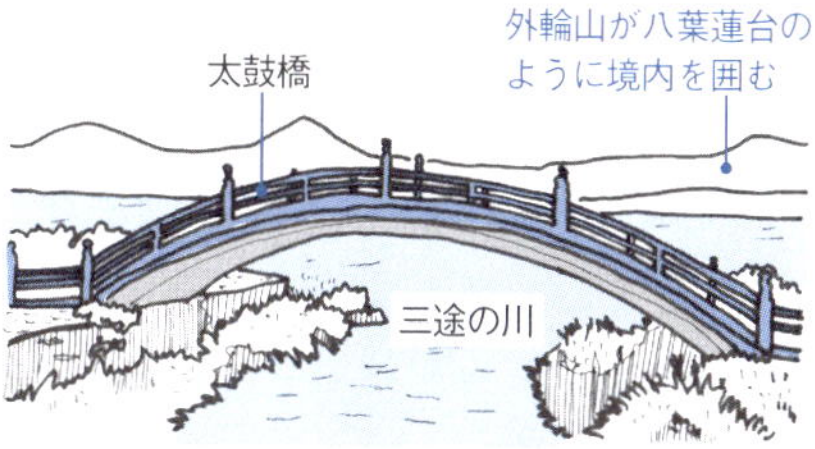
太鼓橋
外輪山が八葉蓮台のように境内を囲む
三途の川

三途の川(正津川)を渡ると、あの世に入ることになる。太鼓橋はあの世との分岐点。罪の重い人には橋幅が針のように細く見えて通れないという

②地獄

太師堂。開祖・円仁(慈覚大師)の舎利を安置

かつては1,364カ所のガス場があった地獄。現在は血の池地獄など30カ所ほど。荒々しい火山石が地獄の景色をつくる

③賽の河原

賽の河原の背後には鶏頭山。集まる死者の霊が汗をふけるよう、手ぬぐいを木にかける

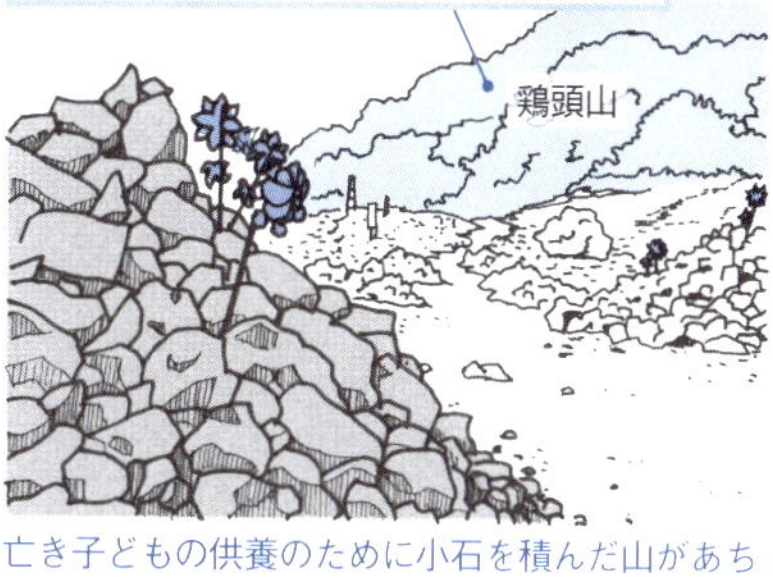
鶏頭山

亡き子どもの供養のために小石を積んだ山があちこちにある(亡き子らが親の供養にと石を積んでも鬼が崩すので、親が代わりに石を積んだ)

④極楽浜

大尽山《おおづくしやま》
宇曽利湖

美しく静かな宇曽利湖に面する極楽浜には、三仏が祭られている。ここから大尽山に向かって亡くなった人の名を叫ぶ(魂呼び)

⑤五智山(胎内潜り)

五智如来が祭られるこの付近には、かつて胎内潜りがあった。ここを過ぎると、再生して現世に戻れたことになる

data

霊場恐山

所在地・青森県むつ市田名部字宇曽利山3－2
行き方・JR大湊線「大湊駅」から車で30分。または「下北駅」からバスで「恐山」下車すぐ

862(貞観4)年に開山された恐山。入山は5～10月のみなので要注意

MEMO：恐山霊場では仏降ろし(イタコが祝詞をあげ、口寄せする)が行われる(7月の恐山大祭と10月の秋詣りの際)。命日と死因を聞き、漂っている多くの仏のなかから該当する仏を探し出し、その言葉を口伝えする

青森

匠の技が魅せる 和と洋の融合

盛美館《せいびかん》

盛美館は、明治期における日本三名園の1つ「盛美園」※に建つ。一見すると屋根が際立つ洋館だが、1階は純和風のつくり。洋と和を上下に重ねたような、和洋折衷建築だ。

この建物は、3千600坪もある日本庭園を眺めるために建てられた。1階が外観・内観とも和式なのは、和の庭は和の空間から見るのが最善、という棟梁の考えからだ。一方、2階も間取りは和式のまま。そこに洋風デザインをいかに取り入れたかに、職人の技と工夫が見て取れる。

和と洋が重層する建物

2階のドーム屋根と三角屋根は洋館を印象づけるが、1階は純和風の数寄屋造り。盛美館では、和と洋が上下で徹底して使い分けられている

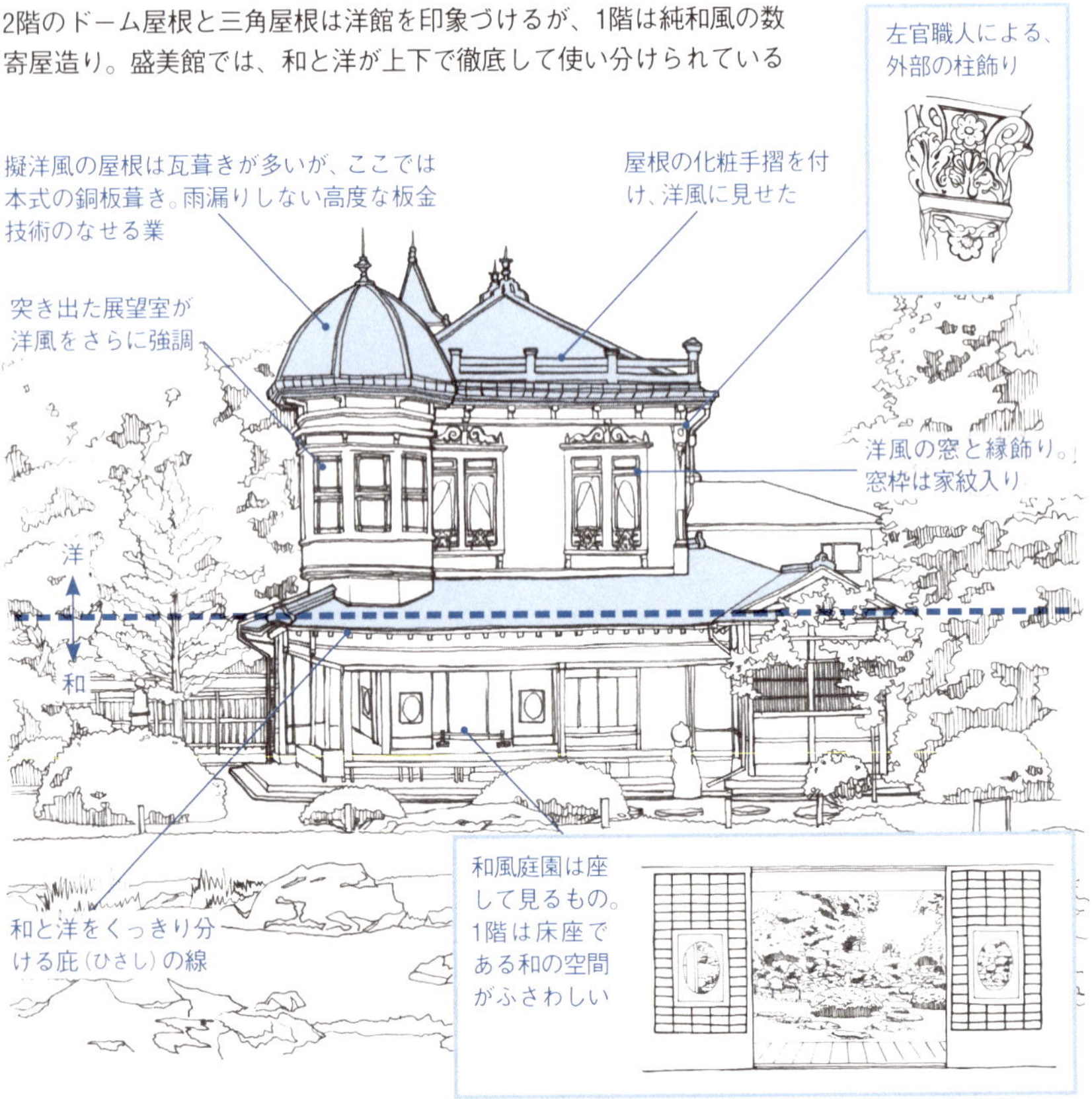
左官職人による、外部の柱飾り
擬洋風の屋根は瓦葺きが多いが、ここでは本式の銅板葺き。雨漏りしない高度な板金技術のなせる業
屋根の化粧手摺を付け、洋風に見せた
突き出た展望室が洋風をさらに強調
洋風の窓と縁飾り。窓枠は家紋入り
洋
和
和と洋をくっきり分ける庇（ひさし）の線
和風庭園は座して見るもの。1階は床座である和の空間がふさわしい

※：鎌倉幕府五代執権・北条時頼の家臣の血を引く明治時代の大地主・清藤盛美（せいとうもりよし）が、作庭の武学流・小幡亭樹（おばたていじゅ）宗匠を招き、1902（明治35）年から9年の歳月を費やし造園した

2階は和のプランに洋のインテリア

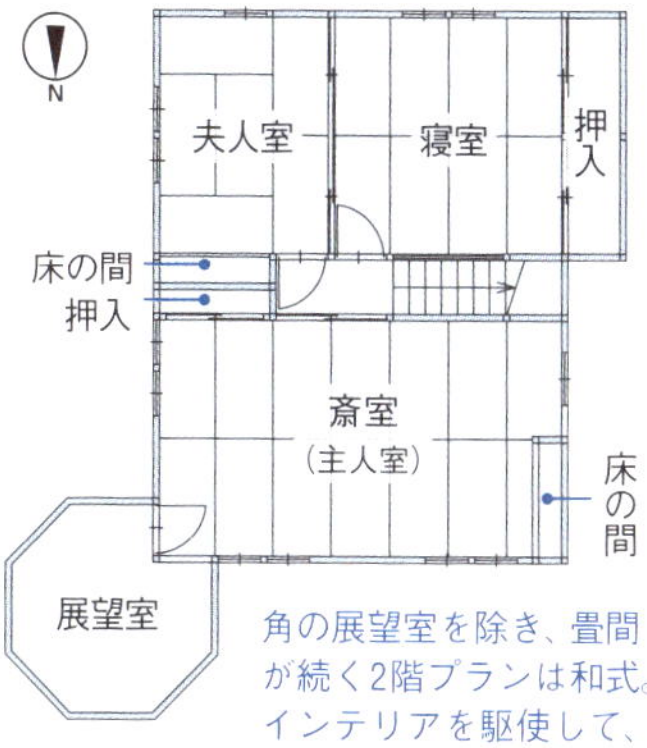

2階平面図

角の展望室を除き、畳間が続く2階プランは和式。インテリアを駆使して、洋の空間をつくり出している

床の間付きの洋室

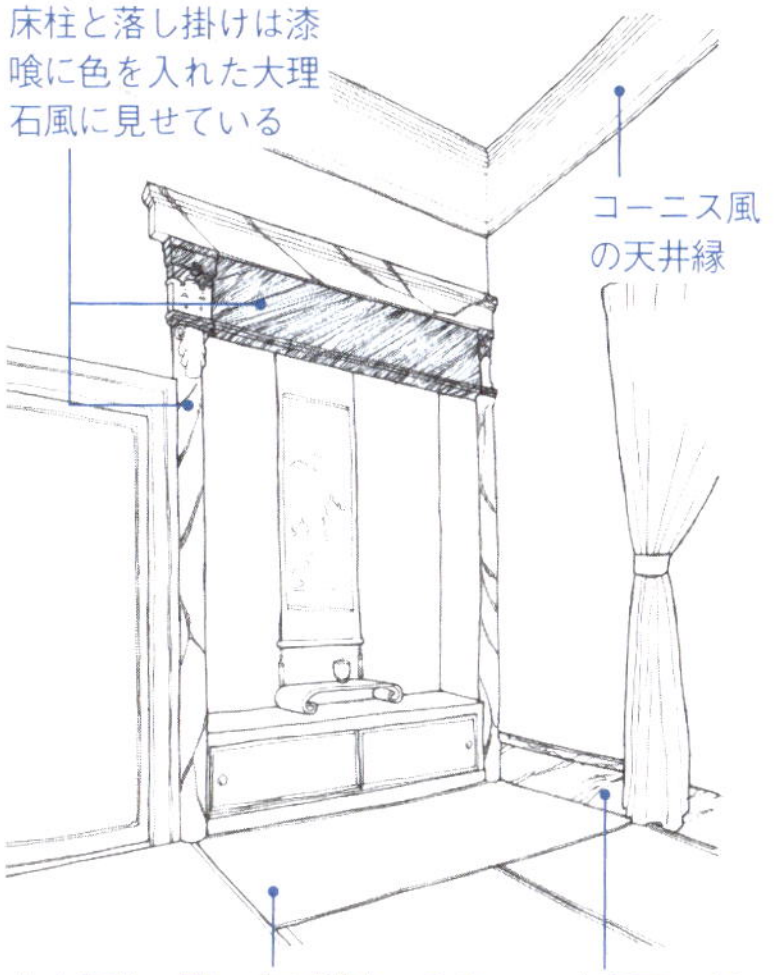

床柱と落し掛けは漆喰に色を入れた大理石風に見せている

コーニス風の天井縁

夫人室は、畳に床の間という和室のプランだが、天井縁やカーテンなどの装飾で洋風に見せる

大理石に似せた幅木を付けている

左官の技が光る天井飾り

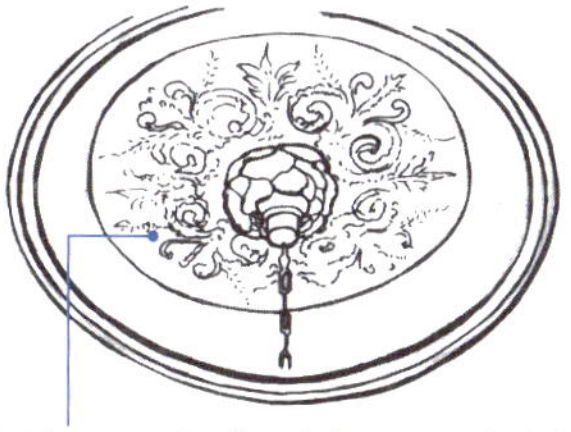

斎室（主人室）の天井の中心にある漆喰飾り。漆喰はゆっくり固まるので、鏝（こて）さばきでこの造形ができる。盛美館の漆喰はすべて素手による艶出し仕上げ

和の建具もモダンな意匠

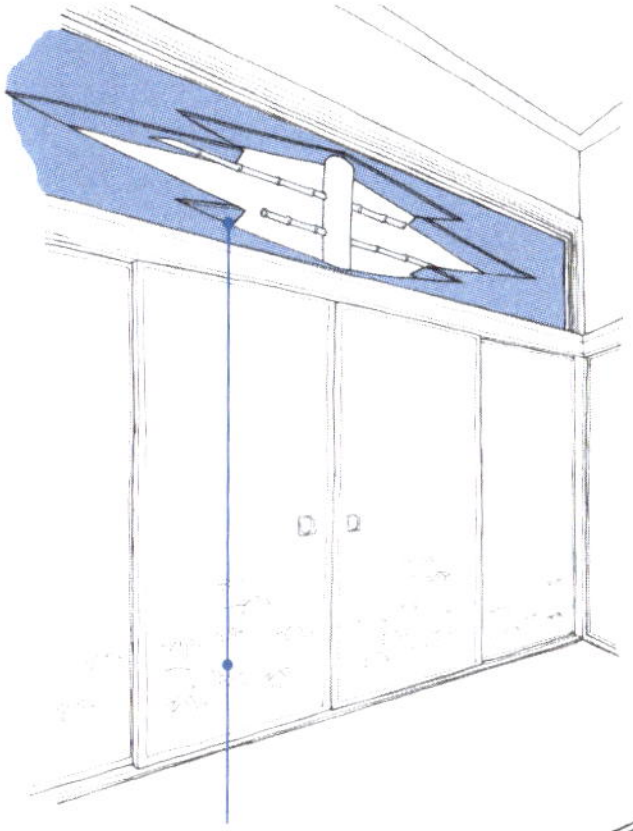

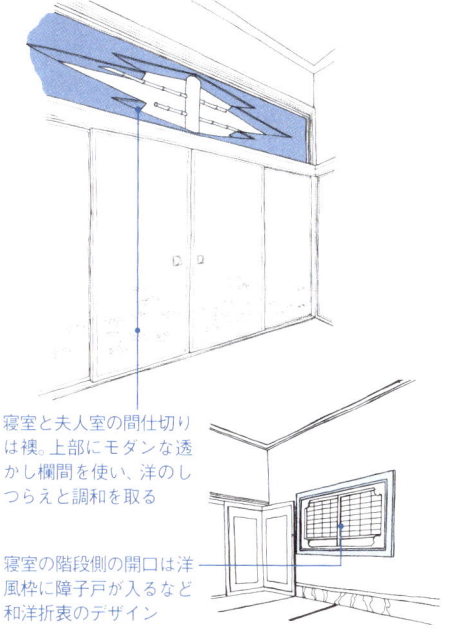

寝室と夫人室の間仕切りは襖。上部にモダンな透かし欄間を使い、洋のしつらえと調和を取る

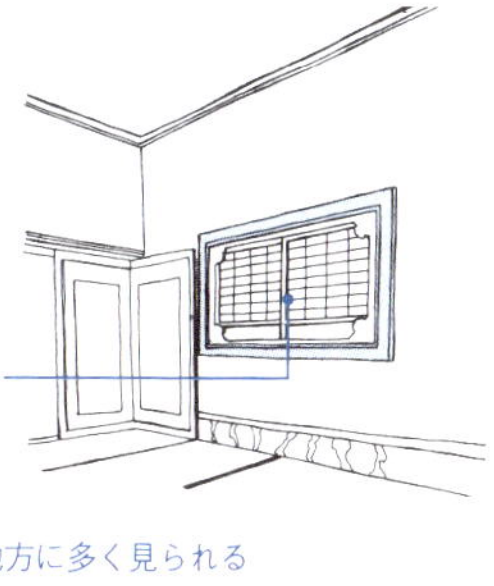

寝室の階段側の開口は洋風枠に障子戸が入るなど和洋折衷のデザイン

data

盛美館（盛美園内）

所在地・青森県平川市猿賀石林1
行き方・弘南鉄道「津軽尾上駅」下車、徒歩10分

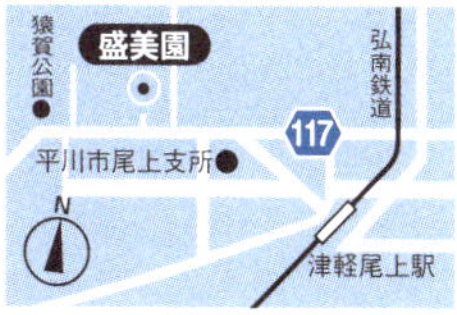

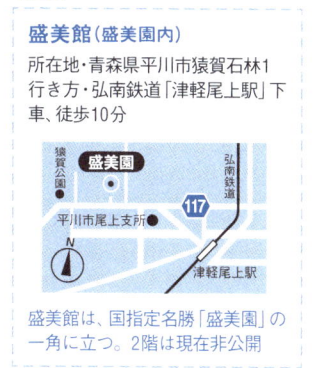

盛美館は、国指定名勝「盛美園」の一角に立つ。2階は現在非公開

MEMO：盛美園は、武学流の造園を代表する庭園。武学流は作庭の流派の1つで、津軽地方に多く見られる

国宝

出羽三山《でわさんざん》

山形

生きながら自身を再生する

パワースポットとして人気の出羽三山とは、月山《がっさん》、羽黒山、湯殿山の総称。出羽三山神社に伝わる修験道は、1400年以上の伝統をもち、厳しい擬死再生の行[※1]「秋の峰入り」で知られる。

山伏は、迷いの世界「地獄・餓鬼・畜生・修羅・人間・天上」と悟りの世界「声聞《しょうもん》・縁覚《えんがく》・菩薩・仏」の十界[※2]修行を7日間かけて行う。よみがえりの古儀を、紙上で体験してみよう。

紙上再現　秋の峰入り

山奥深くにこもり、新たに生まれ変わる、擬死再生の行。山伏（修験者）は装束をまとい、山中に点在するスポットを参拝しながら、十界修行する

⓪峰入り前の儀式

死者になり、胎内に宿る儀式を行う。まず、入山者の来る前日に通夜「笈絠（おいからがき）」が峰中堂で行われる。修験の中心となるこもり堂は、高窓しかなく棺のようなたたずまいだ。次に、笈（おい、母胎を表す）を背負った修験者が大幣（おおぬさ、男根を表す）をはらう、受胎の儀式を行う

Ⓑ峰の薬師神社の梵天《ぼんてん》投じ

Ⓐ峰中堂《ぶちゅうどう》

境内マップ

出羽三山神社の境内は羽黒山・月山・湯殿山の山域にまたがる。秋の峰入りは上図中のアルファベットを順にたどり（Ⓒ〜Ⓚ）、峰中堂は入峰者の生活の場となる

修行の準備

山伏（修験者）は独特な格子柄の装束をまとい、頭には頭巾、腰にはカモシカなどの獣皮製の腰当「引敷（ひっしき）」。手にした金剛杖は、金剛、つまり大日如来と共に歩むことを意味する

※1：象徴的な「死」と「再生」を体験する修行　※2：仏教では、衆生（しゅじょう）が訪れる迷いの世界を六道、聖者の悟りの世界を四聖といい、全世界は10の世界で構成されるといわれる

①峰入りスタート

参道にある五重塔は、京都・東寺にある五重塔の約半分（高さ29m）とコンパクト。神社なのに仏塔とは、出羽三山に神仏習合の影響が色濃く残るため。山伏たちは山に入り、初めにここを参拝する

Ⓒ五重塔

②五体形成を祈る

随神門（結界）を抜け、いくつもの社殿霊場を巡拝しながら、五体形成を祈る

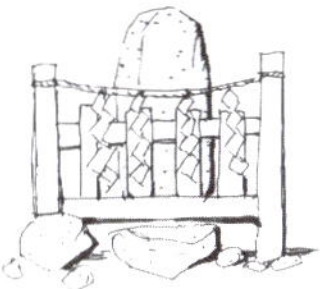

Ⓓ白山堂

Ⓔ三神合祭殿《ごうさいでん》

③地獄で餓鬼・畜生になる

どくだみや唐辛子、米ぬかなどをいぶす、荒行「南蛮いぶし」で地獄を味わう。断食の行で餓鬼となり、断水の行で畜生となる

Ⓕ峰中堂内で行う南蛮いぶし

④自身を焼き葬る

ブナの生木やご神木のツバキを焼くことで、罪や穢れを負った自分の遺体を焼き払うとされる四聖の儀式を行う（柴灯護摩）

Ⓗ峰中堂の柴灯《さいとう》護摩

⑤金剛界を駆ける

羽黒修験の教義で金剛界（大日如来の悟りの境地）とされる、月山の立岩で山駆け修行を行う

Ⓖ東《ひがし》 補陀落《ふだらく》

⑥三途の川を戻る

三途の川に見立てられた赤沢川を渡った後は、精霊がいるという沢（三鈷沢）へ向かう

Ⓘ三鈷沢《さんこざわ》

⑦懺悔し、再生の準備

開祖を祭る蜂子神社をはじめ、山頂諸神を巡拝し生前の罪を懺悔。最後に聖地「阿久谷」へ向かい、十界修業が終わる

Ⓙ蜂子《はちこ》神社

⑧よみがえり

神橋を渡り、参道（産道）を通って山を下りる。高張り提灯（ちょうちん）に送られ、生まれ変わるという

Ⓚ神 橋《しんきょう》

data

羽黒山 五重塔

所在地・山形県鶴岡市羽黒町手向羽黒山
行き方・JR羽越本線「鶴岡駅」からバスで「羽黒センター」下車、徒歩10分

五重塔は国宝。神社に属する仏塔

MEMO：五重塔周辺には、ミシュランの観光ガイドで三ツ星をとった杉並木が続く。歩くだけで呪力が身に付きそうな雰囲気がある

山形

優れた景観は努力のたまもの

銀山温泉

奥羽山脈のふもと、とある小さな湯治場が洪水で流されたのは大正時代のこと。その後1927（昭和2）年にボーリングで源泉が掘り当てられ、「銀山温泉」として再興した。

各地から集められた大工が自由に腕をふるった和洋折衷建築が、現在の町並みの原型である。ところが、戦後にビル化の波が押し寄せる。地元有志らは建物の保存活動を行い、景観の喪失を食い止めた※。大正ロマン漂う温泉街は、残ったのでなく、大切につくられてきたのだ。

銀山川に沿う、小さな温泉街

古き温泉街のたたずまいだが、江戸時代からあった町並みではない。建築保存とまちづくりが結び付き、今の姿がある

山あいにある銀山温泉のエリアは狭い。わずか12軒しかないが、川沿いにびっしり建物が建つことで、賑わいが演出されている
垂直に伸びるようにして建つ建物には、袖看板が有効
建物どうしに隙間がなく、裏が見えない町並み。芝居の書割のようで、「大正・昭和初期の温泉街」というテーマパークをつくり出す
大正ロマンをかもし出すガス灯は、1991（平成3）年に設置されたもの。夜の温泉街のアクセント
「昔の風景」には電柱がない。銀山温泉では、2004（平成16）年に電線を地中化した

※：保存活動をきっかけに、1986（昭和61）年には「銀山温泉家並保存条例」が制定された。銀山温泉地区の民家も含めた約50軒が対象となっている

上へ上へと伸びる建築

山あいの銀山温泉において、平坦な土地は川沿いにしかない。狭い土地に競うように建てられたのは、木造の多層階建築

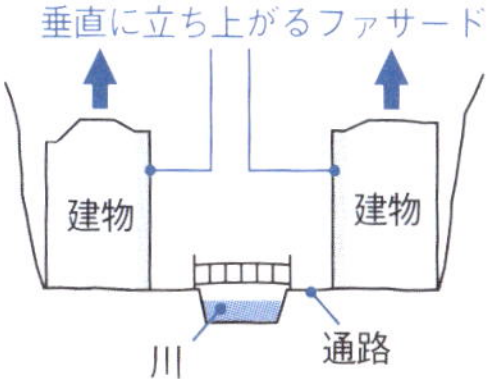
垂直に立ち上がるファサード
建物
建物
川
通路

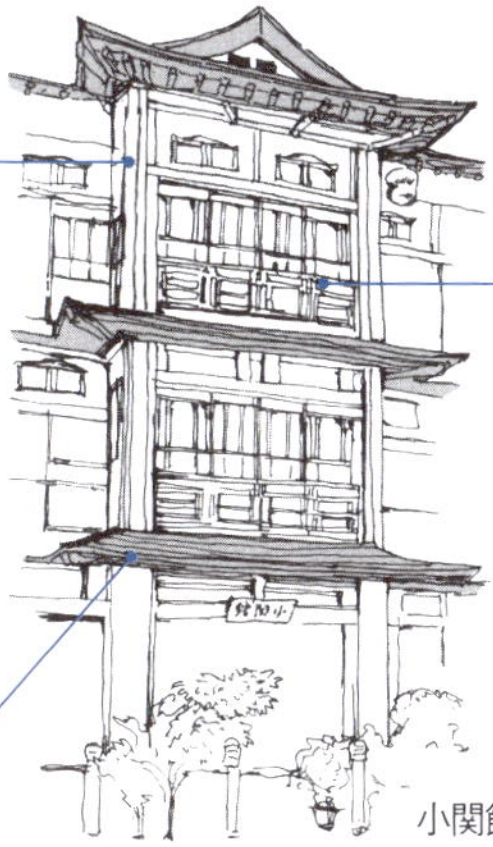

木造3階のバルコニーは建築史的にも珍しい

普段見慣れない木造の多層建築物。垂直性を強調した意匠

小関館

能登屋旅館

建物最頂部に設けられた望楼は、町のランドマーク。雪下ろしの際の出入りにも使われる

漆喰を使った縦長の意匠は、左官職人が腕を競い合ったもの。戸袋に鏝絵（こてえ）を描く和風デザインもあれば、漆喰でレリーフをつくって石柱に見立てる洋風デザインもある

テーマパーク的な温泉街

裏はNG、表で楽しむ

温泉街の裏手には回れないけれど、正面の回遊性は抜群。川沿いのわずか400mほどに橋の数12本。それぞれデザインも違う

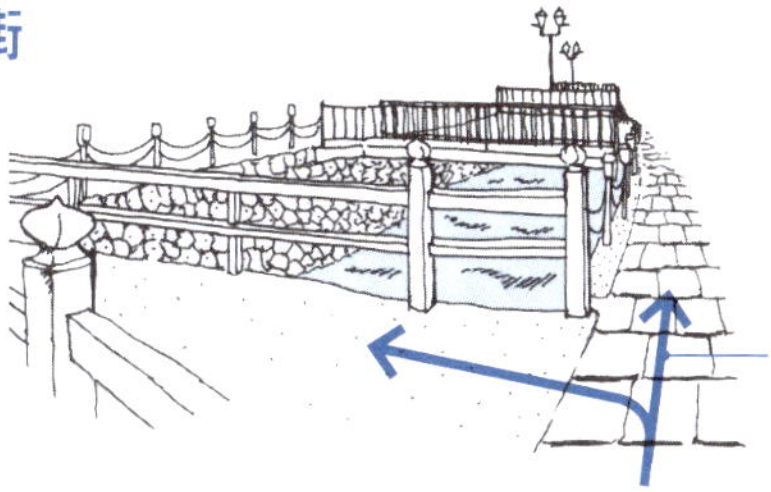

対岸へすぐに移動できる

data

銀山温泉

所在地・山形県尾花沢市銀山新畑地内銀山温泉
行き方・JR奥羽本線「大石田駅」からはながさバスで35分

冬は道路が一部不通になるので、要注意

アトラクションが豊富

足湯

延沢《のべさわ》銀山跡

銀山温泉では温泉のはしごができるほか、近くには、その名の元となった「延沢銀山跡」もある。古い坑道巡りもできる

MEMO： 銀山温泉は小さな温泉街だが、内風呂のほか、公衆浴場が2軒と源泉掛流しの露天足湯が1軒、貸切り湯1軒と充実

福島

六に込めた祈りの仕掛け

会津さざえ堂［円通三匝堂《えんつうさんそうどう》］

会津さざえ堂は、二重らせん構造の斜路をもつ仏塔。斜路を上って下ることでお参りができる。6面の外壁と6本の心《しん》柱《ばしら》※1をもつのも特徴だ。

6という数字から連想されるのが六地蔵や六面石幢《せきどう》※2だ。いずれも廻《めぐ》り場をもつ。回るという行為は、古くから信仰として行われ、合掌と同じ意味があるとされてきた。会津さざえ堂に施された、6にまつわる祈りの仕掛けを見てみよう。

二重らせんの斜路が現れた外観

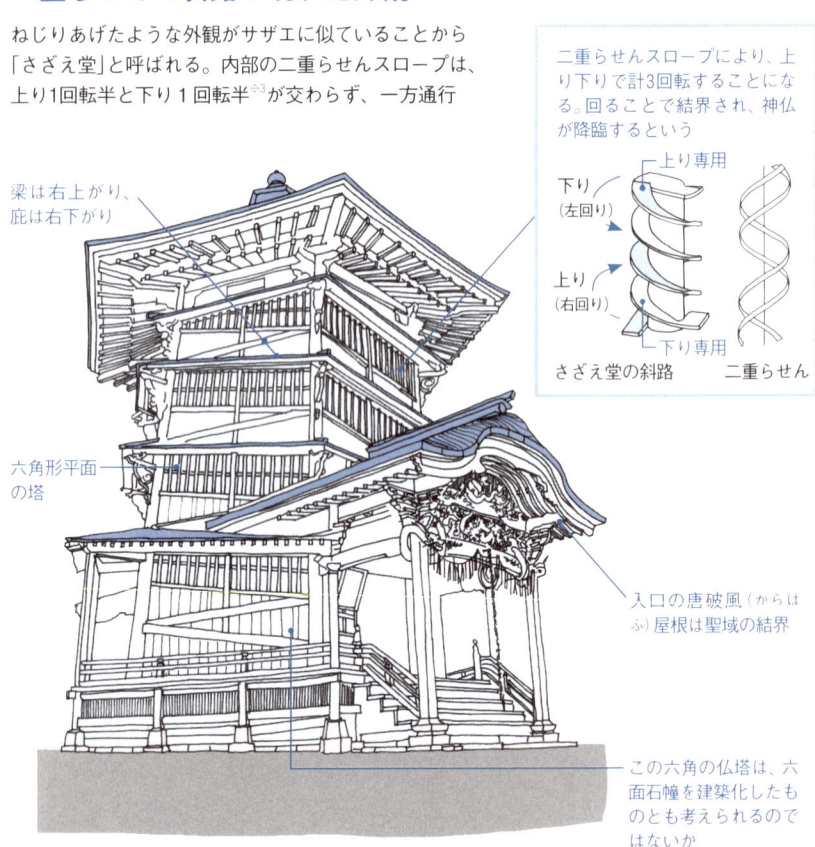

ねじりあげたような外観がサザエに似ていることから「さざえ堂」と呼ばれる。内部の二重らせんスロープは、上り1回転半と下り1回転半※3が交わらず、一方通行

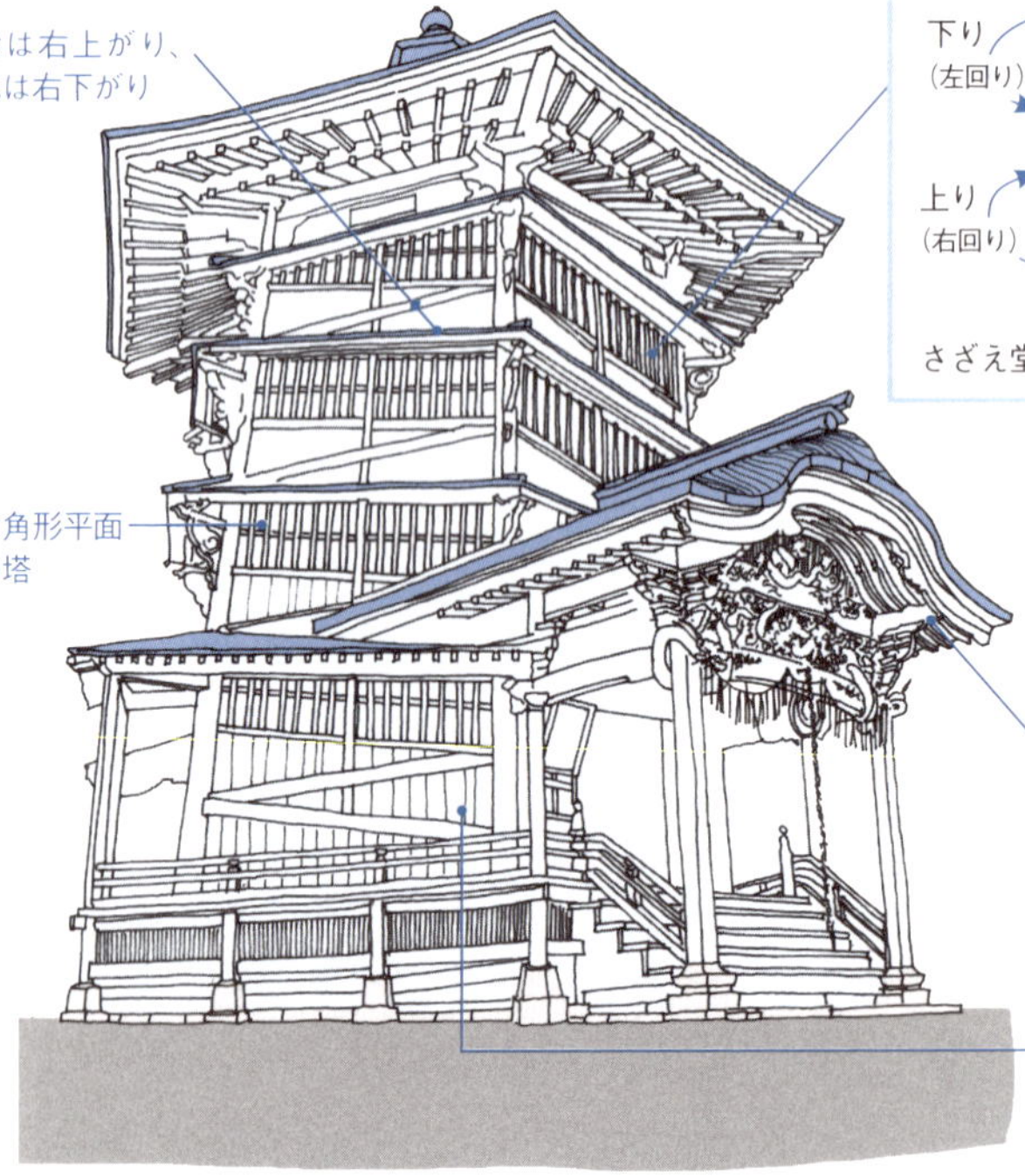
梁は右上がり、
庇は右下がり
六角形平面
の塔
入口の唐破風（からはふ）屋根は聖域の結界
この六角の仏塔は、六面石幢を建築化したものとも考えられるのではないか

二重らせんスロープにより、上り下りで計3回転することになる。回ることで結界され、神仏が降臨するという

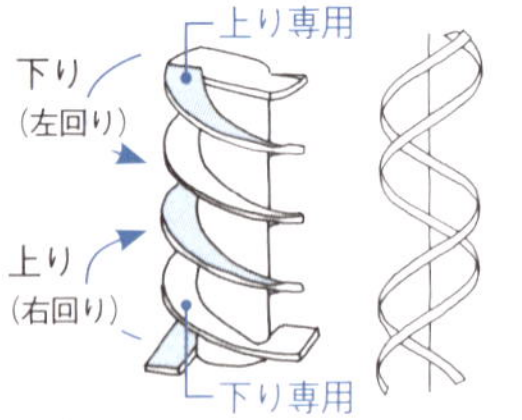
上り専用
下り
（左回り）
上り
（右回り）
下り専用
さざえ堂の斜路
二重らせん

※1：塔の中心にある通し柱で、通常は1本のみ　※2：六角柱の石灯籠。6面それぞれに地蔵菩薩が彫り込まれている
※3：正確には上り下りで計3回転以上あり、半回転ほど多く回る

6 回ることは、祈ること

円通三匝堂の「匝」は「巡る」という意味をもち、内部の斜路を三回転する(巡る)ことで、西国三十三所観音を拝めるという仕掛けが施されていた

構造的には1本でも済む心柱が6本ある。六本柱は六地蔵を表したとも読める

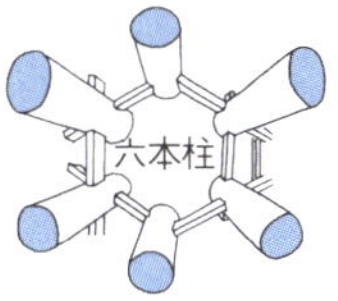

天井は下りの斜路床となっている

二重らせんの斜路。上りは右回り(下りは左回り)

心柱に付く梁も6本

心柱廻りの壁には随所に仏が配され、一巡すると西国三十三観音参りができた(廃仏毀釈により、観音像は取り外された。今は会津藩主松平容敬公編「皇朝二十四孝」の絵額が掲げられている)

data

会津さざえ堂[円通三匝堂]

所在地・福島県会津若松市一箕町八幡弁天下1404
行き方・JR「会津若松駅」からコミュニティバスで「飯盛山下」下車、徒歩5分

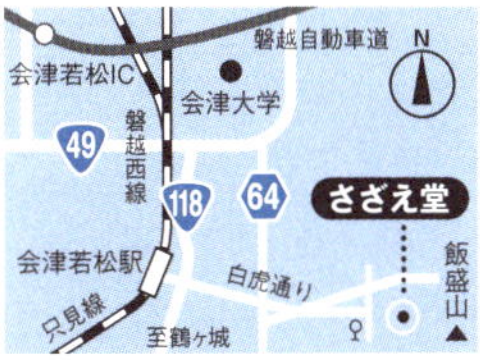

1796(寛政8)年、郁堂(いくどう)上人により建立された。重要文化財

心柱廻りの斜路を進むということは、6本の柱を回ること。六地蔵の前を回る、六面石幢を一周するなど、6という数字には、「回り、祈る行為」がつきまとう

墓地入口の6体の地蔵は、あの世への案内仏

六地蔵

六道の辻と呼ばれ、ここで棺を数度回した

六角柱の石灯籠。各側面に彫られた地蔵菩薩を拝むために、一周する

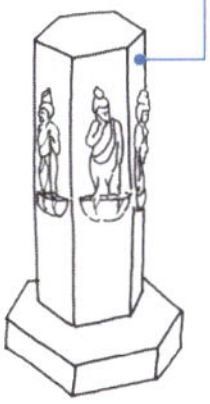

六面石幢

MEMO:礼拝すべきものに右肩を向け、3度巡る(右遶三匝:うにょうさんそう)。この参拝礼法の造形化が会津さざえ堂である

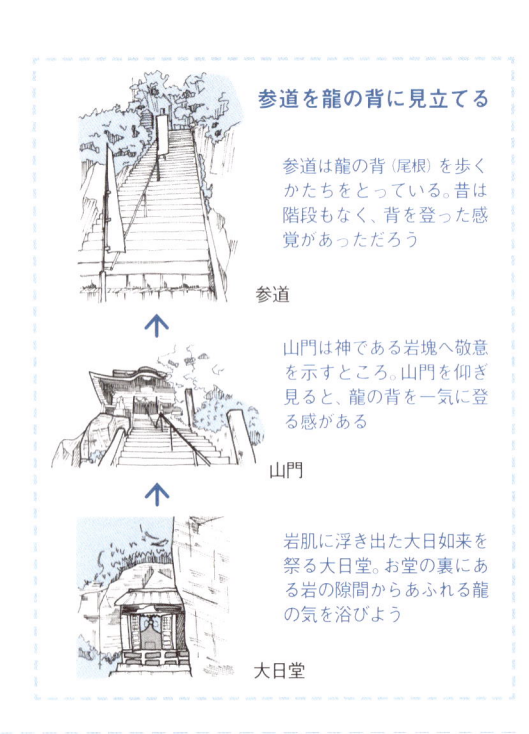

圓藏《えんぞう》寺

福島

岩座《いわくら》が残す 蝦夷《えみし》征服の伝説

会津にある圓藏寺は、川岸の巨岩の上に建つ。懸造《かけづく》り※1の本堂の姿は、古《いにしえ》から岩座《いわくら》※2として崇められてきた岩塊に、まるで爪を立てたかのよう。東北の先住民・蝦夷と征夷大将軍・坂上田村麻呂の戦いの姿が脳裏に浮かぶ。

圓藏寺は、807（大同2）年に創建。そこには、蝦夷の神を鎮めた仕掛けと、被征服後も失われることのなかった蝦夷の信仰の風景が読み解ける。

参道を龍の背に見立てる

参道

参道は龍の背（尾根）を歩くかたちをとっている。昔は階段もなく、背を登った感覚があっただろう

↑

山門

山門は神である岩塊へ敬意を示すところ。山門を仰ぎ見ると、龍の背を一気に登る感がある

↑

大日堂

岩肌に浮き出た大日如来を祭る大日堂。お堂の裏にある岩の隙間からあふれる龍の気を浴びよう

圓藏寺では、北の守護天として毘沙門天も祭る。田村麻呂の守護神でもある

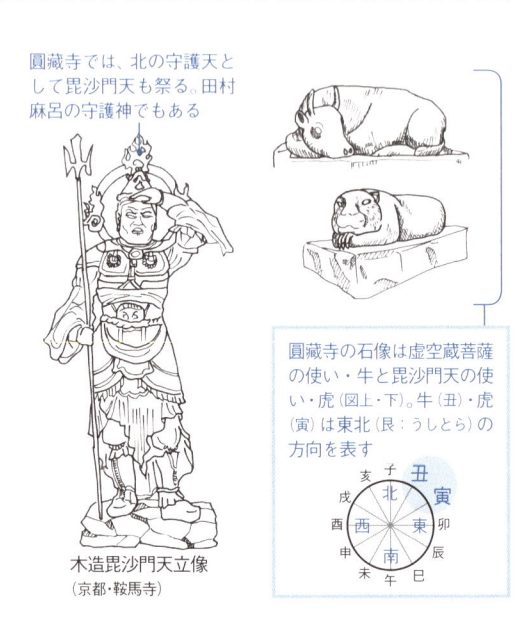

木造毘沙門天立像
（京都・鞍馬寺）

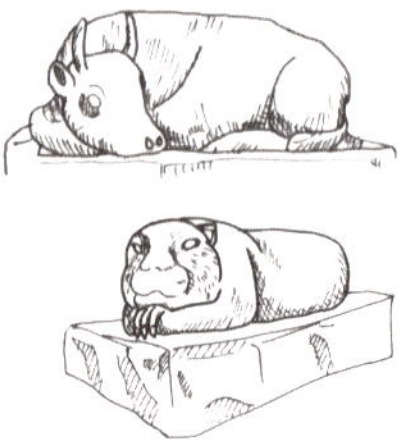

圓藏寺の石像は虚空蔵菩薩の使い・牛と毘沙門天の使い・虎（図上・下）。牛（丑）・虎（寅）は東北（艮：うしとら）の方向を表す

※1：建物の一部分を傾斜地や水面に張り出して建てること　※2：神が降臨する岩・石

パワーが得られる参拝の道——古来の神

龍の姿に見立てられる圓藏寺の岩塊は、被征服前の蝦夷にも神と崇められたのだろう。龍の背に当たる尾根部分には気が流れ（龍脈）、龍脈をたどる参道は参る者により強いパワーを与える

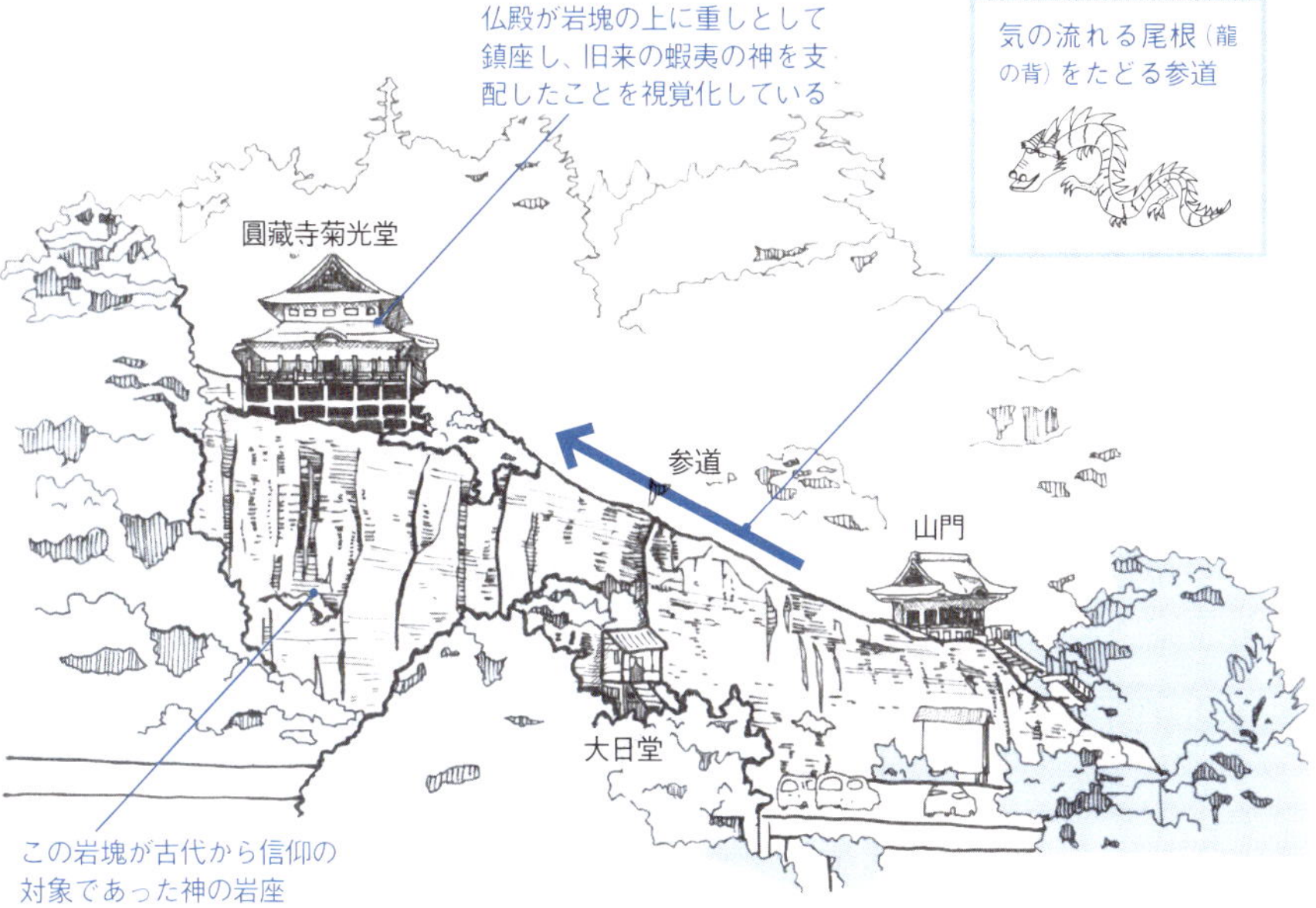
仏殿が岩塊の上に重しとして鎮座し、旧来の蝦夷の神を支配したことを視覚化している
気の流れる尾根（龍の背）をたどる参道
圓藏寺菊光堂
参道
山門
大日堂
この岩塊が古代から信仰の対象であった神の岩座

坂上田村麻呂から見えるもの——新しい神

蝦夷の神を支配する

懸造りは征服の証。圓藏寺菊光堂は、龍（岩座）の頭部分に堂を配し、爪を立てるように束柱が立ち上がる。同じく懸造りの京都・清水寺は、田村麻呂の尽力で建設された

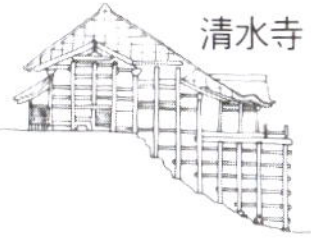
清水寺

蝦夷の神を鎮める

圓藏寺の本尊は東北に対しての守り神、虚空蔵菩薩

絹本《けんぽん》著色虚空蔵菩薩
（東京国立博物館）

data

圓藏寺

所在地・福島県河沼郡柳津町大字柳津字寺家町甲176
行き方・JR只見線「会津柳津駅」から徒歩5分
本堂である菊光堂は総ケヤキ造り

MEMO：東北地方では、社寺の創建年や、鉱山・温泉などが発見された年が807（大同2）年とされるものが多い（例：福島・恵日寺［磐梯山の噴火を鎮めるため］、岩手・早池峰（はやちね）神社、福島・湯の嶽観音などの社寺創建、各地の鉱山開坑［秋田・阿仁鉱山、青森・尾太（おっぷ）鉱山］など）。菊光堂の用材を荷揚げしたとされる赤ベコの出現も同年

column | 日本建築は屋根を見よう

日本の建築には屋根に特徴がある。かたちも素材もさまざまで、風土や立地条件に適したものが使われてきた。その上、社会的地位や思想が加味された。

建築物を屋根から読み解くのもおもしろい。

屋根のかたちは「形式」×「形状」

屋根の形式

①切妻《きりづま》

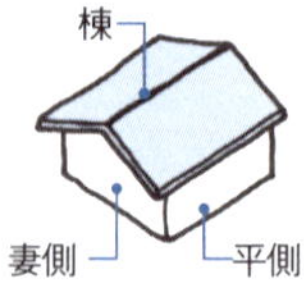
棟
妻側
平側

棟から両側に葺き下ろしたかたち

②寄棟《よせむね》

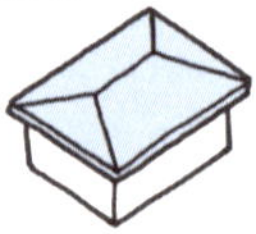

棟から四方に葺き下ろしたかたち。台形の大平（おおひら）と三角の妻の組合わせからなる

③入母屋《いりもや》

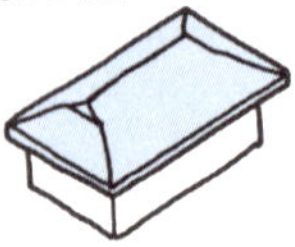

切妻屋根に庇を付けたかたち

④宝形《ほうぎょう》（方形）

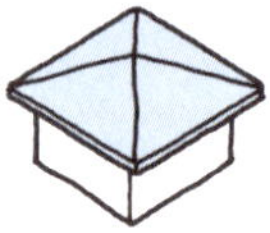

寄棟の平側と妻側の長さが等しくなったもの。棟がない

×

屋根面の形状

Ⓐ直線

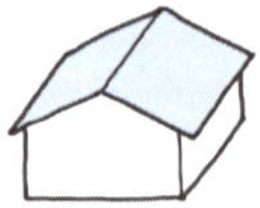

屋根面が直線状。現代の建物で一般的。また、奈良時代以前の寺社も同様（起り・反りをもたない）

Ⓑ起《むく》り

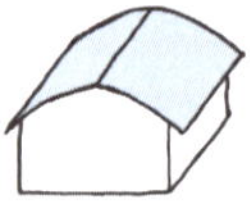

屋根面が凸状にふくらむ。数寄屋建築などに多い

Ⓒ反り

屋根面が凹状に反る。寺社・城郭に多い。照りともいう

Ⓓ照り起り

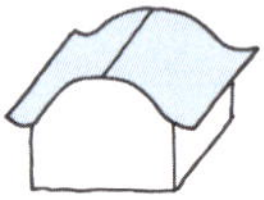

屋根面の上部が起り、下部が反りになっている。唐破風によく見られる

屋根のかたちを読み解こう

京都の西本願寺・飛雲閣（24頁参照）の屋根は一見複雑だが、実は基本的な屋根のかたちの集合体だ

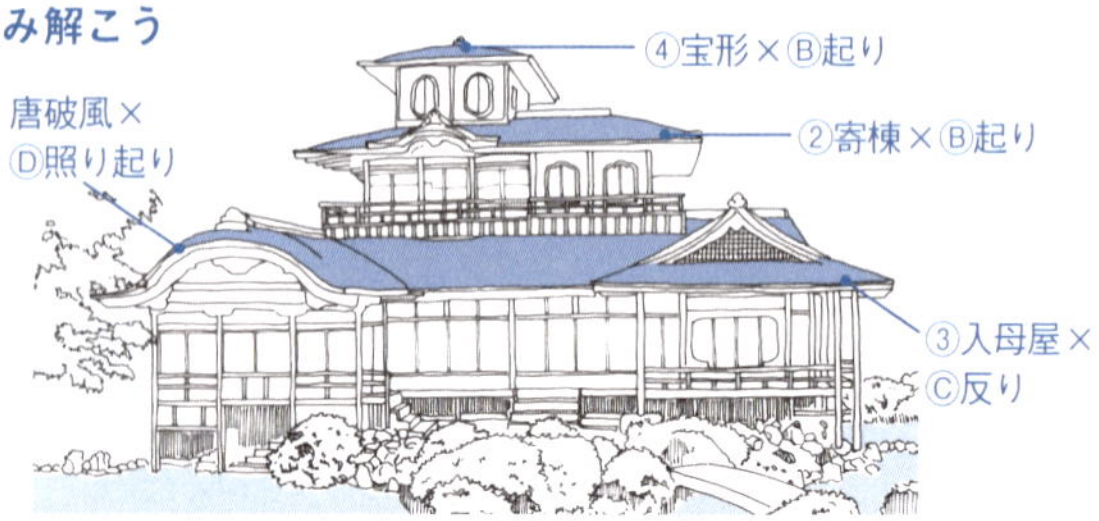
④宝形×Ⓑ起り
②寄棟×Ⓑ起り
唐破風×
Ⓓ照り起り
③入母屋×
Ⓒ反り

代表的な屋根葺き材

本瓦葺き

丸瓦
平瓦

丸瓦と平瓦を水平方向に交互に置いていく

桟瓦葺き

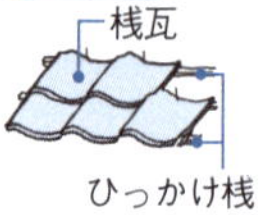
桟瓦
ひっかけ桟

丸瓦と平瓦が一体化した桟瓦を葺く

茅葺き

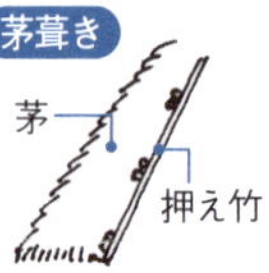
茅
押え竹

茅を厚く葺き、雨の浸透を防ぐ。軒先ほど厚く葺く

柿《こけら》葺き

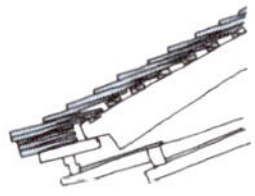

厚さ3mmほどの木片（基本は杉・檜・栗・椹など）を少しずつずらして葺く

檜皮《ひわだ》葺き

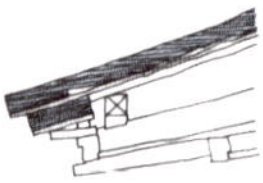

檜の皮を少しずつずらしながら重ねて葺く。杉なら杉皮葺きという

4章

関東

日光東照宮 92
日光金谷ホテル 94

宇都宮
群馬県
栃木県
前橋
水戸

富岡製糸場 96
一之宮貫前神社 98

茨城県

秩父三十四札所巡り 122

埼玉県

利根運河 124

さいたま

国会議事堂 100
ニコライ堂[東京復活大聖堂] 102
東京駅丸の内駅舎 104
小石川後楽園 107
築地本願寺 110
自由学園明日館 114

東京都
東京
千葉

旧朝香宮邸[東京都庭園美術館] 112

千葉県
横浜

横浜中華街 116

神奈川県

円覚寺の舎利殿 118
鎌倉・逗子のやぐら 120

世界遺産｜国宝

栃木

日光東照宮

華麗な装飾に見る家康神格化の記号

日光東照宮に施された彫刻は合計5千を超す。それらは単なる装飾ではない。それぞれが意味をもち、有機的につながって1つの世界観をつくり上げているのだ※。

商業の発展により生まれた貨幣経済は、富の蓄積を可能にした。日光東照宮は、「太平の御世《みよ》」を実現した初代将軍・徳川家康を神として祭る、徳川幕府の富の象徴である。

富を足し算するという発想が、あふれんばかりの彫刻を生んだといえよう。

陽明門《ようめいもん》には霊獣たちが住む

日光東照宮の正面にある陽明門には、霊獣や人など508もの彫刻が施されている。一日中見ていても飽きないということから「日暮しの門」ともいわれる

龍馬《りゅうば》
一般的に龍馬は駿馬（しゅんめ）を指すが、東照宮では天馬とされ、陽明門のみに見られる

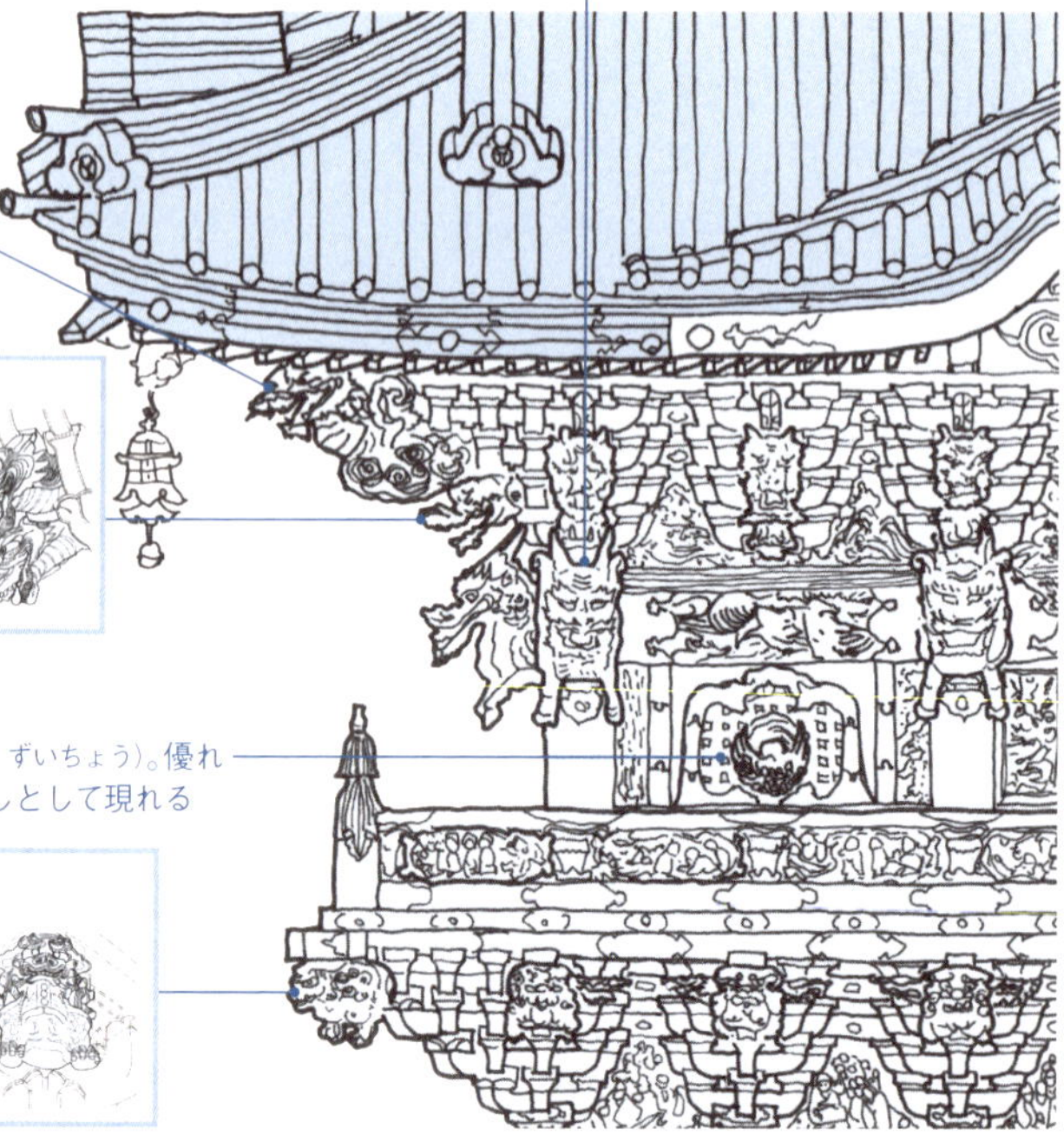

龍
天子の象徴

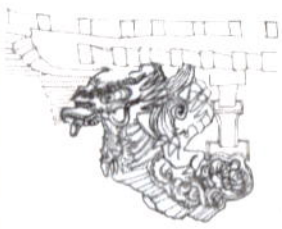

息《いき》
正体不明の霊獣。ワニを神格化したのではないかと考えられている

鳳凰《ほうおう》
想像上のめでたい鳥（瑞鳥、ずいちょう）。優れた天子が世に生まれる兆しとして現れる

唐獅子《からじし》
百獣の王ライオンをモデルとした霊獣。王権のシンボルであり、聖域の守護獣

※：建物は、伽藍配置の中心に行くほど霊獣の彫刻で飾られ、遠ざかるほど実在の動物の彫刻で飾られる

境内の霊獣観察、キーワードは3つ

3代の将軍の干支を探せ

将軍家康の干支は寅、二代秀忠は卯、三代家光は辰。干支が順に続いたことから、建物の重要な部分にも虎・ウサギ・龍が多用された。その序列も固く守られている

すべて五重塔

五重塔の1階部分には十二支の彫刻が配され、正面には右から寅卯辰が並ぶ。そのほか、虎は本地堂（ほんじどう）の正面に、ウサギは輪蔵（りんぞう）の裏側に、龍は御水舎（おみずや）などで見ることができる

神域を守護する霊獣

霊獣は、結界をつくり聖域を守る守護獣として用いられた。そのため、主建物の端部（木鼻や蛙股［かえるまた］）に多く見られる（付属建物には動物が多い）

邪気を避ける貘（ばく）。鉄や銅を食べることから、軍縮と平和の象徴とされた。カールした襟足の体毛が特徴

表門（木鼻）

頭部に一角をもつ麒麟（きりん）。情け深く、平和な時世に姿を現わすといわれる

鐘楼（木鼻）

火伏せを司る獣

猿の彫刻は神厩舎（馬屋）が最多。陰陽五行では、「馬＝火」「猿＝水」で、火を守る水、馬を守る猿という関係が成り立つからだ。厩以外に猿の装飾がある場合も火伏せの願いが多い

「見ざる、言わざる、聞かざる」で知られる三猿は神馬を守る

神厩舎《しんきゅうしゃ》

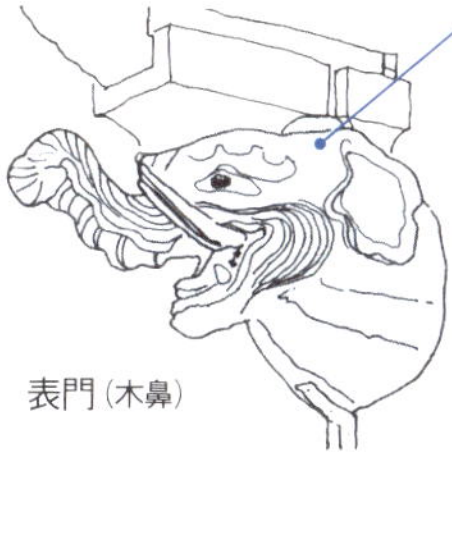

長い鼻で水浴びもできる象は、火消しの象徴

表門（木鼻）

水を司る霊獣・飛龍。護摩堂などでも見られる

鐘楼（尾垂木）

data

日光東照宮

所在地・栃木県日光市山内2301
行き方・東武線「東武日光駅」またはJR日光線「日光駅」から徒歩35分。または東武バス「西参道」下車すぐ

陽明門など複数が国宝指定。近隣の神社とともに世界遺産登録

MEMO：1617（元和3）年、徳川初代将軍家康を祭るため二代将軍秀忠が建立。1636（寛永13）年、三代将軍家光により造替されて、ほぼ現在の社殿となった

栃木

外国人観光客が思い描くニッポン

日光金谷《かなや》ホテル

日光金谷ホテルの前身は、金谷カッテージ・イン。開国直後、宿に困っていた外国人観光客を、創業者が自宅に招いたのが始まりだ。

日光金谷ホテルは、外国人の利用を念頭に、西洋の生活様式にならいつつ、日本を感じられることを重視。パブリック空間を和でしつらえた本館（1893［明治26］年）、外観も和で整えた別館（1935［昭和10］年）など、外国人好みをいち早く察知して、デザインした。

外国人観光客をもてなす宿

外国人向けホテルの先駆け・日光金谷ホテル。洋風外観をもつ本館は現存する日本最古のホテルだ。内部に入ると和が感じられる

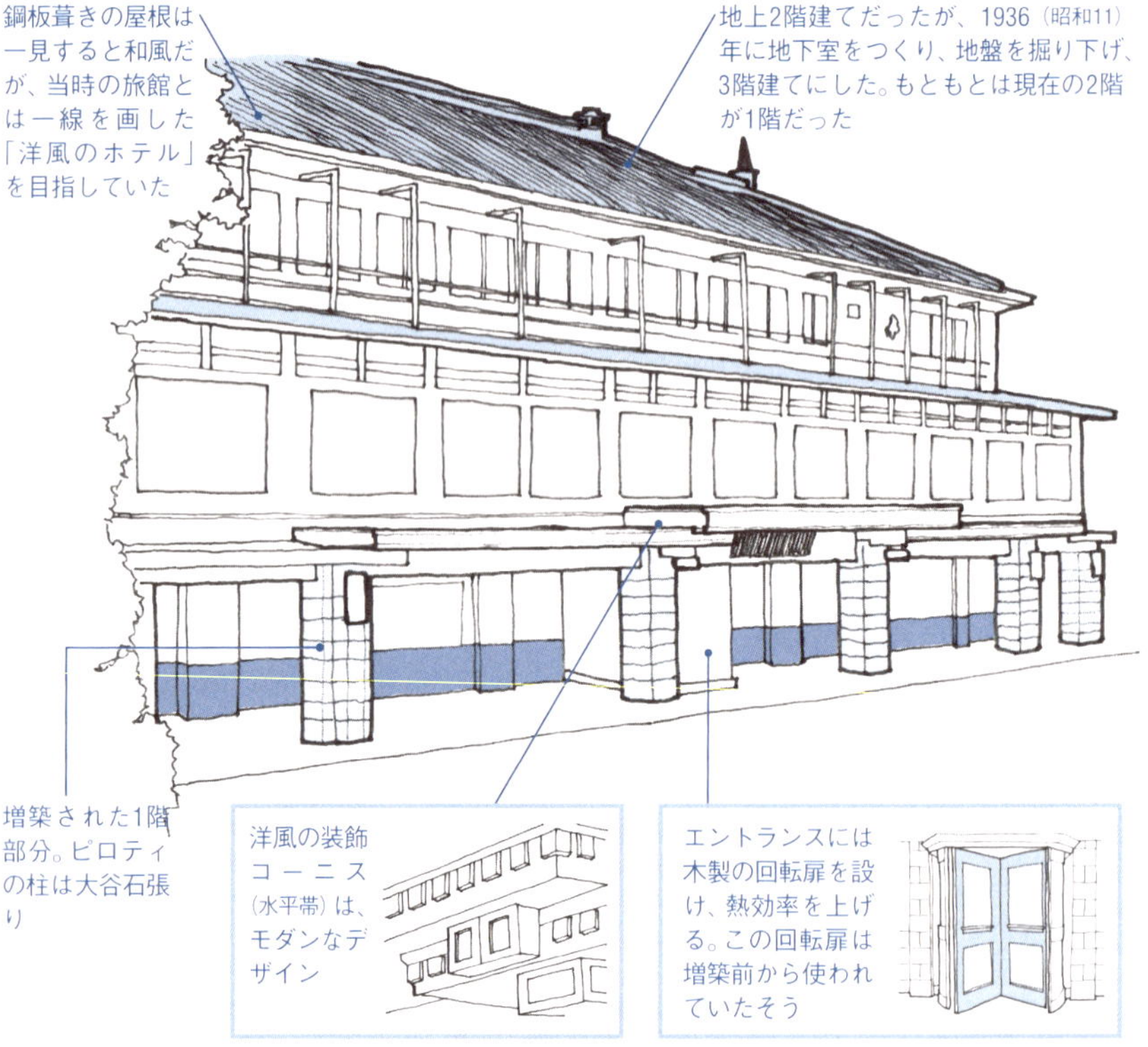
鋼板葺きの屋根は一見すると和風だが、当時の旅館とは一線を画した「洋風のホテル」を目指していた
地上2階建てだったが、1936（昭和11）年に地下室をつくり、地盤を掘り下げ、3階建てにした。もともとは現在の2階が1階だった
増築された1階部分。ピロティの柱は大谷石張り
洋風の装飾コーニス（水平帯）は、モダンなデザイン
エントランスには木製の回転扉を設け、熱効率を上げる。この回転扉は増築前から使われていたそう

外国人向けホテルの歴史

「和風」の武家屋敷から、和を感じつつも「洋風」の生活ができる本館、どこよりも日本風の外観をもつ「近代和風」の別館。金谷ホテルの歴史は、外国人観光客のニーズの変遷をたどっている

①サムライハウス

金谷カッテージ・インは、創業者の自宅である武家屋敷を宿に改造したもの。外国人観光客には「サムライハウス」と呼ばれた

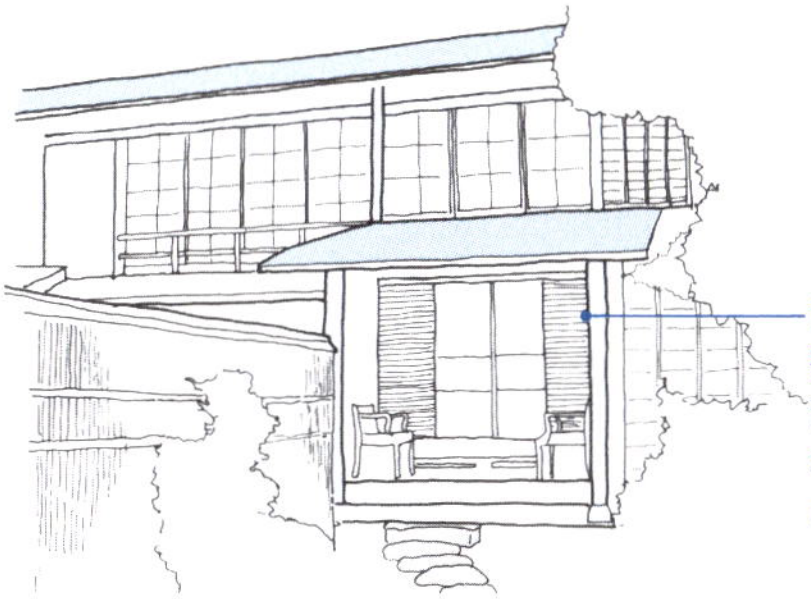
武家屋敷は、外国人観光客にとって興味深いものであったが、和式の館は不便でもあった

②和洋折衷の本館

西洋風の外観だが、一歩足を踏み入れると和の世界が広がる。洋のライフスタイルが求められたので、プライベート空間は和洋折衷となった

庭園側の開口部手摺は朱塗りで寺社風
内部は、障子の入った和の客室に、ベッドや猫足のバスタブ。和洋折衷のプライベート空間
木製両開きの洋風扉

和の要素の多いパブリック空間。小食堂は、花鳥風月を描いた格（ごう）天井で「和」を演出

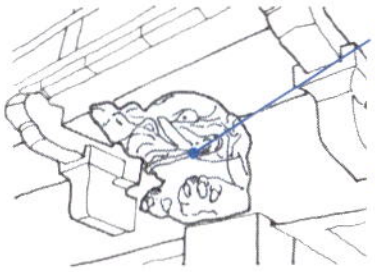
象の彫刻など、内装は日光東照宮をイメージさせるものが多い

③どこよりも日本らしい別館

1935（昭和10）年竣工の別館は、和風のディテールを寄せ集め、ことさら和風を強調した「近代和風」の外観。外国人観光客が思い描くニッポンそのもの

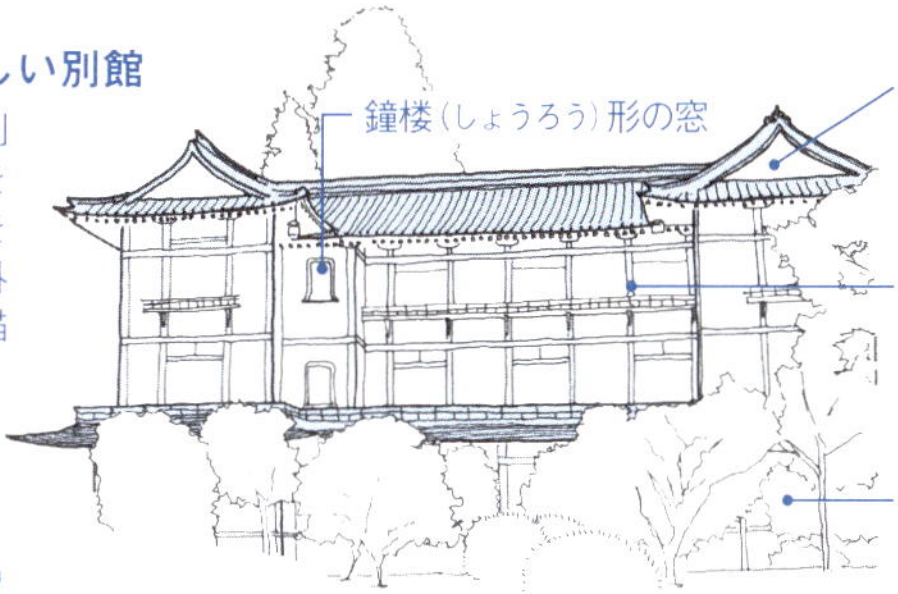
鐘楼（しょうろう）形の窓
両端についている入母屋の破風が近代和風を強調する
コンクリート造にもかかわらず、柱を見せた、真壁造り風のデザイン
中庭も和風庭園

data

日光金谷ホテル

所在地・栃木県日光市上鉢石町1300
行き方・東武日光線「日光駅」から徒歩20分
本館（一部）・別館とも、登録有形文化財

木鼻と柱を一体にして瑞鳥（ずいちょう）の彫刻が施されている

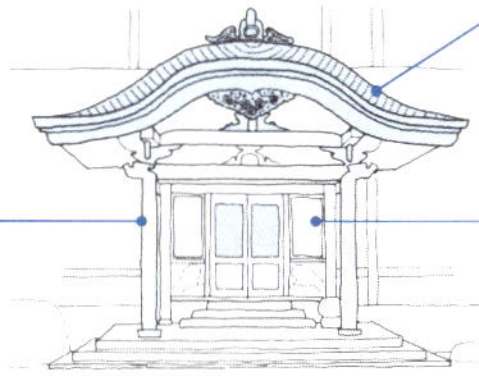
唐破風造りの車寄せ
壁にも彫刻が施された。下部には虎、上には瑞鳥

MEMO：のちに金谷カッテージ・イン（通称：サムライハウス）を創業する金谷善一郎が、1871（明治4）年アメリカのヘボン博士を自身の屋敷に招じ入れた。これが日光金谷ホテルの始まりである

世界遺産

群馬

富岡製糸場

世界中に絹を広めた日本初の官営工場

群馬にある富岡製糸場は、1872［明治5］年に開業した、わが国最初の官営工場。明治政府は、日本の近代化に向け、外貨獲得が期待できる絹産業に国力を注いだ。

群馬は古くから養蚕が盛んな地で、その高い技術は工場の建設に生かされた。当時としては驚くほど大規模な工場は、これまで培ってきたものと西洋の新技術、両者の利点を上手に生かしてつくられたものだ※。

高強度で機能的、かつ美しい建造物は、現在にその姿を留める。

地震に強い木骨レンガ造建築

フランスのバスチャンが設計した工場は、関東一円から募った腕利きの職人たちによってつくられた。トラス屋根をもつ木骨レンガ造の建物は、地震と火災に強いのが特徴。レンガを積み重ねただけの組積造建築は関東大震災で壊れたが、ここは残った

屋根は雨に強い瓦葺き。近隣のだるま釜で焼いた和瓦を使用

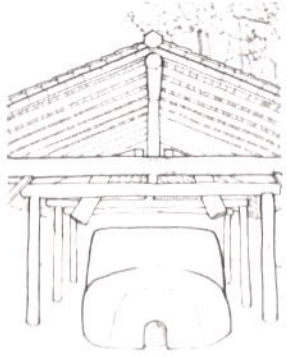

だるま釜
（甘楽町・復元）

当時の日本にはレンガがなかったが、フランス人製糸技師ブリュナの指導の下、地元の瓦職人がレンガを焼成した。良質な粘土を産し、瓦製造の技術も高かった地元（甘楽町）の利を生かした

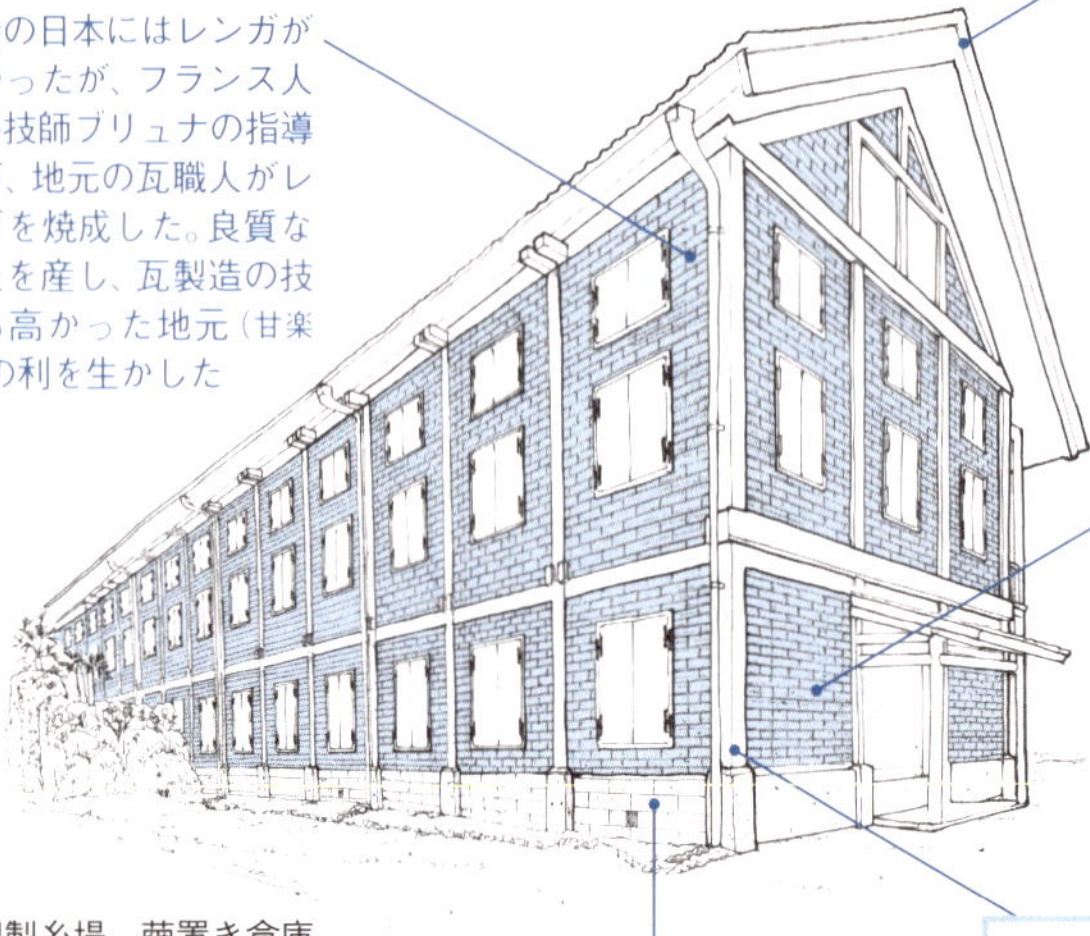

富岡製糸場　繭置き倉庫

レンガはフランス積み。目地には、にかわを混ぜて強度を増した漆喰を使用（当時、セメントは高価だった）

当時、工場としては珍しい下水道設備がレンガ積みでつくられた

1872［明治5］年につくられた富岡製糸場。メートル法で設計されたが、尺寸に読み替えて建設された

木製の柱に欠込みをつくり、レンガを固定した。柱は腐食を防ぐため、輸入品のペンキで塗装された

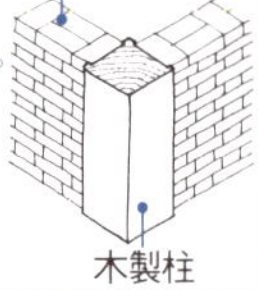

※：富岡製糸場は、大きな開口部や櫓による換気など、「女工哀史」とは反対の優れた環境。最新の機械と技術が、ここから日本中に広まった

操糸場は明るい大空間

木骨造が生む大開口

木骨造の建物は、組積造よりも壁に開口を取りやすい。操糸作業に必要な自然光を採り入れるため、ガラス窓が屋根まで延びている

作業環境と品質管理のため、換気櫓を設けた。これは、養蚕技術を研究・改良して広めた「高山社」に学んだもの

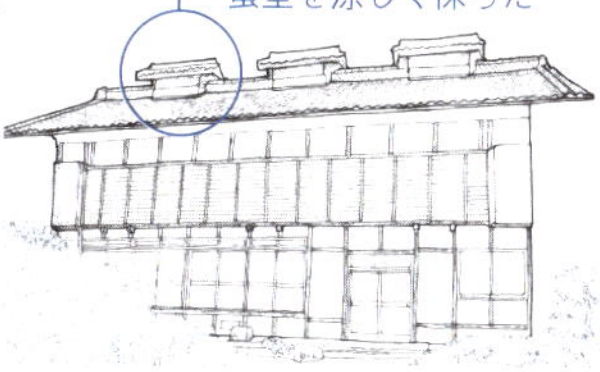
櫓（腰屋根・天窓）を設け、蚕室を涼しく保った

高山社跡（群馬）

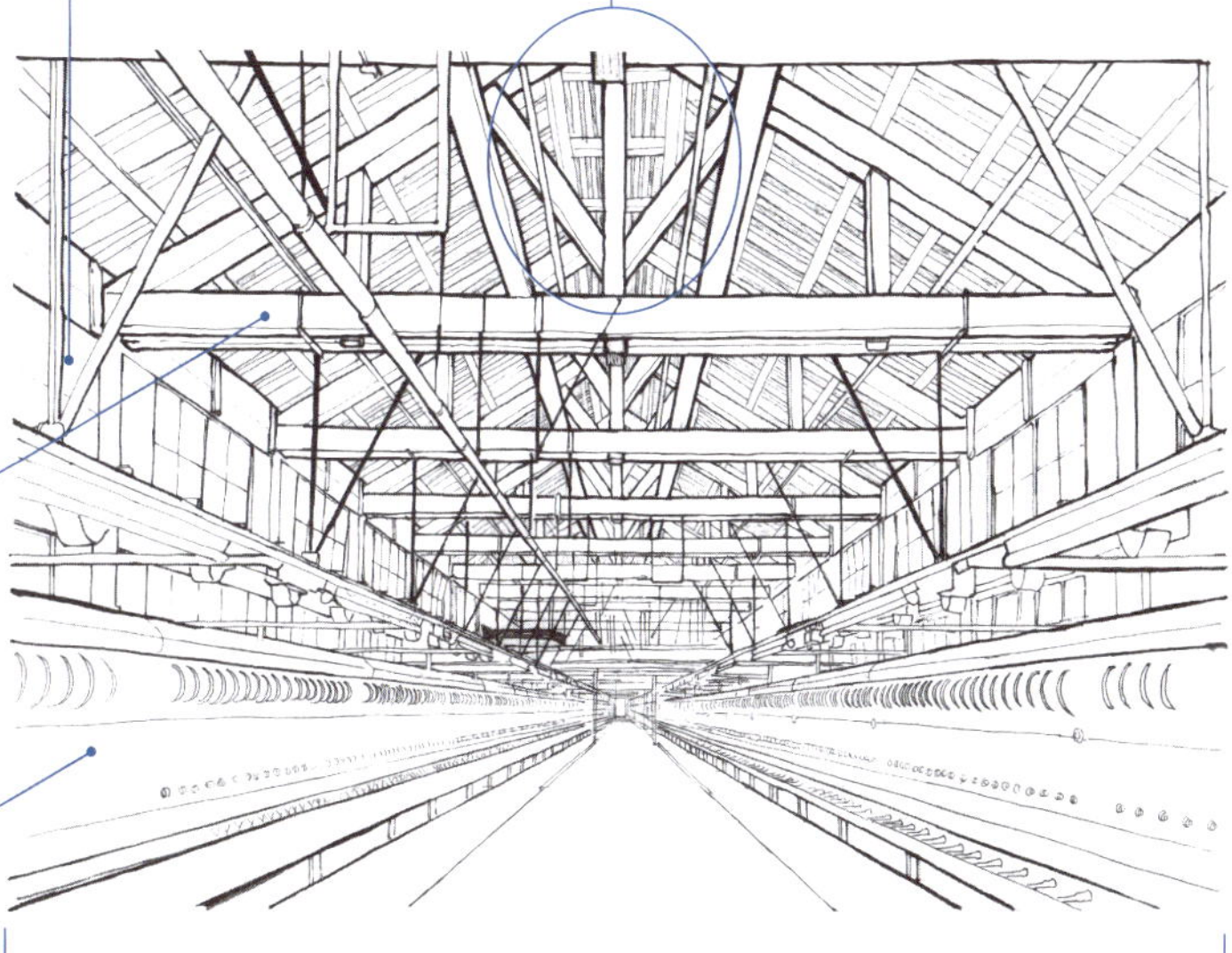

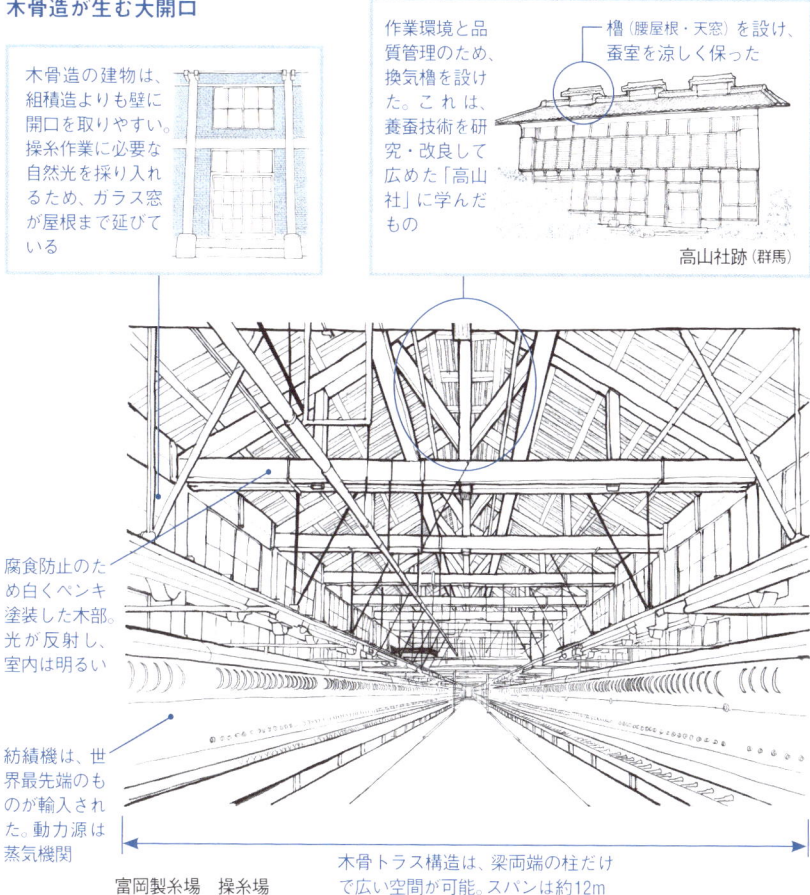

腐食防止のため白くペンキ塗装した木部。光が反射し、室内は明るい

紡績機は、世界最先端のものが輸入された。動力源は蒸気機関

木骨トラス構造は、梁両端の柱だけで広い空間が可能。スパンは約12m

富岡製糸場　操糸場

トラス屋根による大スパン

木材を三角形に組み、屋根の重さを梁に分散させるトラス構造。従来の和風建築（和小屋組）より柱が少なくて済み、広い空間を確保できた

和小屋の屋根

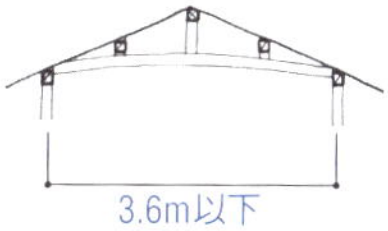
3.6m以下

トラス屋根

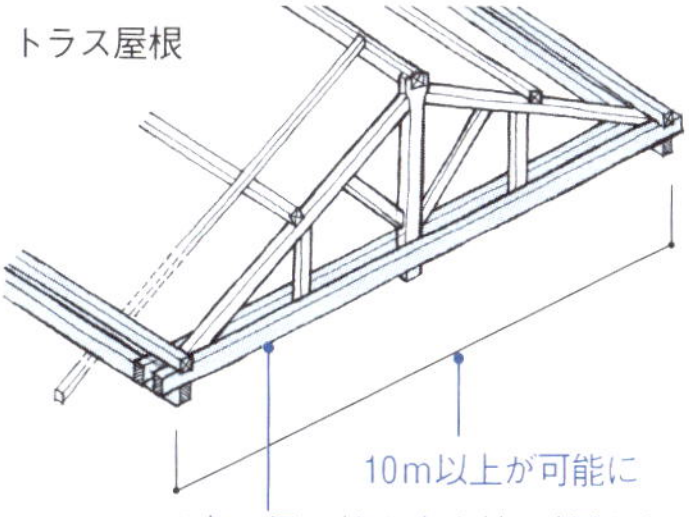
10m以上が可能に

2本の梁で柱や束を挟み鉄製ボルトで結合する、挟み梁工法。当時日本にはなかった

data

富岡製糸場

所在地・群馬県富岡市富岡1－1
行き方・上州電鉄「上州富岡駅」下車、徒歩約15分

「富岡製糸場と絹産業遺産群」は2014（平成26）年6月、世界遺産に登録された

MEMO：高山社は1870（明治3）年に私塾「高山組」としてスタートし、養蚕方法の開発・普及を行った。その養蚕技術はどんな環境にも対応する画期的なもので、指導を請う農家の数は6万を超えたという

人は下り、神は上る

1400年の歴史をもつ、一之宮貫前神社。祭神の経津主神《ふつぬしのかみ》は、参道の軸線上にある神体山・稲含山《いなふくみやま》と対峙している

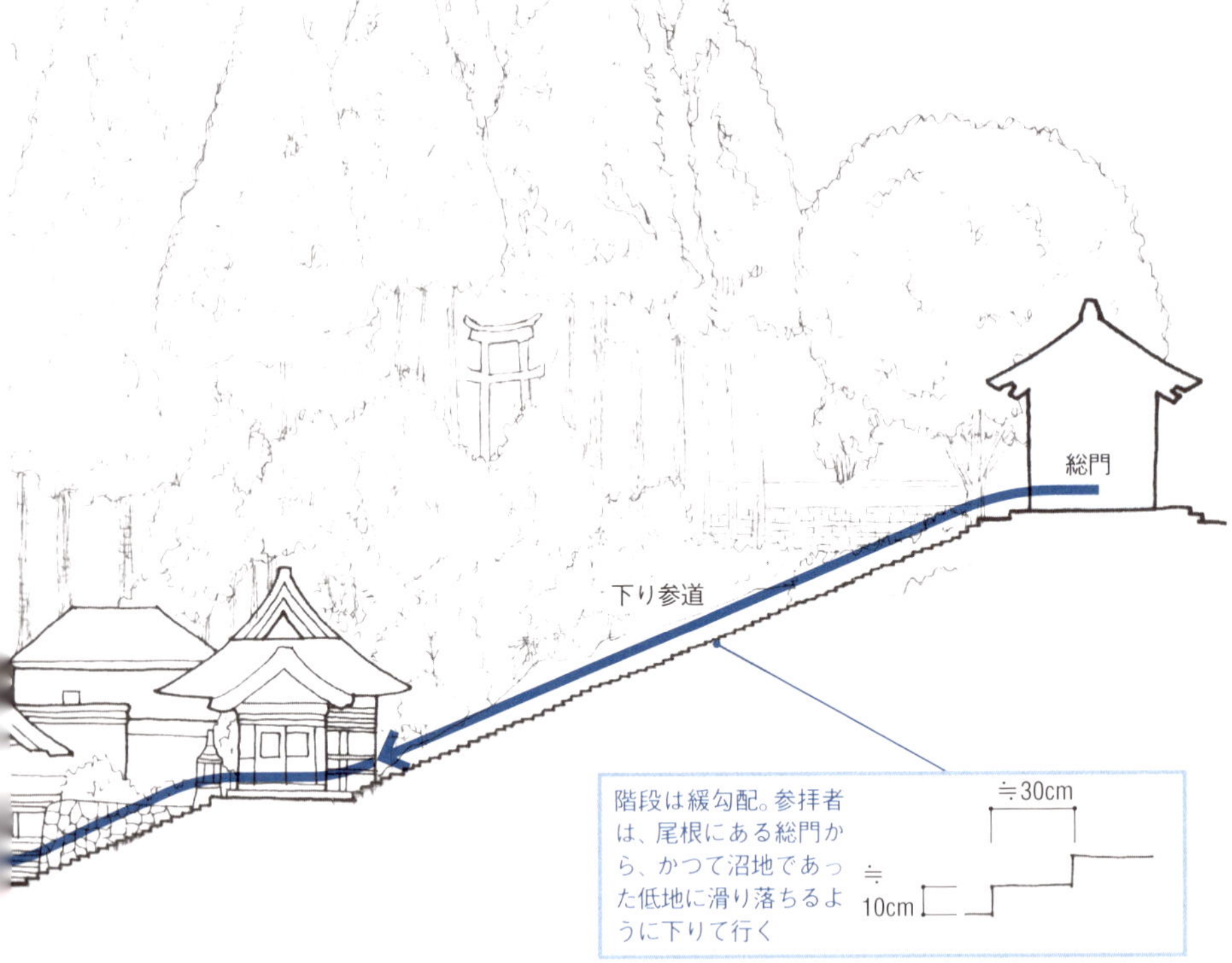
総門
下り参道
階段は緩勾配。参拝者は、尾根にある総門から、かつて沼地であった低地に滑り落ちるように下りて行く
≒30cm
≒10cm

群馬

一《いち》之《の》宮《みや》貫《ぬき》前《さき》神社

下りて、上って神を感じる

神社の参道は、坂や階段を上るのが相場。ところが貫前神社では、階段を下って参拝する。

総門を潜ると、眼下に100段の階段が伸びる。羽を広げたかのような楼門を見下ろしながら緩い勾配を進むと、大きな反り屋根をもつ本殿がある。本殿は背丈を超える高床の2階建てのため、垂直の方向性が強く、目線は上へと向かう。見上げた先には神が坐《ま》す。参拝者は下降と上昇を体験し、天と地、神と人の関係を感じるのだ。

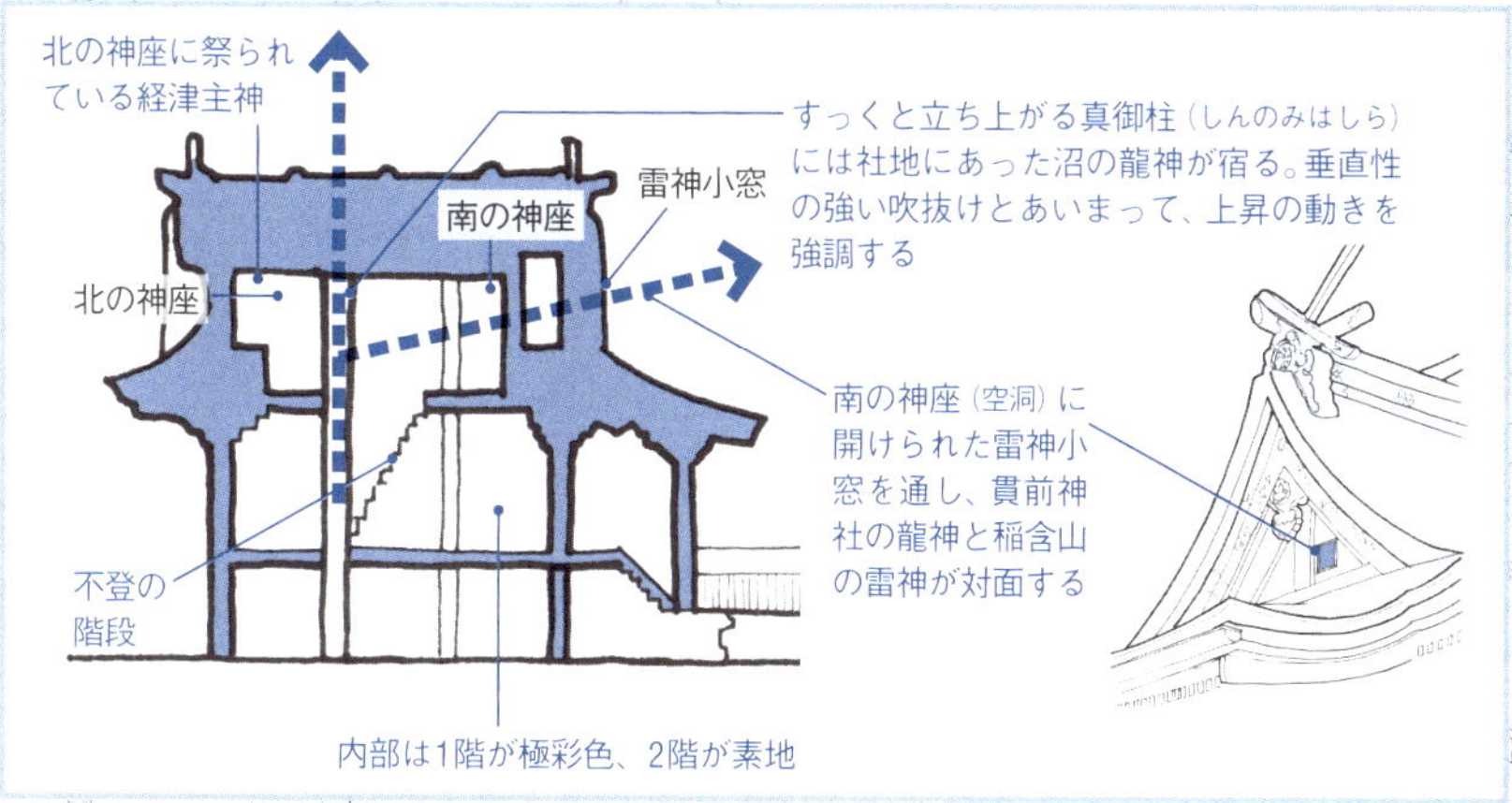
北の神座に祭られている経津主神
すっくと立ち上がる真御柱（しんのみはしら）には社地にあった沼の龍神が宿る。垂直性の強い吹抜けとあいまって、上昇の動きを強調する
雷神小窓
南の神座
北の神座
南の神座（空洞）に開けられた雷神小窓を通し、貫前神社の龍神と稲含山の雷神が対面する
不登の階段
内部は1階が極彩色、2階が素地

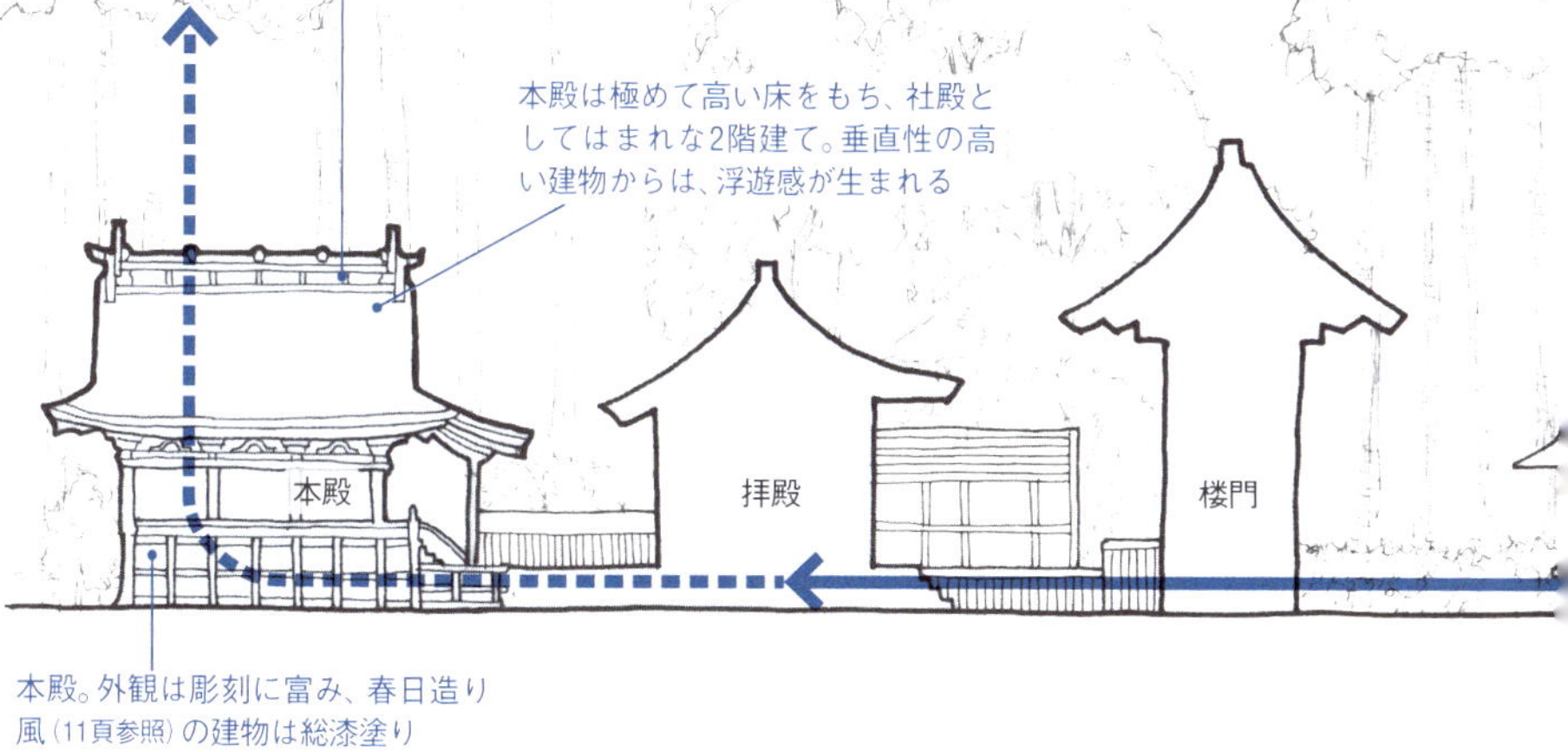
本殿は極めて高い床をもち、社殿としてはまれな2階建て。垂直性の高い建物からは、浮遊感が生まれる
本殿
拝殿
楼門
本殿。外観は彫刻に富み、春日造り風（11頁参照）の建物は総漆塗り

data

一之宮貫前神社

所在地・群馬県富岡市一ノ宮1535
行き方・上信電鉄「上州一之宮駅」下車、徒歩15分

一之宮貫前神社
至高崎
254
209
199
上州一ノ宮駅
上信電鉄
富岡バイパス
N
至下仁田

現在の社殿は徳川幕府三代将軍家光の命により建てられた。国指定重要文化財

貫前神社の四方にいる神々

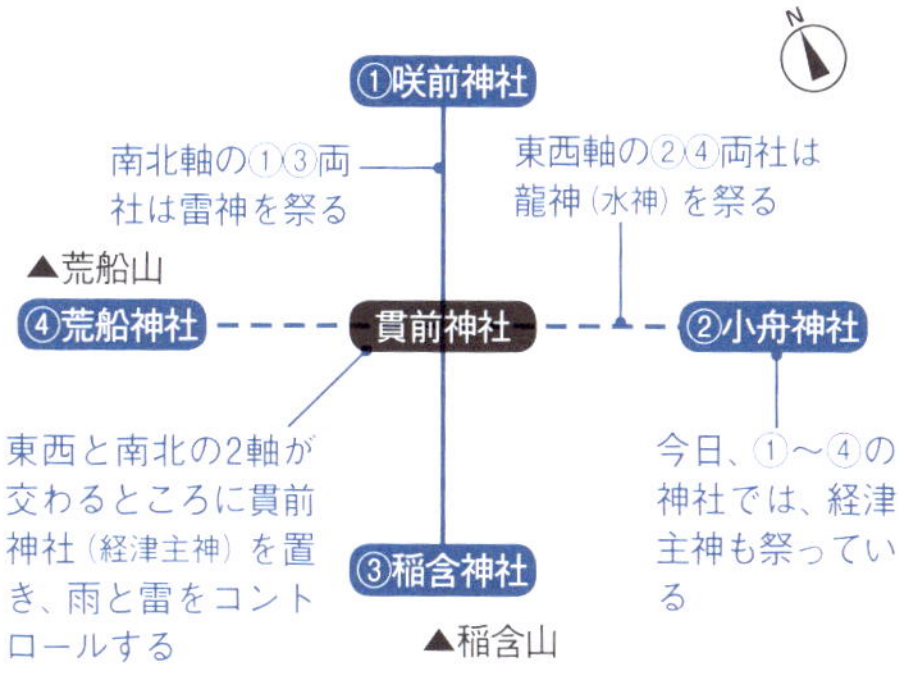
N
①咲前神社
南北軸の①③両社は雷神を祭る
東西軸の②④両社は龍神（水神）を祭る
▲荒船山
④荒船神社
貫前神社
②小舟神社
東西と南北の2軸が交わるところに貫前神社（経津主神）を置き、雨と雷をコントロールする
今日、①～④の神社では、経津主神も祭っている
③稲含神社
▲稲含山

MEMO：群馬は落雷の多い土地である。貫前神社から遣わされた経津主神を四方で祭ることで、落雷をコントロールした

国会議事堂

東京　永田町の謎多き名建築

西洋のデザインは「シンメトリー」（左右対称）が基本。1936（昭和11）年に竣工した日本の国会議事堂も[※1]、左右対称の代表的な建物だ。

完全な西洋風の建物と思いきや、中央塔の屋根は四角錐のピラミッド状。ピラミッドといえば墓、後世の霊廟デザインにも影響を与えた建造物だ。国権の最高府である国会議事堂に、霊廟デザインが取り入れられた理由は今も不明。何しろ施工者は不詳、設計者も特定されていない[※2]。謎多きこの建物を見ていこう。

左右対称、安定感のある姿

明治期に入ると、格式や権威付けが必要とされる建物にはシンメトリーが用いられるようになる。国会議事堂は、塔を中心軸として左右対称に低層建物が伸びた、安定感のある外観。正面に向かって右に参議院、左に衆議院がある

建物の中心軸である塔の部分は9階建て。7階は16m四方（256㎡）もの広さで、戦前、社交ダンスの練習にも使われた

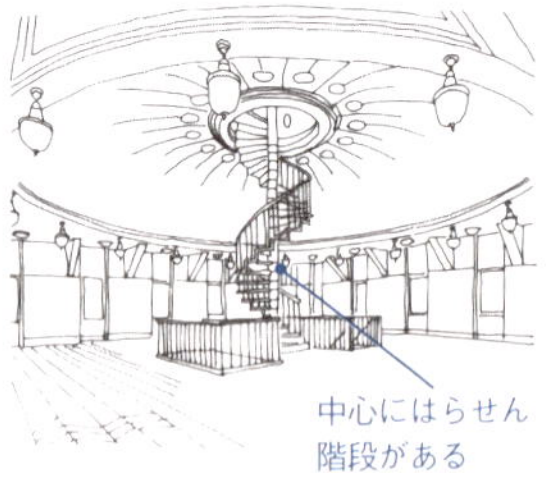
中心にはらせん
階段がある

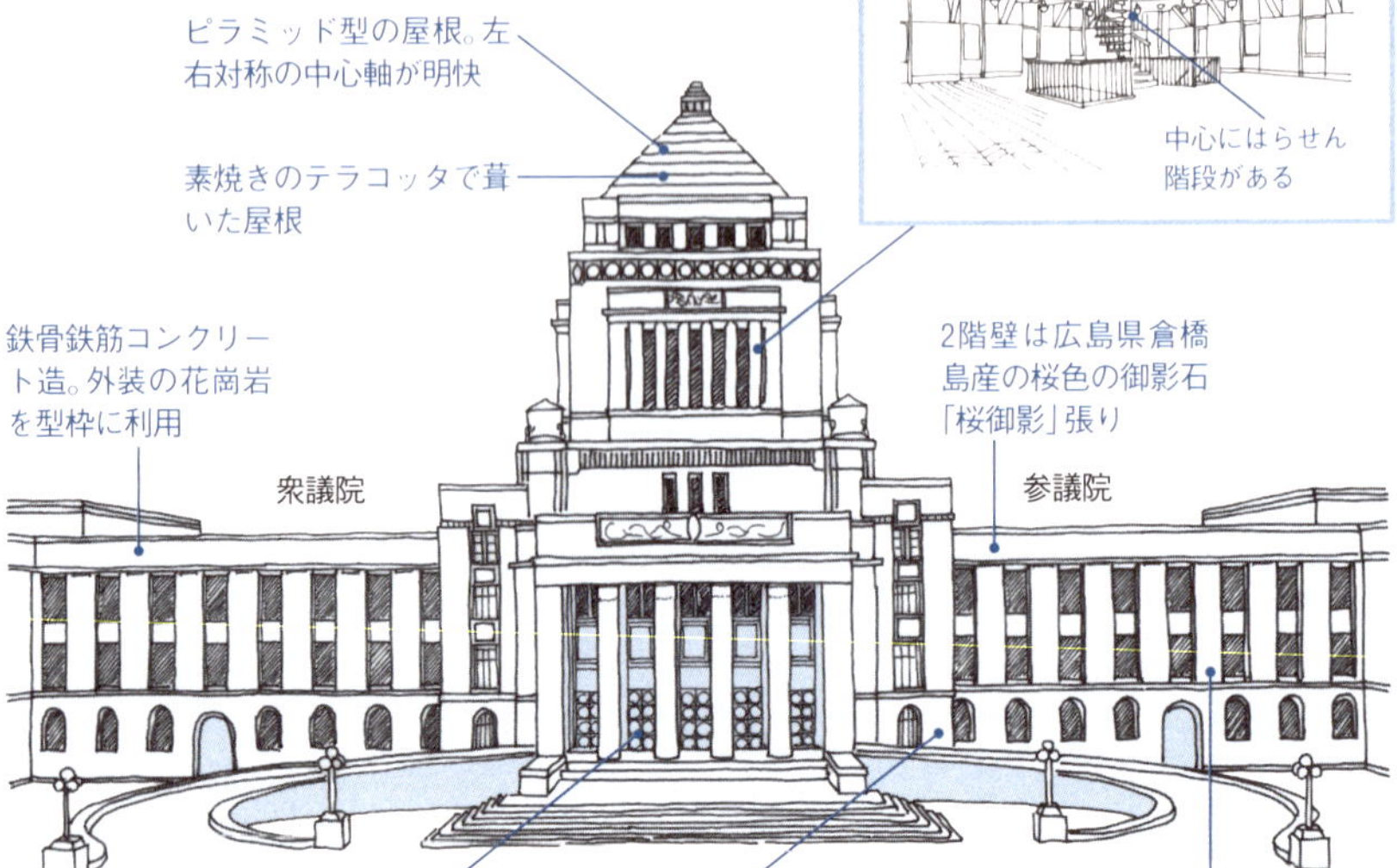
ピラミッド型の屋根。左右対称の中心軸が明快
素焼きのテラコッタで葺いた屋根
鉄骨鉄筋コンクリート造。外装の花崗岩を型枠に利用
2階壁は広島県倉橋島産の桜色の御影石「桜御影」張り
衆議院
参議院
ブロンズ製観音開き扉は、1枚で1トン以上の重さ。開くのは年に数回で、天皇陛下を迎える時、衆参院選挙後の初登院時、外国の国賓を招く時のみ
1階腰部は山口県黒髪島産の黒髪石張り
柱・壁は、沖縄の珊瑚石灰岩（巻貝などの化石が見られる）など全国から集めた石が使われ、さながら「石の博物館」のよう

※1：設計から竣工まで、17年もの歳月を要したとされ、設計者の個人名は不明

※2：設計は大蔵省臨時議院建築局。官僚建築家たちの合同チーム

霊廟デザインの建物

中央塔の屋根は、霊廟建築を意識したデザインと思われる方形《ほうぎょう》ピラミッド型。これにより、西欧の様式建築にはない独特な外観デザインができ上がった

ピラミッド状の屋根と円柱

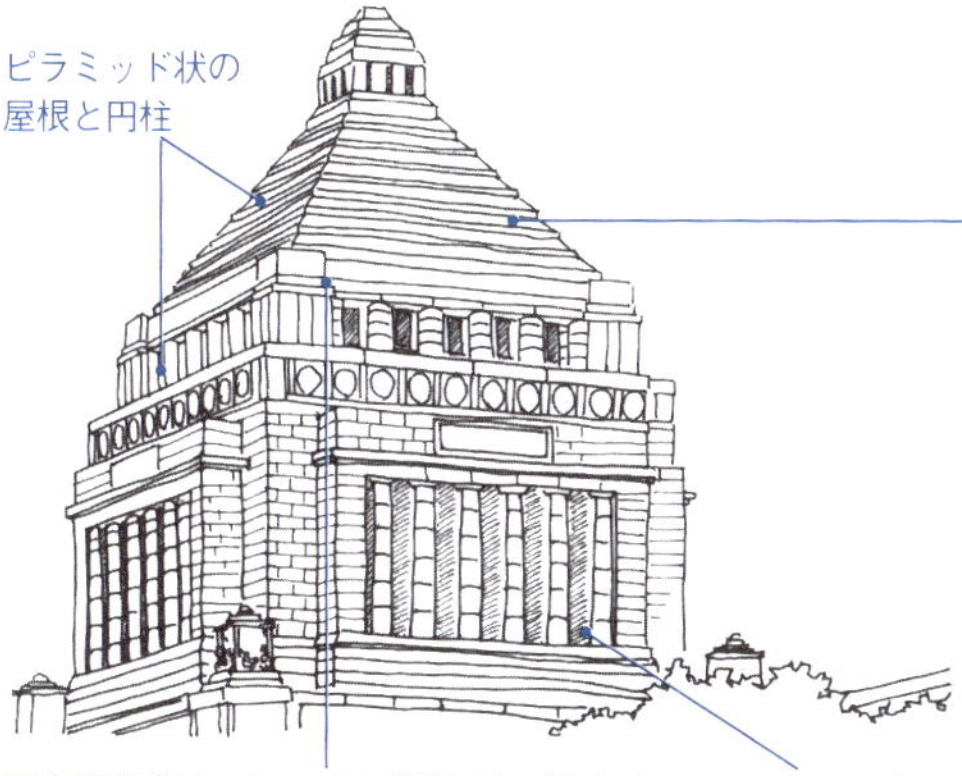

国会議事堂はコンペの1等案（渡辺福三）を元にしたデザインだが、案ではドーム（ギリシア様式ルネサンス風）状の屋根だった

マウソレウムのかたちを取り入れたアメリカ・ロサンゼルス市庁舎に似ているとも

古代ギリシアの植民市にあったというマウソレウムは霊廟建築。ピラミッド状の屋根を円柱で支えたデザインで、世界七不思議の1つとも

マウソレウム（ハリカルナッソスの霊廟）

中身は左右対称ではない

日本では古来より「左」のほうが高い地位にある。左大臣は右大臣より地位が高く、ひな飾りでも左（向かって右）に位置する。国会議事堂でも、貴族院（現在の参議院）のほうを左（建物正面に向かって右）に配置したとも考えられる

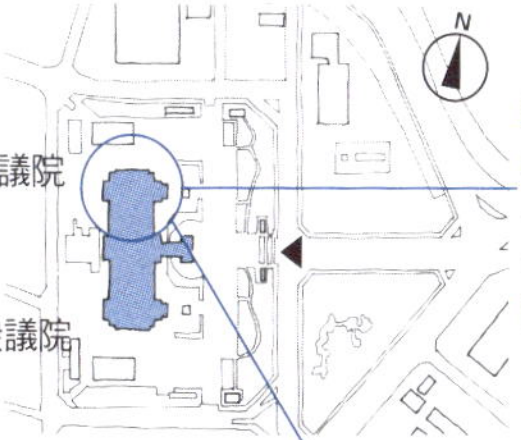

戦前の貴族院のあったところ。その名残から天皇の御座所がある

data

国会議事堂

所在地・東京都千代田区永田町1−7−1
行き方・東京メトロ「永田町駅」下車、徒歩3分。または同「国会議事堂前駅」下車、徒歩6分

衆議院・参議院とも見学可（参議院は平日のみ）

参議院本会議場は北側に位置し、議長席後ろの玉座（天皇の席）は南を向く。天皇の正式な儀式に用いる「天子南面」（天皇などは北に座して南側を向く）思想にも合致する

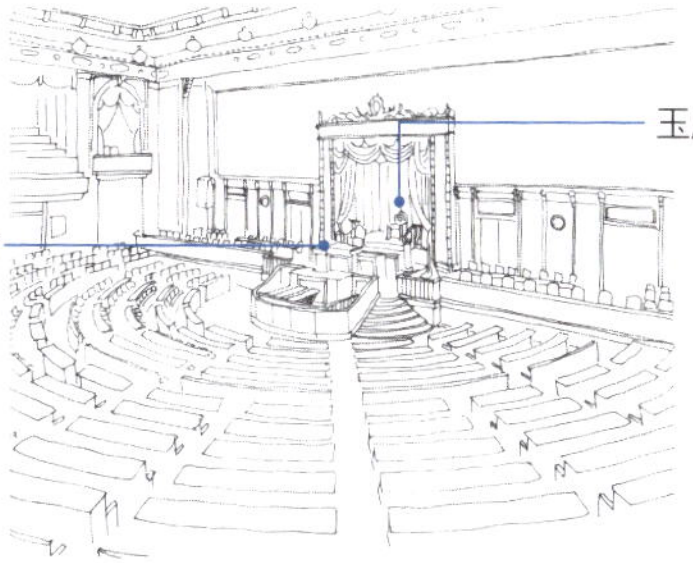

参議院本会議場

MEMO：設計チームには、矢橋賢吾・大熊喜邦・吉武東里・武田五一・佐野利器らが参加したのではと推測される。中央塔の屋根形状には、ドームなど西欧デザインや和風屋根などが認められず、建築家らが苦悩したことが感じられる

東京

聖堂のかたちがキリストの姿

ニコライ堂［東京復活大聖堂］

新約聖書「ヨハネの福音書」によれば、イエス・キリストは人間のかたち（身体）で現れた。それゆえ、イエスの身体を象《かたど》って教会堂がつくられたという考えがある。また、同じく「ヨハネの黙示録」には、神の住む世界を天球（○）とし、人々が住む世界を矩形（長方形、□）につくり上げたと書かれている。

ここでは、「イエスの身体」「○と□」というキーワードで、聖堂建築を見てみよう。

ビザンチン様式のニコライ堂

「ニコライ堂」は日本正教会の教会。大きなドームを載せた教会堂はビザンチン様式※だ。竣工は1891（明治24）年。現在の姿は関東大震災の復興工事やその後の修復工事などを経たもの

中心にある礼拝堂を覆う大ドーム。ビザンチン様式では、中心となる空間の周りにサブ空間が四方対称形に配置される（集中式平面）
ドームの上の十字架。聖書によれば、地は主（しゅ）の足元であり、球体と十字架はキリストによる地上の統治を意味する
教会によってはドームが3つ、5つ、7つあるものもある
ドーム屋根を受ける円筒状の壁（ドラム）には開口部が設けられ、聖堂内部に光を採り入れる。ステンドグラスがはめ込まれている
軒の直下に連続する小アーチは、ロンバルディア帯というロマネスク様式の装飾。外壁のアクセントとなっている
現在でも礼拝時には鐘の音を聞くことができる

※：4〜15世紀なかごろまで栄えたキリスト教建築様式。大ドームを載せた集中式教会堂建築が特徴

6

聖堂は◯と□でイエスを示す

教会堂ではイエスの身体を表すのに、円と方を使った。頭は◯、体を□として、立体に組み立てたのがニコライ堂などに見られる集中式。平面的に組み立てたのが、バシリカ式の教会だ

集中式 ── 東方教会系

球形に天の象徴性を感じ取る東方の人々に特有の思想が、建物上部にドームを載せた(トルコのハギア・ソフィアなど)

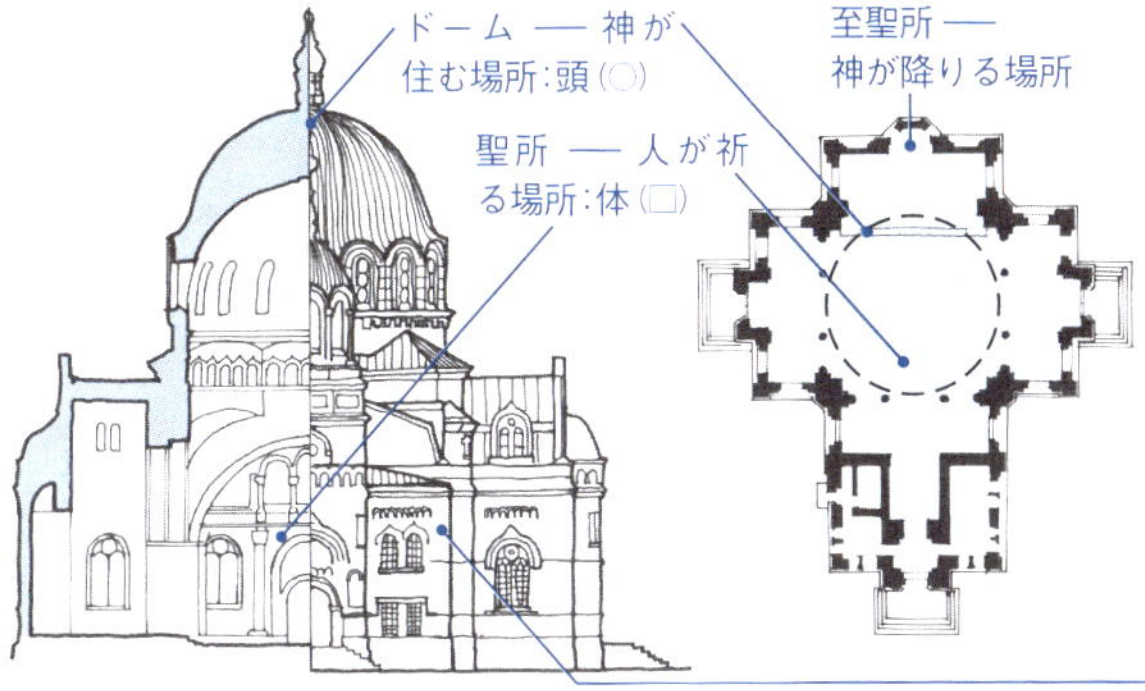

ドーム ── 神が住む場所:頭(◯)
至聖所 ── 神が降りる場所
聖所 ── 人が祈る場所:体(□)

ニコライ堂　立・断面(左)、平面(右)

建物の立面・断面は、立ち姿のイエス・キリストにリンクする。ドームのある頂上が頭部に当たる

バシリカ式 ── 西方教会系

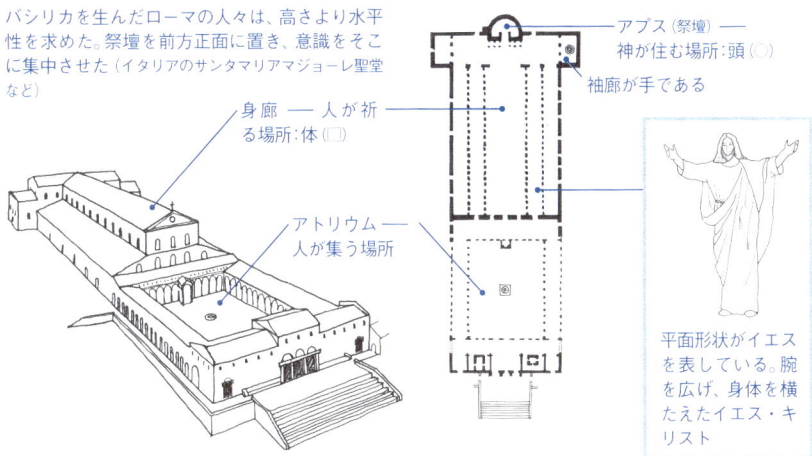

バシリカを生んだローマの人々は、高さより水平性を求めた。祭壇を前方正面に置き、意識をそこに集中させた(イタリアのサンタマリアマジョーレ聖堂など)

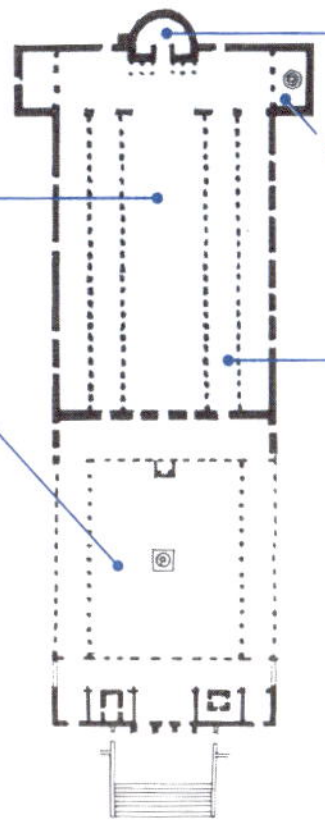

アプス(祭壇) ── 神が住む場所:頭(◯)
袖廊が手である

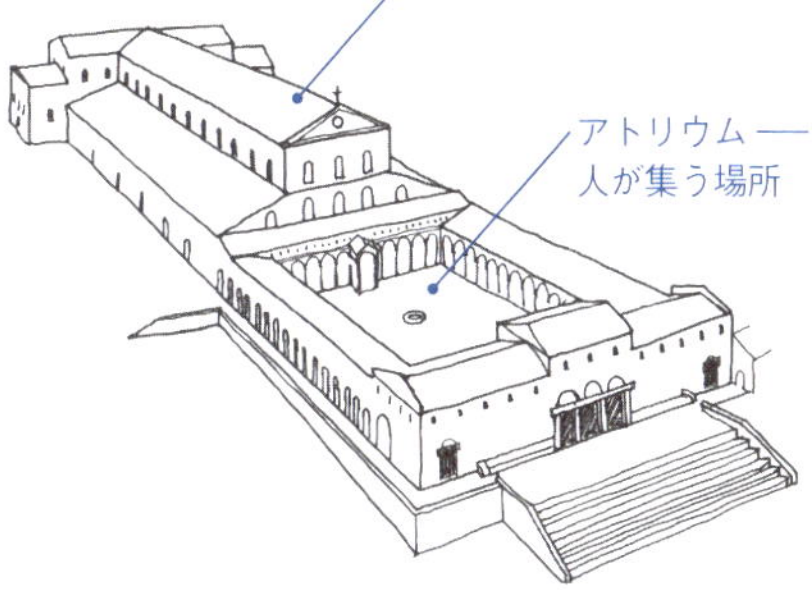

身廊 ── 人が祈る場所:体(□)
アトリウム ── 人が集う場所

平面形状がイエスを表している。腕を広げ、身体を横たえたイエス・キリスト

data

ニコライ堂[東京復活大聖堂]

所在地・東京都千代田区神田駿河台4−1−34
行き方・JR中央線「御茶ノ水駅」または東京メトロ「新御茶ノ水駅」下車、徒歩1分

国の重要文化財

MEMO:聖書が描く教会像は、ノアの箱舟のような「安全な避難場所」。ニコライ堂もそのイメージを具現化するように、高台(駿河台)に立つ。竣工当時、駿河台からは東京の景色が一望できたという

東京

新旧を比べて2倍楽しむ

東京駅 丸の内駅舎

東京駅丸の内駅舎は、2012年に復元工事が終わり、創建時（1914［大正3］年）のドーム屋根と3階部分を取り戻した。

復元前の建物は、第二次世界大戦後に復興されたもの。南北2つのホールにかかる、寄棟《よせむね》の大屋根が印象的な2階建てであった。終戦直後の資材不足のなか応急的につくられたとはいえ、その後約60年の長きにわたり「東京の表玄関」であり続けた駅舎である。これも記憶に残しておきたい名建築だ。

復元された様式建築

辰野金吾※1設計の3階建ての駅舎。化粧レンガに白い花崗岩、擬石を帯状（バンド）に配したデザインは、「辰野式フリー・クラシック」と呼ばれる。ビクトリア調※2を基調にクイーン・アン様式をアレンジしたもので、英国風の意匠が多用されている

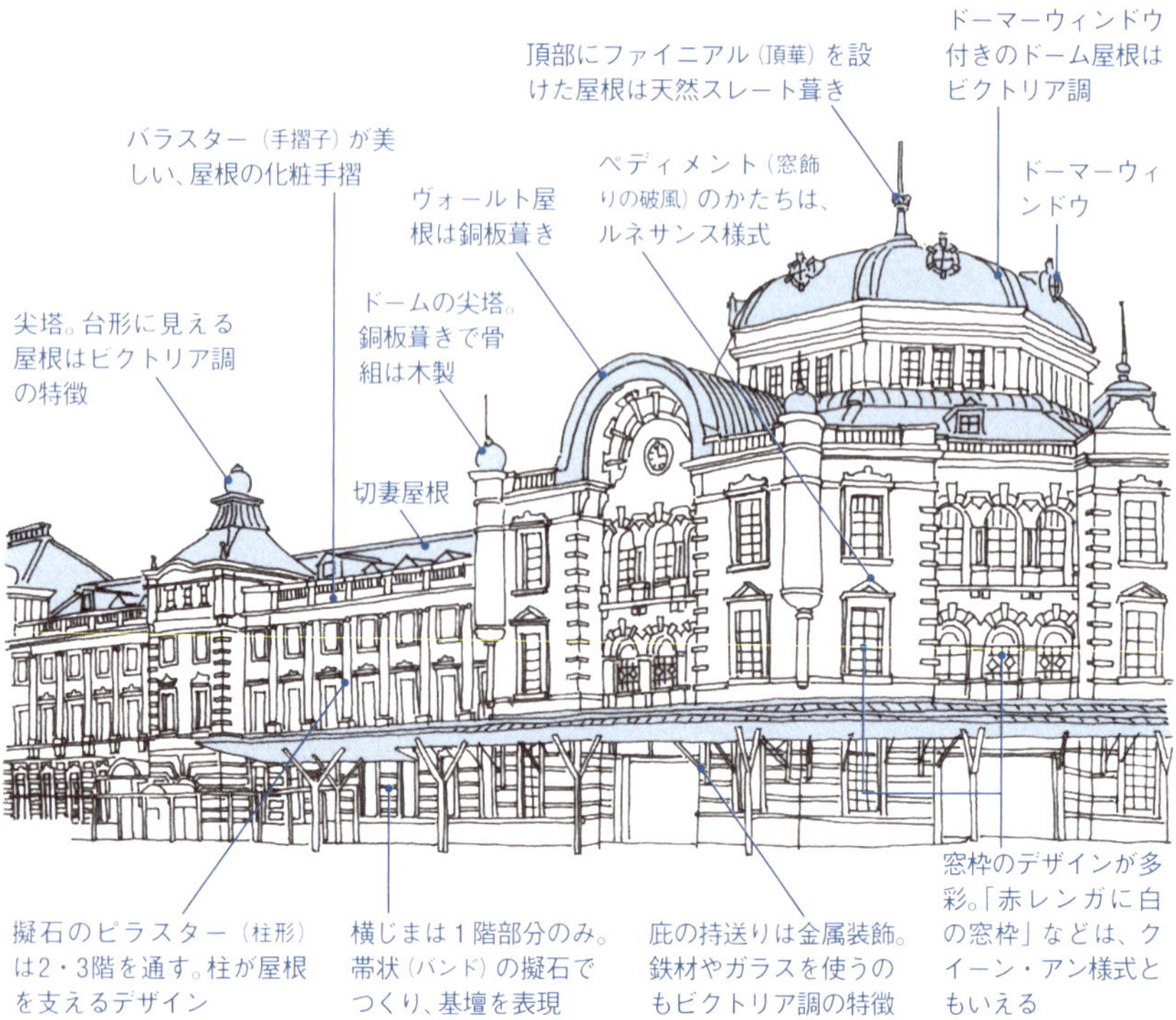
ドーマーウィンドウ付きのドーム屋根はビクトリア調
頂部にファイニアル（頂華）を設けた屋根は天然スレート葺き
バラスター（手摺子）が美しい、屋根の化粧手摺
ペディメント（窓飾りの破風）のかたちは、ルネサンス様式
ドーマーウィンドウ
ヴォールト屋根は銅板葺き
ドームの尖塔。銅板葺きで骨組は木製
尖塔。台形に見える屋根はビクトリア調の特徴
切妻屋根
窓枠のデザインが多彩。「赤レンガに白の窓枠」などは、クイーン・アン様式ともいえる
擬石のピラスター（柱形）は2・3階を通す。柱が屋根を支えるデザイン
横じまは1階部分のみ。帯状（バンド）の擬石でつくり、基壇を表現
庇の持送りは金属装飾。鉄材やガラスを使うのもビクトリア調の特徴

※1：辰野金吾（1854～1919年）は、日本近代建築の父ともいわれるJ・コンドルに師事した建築家。代表作に日本銀行本店（東京）など　※2：19世紀後半に流行した、ルネサンス様式とバロック様式を折衷したデザイン

古きをたずねて新しきを知る

もう見られない戦災復興東京駅

戦災により壁体を残し焼失した旧駅舎。3階を撤去し4〜5年もてばよい設計で応急措置的に修復された

横幅のある建物本体に負けない大屋根。直線的な屋根が駅舎をモダンに見せた。当時の鉄道省建築課長・伊藤滋のデザインとも

資材難のなか早期の復旧を目指した結果、ドームは断念。南北のホールには木造トラス組みで8面寄棟屋根をかけた

内部はローマのパンテオン風ドーム、装飾はなし。戦後余っていたジュラルミン(戦闘機の材料)を利用

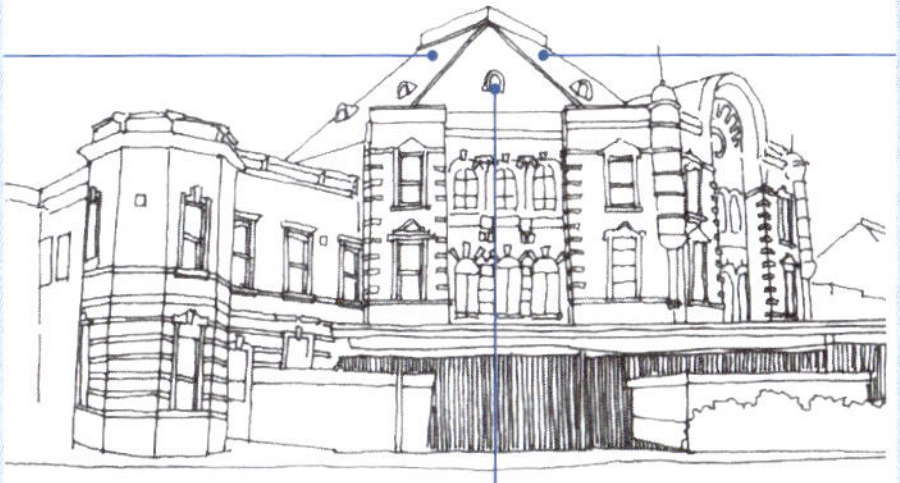

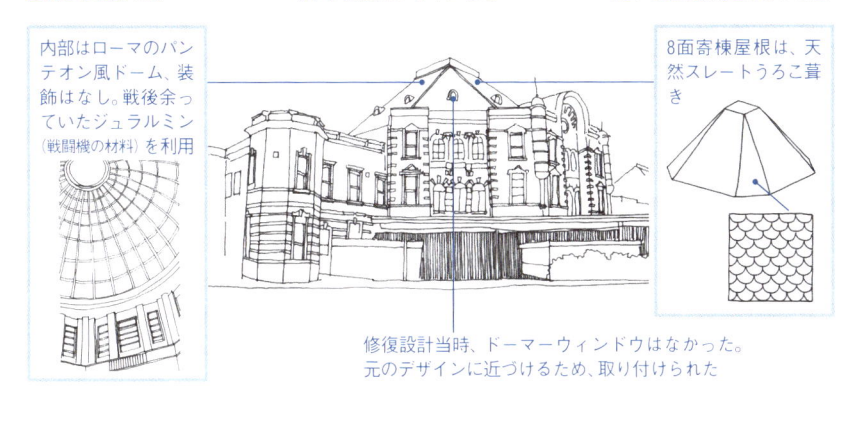

8面寄棟屋根は、天然スレートうろこ葺き

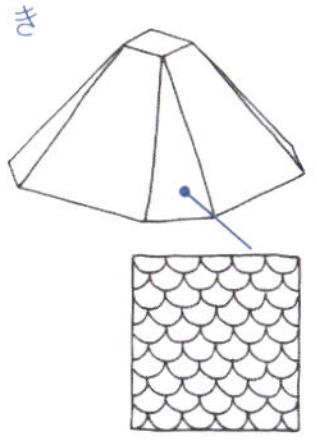

修復設計当時、ドーマーウィンドウはなかった。元のデザインに近づけるため、取り付けられた

創建時の姿に復元された東京駅(復元部:青色部分)

3階建て。南北のエントランスホールにはドーム屋根がかかる

皇室が使用する中央部。高さは左右のドーム部に比べ低くし、皇室の権威を控えめに表現

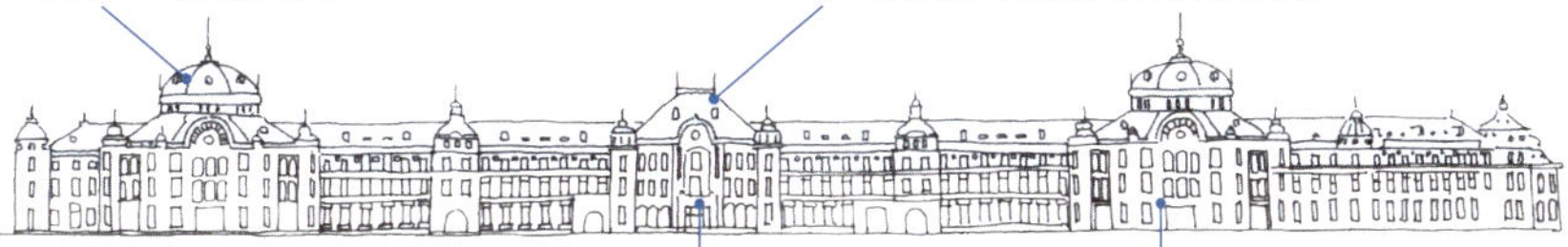

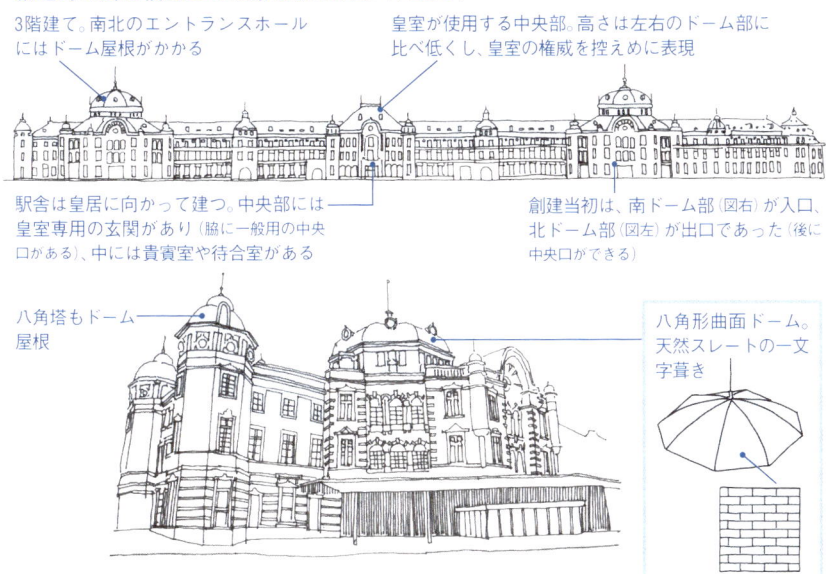

駅舎は皇居に向かって建つ。中央部には皇室専用の玄関があり(脇に一般用の中央口がある)、中には貴賓室や待合室がある

創建当初は、南ドーム部(図右)が入口、北ドーム部(図左)が出口であった(後に中央口ができる)

八角塔もドーム屋根

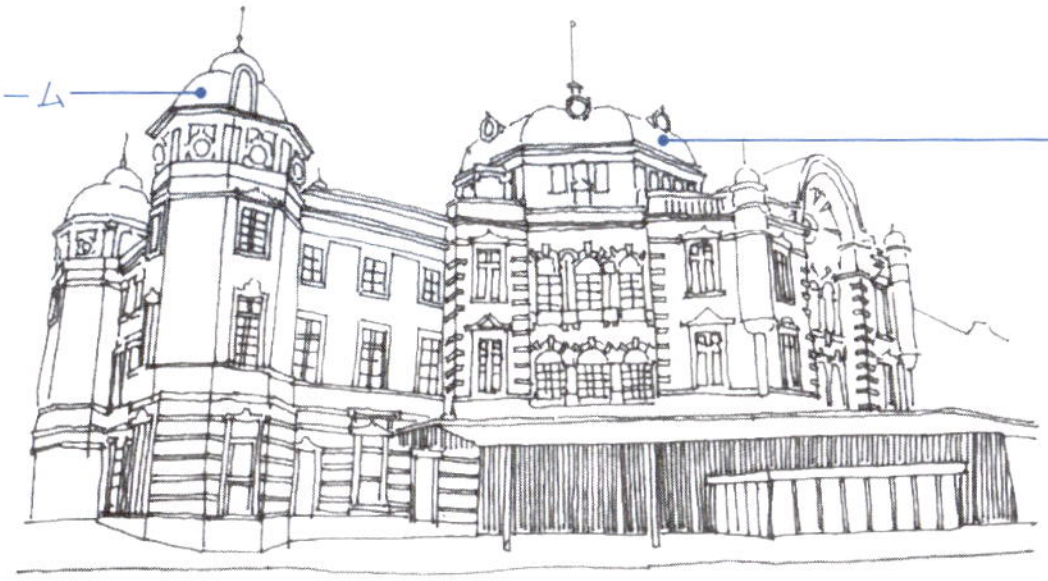

八角形曲面ドーム。天然スレートの一文字葺き

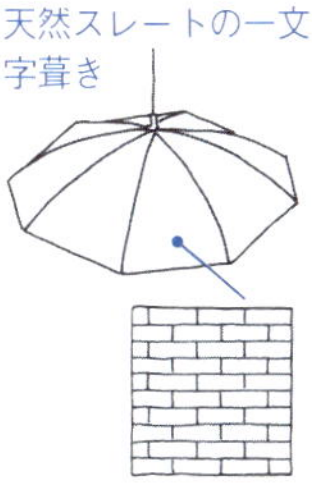

MEMO:東京駅丸の内駅舎の建物は、対称形や横長のスタイルをもち、中央に入口が設けられている。これはルネサンス様式の特徴でもある

復元！　ドーム内部の意匠

ドーム部分の内装はヨーロッパクラシックスタイルだが、レリーフの多くに和の装飾を取り入れている。デザインは南北のドームとも同じ

ドーム見上げは万華鏡のよう

機関車の車輪（動輪）がモチーフ

旅人の喜びという花言葉をもつクレマチスをレリーフ化

中心は16弁の菊の文様。天皇の紋章を意識したと思われる

稲穂をつかむ鷲のレリーフは富国強兵を表す

鳳凰（吉兆の鳥）、車輪と矢束を合わせたモチーフ

八角形の角には、方位を示す干支のレリーフ。ドームは八角形なので使用した干支は8つ。残り4つは、辰野が設計した武雄温泉（佐賀）の楼門にあるといわれる

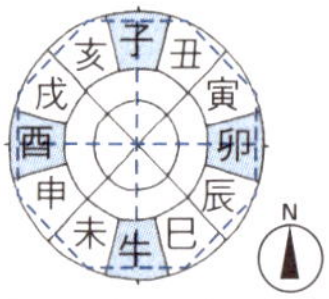

ドーム立上がりに残る当時のレリーフ

ドーム立上がり部分は、創建当時のレリーフ（図中の黒い部分）を利用して復元された（南ドームのみ）。復興駅舎時代のジュラルミン製のドーム天井の下に眠っていたもの

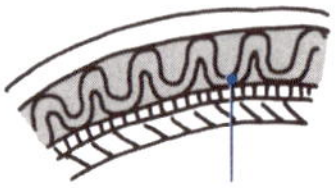

戦災で焼けて一部が黒くなったレリーフ。復元部分と区別するためそのまま再利用した

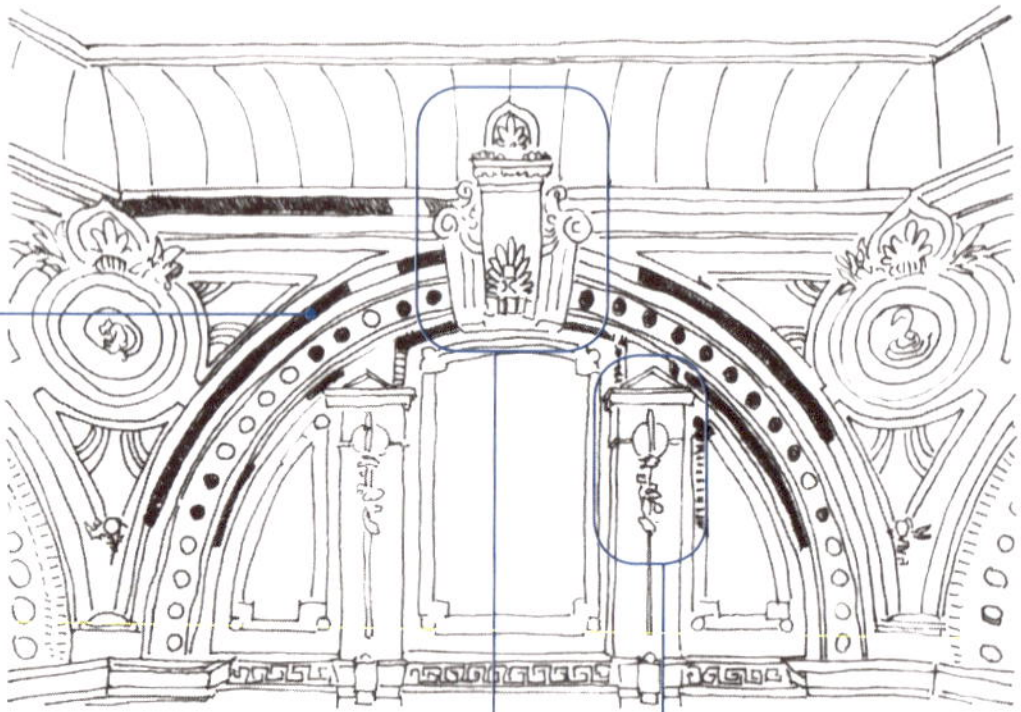

アーチ上部のキーストーンには、豊臣秀吉の兜のレリーフ。貴賓用玄関（中央口）にも同じものが

鏡（上）と剣（下）のレリーフ。三種の神器の2つであり、天皇家を意識した意匠

data

東京駅丸の内駅舎

所在地・東京都千代田区丸の内1−9−1
行き方・JR山手線「東京駅」下車、徒歩すぐ

鉄骨レンガ造の建物は、国の重要文化財。幅が335mもある世界最大級の駅舎

東京

小石川後楽園

大名庭園に散りばめられた技

本格的な回遊式庭園（40頁参照）は、江戸時代の大名庭園に見ることができる。小石川後楽園（旧水戸藩上屋敷）はその好例。写し取られた自然の原風景を、園内を巡りながら鑑賞する。室内から眺める庭とは異なり、面積が大きいのが特徴だ。

広大な庭ではあるが、景色を実物大で写し取ることは不可能だ。そこで駆使したのが「縮尺調整」や「遠近技法」である。だまし絵のごとく、原寸のスケール感を巧みに再現している点に注目して歩いてみよう。

大庭園の飽きさせない工夫

地形を生かし、大きく4つの景色がつくられている。大泉水《だいせんすい》周辺の「海」の景、それを囲うように「川」「山」「田」の景があり、これらを順に巡る。中国や京都の名所の写しが多数見られる

大きな池泉（ちせん）を中心に、自然を巡り歩くようにつくられた園路
京都・嵐山の大堰川（おおいがわ）の写し。東福寺（京都）の通天橋にならって名づけられた名所の写しなどもある
中国の西湖の堤の写し
「大泉水」は小石川後楽園の主役。琵琶湖を表現したといわれるこの池泉を中心に、ぐるりと回遊する
江戸時代は現在の4倍以上の面積で、大名庭園に欠かせない馬場など武芸の訓練施設もあった
後楽園は、水戸藩邸の「後園」に書院の「内庭」が一部残ったもの
梅林
田の景
稲田
白糸の滝
通天橋
山の景
大堰川《おおいがわ》
川の景
小盧山
蓬莱島
海の景
西湖《さいこ》の堤
大泉水
竹生島《ちくぶじま》
延段
内庭
西門▲
順路（一例）
小盧山。中国の名山、盧山の写しとされる
内庭と後園を仕切っていた唐門跡。本来の入口であり、ここから巡るのが望ましい

注：小石川後楽園の小盧山は、京都・清水寺の音羽の滝一帯を小盧山と呼ぶことから、その写しともいわれる

本物のスケール感を演出する技

名勝や日本の原風景などを写し取るに当たり、景色を縮小しながら、リアリティを感じさせる「縮景」技法が駆使されている

「海」に見せるのは島

島を置くことで、沼ではなく海たらしめる。島は奥行きを感じさせ、海の広がりを演出

神仙思想の蓬莱島は池泉につきもの

大泉水に浮かぶ蓬莱島

「川」の流れを石が表す

白糸の滝は、高さを抑えて幅広に見せる

白糸の滝

岩・橋ともに縮小することで原寸のスケール感を出す

小さな通天橋。人が立つと途端にスケール感が崩れる

通天橋

石は川の水の流れを意識して配される。ごつごつした大きな岩は上流を表す。前後して配置することで遠近感を出す

湾曲による遠近感の表現は浮世絵にも見られる

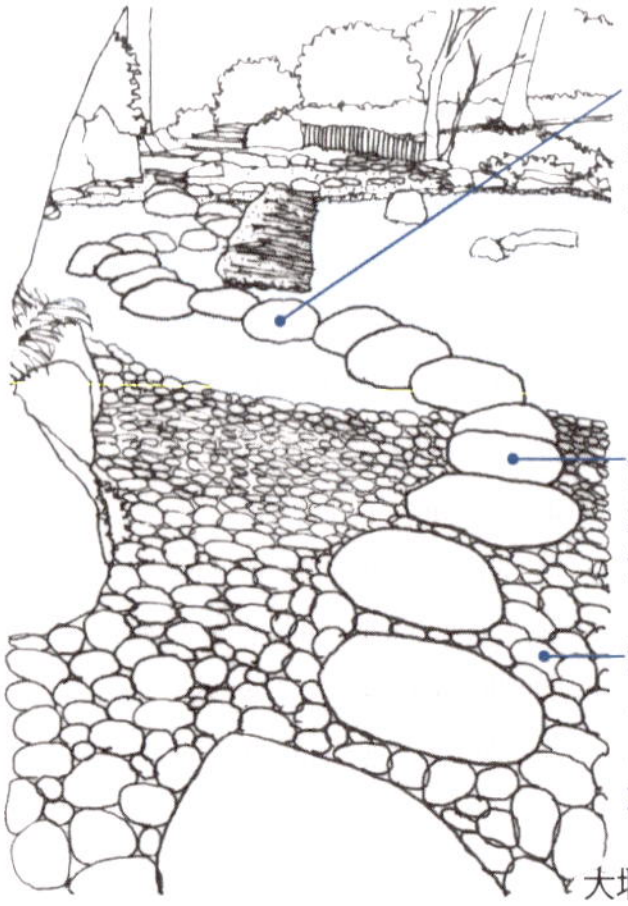

沢渡り石は下流の浅瀬感を演出

流れの緩やかな下流にできた洲を表す丸石

大堰川の沢渡り

MEMO：「白糸の滝」は現在、調査・修復中

8　地形も生かす「山」の景

既存の地形を利用した園路は、山の登り道のよう。高木や常緑樹を密植して日陰をつくり、奥山を演出
奥に行くほど狭まる木立ちのトンネルが遠近感を強調
延段《のべだん》
視線が下がりがちな登り道を、美しい石畳の小道で飽きさせない

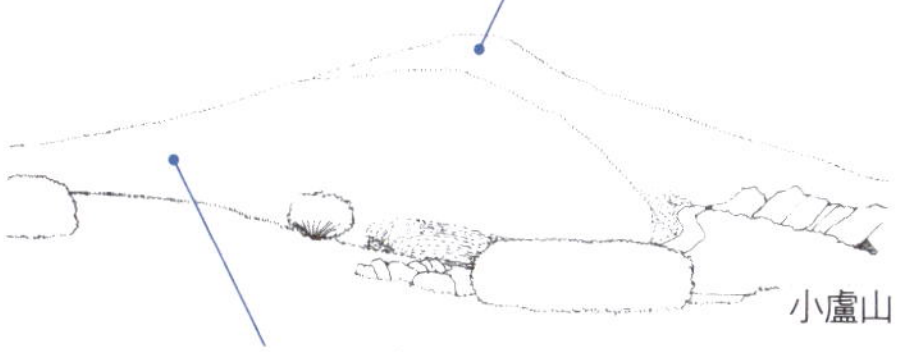
小廬山はオカメザサで覆い、稜線をきれいに見せている。遠山を表現した築山だ
小廬山
築山（つきやま）は大名庭園の重要な要素。下からは稜線美を楽しみ、上からは見下ろしの眺望を楽しむ

水平を効かす「田」の景

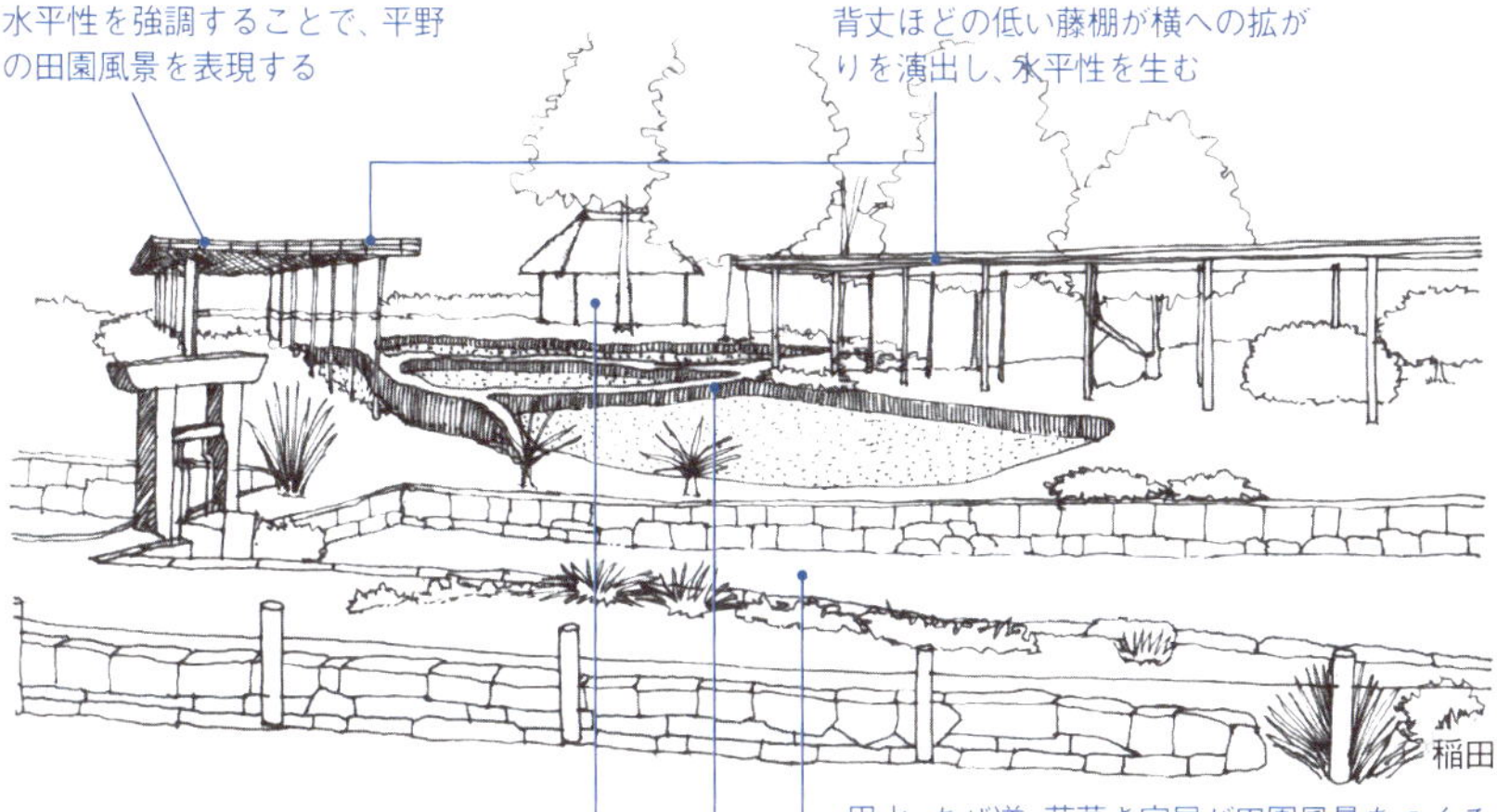
水平性を強調することで、平野の田園風景を表現する
背丈ほどの低い藤棚が横への拡がりを演出し、水平性を生む
稲田
用水、あぜ道、茅葺き家屋が田園風景をつくる

data

小石川後楽園

所在地・東京都文京区後楽1－6－6
行き方・JR総武線、東京メトロ、都営地下鉄「飯田橋駅」から徒歩8分。または東京メトロ「後楽園駅」から徒歩8分

旧水戸藩（水戸徳川家）の中屋敷（後に上屋敷）の回遊式庭園。国指定特別史跡・特別名勝（重複指定は全国でも珍しい）

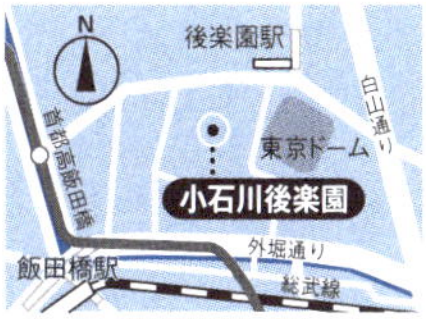
N
後楽園駅
白山通り
首都高飯田橋
東京ドーム
小石川後楽園
外堀通り
飯田橋駅
総武線

MEMO：東京都23区内には、多くの回遊式庭園（大名庭園）が残る。浜離宮恩賜庭園（徳川将軍家の別邸）、六義園（老中・柳沢吉保下屋敷）など

東京

築地《つきじ》本願寺

アジア各地にそのルーツがある

関東大震災で罹災《りさい》、その後1934（昭和9）年に再建された築地本願寺。日本の寺院には類を見ない、インド様式に基づく建築物だ。

探検家でもあった法主・大谷光瑞《おおたにこうずい》の知識と、フィールドワークを得意とした建築家・伊東忠太《ちゅうた》※の探究心がこの建築を実現した。彼らが旅から持ち帰った膨大な知見が、ありきたりの形象に集約するはずはなかった。出現したのは、アジアの仏教様式を巡るように、現実と想像が融合した異色の寺院であった。

伊東好みのインド様式

伊東は3年にわたりアジアを旅し、多くの宗教施設・寺院を訪れた。建築のディテールだけでなく、風土や文化を記録したフィールド・ノートは、築地本願寺の設計にも生かされた

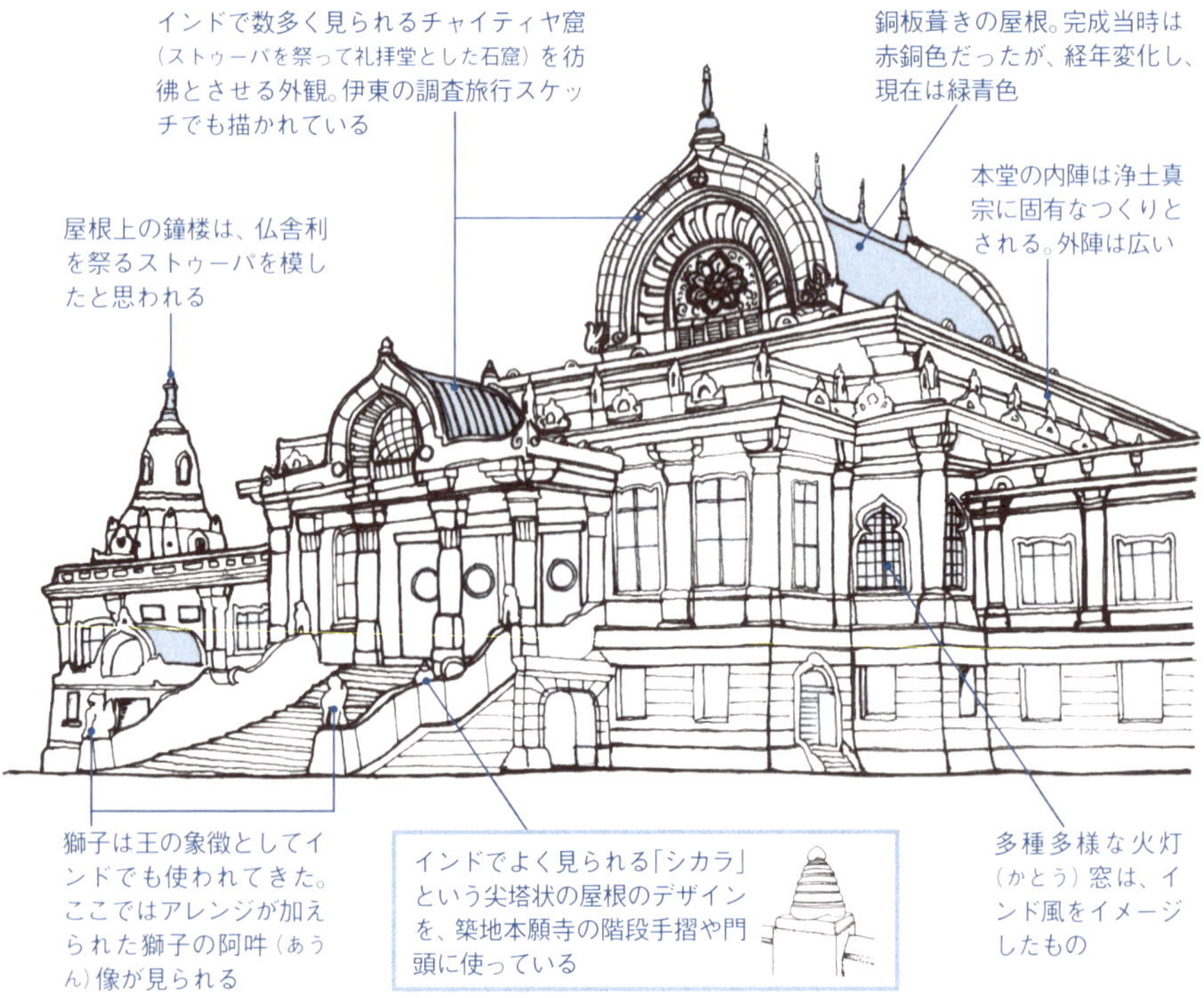
インドで数多く見られるチャイティヤ窟（ストゥーパを祭って礼拝堂とした石窟）を彷彿とさせる外観。伊東の調査旅行スケッチでも描かれている
銅板葺きの屋根。完成当時は赤銅色だったが、経年変化し、現在は緑青色
本堂の内陣は浄土真宗に固有なつくりとされる。外陣は広い
屋根上の鐘楼は、仏舎利を祭るストゥーパを模したと思われる
獅子は王の象徴としてインドでも使われてきた。ここではアレンジが加えられた獅子の阿吽（あうん）像が見られる
インドでよく見られる「シカラ」という尖塔状の屋根のデザインを、築地本願寺の階段手摺や門頭に使っている
多種多様な火灯（かとう）窓は、インド風をイメージしたもの

※：伊東忠太（1867～1954年）は建築史家としても有名。主な作品に平安神宮（京都）・明治神宮（東京）など

伊東の空想があふれ出す

インド様式はどこにある？

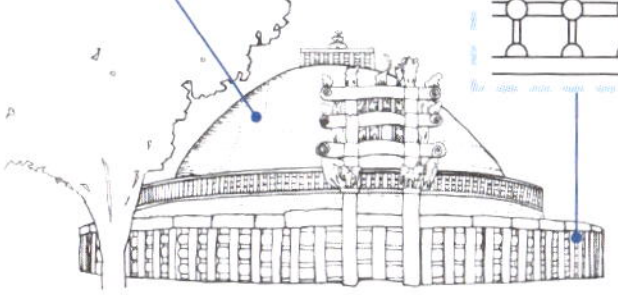

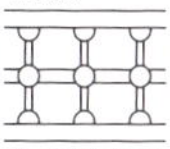

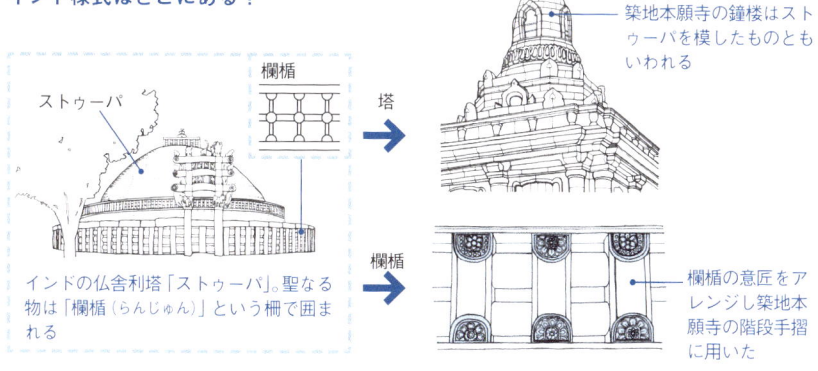

インドの仏舎利塔「ストゥーパ」。聖なる物は「欄楯（らんじゅん）」という柵で囲まれる

塔 →

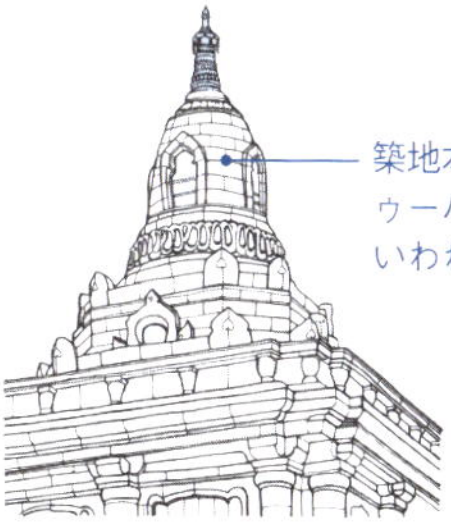

築地本願寺の鐘楼はストゥーパを模したものともいわれる

欄楯 →

欄楯の意匠をアレンジし築地本願寺の階段手摺に用いた

アレンジされた獅子の阿吽《あうん》像

インドに残るアショーカ王の石柱碑。王の象徴・守護神である「獅子（ライオン）」像が柱頭に見られる

獅子 →

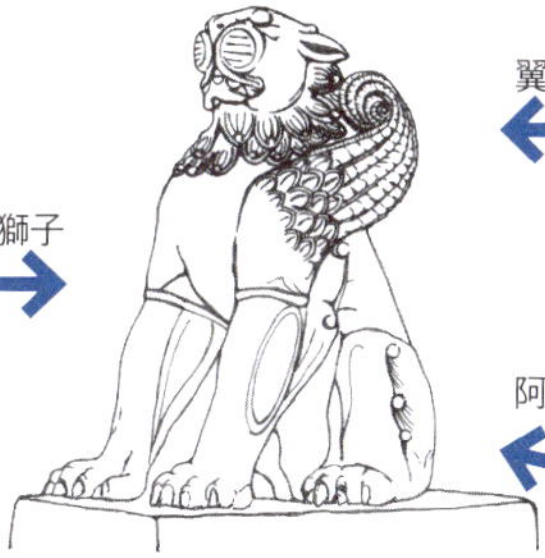

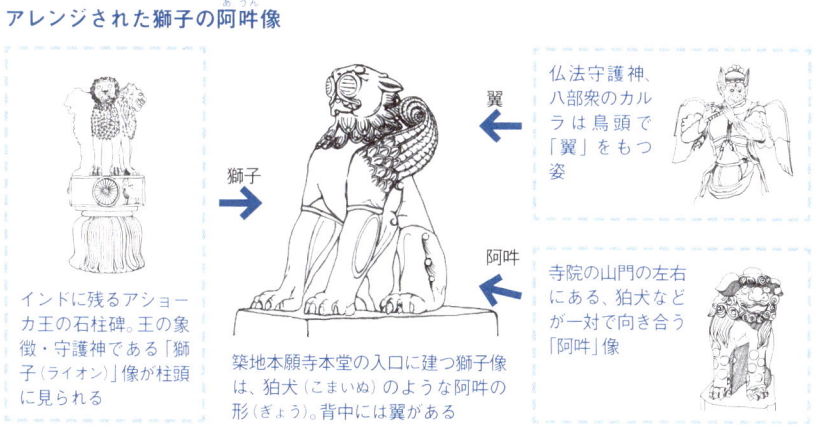

築地本願寺本堂の入口に建つ獅子像は、狛犬（こまいぬ）のような阿吽の形（ぎょう）。背中には翼がある

← 翼

仏法守護神、八部衆のカルラは鳥頭で「翼」をもつ姿

← 阿吽

寺院の山門の左右にある、狛犬などが一対で向き合う「阿吽」像

インドの聖獣を探せ

築地本願寺の階段では、鳥（鳩）、猿、象が見られる（右図）。これらは物事は全体を見渡すことが重要という教えを表す（仏教説話『三畜評樹』）

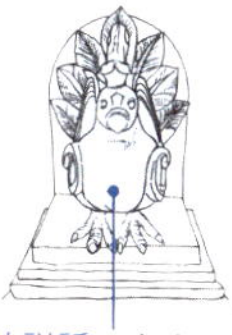

仏教説話のとおり、一番高い所に鳥がいる

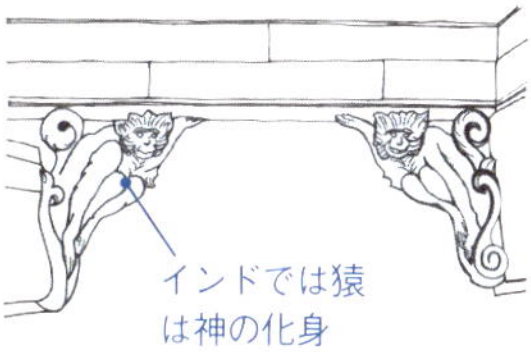

インドでは猿は神の化身

ヒンズー教の神ガネーシャは象の頭をもつ

階段手摺にある牛の象。インドの聖獣で、シヴァ神の乗り物とされる

data

築地本願寺

所在地・東京都中央区築地3−15−1
行き方・東京メトロ「築地」駅下車、徒歩1分

本堂と大谷石（おおやいし）積みの塀は国の登録有形文化財

MEMO：築地本願寺は、当時の仏教寺院としては珍しい、鉄筋コンクリート造の建物。本尊は、聖徳太子の手彫りとされる阿弥陀如来像

東京

工業化が生んだアール・デコの機能美

旧朝香宮邸［東京都庭園美術館］

交通・情報が発達し、世界が日々小さくなっていった20世紀前半。大量生産が主流となり、装飾に凝った「アール・ヌーボー」※1は時代に合わなくなっていった。そこで生まれたのが、機能的な装飾性をもつ「アール・デコ」様式だ※2（62頁参照）。

旧朝香宮邸は日本におけるアール・デコを代表する建物だ。全体を彩る節度ある装飾性は、無機質・無表情な建物であふれる現代にあって、ひと際目を引く存在だ。

シンプルな外観に潜むアール・デコ

旧朝香宮邸建設当時は、第二次世界大戦前夜。不安定な時勢に考慮してか、外観はシンプルに構成され、アール・デコは細部に見られる

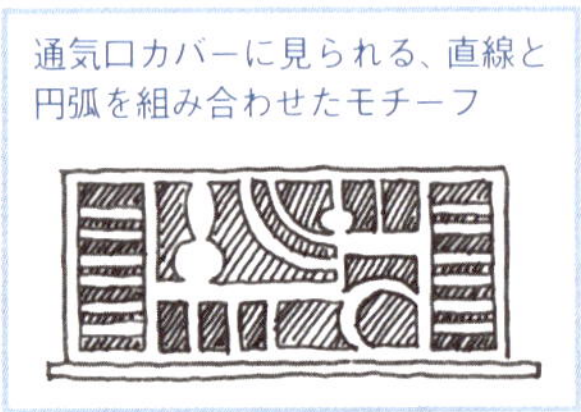
通気口カバーに見られる、直線と円弧を組み合わせたモチーフ

鉄筋コンクリート造の2階建て（1933［昭和8］年竣工）。シンプルな外観はアール・デコというよりもモダン。内装とのギャップに驚く

パラペットに施された幾何学模様のレリーフ

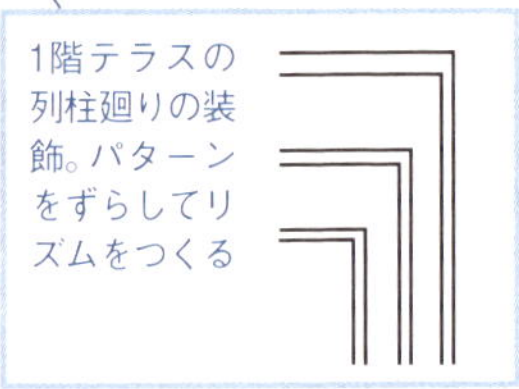
1階テラスの列柱廻りの装飾。パターンをずらしてリズムをつくる

※1：19世紀後半から20世紀初頭に流行。植物のモチーフを多用した装飾様式　※2：1920～1930年代に流行。家具・工芸など多方面に大いなる影響を与えたが、その命は短かった

内装に現れたアール・デコの特徴

コンパスと定規でつむぐ豊かな造形

幾何学模様の製作と、その繰返しによる大量生産は、芸術作品に工業技術を用いることを可能にした

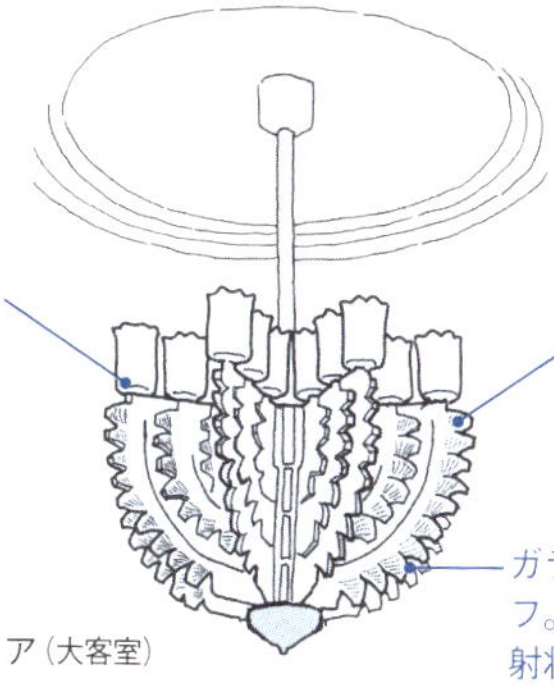

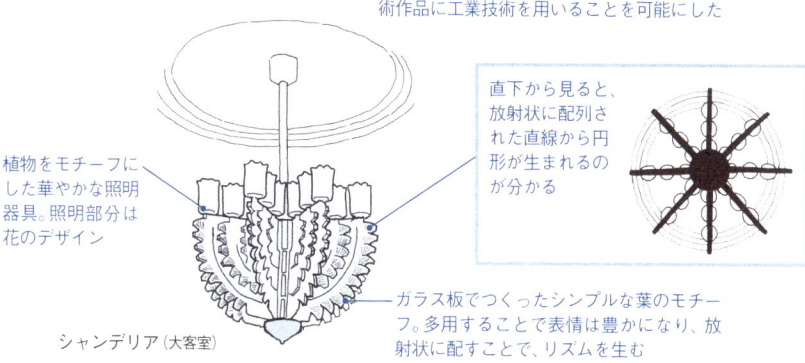

植物をモチーフにした華やかな照明器具。照明部分は花のデザイン

直下から見ると、放射状に配列された直線から円形が生まれるのが分かる

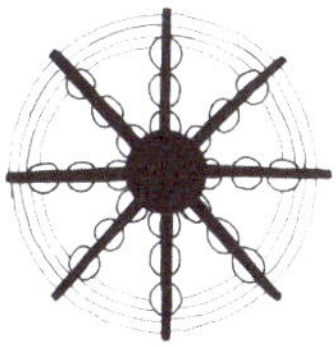

ガラス板でつくったシンプルな葉のモチーフ。多用することで表情は豊かになり、放射状に配することで、リズムを生む

シャンデリア(大客室)

新素材への挑戦

第一次世界大戦後の「未来」への期待感と、新しい質感・素材感が合致した

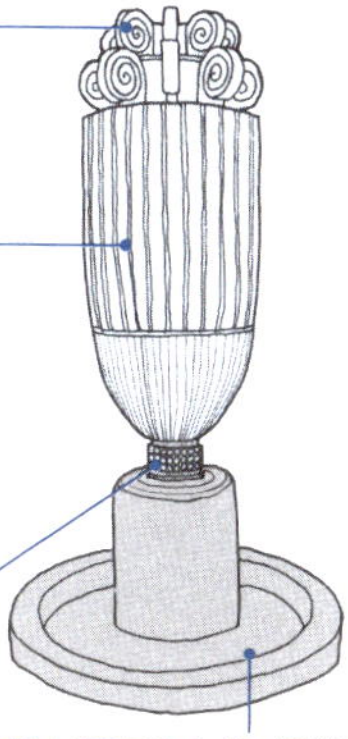

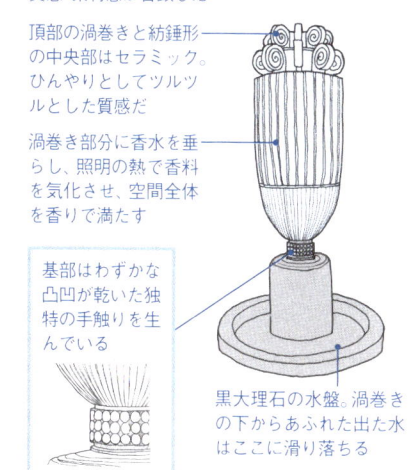

頂部の渦巻きと紡錘形の中央部はセラミック。ひんやりとしてツルツルとした質感だ

渦巻き部分に香水を垂らし、照明の熱で香料を気化させ、空間全体を香りで満たす

基部はわずかな凸凹が乾いた独特の手触りを生んでいる

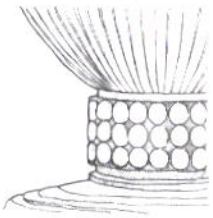

黒大理石の水盤。渦巻きの下からあふれた出た水はここに滑り落ちる

噴水塔(次室)

情報革命を反映したデザイン

技術革新という、時代の気分を反映したデザインが随所に見られる

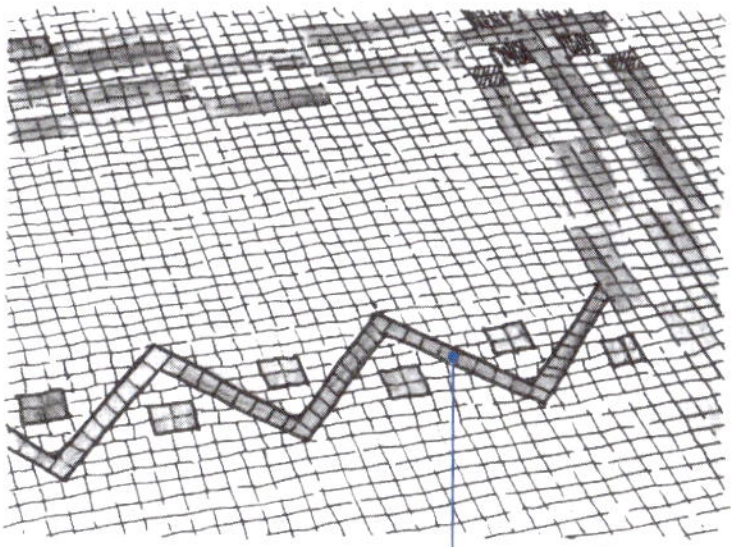

モザイクタイルのジグザグ模様は、当時発明されたラジオの電波を表現したとも

床(次室)

優美なガラス扉。左右対称にエッチングされた直線、円、波形など幾何学的な模様が未来的なデザインを生んだ

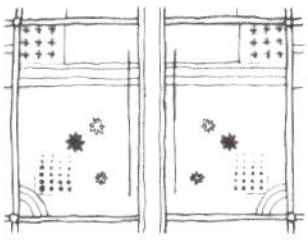

ガラス扉(大客室)

data

旧朝香宮邸[東京都庭園美術館]

所在地・東京都港区白金台5-21-9
行き方・JR山手線「目黒駅」徒歩10分。または東京メトロ・都営地下鉄「白金台駅」から徒歩5分

2014年秋リニューアルオープン

MEMO:旧朝香宮邸は宮内省内匠寮工務課の設計。主要内装デザインは、アンリ・ラパンによる。ラパンは、朝香宮夫妻も招かれたアール・デコ博覧会(1925[大正14]年)でパビリオンのデザインなどを担当したデザイナー

東京

屋根から生まれた学び舎のかたち

自由学園明日館《みょうにちかん》

子どもがのびのび育つことのできる環境を——その思いを限られた予算で実現したF・L・ライト※1と弟子の遠藤新《えんどうあらた》。

軒高を抑え、水平性と左右対称性を強調した外観。屋根の4寸勾配は室内の意匠にも反映され、内外で「完一性」※2が図られている。大開口から降り注ぐ光は、材料の素材感を際立たせる。

簡素でありながらも優れたデザインにあふれた空間が、子どもたちを優しく包みこんだ。

ライトの特徴があふれた外観

水平ラインと左右対称形が印象的な外観。自然素材を使ったり、自然に近い色を塗ったりして仕上げるのがライト風

4寸勾配の屋根。先端を水平にしたことで、左右の対称と水平ラインを強調
漆喰塗りの壁はベージュ系の土色。この色は、ライトが来日する前から、日本で多用されてきた
屋根は、緑青色の銅板葺き。
10
4
校舎の内外で多用されている大谷石（おおやいし）
ライトは、自身が考案したプレーリー・スタイルにおいて対称形を用いることはなかったが、明日館では正面ファサードや中央の窓などに対称形が多用されている。これは、シカゴ万博の日本館「鳳凰殿」の対称性に影響を受けたと思われる
窓の木枠は建築当時の緑色に修理工事時に戻した

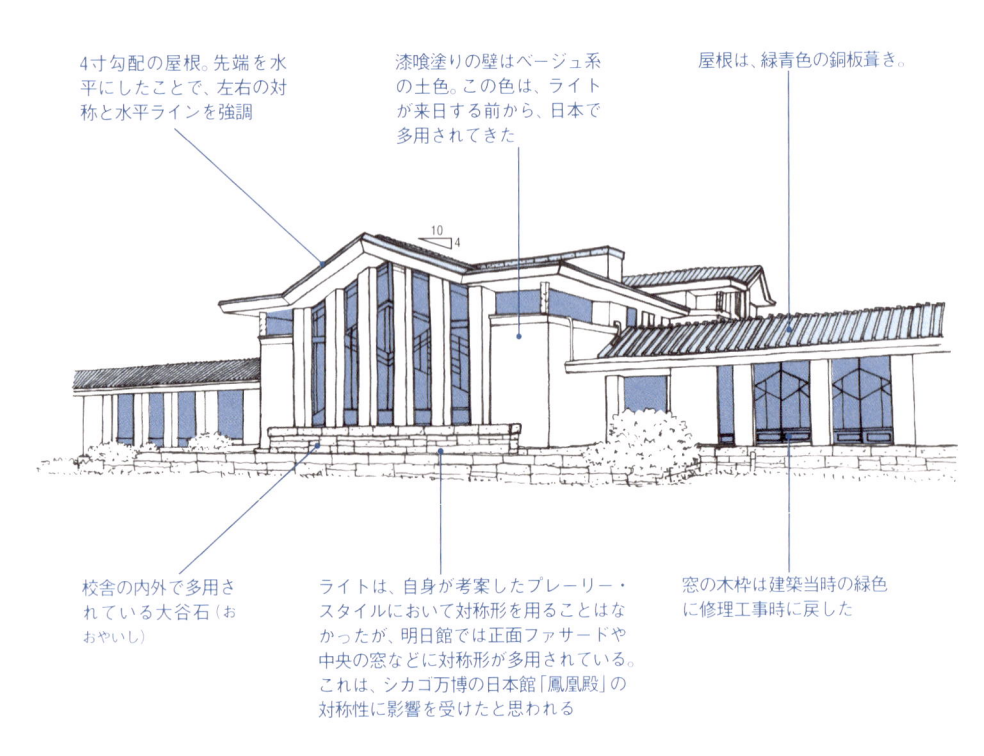

※1：フランク・ロイド・ライト（1867～1959年）。アメリカの建築家。代表的な作品に、落水荘（アメリカ・ペンシルバニア）や帝国ホテル旧本館（東京）など　※2：完一性（Integrity）とはライト独自の言葉。外観・内観・家具をトータルに統一したデザインでまとめること

11 子どものための美しい空間

屋根の4寸勾配でトータルデザイン

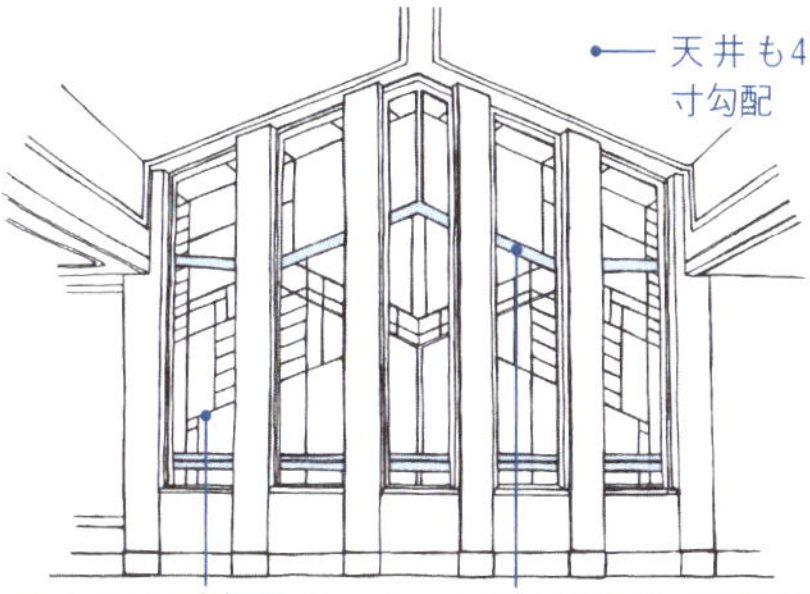

天井も4寸勾配

ライトは4寸勾配のみで美しいデザインを実現した

ホールの大窓には、屋根の4寸勾配がそのまま現れる。幾何学的な木枠のデザインも見もの

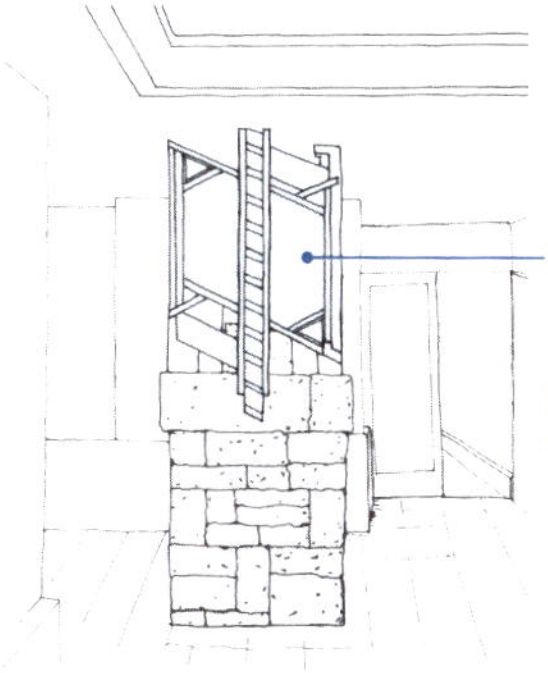

玄関の照明も4寸勾配を意匠化。脚部には大谷石を使用

子どもの目線・スケール

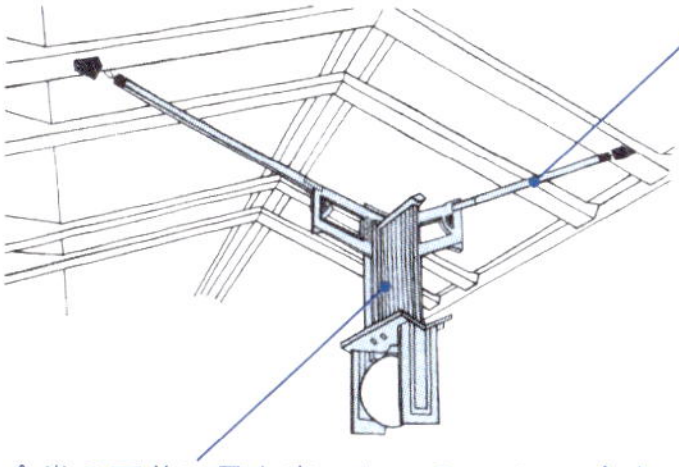

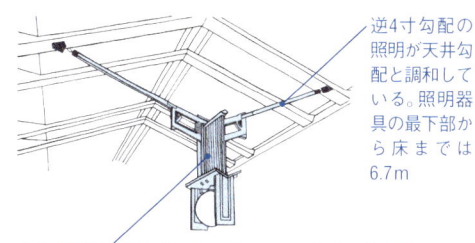

逆4寸勾配の照明が天井勾配と調和している。照明器具の最下部から床までは6.7m

食堂の天井は最も高いところで16m。食卓に着く子どもには天井が高めなので、照明器具で調整した

イベントなどでは大人も使えるレプリカを使用。背板も4寸勾配

2枚の板を赤の止め栓でつなげた座板。意匠性・経済性に優れる（オリジナル）

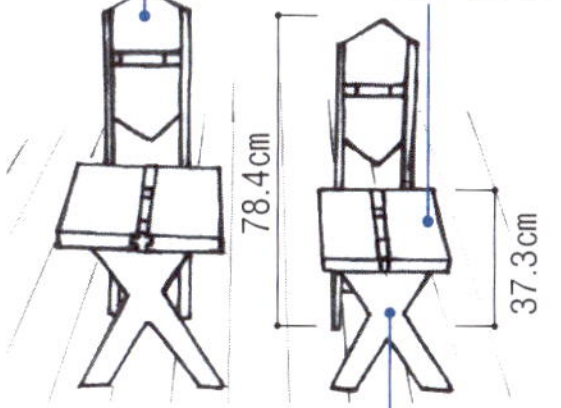

食堂で使うイス（座面33×34.1cm）。食堂のスケール感はここに座ってこそ味わえる

内部も外部同様の素材感

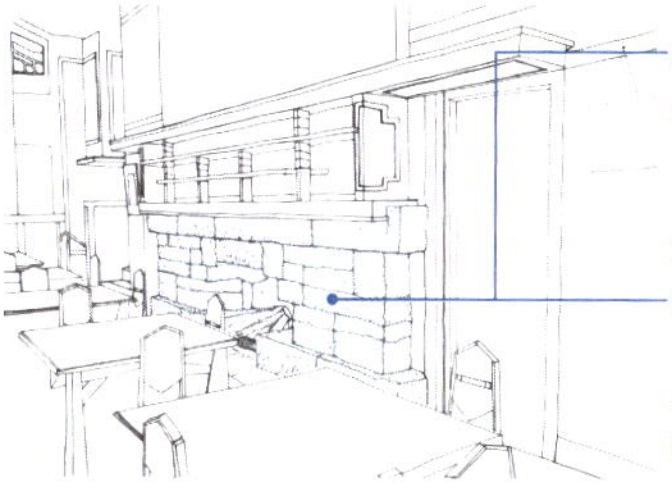

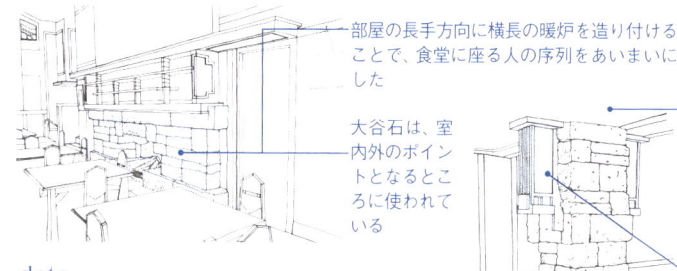

部屋の長手方向に横長の暖炉を造り付けることで、食堂に座る人の序列をあいまいにした

大谷石は、室内外のポイントとなるところに使われている

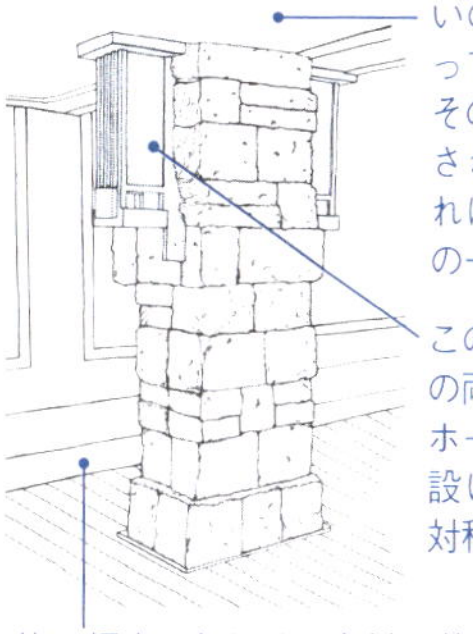

ホールの天井が低いのは、そこを通って部屋に入るとその広がりが強調されるからだ。これはライトの手法の一つ

この照明柱は建物の両サイドにあるホールにそれぞれ設けられ、空間の対称性を高める

枠や幅木、床などの木材は茶色に塗装。壁は外部と同じ漆喰塗り

data

自由学園明日館

所在地・東京都豊島区西池袋2－31－3
行き方・JR山手線・東武・西武・東京メトロ「池袋駅」から徒歩5分

1921（大正10）年竣工。重要文化財

注：本稿は工学院大学名誉教授南迫哲也氏より、多くのご助言をいただきました

神奈川

横浜中華街

中国の料理と建物をニッポンで味わう

中華街の町並みは中国文化の縮図のよう。「門」と「看板」に注目すると、中国が見えてくる。

大通りで活躍するのが門。老舗では、中国の伝統的な門のようなファサードが見られる。道幅が広い大通りでは、建物正面のつくりが目を引くからだ。

一方、路地裏で活躍するのは看板だ。各店舗が競うように掲げた看板が、路地裏を漢字と中国風の色彩で埋め尽くし、中国らしさを強調している。

門の意匠が店の格をつくる

横浜中華街の歴史は、黒船来航後に外国人居留地に定められたことから始まる。入口などに立つ、中国の伝統的な門（牌楼《ぱいろう》）はおなじみ。大通りに建ち並ぶ各老舗は、牌楼のデザインを取り入れ、色使いや神獣の装飾など中国の伝統建築を模したファサードで風格を見せる

屋根や軒先などに青や緑を使い、色彩にメリハリを出す
入口は風格ある金文字の看板を掲げ、門のようなつくり。金色は黄金を表し、富の象徴
装飾には吉祥の龍や鳳凰が用いられることが多い。中国では、龍は皇帝（男）、鳳凰は皇后（女）の象徴とされる

12 看板は路地裏の主役

壁面看板や置き看板には目立つ原色を使うことが多い

中国らしい、漢字表記のみの文字看板。簡体字はあまり使われない

町並み全体が赤を基調とし、電灯や電柱も赤塗りすることで中国的に見せる

重ねたり、ひっくり返したりした創作漢字も多い

到福(福が至るの意)を表す文字。「到」と同じ読みをもつ「倒」が逆さを意味することから「福」を逆さにした

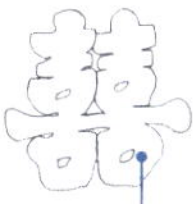

「喜」が2つで喜び2倍の意

道にはみ出す看板やメニューが道幅を一層狭める。空間が中国風の色彩や漢字で満たされ、濃密な空間に

data

横浜中華街

所在地・横浜市中区山下町
行き方・横浜高速鉄道「元町・中華街駅」から徒歩1分。またはJR根岸線「石川町駅」から徒歩5分

中華街のエリアは500㎡ほど。そこに600以上の店がひしめき合う

生命力を表す豊穣の赤、富を表す黄は皇帝の色で、共に慶事色だ

壁や柱などの広い面には、赤が使われることが多い

屋根をもつ入口でよく見掛けるチフンと走獣の装飾。牌楼や中国の伝統建築をまねたもの

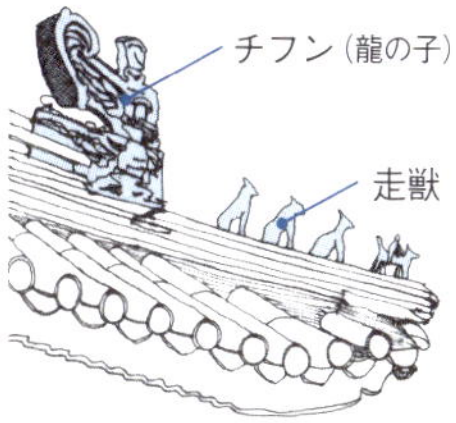

中華街の入口にある牌楼

屋根と斗栱（ときょう、軒荷重を支える組物で、伝統的な技）をもつのが特徴

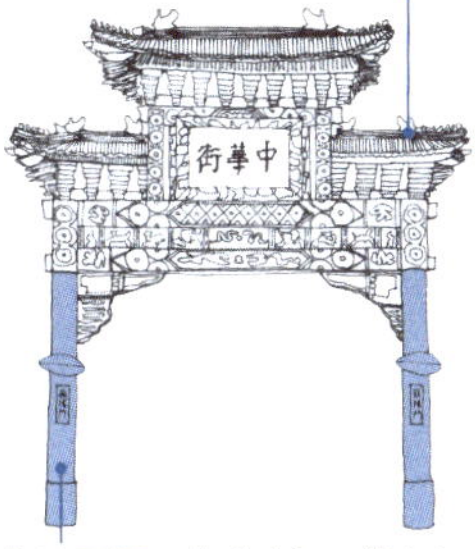

柱は五行に基づく色で塗られ、装飾にはその方位を表す神獣が用いられる。東の入口、朝陽門（ちょうようもん）なら色は青で神獣は青龍。西の門は白で白虎、南の門は朱で朱雀、北の門は玄（黒）で玄武である

MEMO：五行（五行思想）とは中国古来の自然観のこと。万物は「木、火、土、金、水」からできていると考え、方角や色などさまざまなものに当てはめられている

神奈川

禅宗様《ぜんしゅうよう》の特徴は細部にあり

国宝

円覚寺《えんがくじ》の舎利殿《しゃりでん》

日本の寺院建築は、和様《わよう》、禅宗様※1、両者の様式を取り入れた折衷様《せっちゅうよう》に大別される※2。

和様は外壁に長押《なげし》の横線が通る、水平を強調したデザイン。一方、禅宗様は柱の縦線が際立ち、天井も上方へと絞られるなど、垂直を強調したデザインだ。また、禅宗様の部材は曲線的で、細かな装飾性が特徴的。このディテールは、様式判別の手掛かりにもなる※3。早速、禅宗様建築の代表・円覚寺舎利殿を例に見ていこう。

垂直性が際立つ禅宗様建築

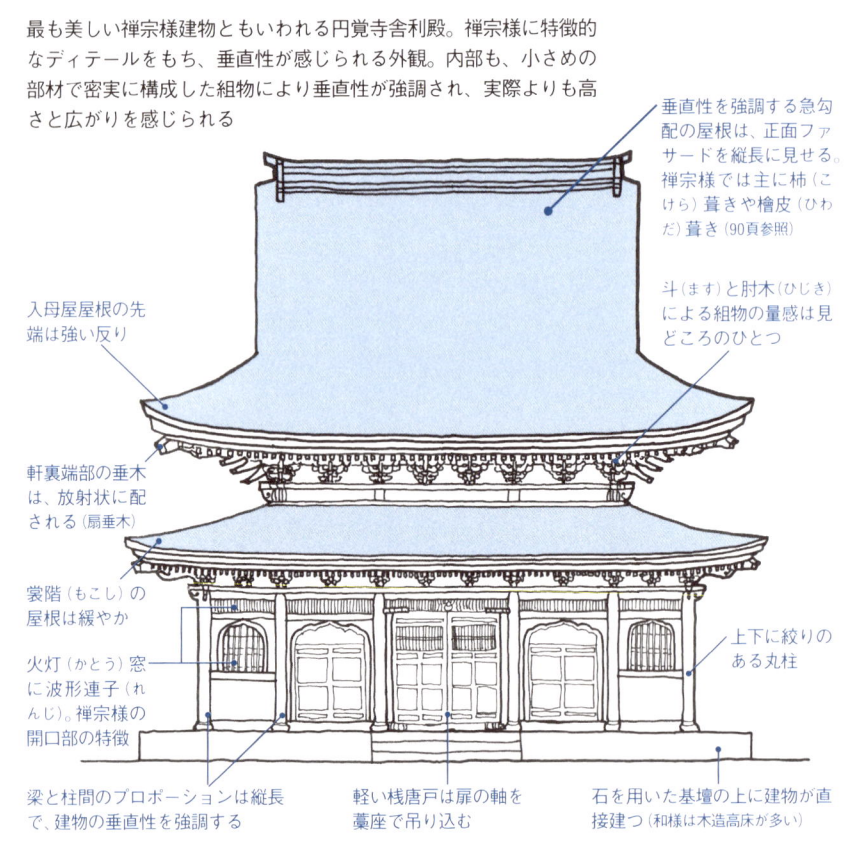

最も美しい禅宗様建物ともいわれる円覚寺舎利殿。禅宗様に特徴的なディテールをもち、垂直性が感じられる外観。内部も、小さめの部材で密実に構成した組物により垂直性が強調され、実際よりも高さと広がりを感じられる

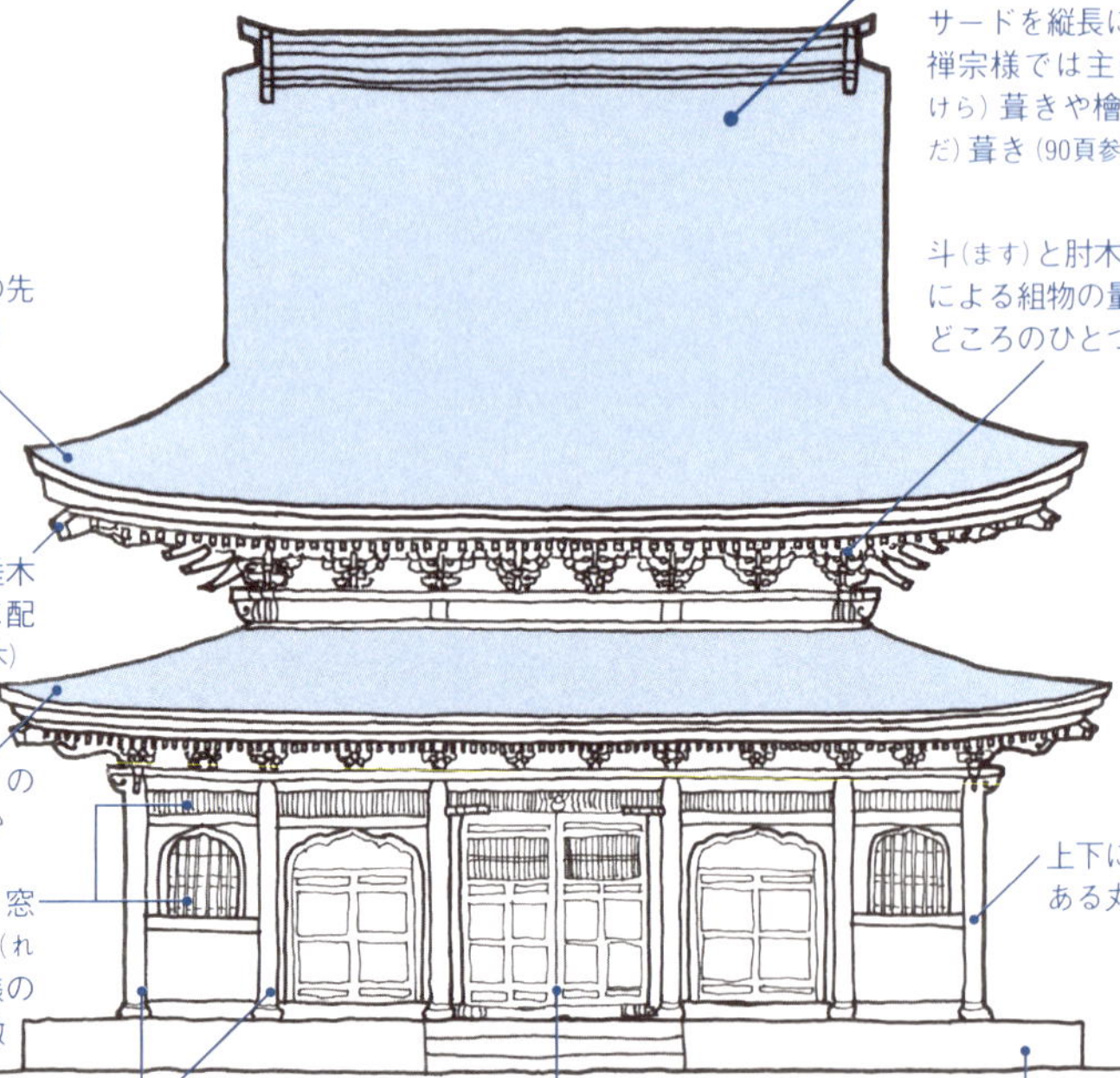
垂直性を強調する急勾配の屋根は、正面ファサードを縦長に見せる。禅宗様では主に柿（こけら）葺きや檜皮（ひわだ）葺き（90頁参照）
入母屋屋根の先端は強い反り
斗（ます）と肘木（ひじき）による組物の量感は見どころのひとつ
軒裏端部の垂木は、放射状に配される（扇垂木）
裳階（もこし）の屋根は緩やか
火灯（かとう）窓に波形連子（れんじ）。禅宗様の開口部の特徴
上下に絞りのある丸柱
梁と柱間のプロポーションは縦長で、建物の垂直性を強調する
軽い桟唐戸は扉の軸を藁座で吊り込む
石を用いた基壇の上に建物が直接建つ（和様は木造高床が多い）

※1：禅宗様は、鎌倉時代に中国（宋）より禅宗とともに伝わった建築様式。和様は、それ以前から日本で使われていた建築様式　※2：そのほか大仏様があるが、東大寺南大門や浄土寺浄土堂（44・69頁参照）など限られる　※3：たとえば、禅宗様の特徴に当てはまらないものは和様。混在しているものは折衷様など、大まかな判別ができる

13 凝ったディテールが禅宗様

柱 ── 細部に注目

上下両端を絞り丸みをつけた粽の柱。礎石、礎盤の上に載る

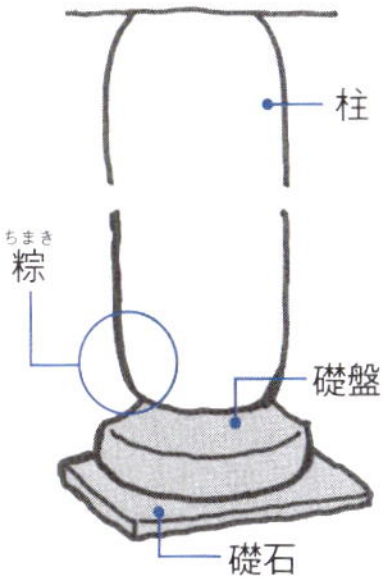
柱
粽《ちまき》
礎盤
礎石

和様は柱に粽がなく、礎石の上に載る

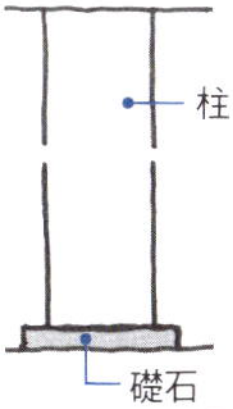
柱
礎石

扉 ── 軽量化

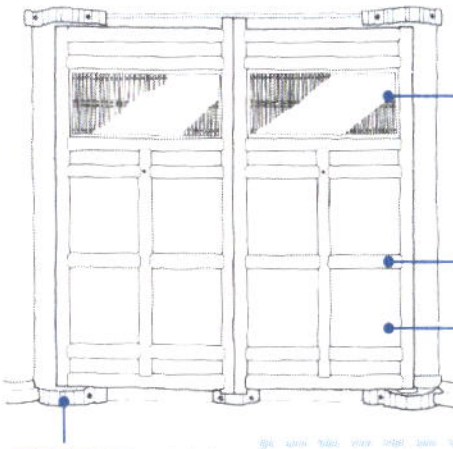
扉には桟唐戸（さんからど）を使用。桟と薄い板でつくるので軽い
桟
薄板
藁座（扉の軸と受ける繰形［くりがた］の木製ブロック）

和様は桟を用いず、厚板の扉。重い

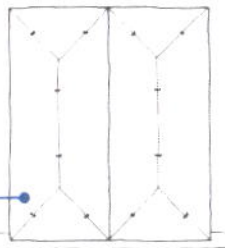
無垢板

開口部 ── 曲線使用

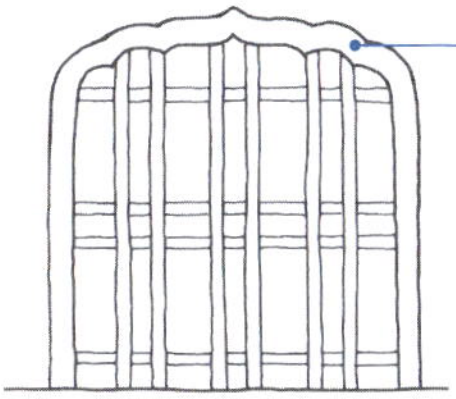
装飾的な窓が特徴。火灯窓は、火灯曲線という独特の曲線を上部に用いたもの

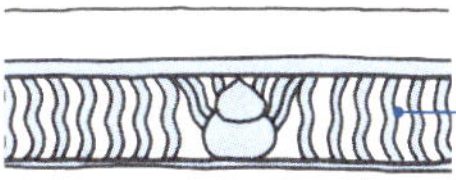
波形連子は、波打つような曲線の連子子（れんじこ）が細かく並ぶ

和様の開口部は右図のような格子や、竪格子（下図）など直線的

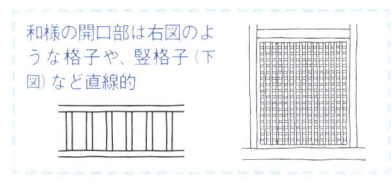

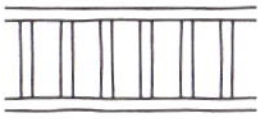

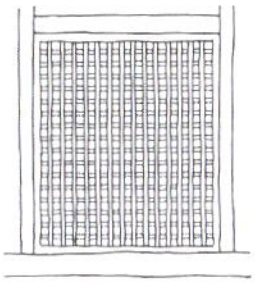

組物 ── 細工的に見せる

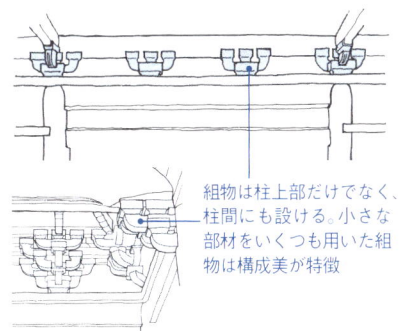

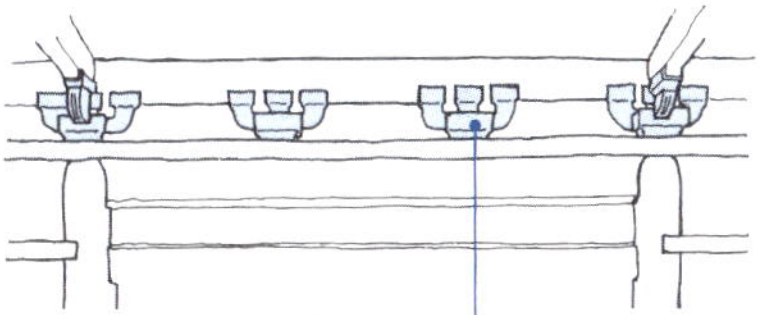

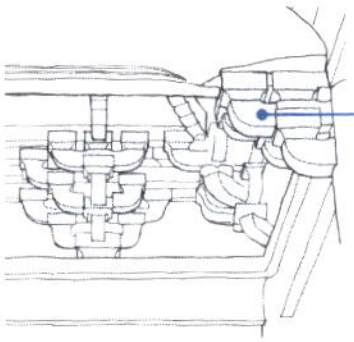
組物は柱上部だけでなく、柱間にも設ける。小さな部材をいくつも用いた組物は構成美が特徴

和様は柱上部のみに組物がある

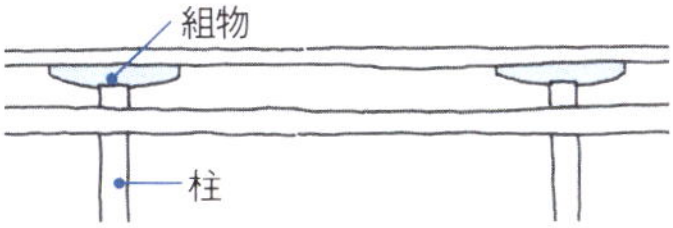
組物
柱

data

円覚寺

所在地・神奈川県鎌倉市山ノ内409
行き方・JR横須賀線「北鎌倉駅」下車、徒歩1分

舎利殿（国宝）は通常非公開だが、年に3回（正月・GW・秋）外観のみ公開される。県立歴史博物館には内部の当寸復元模型がある

梁・束 ── 装飾的

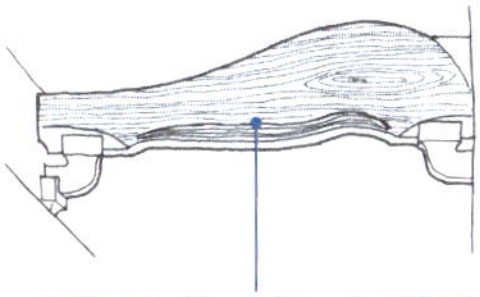
弓形に曲がった梁・海老虹梁（えびこうりょう）。梁下には錫杖彫りが施される

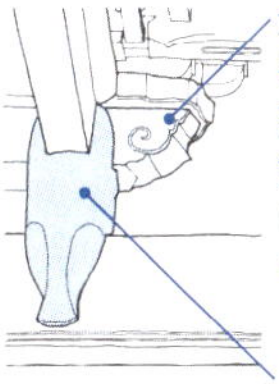
木鼻。部材先端を切り落とさず装飾化した（多くは渦紋を施す）
装飾的な大瓶束（たいへいづか）

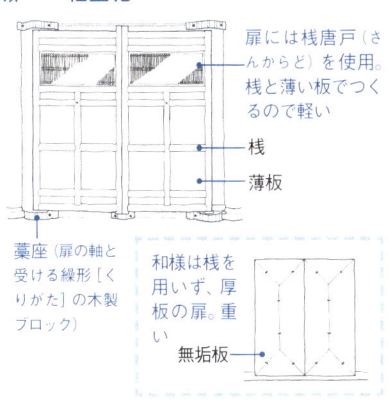

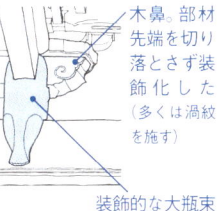

MEMO：円覚寺舎利殿は、室町時代（15世紀初頭～6世紀なかごろ）に太平寺（廃寺）の仏殿として建立され、16世紀なかごろに移築されたといわれる

神奈川

鎌倉・逗子のやぐら

岩山に潜む中世の横穴群

古

都・鎌倉のハイキングコースを歩くと、山腹にあいた四角い穴に気付くことがある。やぐらと呼ばれるこの穴は、鎌倉時代に掘られたもの。武士や僧侶たちを葬り、供養する墓所であったと考えられている。

やぐらは鎌倉付近を中心に大小2千以上あるが、保存管理されているものは少なく、大半が宅地開発などで消えつつあるという。風化が進んでいるものも多い。機会があれば、ぜひ見てほしい。

やぐらを見に行こう

岩山を横穴状にうがってつくるやぐら。名越切通《なごえきりどお》し北尾根の「まんだら堂やぐら群」には約150もの石窟が残されている。年に数回の期間限定公開

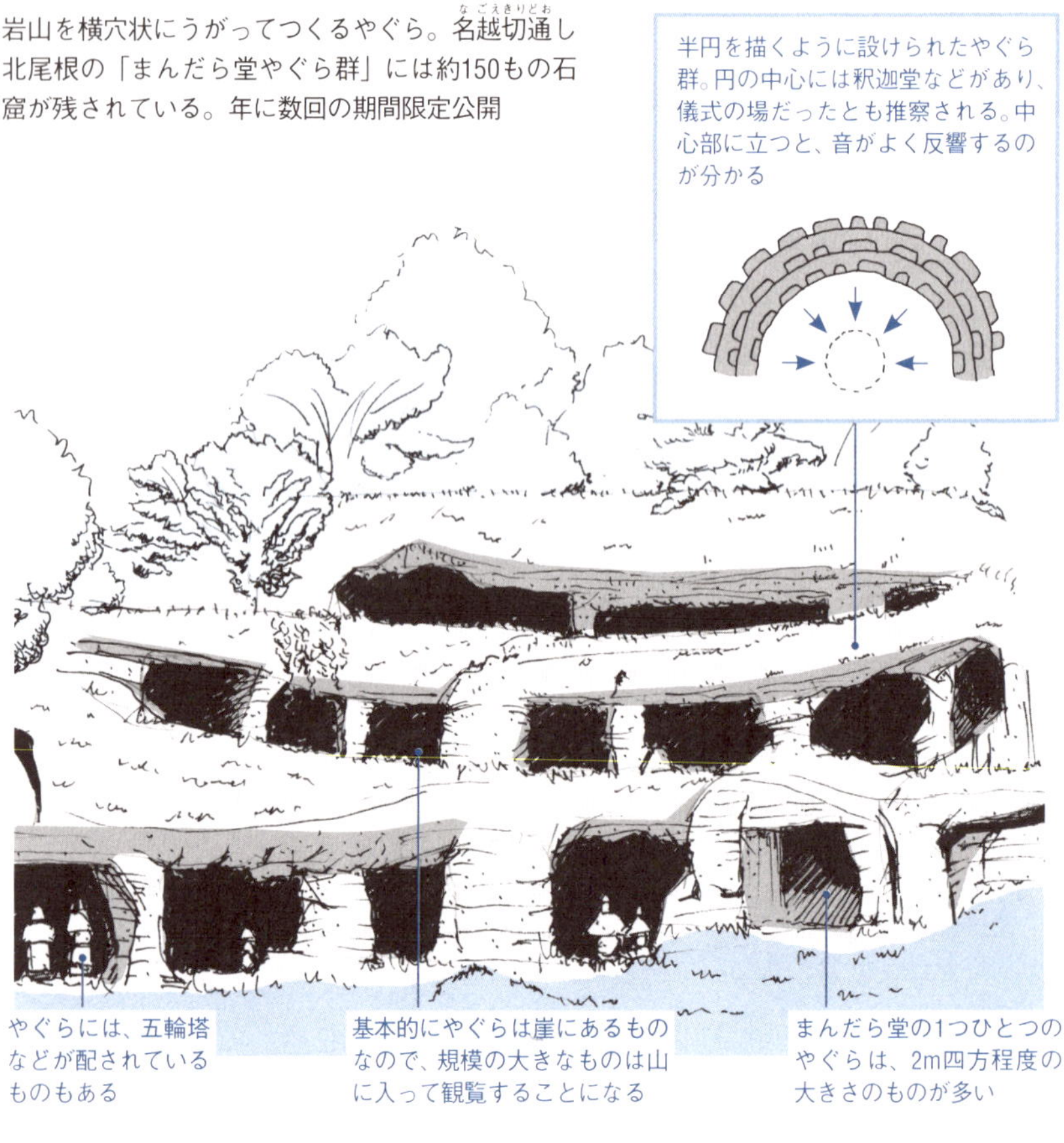
半円を描くように設けられたやぐら群。円の中心には釈迦堂などがあり、儀式の場だったとも推察される。中心部に立つと、音がよく反響するのが分かる
やぐらには、五輪塔などが配されているものもある
基本的にやぐらは崖にあるものなので、規模の大きなものは山に入って観覧することになる
まんだら堂の1つひとつのやぐらは、2m四方程度の大きさのものが多い

やぐらの基本を知ろう

やぐらの構造

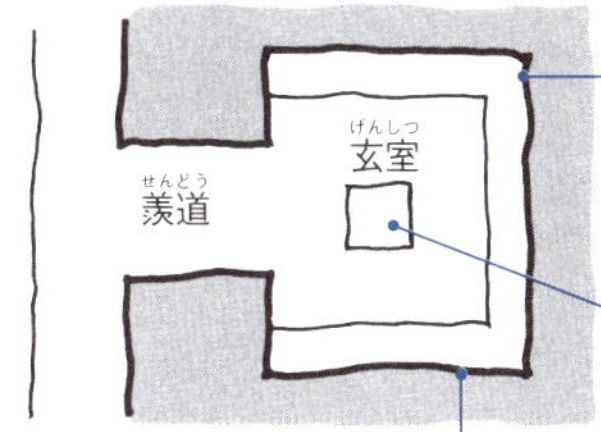

やぐら平面図

内部は壁の三方に壇があることが多い。ひな壇のように階段状になる場合もある

内部の床には納骨穴が掘られている

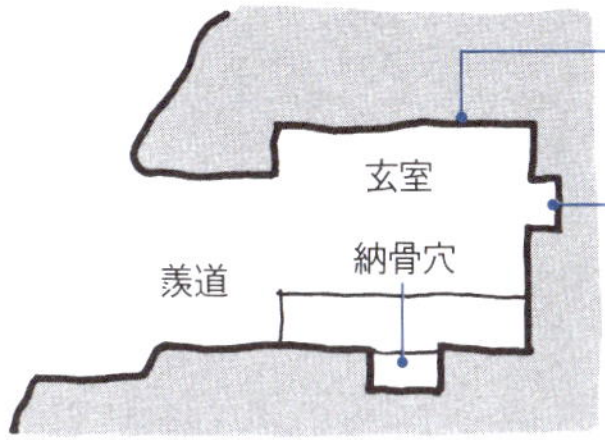

やぐら断面図

子孫などの納骨棚を追加する場合は、壁などを掘って設けた

壁・天井にはレリーフなどが彫られている場合が多い

死後の行き先を審理する「十王の像」のレリーフ

梵字のレリーフ。大日如来を意味する「アーンク」と読める

やぐらの内部

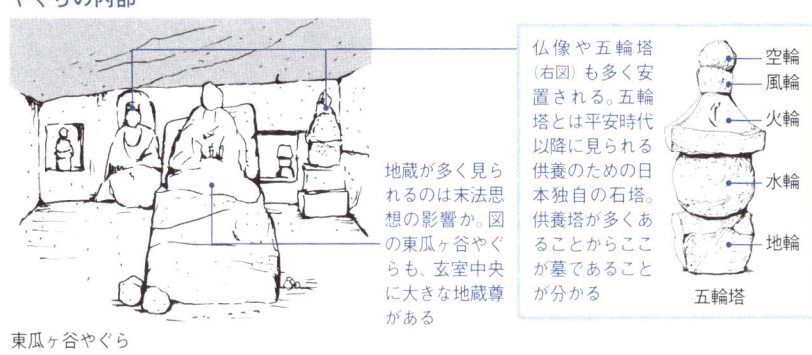

東瓜ヶ谷やぐら

地蔵が多く見られるのは末法思想の影響か。図の東瓜ヶ谷やぐらも、玄室中央に大きな地蔵尊がある

仏像や五輪塔（右図）も多く安置される。五輪塔とは平安時代以降に見られる供養のための日本独自の石塔。供養塔が多くあることからここが墓であることが分かる

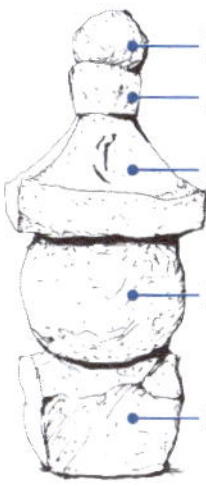

五輪塔

data

まんだら堂やぐら群

所在地・神奈川県逗子市小坪7丁目 国史跡名越切通内
行き方・JR横須賀線「逗子駅」または「鎌倉駅」からバスで「緑ヶ丘入口」下車、徒歩8分

年に数回ある期間限定公開は、市のHPなどで確認できる

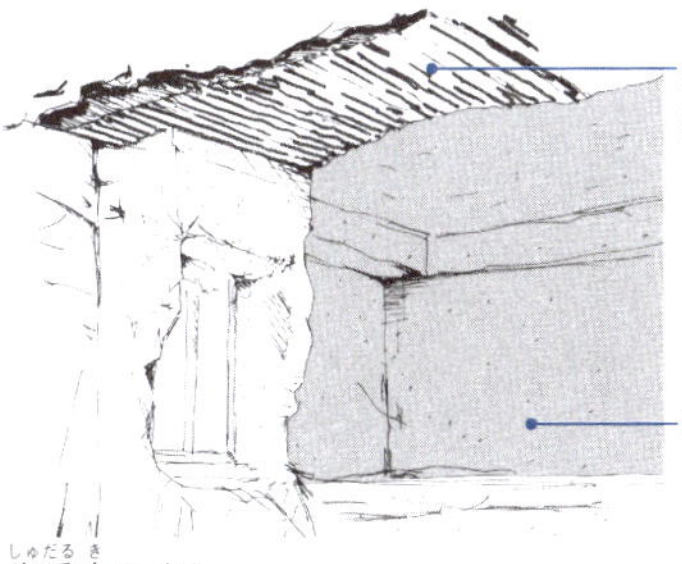

朱垂《しゅだる》木《き》やぐら

朱垂木やぐらでは、羨道上部に垂木を模した紅殻塗りの模様が見られる

納骨棚がないやぐらは、主に儀式に使われたとも考えられる

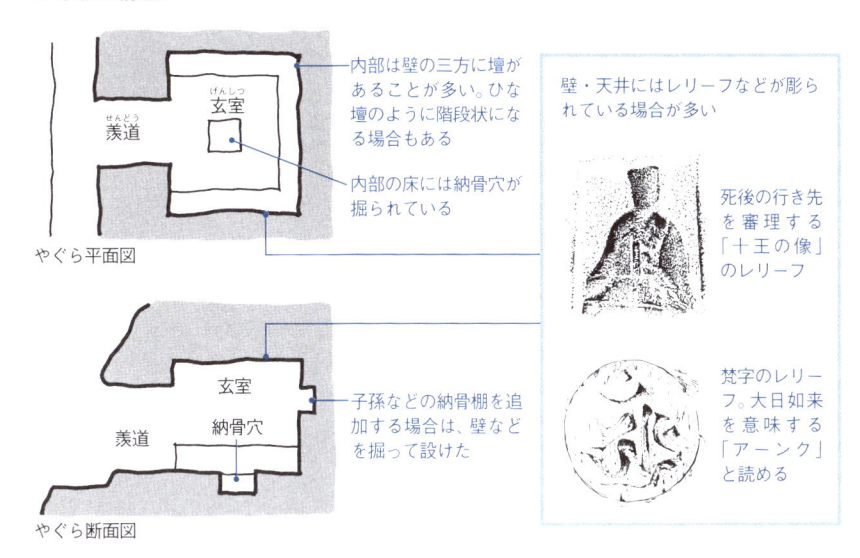

MEMO：やぐらは、夏には草木が生い茂り観覧が容易でない。訪れるには秋から春がお勧めだ

埼玉

地域に根づく信仰のかたち

秩父《ちちぶ》三十四札所巡り

秩父の霊場は、西国三十三所、坂東三十三所[※1]と併せ「日本百観音霊場」とされる。西国と坂東の巡礼は広範囲で、千km超の道のり。一方、秩父札所巡りは百km程度でエリアも秩父限定だ。元来、地元民が行う巡礼だった。

今に伝わる巡礼路は、江戸方面からの巡拝者用に便よく再編成されたもの。元来の巡礼路[※2]からは、大自然がはぐくんだ「土着の神」とその先にある「神体山」との関係が見えてくる。

地元民のための巡礼路

秩父は盆地である。町なかの秩父神社を核とし、周囲に点在する神々を行ったり来たりして巡るのが「旧ルート」での参拝。山々に鎮座する神の霊力を、町へと送り込むかのような巡礼路であった

旧ルートでの発願（ほつがん）寺は、秩父神社の北にある17番定林寺。北極星を神格化した妙見（秩父神社の祭神）との強い関係を示す

旧ルートは、総鎮守の秩父神社を中心に、秩父の民が数回に分けて巡礼しやすい順路で構成された

江戸市中からの参拝者が増加したので、江戸から近い札所から番付され、現在の順路になった

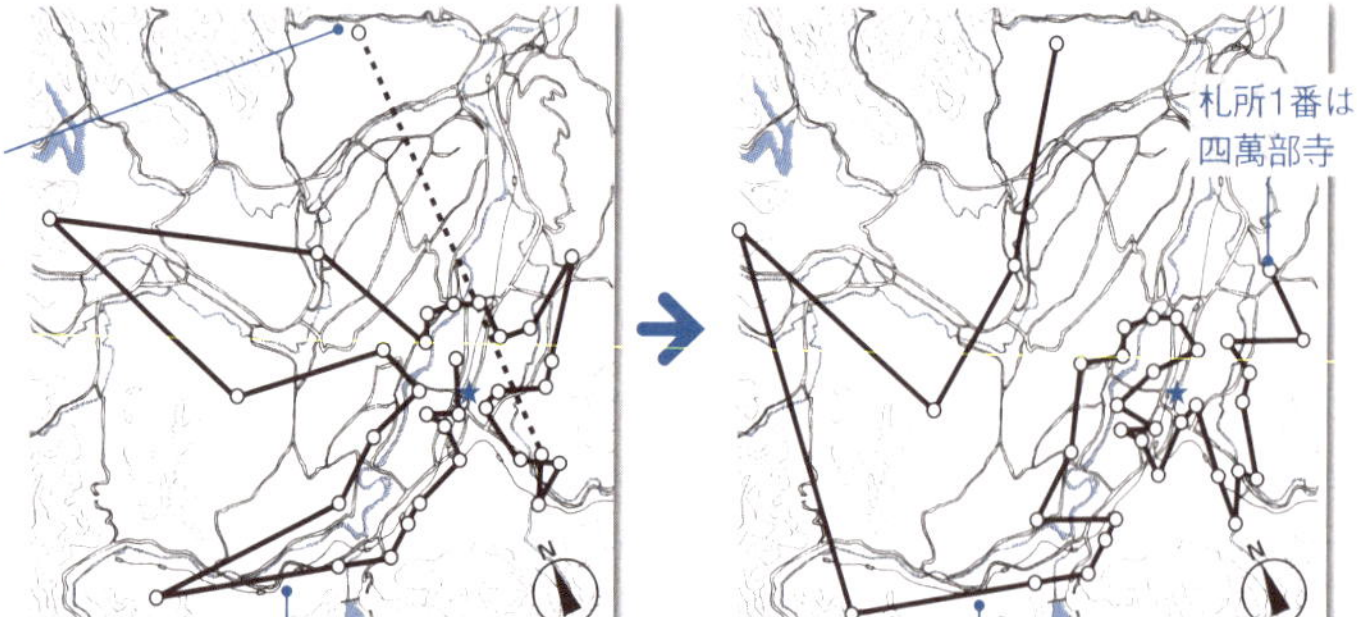

変更の前も後も、最後は最北の札所

○：札所
★：秩父神社

町なかと山間部を何度も行き来する道のりは、「町から田畑、渓谷、山中へ至り、また町に戻り……」と景色の変化に富んでいた

ルートの変更と札所の増加（MEMO参照）に伴い、寺の番付も振り直された（秩父神社の真北にある20番は新旧同じ）

※1：西国三十三所は関西にある33カ所の観音霊場。坂東三十三所は関東（鎌倉が中心）にある33カ所の観音霊場　※2：元来の巡礼路となる古道が、今も完全に残るわけではないので、要注意

注：本稿における元来の巡礼路（旧番付）については、千嶋寿著『秩父大祭』を参照した

星形の先端にパワーあり

星形をした旧ルート。その先端には山岳信仰の山々がある。先端に行くほど自然は峻厳の度を増し、その先に強いパワーが宿る神体山がある

巨大な岩山に囲まれた、31番観音院（旧16番）

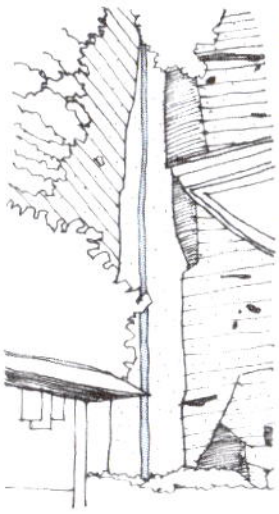

聖浄の滝。修験行者の水垢離（みずごり）場だった

百観音結願（けちがん）の碑
札所34番の碑

34番水潜寺（旧33番：MEMO参照）。秩父札所の結願寺であり、百観音の結願寺でもある

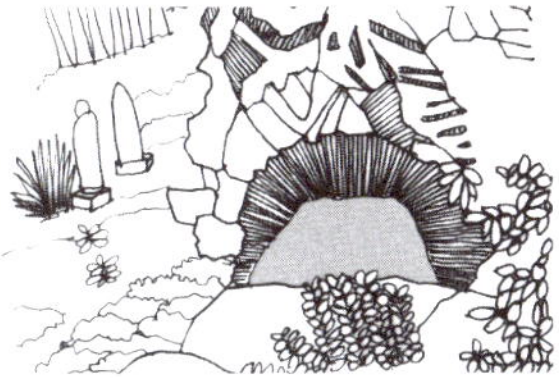

水潜りの岩屋。かつては俗世へ戻るに際し胎内潜りをした

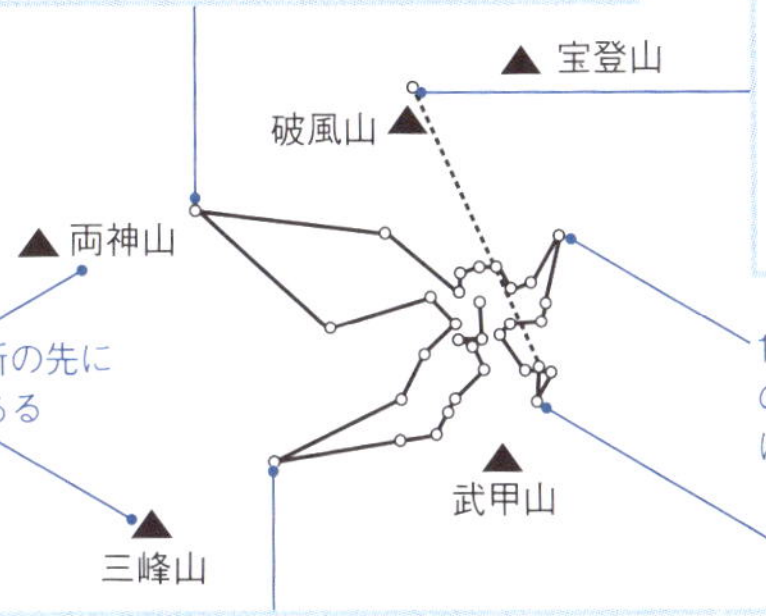
宝登山
破風山
両神山
武甲山
三峰山

先端の札所の先に神体山がある

1番四萬部寺（旧24番）。現ルートの発願寺も、やはり星形の先端にある

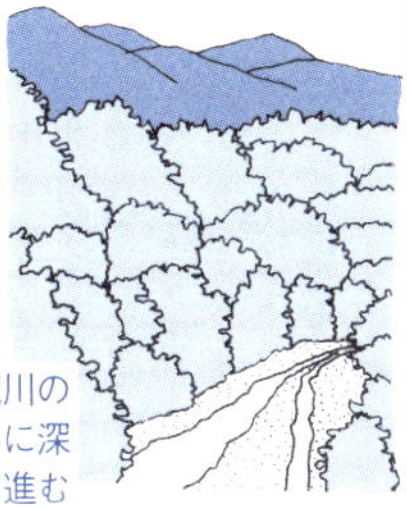

30番法雲寺（旧10番）の本堂は青々と茂る緑の中にひっそり建つ

道中は荒川の源流沿いに深山幽谷を進む

8番西善寺（旧31番）への道中を進むほどに迫ってくるのが武甲山。この山こそ鎮守の古社、秩父神社のご神体

data

秩父三十四札所巡り

所在地・埼玉県秩父市
行き方・西武「西武秩父駅」または秩父鉄道「秩父駅」を拠点に徒歩またはバス

午歳（うまどし）に総開帳する。徒歩巡拝する場合、大雨などで道が途絶えることがある（深山部など）ので注意

奥の院も忘れずに

星形先端の札所に限らず、奥の院がある場合、その場の多くは巨岩や岩窟、岩壁など険しい地形と一体化した聖域。古（いにしえ）より土着の霊力が宿るとされる

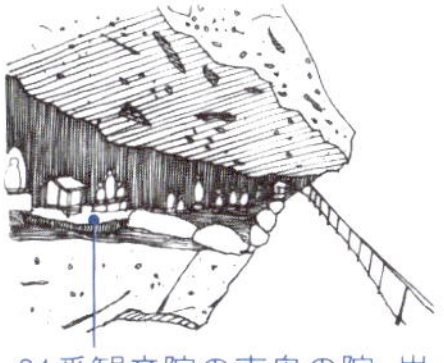

31番観音院の東奥の院。岩窟に石仏が祭られる

MEMO：秩父札所は当初33カ所（秩父三十三所）だったが、西国、坂東と併せ「日本百観音霊場」とするため、1つの寺が追加され、34カ所になった。33というのは、観音が衆生救済のために33の姿に変化することから

千葉

日本最古の西洋式運河

利根運河

その昔、江戸へと米を運ぶ銚《ちょう》子《し》の高瀬舟《たかせぶね》※は、利根川を上り、関宿《せきやど》で支流の江戸川に入るコースをたどった。

明治期に入ると物資は激増、利根川と江戸川を運河でつなぐ案（バイパス案）が浮上する。全長約8kmもの利根運河は、土地の高低差を利用し、わずか2年で完成された。関宿より約25kmほど下流にあり、大幅な時間短縮で流通革命を起こしたが、鉄道の普及で栄華は続かなかった。

珍しい「内陸の運河」は、今も当時の姿を残す。

今も残る、西洋式運河のかたち

利根運河は、運河の本場・オランダの技師ムルデルによる設計。運河としての最盛期はわずか20年ほどだったが、埋め立てられることなく、今も水辺の風景が広がる

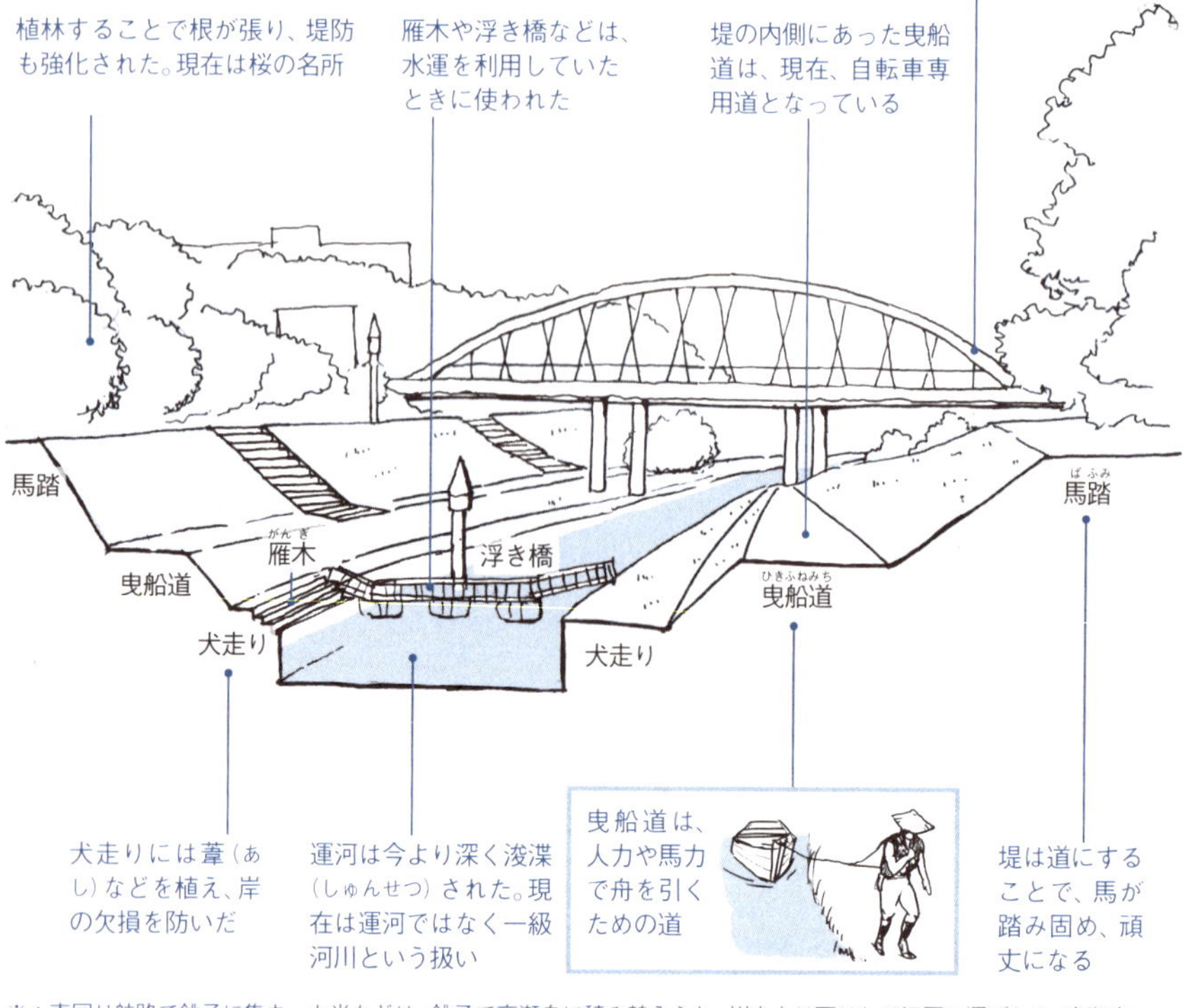
当時の橋梁（高橋）は、船の通行のため高い位置（馬踏より上）に設置された
植林することで根が張り、堤防も強化された。現在は桜の名所
雁木や浮き橋などは、水運を利用していたときに使われた
堤の内側にあった曳船道は、現在、自転車専用道となっている
馬踏
雁木《がんぎ》
浮き橋
曳船道
犬走り
馬踏《ばふみ》
曳船道《ひきふねみち》
犬走り
犬走りには葦（あし）などを植え、岸の欠損を防いだ
運河は今より深く浚渫（しゅんせつ）された。現在は運河ではなく一級河川という扱い
曳船道は、人力や馬力で舟を引くための道
堤は道にすることで、馬が踏み固め、頑丈になる

※：東回り航路で銚子に集まった米などは、銚子で高瀬舟に積み替えられ、川を上り下りして江戸へ運ばれた。高瀬舟とは古くより、川などで使われていた小型船

周辺にある「名残」を探せ

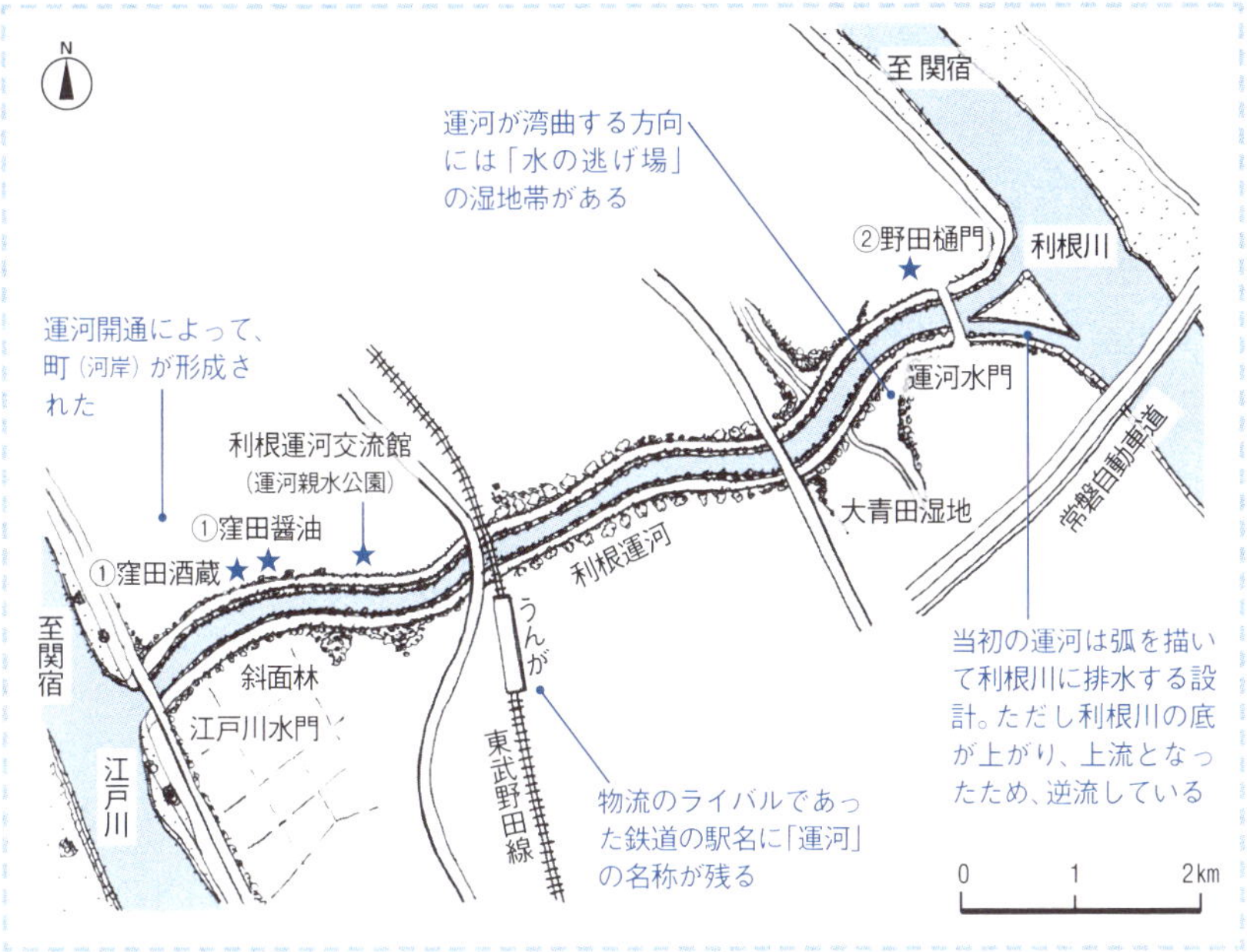
N
至 関宿
運河が湾曲する方向には「水の逃げ場」の湿地帯がある
②野田樋門
利根川
運河開通によって、町（河岸）が形成された
運河水門
利根運河交流館
（運河親水公園）
①窪田醤油
①窪田酒蔵
利根運河
大青田湿地
常磐自動車道
至関宿
斜面林
江戸川水門
うんが
江戸川
東武野田線
物流のライバルであった鉄道の駅名に「運河」の名称が残る
当初の運河は弧を描いて利根川に排水する設計。ただし利根川の底が上がり、上流となったため、逆流している
0
1
2km

①運河隆盛期の蔵

老舗、窪田酒蔵・窪田醤油の蔵が並ぶ。運河のある千葉県野田市は、良質の水と東回りの米、江戸川の塩田地・行徳の塩が手に入りやすい地。酒や醤油の一大産地だ

②近代化当時の樋門《ひもん》

1900（明治33）年の近代化改修当時の樋門（野田樋門）が残る。樋門とは堤防の内外の用水を調整するもの。5重のアーチ構造でとても堅牢につくってある

レンガはイギリス積み。長手と小口を交互に繰り返す

data

利根運河（運河親水公園）

所在地・千葉県流山市東深井368
行き方・東武「運河駅」徒歩4分

運河親水公園では雁木や浮き橋などが再現されている（右頁図）。利根運河は流山・野田・柏3市にまたがる

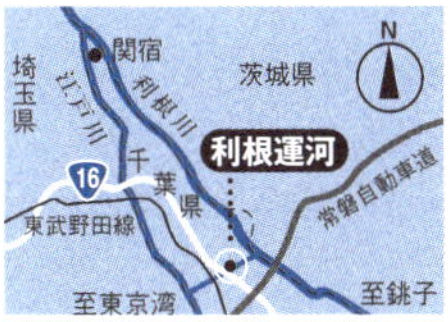
関宿
埼玉県
江戸川
利根川
茨城県
N
利根運河
16
千葉県
常磐自動車道
東武野田線
至東京湾
至銚子

MEMO：利根運河は、自然の地形を生かした形状。土木学会から土木遺産として認定されている

column｜時代の変化と技術の向上が城を変えた

城は山城《やまじろ》・平山城《ひらやまじろ》・平城《ひらじろ》に分類される。

山城は山全体を縄張り※とした城。谷や尾根など自然の険しい地形を巧みに利用し、竪堀・堀切・柵・土塁（66頁参照）などを築いて、敵の侵入を防いだ。

平山城は小高い丘に縄張りを築いた城。鉄砲に備えた城づくりが行われ、武器購入の財源を得るために城下町が整えられた。近世城郭のほとんどはこのかたちだ。

平城は平地に縄張りを築き、経済性が重要視された城だ。城下町には商人らを住まわせ、経済を発展させた。海を利用して縄張りを築いた海城《うみじろ》は、平城に分類される。

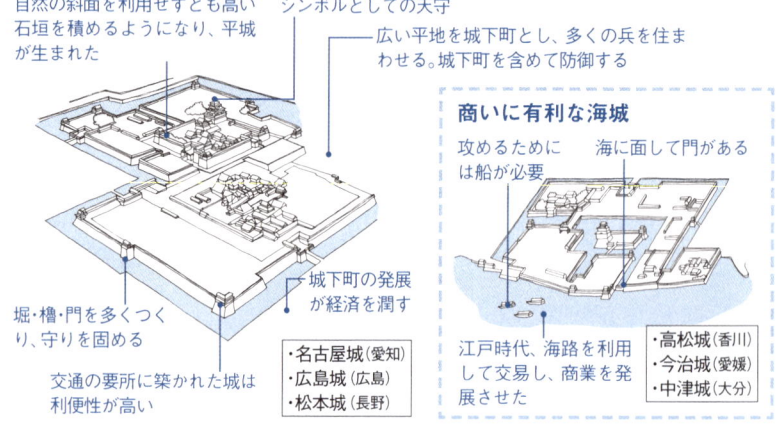

山城 ── 鉄砲普及前のスタンダード

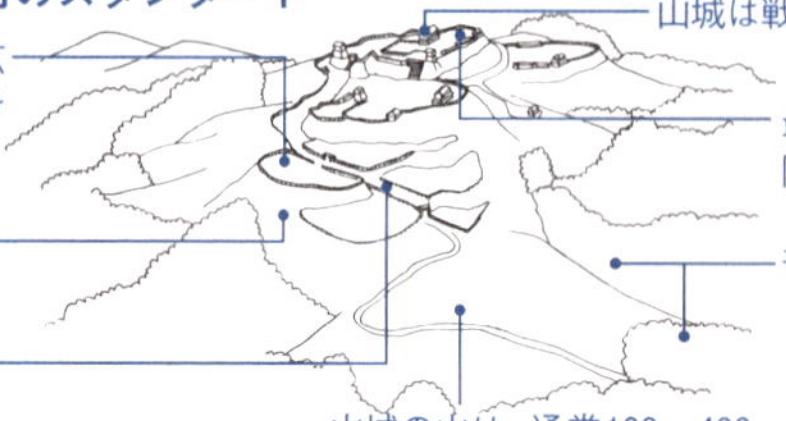
周囲が見渡せる視界の広がりが重要。物見を設けてのろしを上げた
斜面を切欠き土塁を設けた
尾根筋は堀切や竪堀で遮断
山城は戦う時だけ使用
最小の工事量で最大の防御施設を目指した
普段は麓で生活
山城の山は、通常100～400mほどの高さ（定義はない）
・岩村城（岐阜）
・高取城（奈良）
・備中松山城（岡山）

平山城 ── 近世城郭のかたち

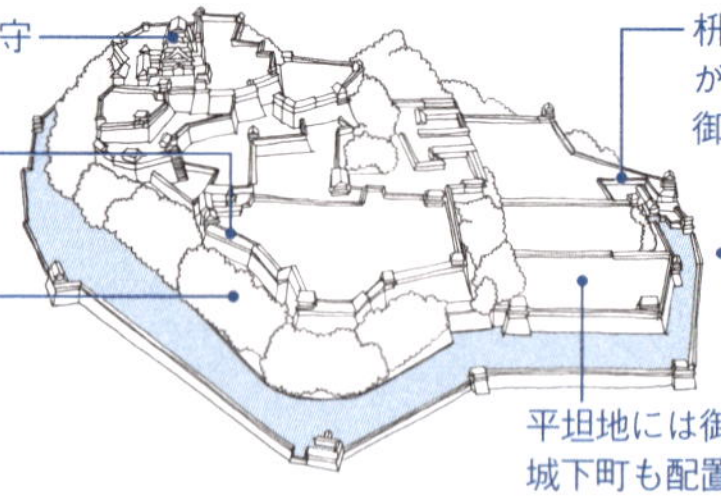
どこからでも見える天守
山の斜面を利用した石垣
平山城を築く丘は標高100mくらいまで（定義はない）
枡形や馬出し、横矢などの技術が確立し、高い山でなくても防御が可能になった
城下町には楽市楽座を設け、武器購入資金を得た
平坦地には御殿をつくり、城下町も配置
・姫路城（兵庫）
・仙台城（宮城）
・熊本城（熊本）

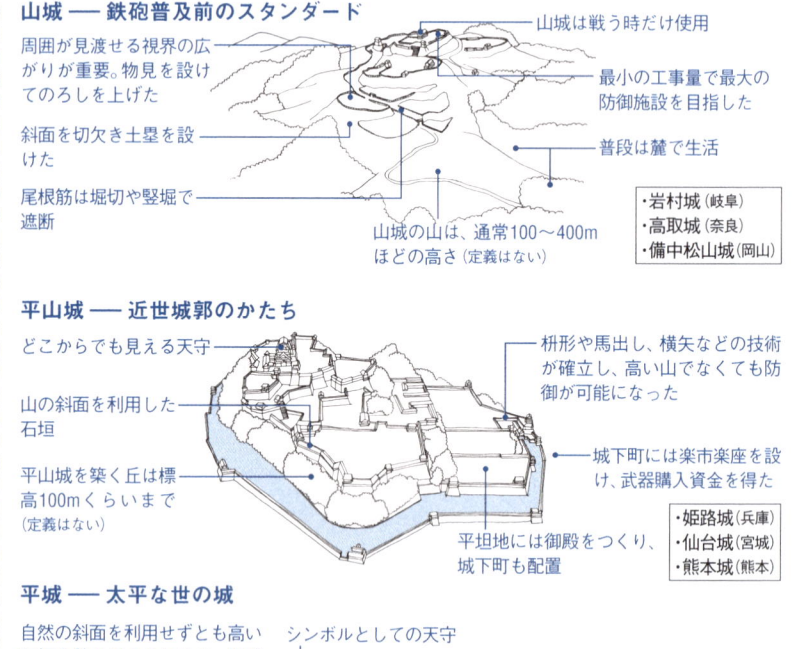

平城 ── 太平な世の城

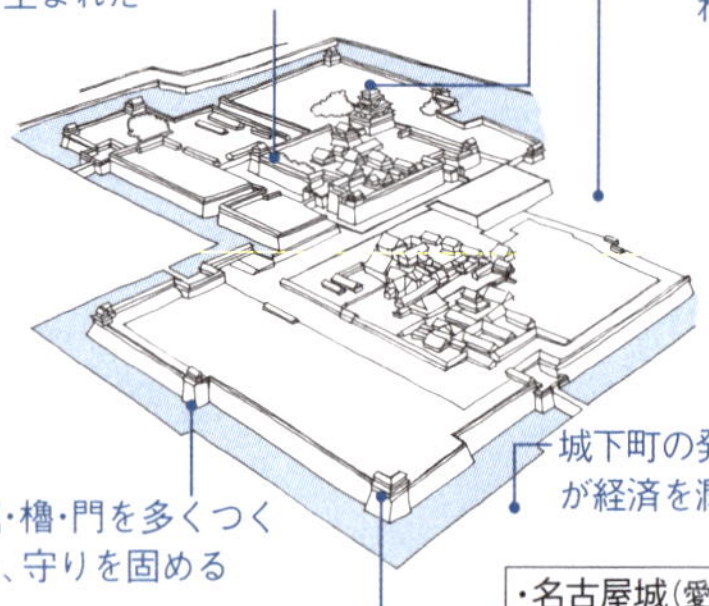
自然の斜面を利用せずとも高い石垣を積めるようになり、平城が生まれた
シンボルとしての天守
広い平地を城下町とし、多くの兵を住まわせる。城下町を含めて防御する
城下町の発展が経済を潤す
堀・櫓・門を多くつくり、守りを固める
交通の要所に築かれた城は利便性が高い
・名古屋城（愛知）
・広島城（広島）
・松本城（長野）

商いに有利な海城

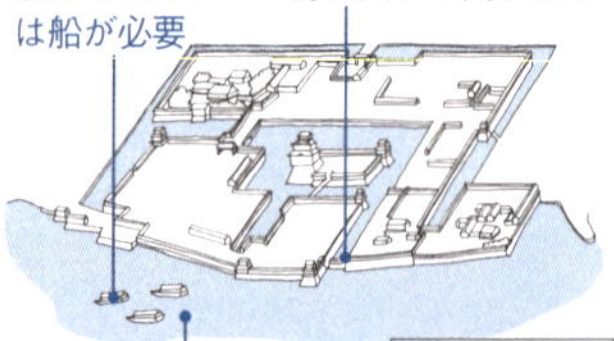
攻めるためには船が必要
海に面して門がある
江戸時代、海路を利用して交易し、商業を発展させた
・高松城（香川）
・今治城（愛媛）
・中津城（大分）

※：天守をどこに建て、曲輪（くるわ、城の一区画）や堀や石垣をどう配置するかなど、城全体の計画・設計を行うこと。城全体の配置

5章

中部

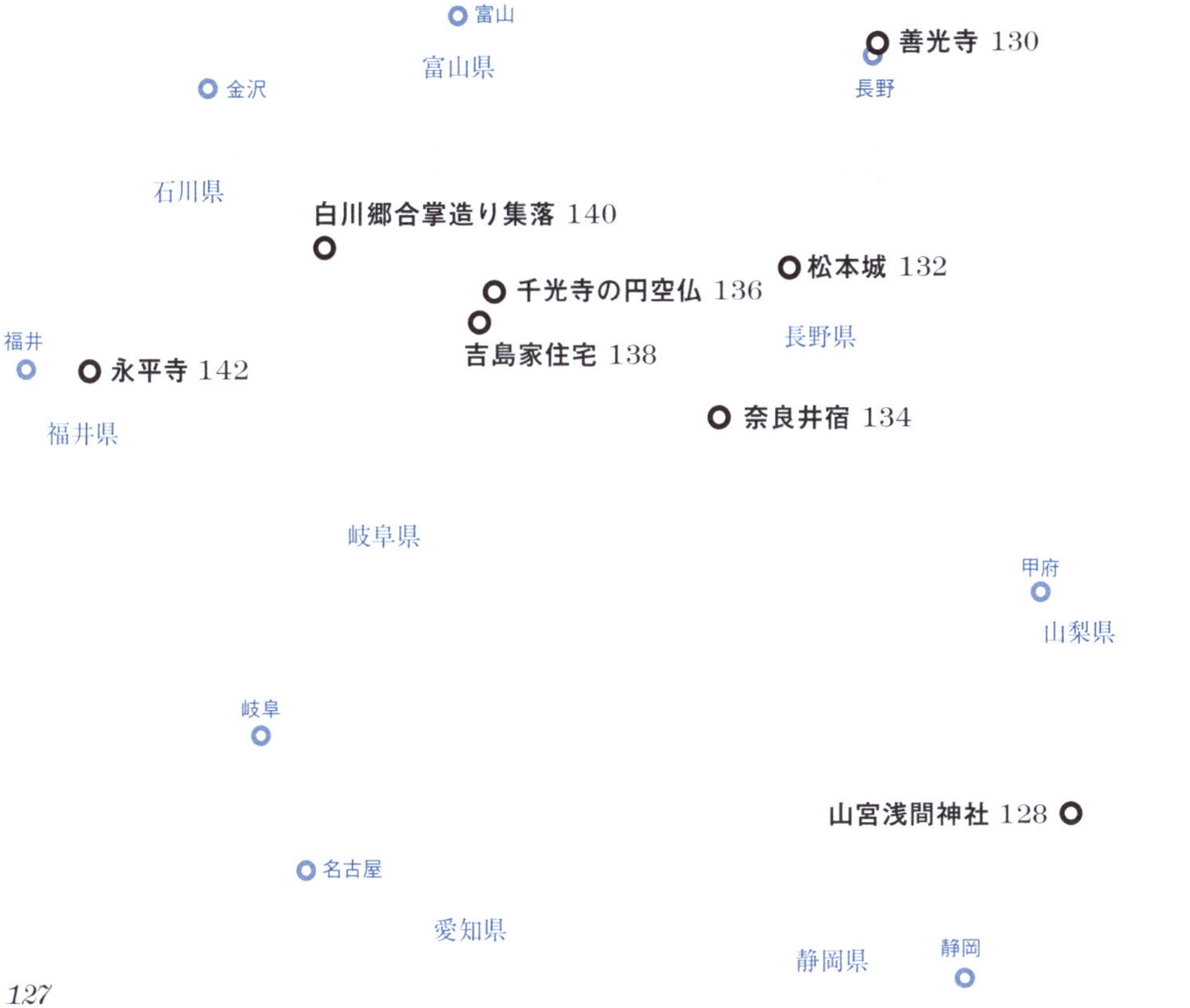
新潟
富山
富山県
善光寺 130
長野
金沢
石川県
白川郷合掌造り集落 140
松本城 132
千光寺の円空仏 136
吉島家住宅 138
長野県
福井
永平寺 142
福井県
奈良井宿 134
岐阜県
甲府
山梨県
岐阜
山宮浅間神社 128
名古屋
愛知県
静岡県
静岡

世界遺産

静岡

富士山のパワーをもらおう 山《やま》宮《みや》浅間《せんげん》神社

富士山は信仰の山だ。今でこそ観光や登山で人気だが、古くはかぐや姫が祭られ、如来や菩薩が住む須弥山《しゅみせん》（47頁参照）であると考えられていた。

古《いにしえ》の人々は、富士山そのものをご神体と崇め、その力を受けることのできる「パワースポット」を求めた※。富士山が見える場所や、地中を通じて富士山につながる場所、江戸期に流行した富士塚なども、それぞれパワースポットの1つである。

ここでは、富士山のパワーをもらえる場所を紹介する。

見て拝む、原始的な信仰スタイル

山宮浅間神社は、富士山から流れ出た溶岩の先端部に位置する。社殿はなく、あるのは石で組んだ祭壇だけ。富士山を拝むための遙拝所《ようはいしょ》だ

遙拝所は富士山の方向を向いている。ご神体として富士山を拝む、最も原始的な信仰のかたちだ
しめ縄を張れば、そこは聖なる場所になる
祭壇は、溶岩を用いた石列で組まれている
遙拝所の周りは、溶岩の塊の上に溶岩礫を積んだ石塁がつくられている

※：最初は特定の地でなく、山の麓の適当な場所で祭祀が行われていたが、ヤマトタケルが現在の山宮浅間神社の地に磐境（いわさか、祭壇の意）を設けたのが始まり。後に坂上田村麻呂（平安初期の武将）が富士山本宮浅間大社（静岡）のある位置に社殿を建てたとの言い伝えがある

富士山を仰ぎ見る場所

浅間《せんげん》神社

富士山本宮浅間大社（ふじさんほんぐうせんげんたいしゃ、静岡）は全国の浅間神社の総本社。本殿は2層の楼閣（浅間造り）。富士山の神様にお供え物をするという意味で、富士山が真正面に見える位置まで高くした

拝殿の奥の扉を開けるとご神体である山を拝むことができる。全国に同様の拝殿がある

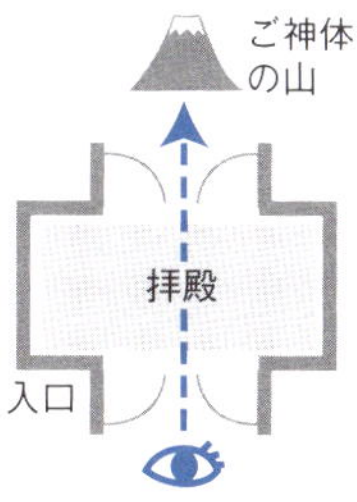

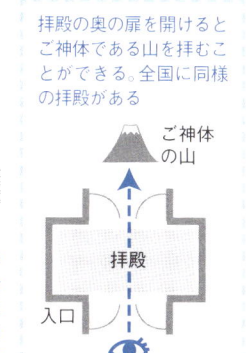

拝殿の中には何もない
（鏡だけ置いてあることも）

富士塚

富士塚の頂上で本物の富士山を拝む。かつては富士塚の頂上からも富士山が見えた

富士講が流行した江戸時代、誰でも手軽に富士参拝ができるようにとつくられたミニチュア富士山。1合目から山頂までを再現。ここを登ると、富士山に登ったのと同じご利益があるとされた

富士山とつながる場所

池や洞穴は富士山の内部とつながっている

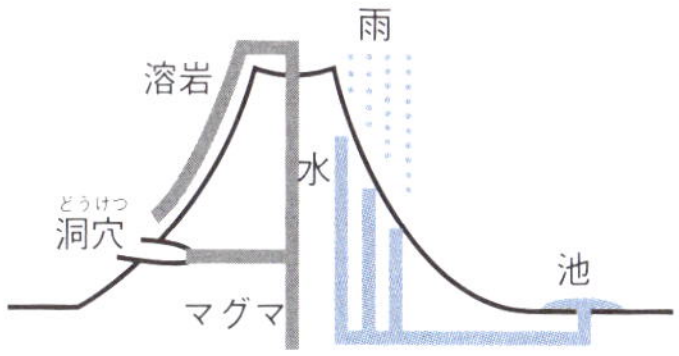

溶岩洞穴

人穴浅間神社（静岡）の境内にある、富士山の噴火でできた溶岩洞穴。人穴（ひとあな）と呼ばれ、富士講の開祖・長谷川角行（かくぎょう）が修行したといわれる。聖地とされ参詣や修行が行われた。内部には祠や石仏が奉られている

data

山宮浅間神社

所在地・静岡県富士宮市山宮740
行き方・JR身延線「富士宮駅」から車で15分

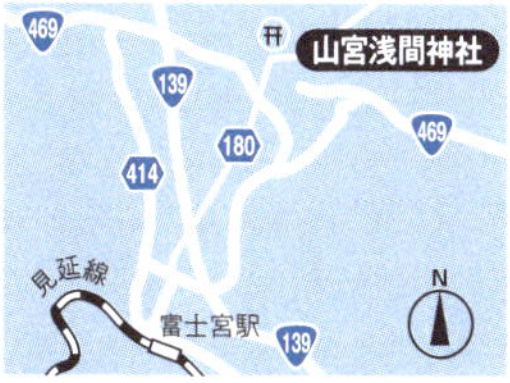

世界遺産「富士山」の構成資産。社殿はなく、遥拝所（玉垣内への立入り禁止）と籠屋（社務所）がある

伏流水でできた池

富士山本宮浅間大社の境内にある「湧玉池（わくたまいけ）」。富士山の伏流水からなる池で、聖地とされている。富士道者は、ここで身を清めてから富士山へ登る

MEMO：溶岩洞穴は富士山麓に100前後あるといわれる。溶岩洞穴の1つ、溶岩樹形は溶岩が樹木を取り込みながら固まったもの。内部のかたちが胎内に似ているものは胎内樹形と呼ばれ、信仰の対象となった。なかでも船津胎内樹形（山梨）は富士山世界遺産における構成資産の1つで、公開もされている

長野

仏にあやかりたい衆生《しゅじょう》の願いを叶える

国宝

善光寺

宗派を問わない、庶民信仰の寺として親しまれている善光寺。その本尊である阿弥陀如来は「絶対秘仏」といい、決して見ることはできない。

日本に伝来した仏教は、当初、異教として迫害され、仏像が捨てられることもあった。後に善光寺で手厚く祭られた本尊は、同様な迫害から逃れるために、絶対秘仏となった※。

とはいえ信者としては、見えなくとも仏の実在感がほしい。そこでお戒壇《かいだん》巡りなど、仏と擬似的につながる方法が考え出された。

絶対秘仏は隠すように置く

644年に創建された善光寺。絶対秘仏の本尊は、厨子のなかに安置され、見ることはできない。一般的に、本尊は本堂の正面に置かれるが、善光寺では向かって左奥の目立たない所に隠されている

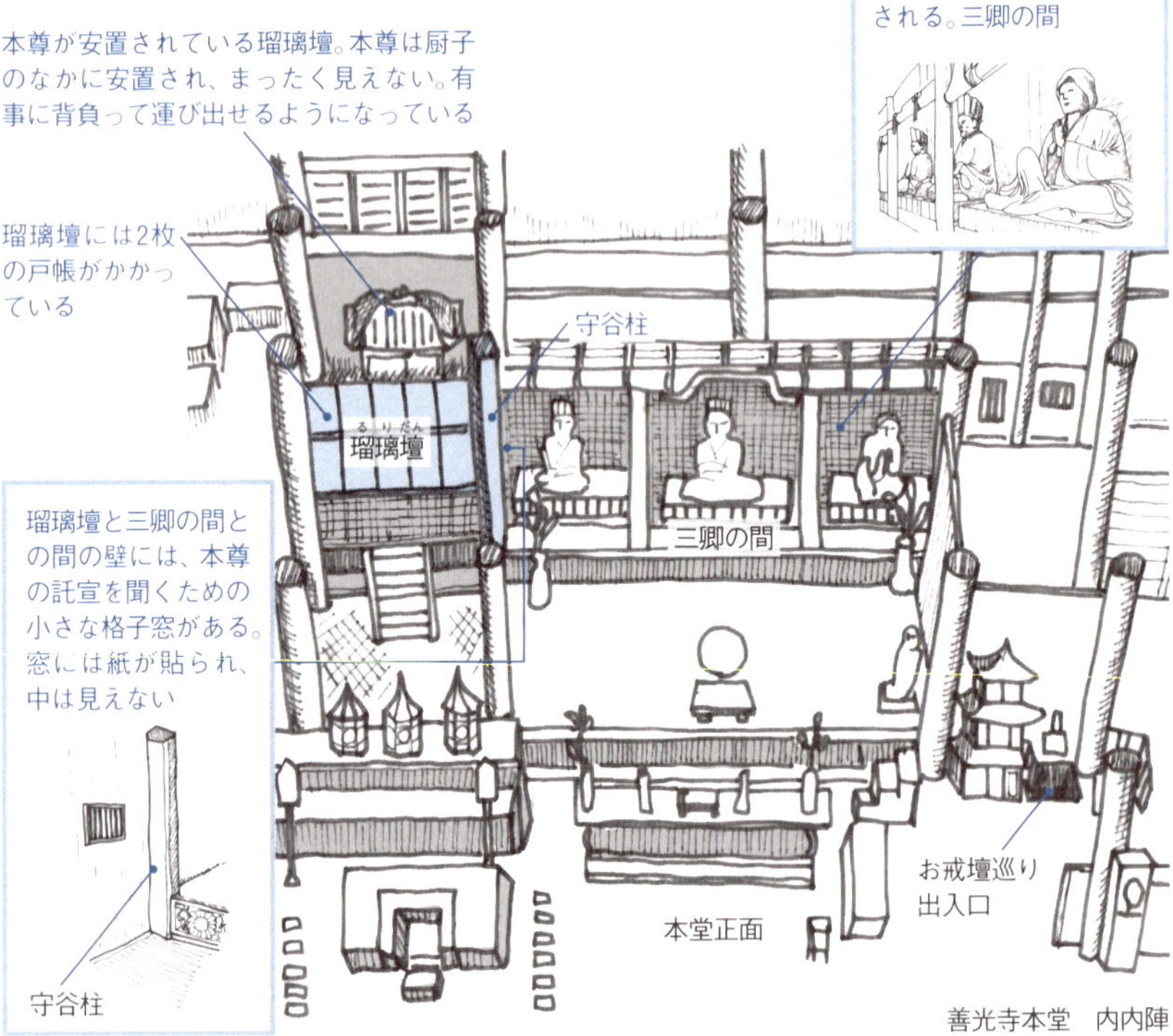
本堂正面にあるのは本尊ではなく、善光寺の開祖（中）とその妻（右）、息子（左）の像（三卿像）が安置される。三卿の間
本尊が安置されている瑠璃壇。本尊は厨子のなかに安置され、まったく見えない。有事に背負って運び出せるようになっている
瑠璃壇には2枚の戸帳がかかっている
守谷柱
瑠璃壇《るりだん》
三卿の間
瑠璃壇と三卿の間との間の壁には、本尊の託宣を聞くための小さな格子窓がある。窓には紙が貼られ、中は見えない
守谷柱
本堂正面
お戒壇巡り出入口

善光寺本堂　内内陣

※：本尊の阿弥陀如来自らが、絶対秘仏とするよう、善光寺の開祖・本田善光に指示したという。本尊は、人に話し掛けたり、聖徳太子と書簡をやりとりできたりした「生身の仏」とされる

見えない仏とつながる方法

お戒壇巡りで触れる

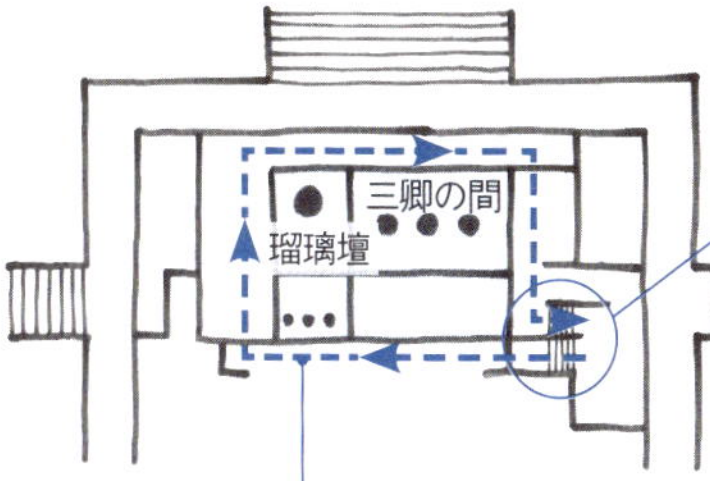

床下を時計回りに歩く。暗闇を通り、地上へ戻ることで、死と再生を体験する。室町時代は床上の瑠璃壇の周囲を巡っていた

瑠璃壇と三卿の間の床下に入り、真っ暗闇のなかを進む。本尊下あたりの「極楽の錠前」に触れると、本尊と結縁（けちえん）を果たしたことになり、極楽浄土が約束される。これがお戒壇巡りだ。極楽の錠前は本尊とつながっているそう

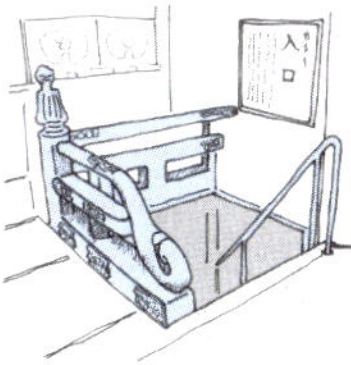

お戒壇巡り出入口

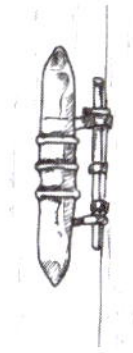

極楽の錠前

7年に一度の御開帳で触れる

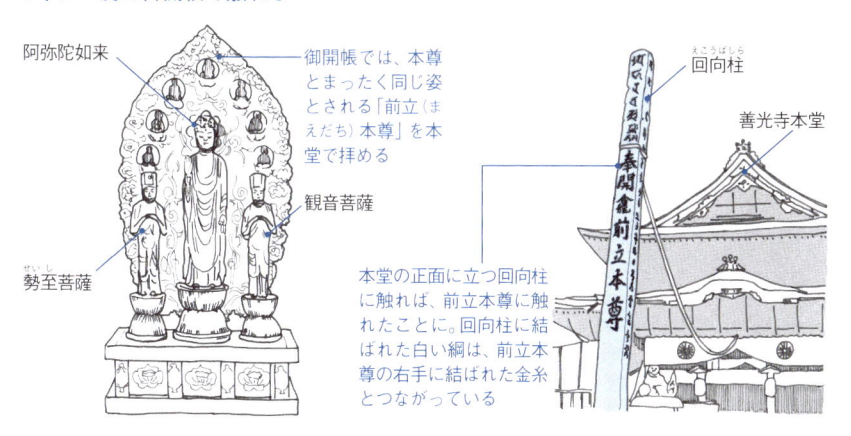

阿弥陀如来

御開帳では、本尊とまったく同じ姿とされる「前立（まえだち）本尊」を本堂で拝める

観音菩薩

勢至《せいし》菩薩

回向柱《えこうばしら》

善光寺本堂

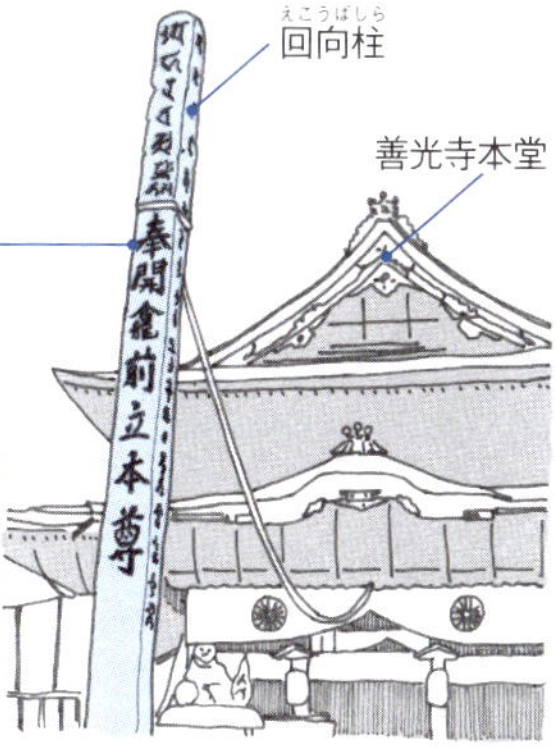

本堂の正面に立つ回向柱に触れば、前立本尊に触れたことに。回向柱に結ばれた白い綱は、前立本尊の右手に結ばれた金糸とつながっている

data

善光寺

所在地・長野市元善町491
行き方・長野電鉄「善光寺下駅」下車、徒歩11分

江戸時代（1707［宝永4］年）に再建された本堂は国宝

出開帳で触れる

出開帳仏

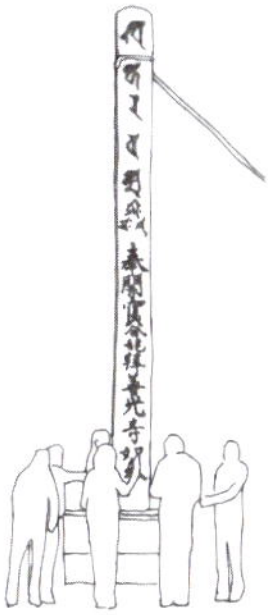

回向柱

出開帳とは、本尊などを地方に出張し拝ませること。善光寺では、本尊でも前立本尊でもないが、同じ姿をした出開帳仏がその役を担う。2013（平成25）年には東京の回向院で行われ、回向柱も立てられた

MEMO：本尊とつながるには、お戒壇巡りなどのほか、御印文（ごいんもん）がある。この印は本尊と同材でできているとされ、額に押してもらうと極楽往生が保証される。出開帳や御印文による収入は莫大で、本堂の修復などに当てられた

長野

乱世と太平の世を生き抜いた城

国宝

松本城

天守閣（天守）は一城を象徴するもの。松本城は、本丸に位置する5基の櫓《やぐら》からなる天守をもつ（144頁参照）。絶妙なバランスを誇るその姿は、対称を少しずらすことで動きが生まれる「ダイナミックシンメトリー」といわれる。

戦乱期から徳川の太平な世へと時代が下るにつれ、天守の役割は変化した。軍事的な実用性の高い「望楼型」、屋根を重ねることで象徴性を高めた「層塔型」など、そのかたちも変わった。今日見られる松本城の姿は、この変化に対応するさなかに生まれたものだ。

戦う天守、憩いの天守

松本城は、豊臣方の城として築造された戦うための3つの天守と、徳川の太平期につくられた2つの天守を併せもつ

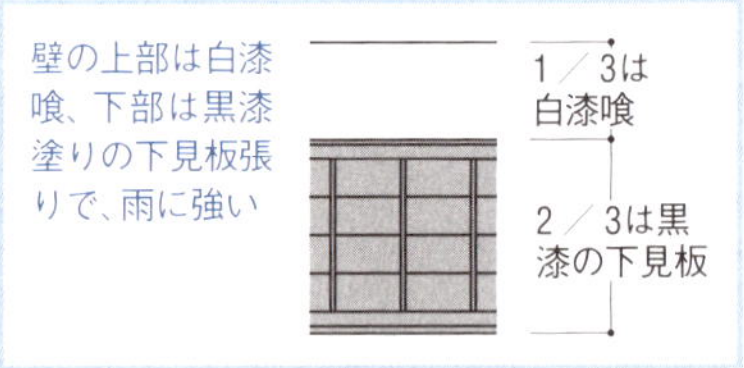
壁の上部は白漆喰、下部は黒漆塗りの下見板張りで、雨に強い
1／3は白漆喰
2／3は黒漆の下見板

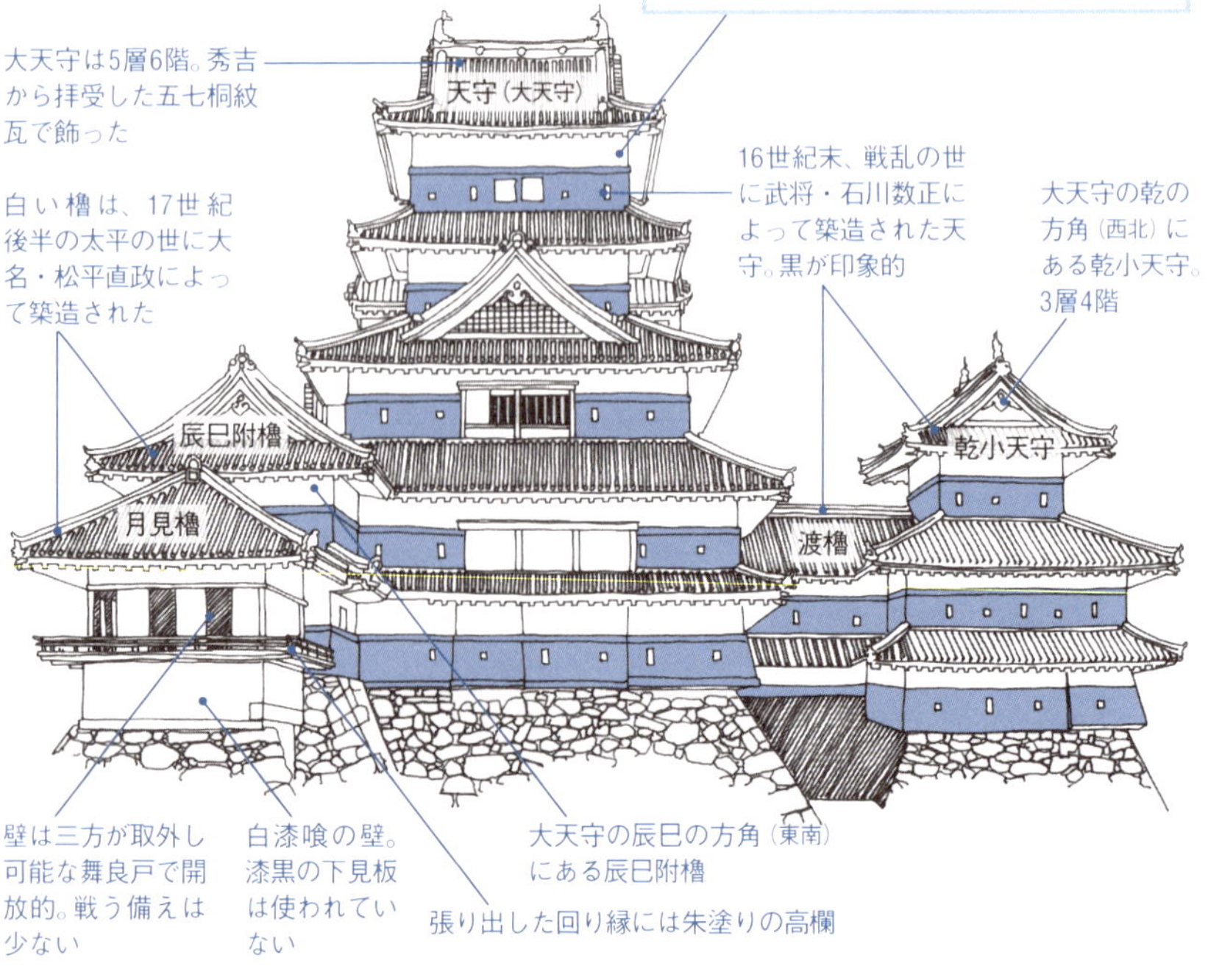
大天守は5層6階。秀吉から拝受した五七桐紋瓦で飾った
天守（大天守）
白い櫓は、17世紀後半の太平の世に大名・松平直政によって築造された
16世紀末、戦乱の世に武将・石川数正によって築造された天守。黒が印象的
大天守の乾の方角（西北）にある乾小天守。3層4階
辰巳附櫓
乾小天守
月見櫓
渡櫓
壁は三方が取外し可能な舞良戸で開放的。戦う備えは少ない
白漆喰の壁。漆黒の下見板は使われていない
大天守の辰巳の方角（東南）にある辰巳附櫓
張り出した回り縁には朱塗りの高欄

外観も平面も進化した

実用重視の望楼型天守

古い形式。入母屋（いりもや）の主殿に望楼を載せたものに由来

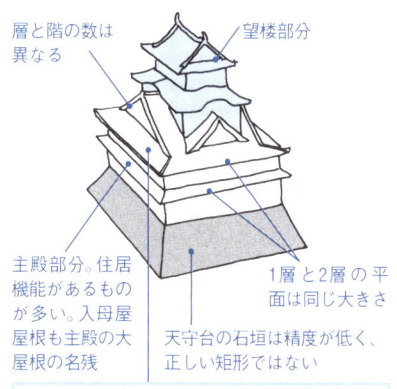

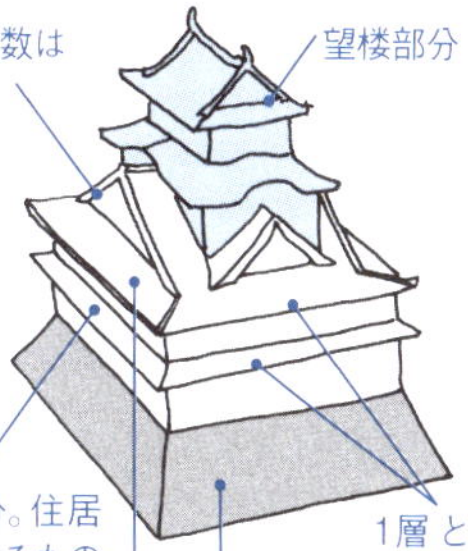
層と階の数は異なる
望楼部分
主殿部分。住居機能があるものが多い。入母屋屋根も主殿の大屋根の名残
1層と2層の平面は同じ大きさ
天守台の石垣は精度が低く、正しい矩形ではない

1または2層目に入母屋屋根があれば望楼型。入母屋破風と屋根の隅棟がつながる

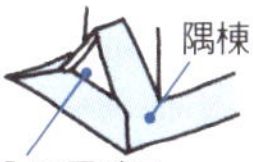
隅棟
入母屋破風

シンボリックな層塔型天守

新しい形式。各層の屋根を規則正しく小さく重ね上げた塔状のもの

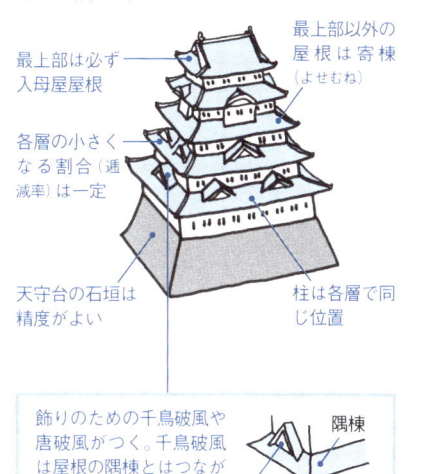

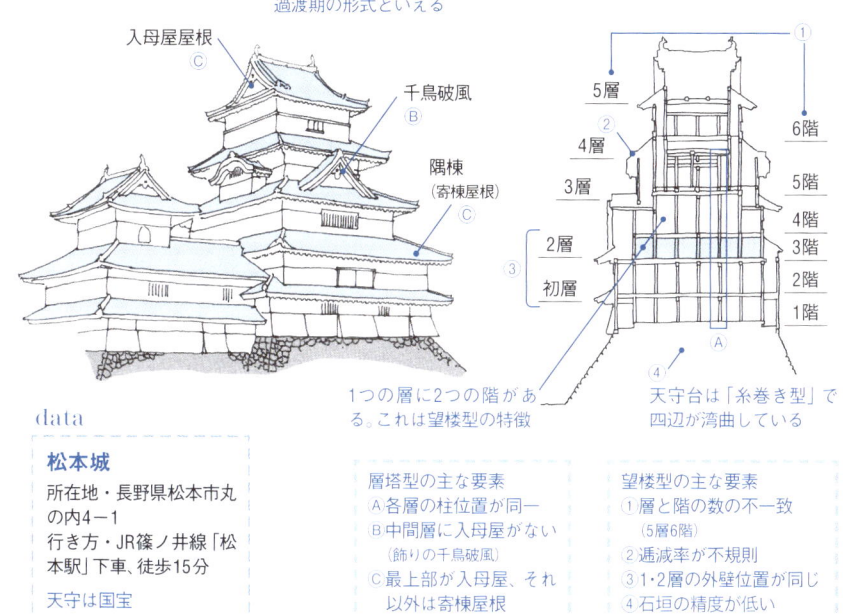

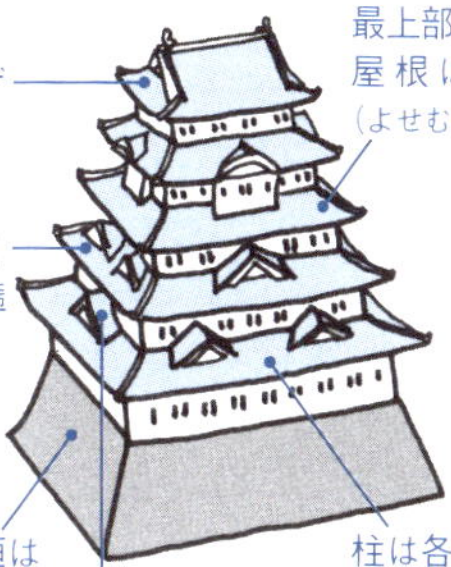
最上部は必ず入母屋屋根
最上部以外の屋根は寄棟（よせむね）
各層の小さくなる割合（逓減率）は一定
天守台の石垣は精度がよい
柱は各層で同じ位置

飾りのための千鳥破風や唐破風がつく。千鳥破風は屋根の隅棟とはつながらない

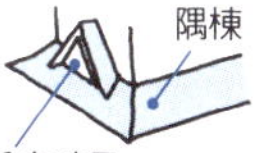
隅棟
千鳥破風

松本城は望楼＋層塔

松本城は層塔型天守に分類されるが、望楼型の要素も併せもつ。過渡期の形式といえる

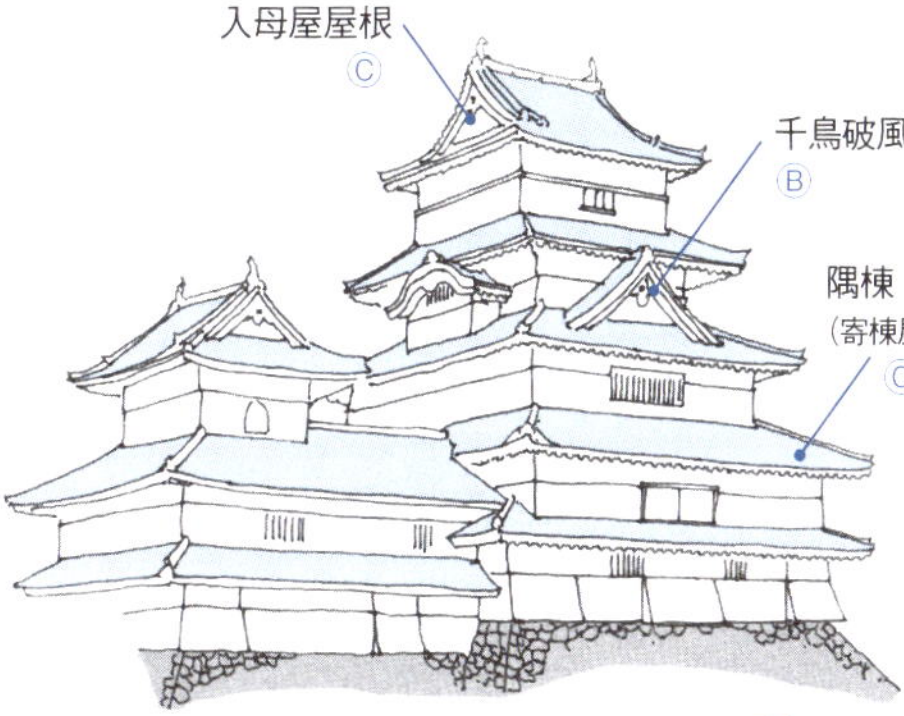
入母屋屋根
Ⓒ
千鳥破風
Ⓑ
隅棟
（寄棟屋根）
Ⓒ

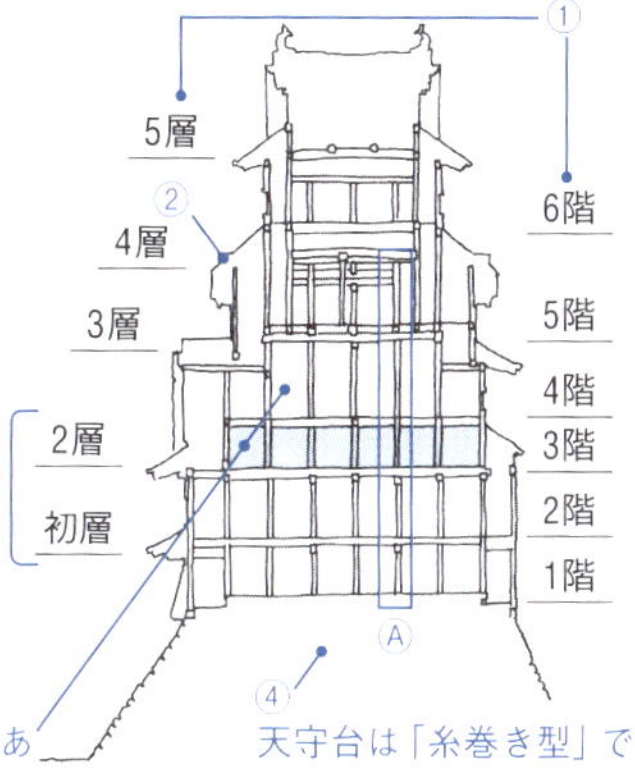
①
5層
②
4層
3層
③
2層
初層
6階
5階
4階
3階
2階
1階
Ⓐ
④
1つの層に2つの階がある。これは望楼型の特徴
天守台は「糸巻き型」で四辺が湾曲している

data

松本城

所在地・長野県松本市丸の内4－1
行き方・JR篠ノ井線「松本駅」下車、徒歩15分

天守は国宝

層塔型の主な要素
Ⓐ各層の柱位置が同一
Ⓑ中間層に入母屋がない
（飾りの千鳥破風）
Ⓒ最上部が入母屋、それ以外は寄棟屋根

望楼型の主な要素
①層と階の数の不一致
（5層6階）
②逓減率が不規則
③1・2層の外壁位置が同じ
④石垣の精度が低い

MEMO：松本城は「大天守」「渡櫓」「小天守」「櫓」からなる複合連結式の構成で、それら全体を天守と呼ぶ。天守と単独でいう場合は、大天守（一番高い建物）を指す

長野

奈《な》良《ら》井《い》宿《じゅく》

宿場の出入口にある外敵から守る仕組み

旧 中山道《なかせんどう》の奈良井宿は、木曽の難所の手前にあり※1、多くの旅人で栄えた宿場町だ。京都寄りから、上町・中町・下町《しもまち》の3つの町で構成される。江戸寄りの下町には比較的新しい建物が多く、当時の人や物の流れを感じることができる。

人や物が集まる宿場町には、夜盗などの外敵もやって来る。入口付近には「枡形《ますがた》」「鉤《かぎ》の手」※2などを設けて見通しを悪くし、敵の直進を妨いだ。

今も残る宿場町の痕跡を探してみよう。

伝統的な建物が続く奈良井宿

木曽路最大規模の奈良井宿は、奈良井千軒ともいわれ、賑わいを見せた。2階をせり出したせがい造りの町屋など、建築にも多くの特徴がある

街道に面した格子窓。風通しや採光によく、目隠しにもなる
袖壁は、目隠しではなく、盗難や火事の延焼を防ぐためにつくられた

よろい庇といわれる小屋根（軒）。押さえとなる桟木は猿頭と呼ばれ、奈良井宿の特徴（中町に集中）

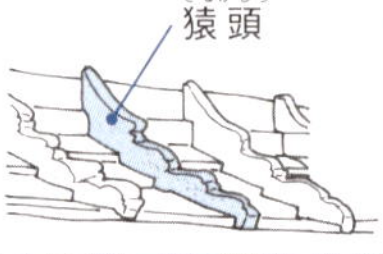
猿頭《さるがしら》

2階をせり出したせがい造り。通りを覆うように屋根が掛けられているので、道幅が広い割にはかなり狭く感じる

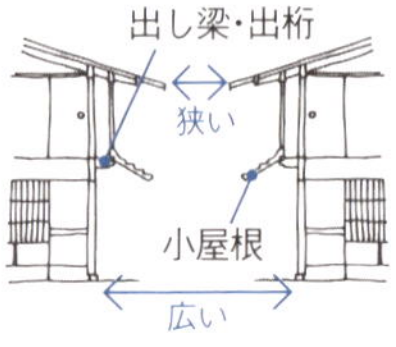
出し梁・出桁
狭い
小屋根
広い

※1：上りの場合　※2：枡形は道を直角に曲げ、四角い空地などに石垣や土塁を築いたもの。鉤の手とは道をほぼ直角に曲げたもの

出入り不自由！　奈良井宿の仕掛け

町の入口・境界がポイント

夜盗の侵入を防ぐため、宿場町の出入口に「枡形」が設置された。奈良井宿にもその石垣跡が残る

町境では道を「鉤の手」に曲げ、馬で侵入する夜盗を防いだ

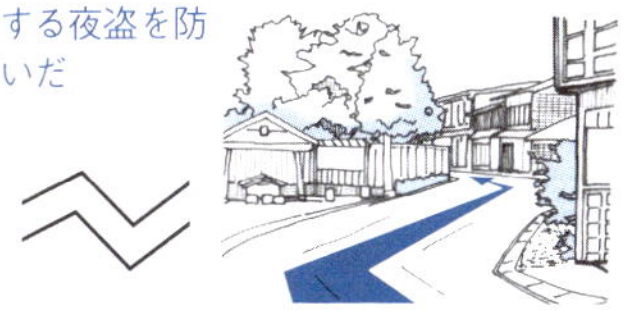

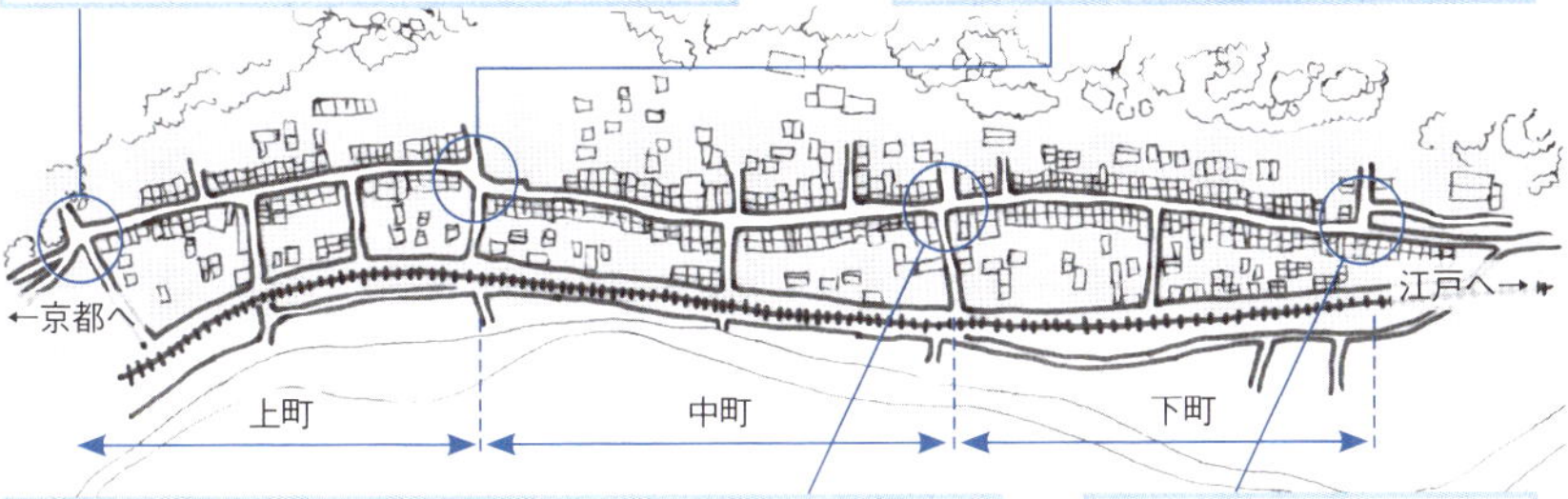
←京都へ
江戸へ→
上町
中町
下町

町境には火除地（空き地）を設け、延焼を防ぐ（下・右図）。現在は広い道路にしたり、消防器具庫・火の見櫓を置くところも。街道を横断するように道を設けるのも延焼防止

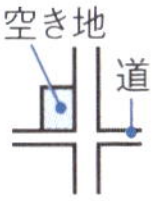
空き地
道

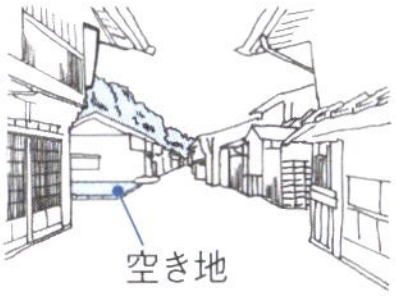
空き地

宿場町の出入口にある枡形

新しい道路

歴史の新しい下町

江戸に近い下町には新しい建物が多い。大正以降の建物は2階部分が高め。図は戦前の建物、柳屋漆器店

ほぼ等間隔で水場が残る。水場を単位に組分けをしたため、コミュニティの範囲が見て取れる

街道の中心、中町

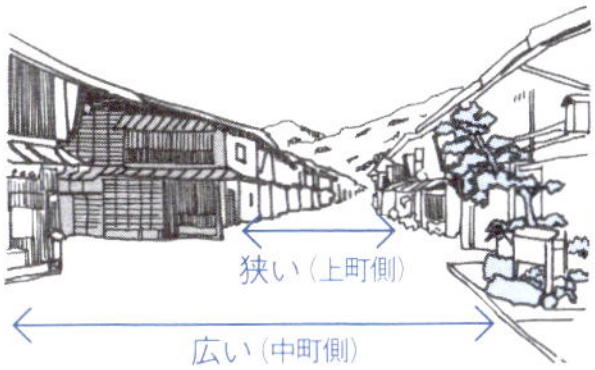
狭い（上町側）
広い（中町側）

中町は街道の中心であり、大きな建物が多く、ほかの町より道路の幅も広い

中町には、2階部分が低めの古い建物が多く残る。手塚家住宅（江戸時代）は問屋だったので間口が広い（間口幅で課税した）

data

奈良井宿

所在地・長野県塩尻市奈良井
行き方・JR中央本線「奈良井駅」徒歩3分

わが国最長の宿場町。重要伝統的建造物群保存地区

古くからある上町

宿場内の目立つ場所に置かれた「高札所」（こうさつしょ、法度や掟書きなどを掲げる場所）。奈良井宿では、上町の出入口部分に設置された

MEMO：街道沿いの建物（母屋）の大半は、切妻造りの平入り。かつては板葺き石置き屋根だったが、鉄板で葺き替えられたものも多い

岐阜

千光寺の円空仏《えんくうぶつ》

慈悲の心と迷いなき鋭い彫り

江戸時代初期に全国を行脚《あんぎゃ》し、庶民のために仏像を彫った僧・円空。その仏像（円空仏）は、時におもちゃとして、時に祈りの対象として、貧しい人々の生活の一部になった。手近な木材で素早くつくられた仏像は、生地を生かしたユニークな造形をもつ。荒々しく残る鑿《のみ》の彫り跡に、民衆を思う円空の姿が見える。

岐阜・愛知には円空仏が多く残る。60余体も所蔵する千光寺は、円空仏の寺ともいわれる。

円空の代表作・両面宿儺《りょうめんすくな》像

両面宿儺とは千光寺を開山《かいさん》した飛騨の豪族。大和朝廷と戦った飛騨の超人を、地元の目線に立って刻んだ像である

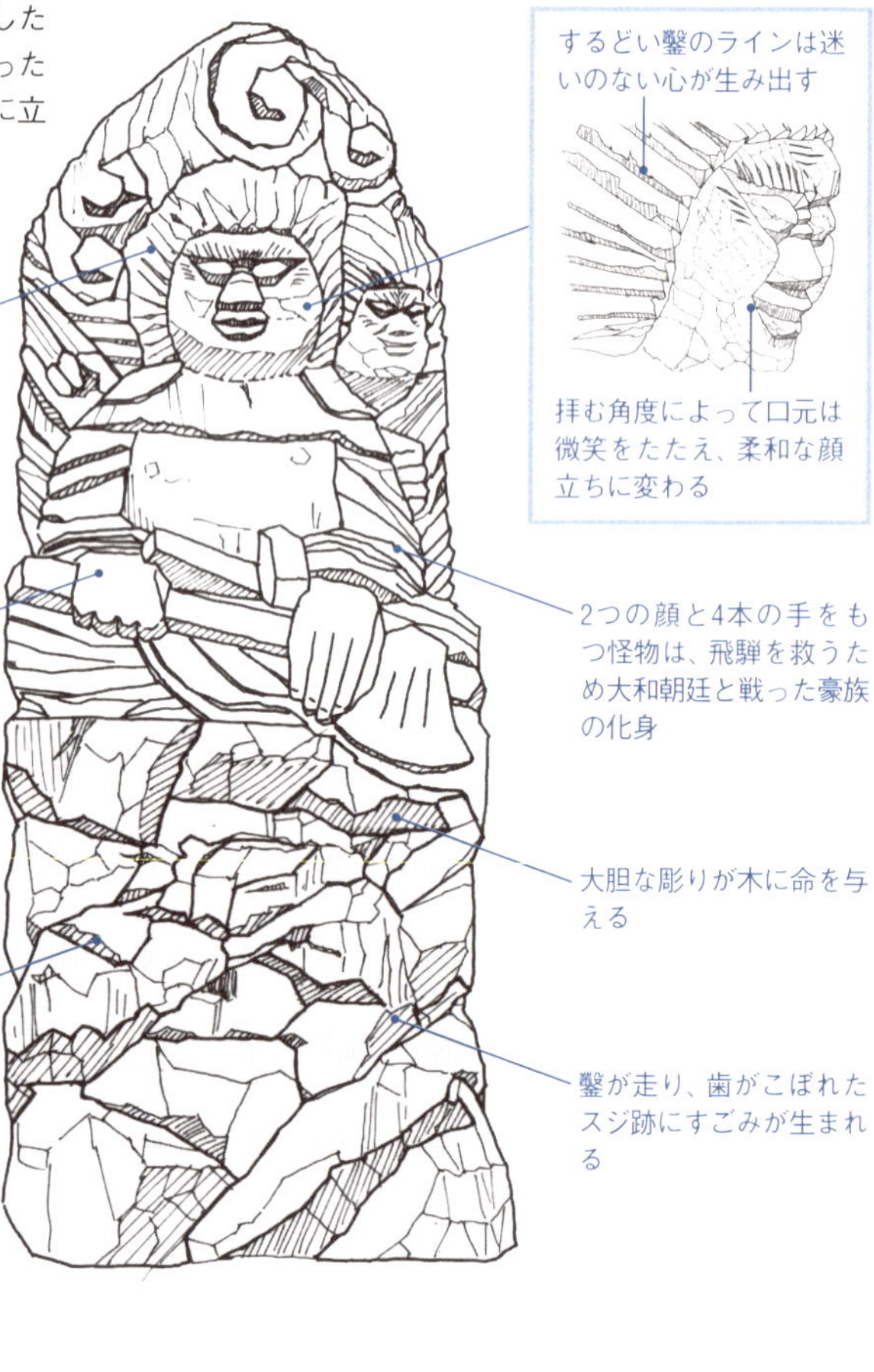
するどい鑿のラインは迷いのない心が生み出す
拝む角度によって口元は微笑をたたえ、柔和な顔立ちに変わる
燃え上がる炎、逆立つ髪、鋭い眼光は圧政への怒り。口元のにやりとした笑みは、民衆への慈悲を表す
2つの顔と4本の手をもつ怪物は、飛騨を救うため大和朝廷と戦った豪族の化身
一気呵成（いっきかせい）が円空の持ち味。仏像の裏には墨を入れた綿密な木割が書き込まれていることがある
大胆な彫りが木に命を与える
怪物のような容姿こそ民衆が欲した仏。そのことを円空は熟知していた
鑿が走り、歯がこぼれたスジ跡にすごみが生まれる

円空仏が愛される理由

円空仏と民衆に距離はない

とことん単純化されたかたち。あっという間に仏像が出来上がる

病のときはこの仏像を貸り、枕元に置いて平癒を祈った

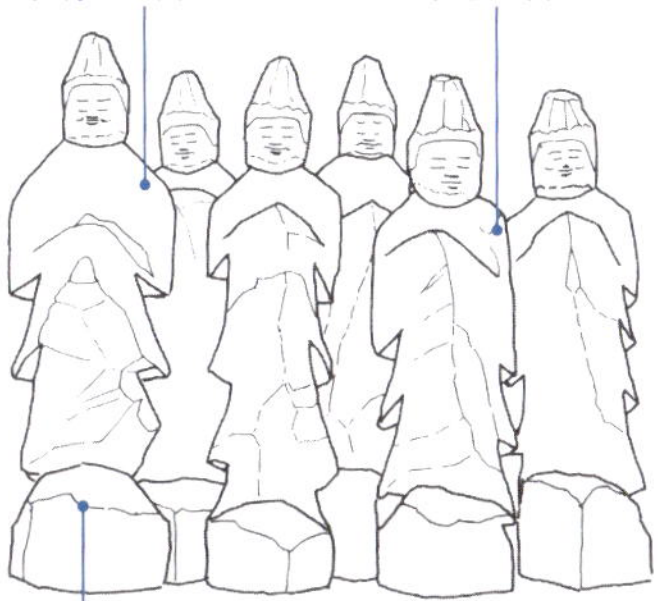

三十三観音菩薩像

作仏に時間をかけないのは、制作中に寝場所を提供してくれた貧しい人々への配慮

ユニークな形状の五穀豊穣の神様。民衆が必要とする像をつくった

宇賀神《うがじん》像

斬新なかたちは、現代作家の作品のよう

顔は鑿の彫り跡さえ消えてしまうほど、人々になでられてきた

賓頭盧尊者《びんずるそんじゃ》像

ツルツルでボロボロ。庶民の信頼と親しみの証

木の個性を仏に変える

薬師如来像
（岐阜・林広院）

うねるような根のコブや木目を袈裟（けさ）に見立てた

千面菩薩（一部）
（愛知・荒子観音寺）

木に秘む聖性を見抜いたとき、簡略化した鑿さばきが生きる

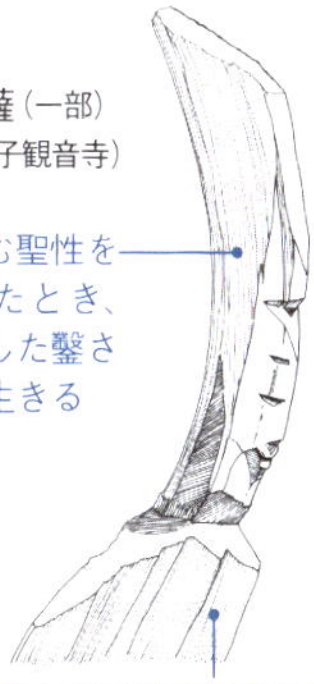

木片を見ただけでそのかたちを生かした仏の造形が浮かんだ

観音菩薩像
（三重・少林寺）

木肌をそのまま身体とみなし、顔だけを彫った

木っ端に宿る仏

単純化された表情ゆえに、さまざまな優しい微笑がもれる

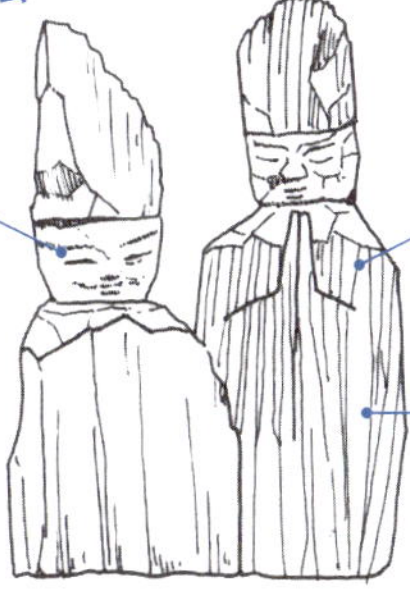

木っ端仏
（三十三観音）
（愛知・荒子観音寺）

見捨てられた木っ端に民衆の姿を重ねて作仏した

刻む木は御衣木（みそぎ）と呼ばれ、作仏の前に必ず加持を行った

data

千光寺

所在地・岐阜県高山市丹生川町下保1553
行き方・JR高山本線「高山駅」から車で20分

境内に円空仏寺宝館があり、63体の円空仏を拝観できる（冬期［12月なか～3月末］は閉館）

MEMO：円空は生涯12万体の仏像を彫ることを願ったという。5,280体余りが現在までに発見されている

岐阜

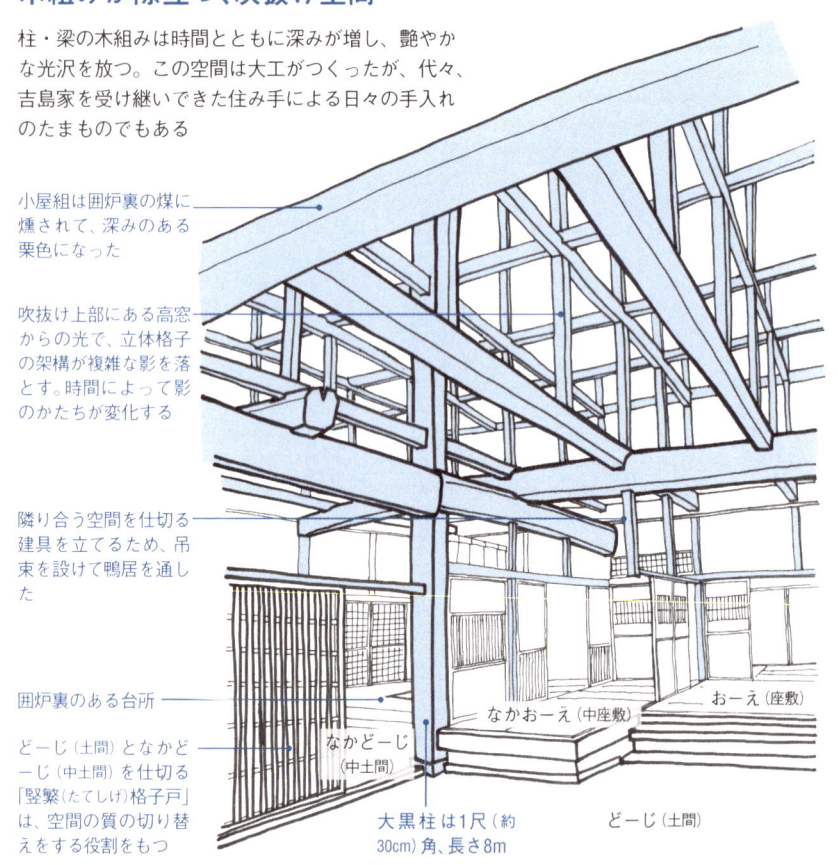

光と影が空間をつくる

吉《よし》島《じま》家《け》住宅

飛騨高山の豪商だった吉島家の住宅。建物に足を踏み入れると、そこは吹抜けの大きな土間。上部に広がるダイナミックな木造の小屋組は、高窓から差し込む光により際立ち、存在感を増す。吹抜けで反射した光が拡散し、土間廻りの各部屋を柔らかく照らす。壁に落ちた木組みの影は刻々と移動し、空間の表情は時とともに変化する。

光と影で演出された吉島家住宅は、飛騨の名匠・西田伊三郎らの手によって生み出された傑作なのである。

木組みが際立つ、吹抜け空間

柱・梁の木組みは時間とともに深みが増し、艶やかな光沢を放つ。この空間は大工がつくったが、代々、吉島家を受け継いできた住み手による日々の手入れのたまものでもある

小屋組は囲炉裏の煤に燻されて、深みのある栗色になった
吹抜け上部にある高窓からの光で、立体格子の架構が複雑な影を落とす。時間によって影のかたちが変化する
隣り合う空間を仕切る建具を立てるため、吊束を設けて鴨居を通した
囲炉裏のある台所
どーじ（土間）となかどーじ（中土間）を仕切る「竪繁（たてしげ）格子戸」は、空間の質の切り替えをする役割をもつ
なかどーじ（中土間）
なかおーえ（中座敷）
おーえ（座敷）
大黒柱は1尺（約30cm）角、長さ8m
どーじ（土間）

内も外も見どころ豊富

吹抜けの高窓

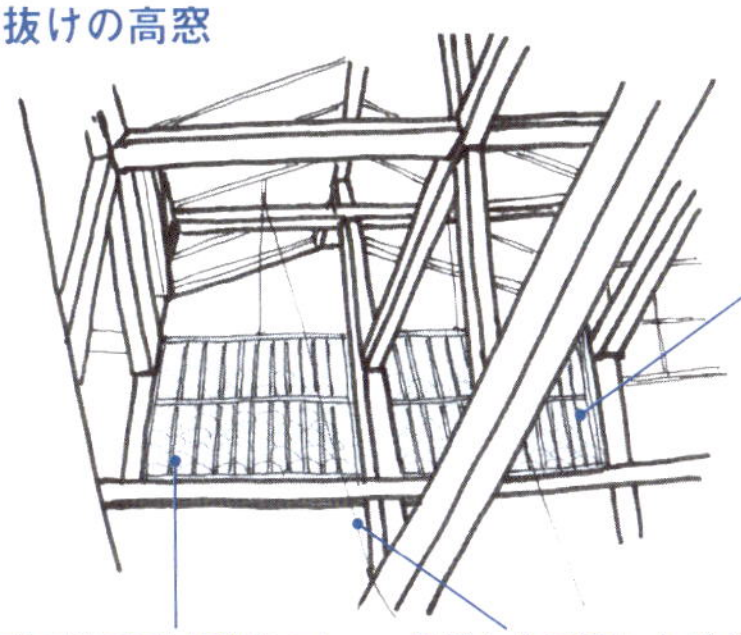

高窓の障子戸は竪桟にすることで、室内に落ちる影を減らす

日差しや風通しなどをコントロールできる高窓。土間からひもを引いて、障子戸の上げ下げを行う

土間の採光と煙出しのための高窓は障子戸。使用する和紙には和蠟で青海波（せいがいは）の模様を描き、強度と防水性を高めている

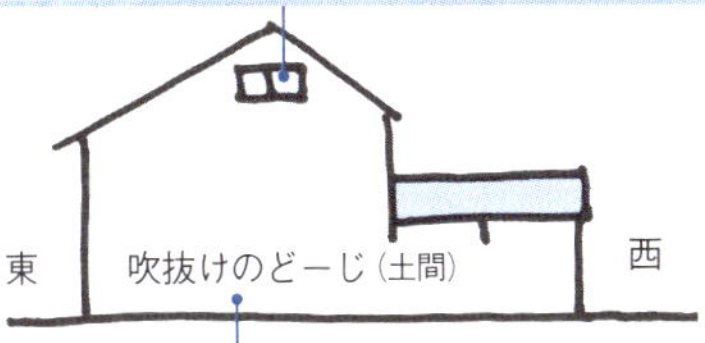
東
吹抜けのどーじ（土間）
西

高窓から土間に光が差し込み、周辺の部屋まで光が届く

格子がつくるファサード

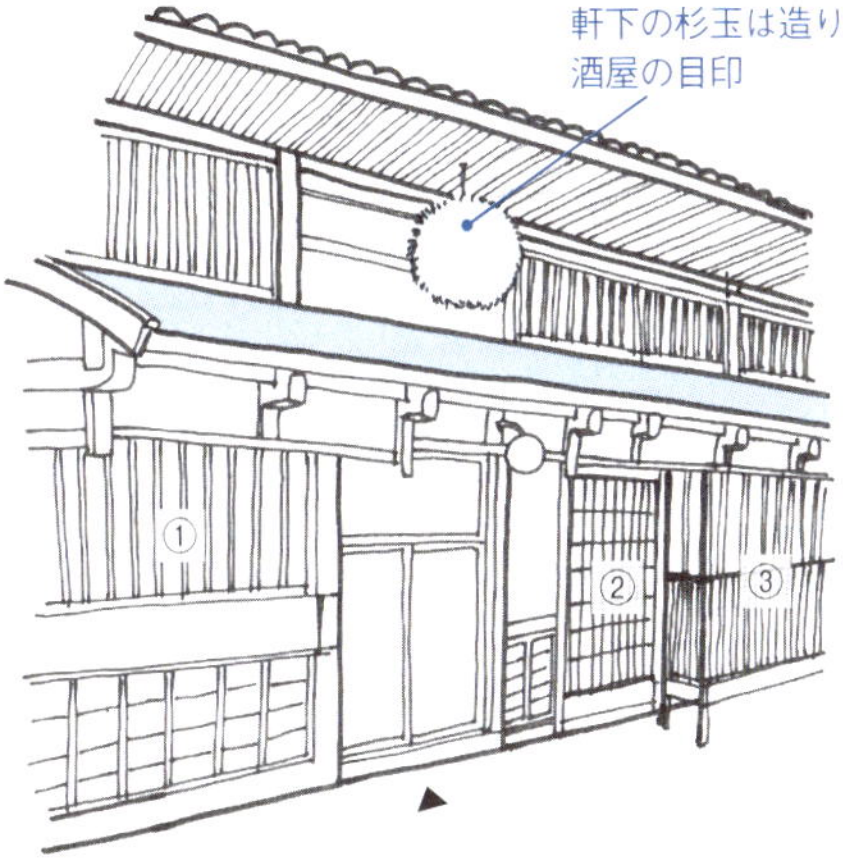
①
②
③

軒下の杉玉は造り酒屋の目印

出入口の大戸の左は格子窓（①）、右は組み格子（②）、出格子（切子格子）（③）と並ぶ。②は高山格子といわれ、葬式の際には取り外し、そこからなきがらを運び出す

匠がつくる密閉扉

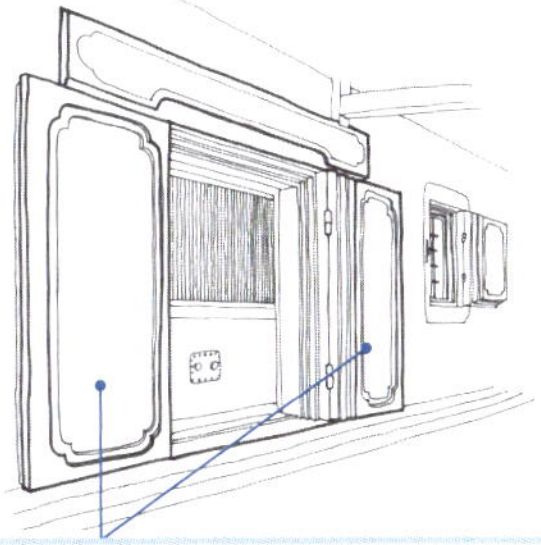

火災時には、本蔵の分厚い土扉を隙間なく閉じて収納物を守る。左官職人と鍛冶職人の技が可能にした精巧な納まり

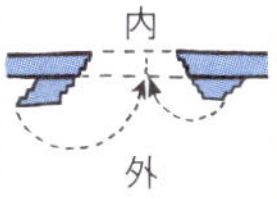
内
外

data

吉島家住宅

所在地・岐阜県高山市大新町1－51
行き方・JR高山本線「高山駅」から徒歩17分

すぐ隣にある日下部民藝館とともに、町屋建築として初めて国指定重要文化財に登録された

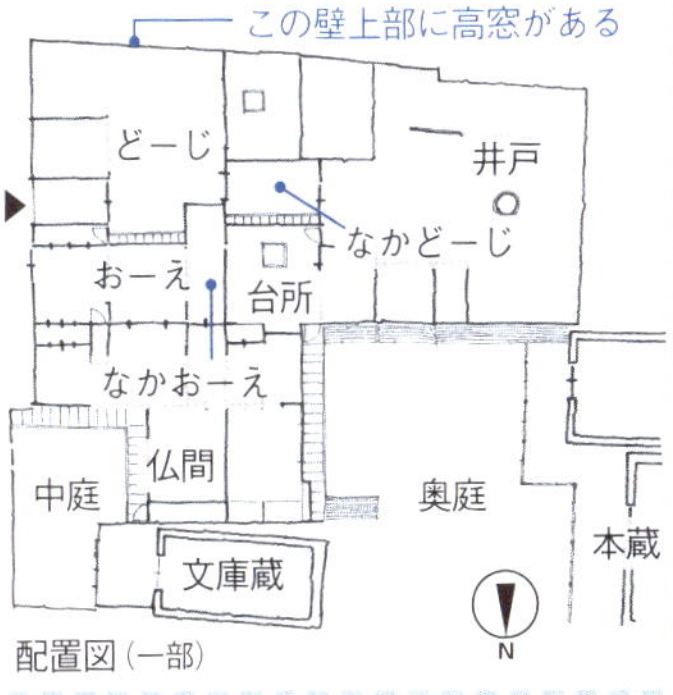
この壁上部に高窓がある
どーじ
井戸
なかどーじ
おーえ
台所
なかおーえ
仏間
中庭
奥庭
本蔵
文庫蔵
N

配置図（一部）

MEMO：吉島家住宅は明治時代に再建された建物だが、江戸時代の町屋の様子を色濃く残している

岐阜

世界遺産

白川郷合掌造り集落

村人だけの作品にあらず

合掌造り民家が生まれた要因には、豪雪と養蚕がある。茅葺きの大きな切妻《きりつま》屋根は急勾配で、雪を深く積もらせない。小屋裏は、養蚕に適した通風・採光・保温条件を保つ大空間だ。

村人の手でつくることで知られる合掌造りだが、実はそれは屋根・小屋組だけの話。それらを支える下階居室の軸組は、大工の匠の技を借り、共同作業で建てられる。「極めて理論的で合理的」※な民家の知恵である。

養蚕と豪雪が里の姿を決めた

白川郷の風向きに合わせ、多くの建物は妻側を南北に向けている。建物内を風が通り抜け、屋根に一様に日が当たるのは、養蚕に好都合。雪解けや茅の乾燥にも効果的だ

南北に庄川が流れ、東西を山に挟まれた地形。冬は北から南へ、夏は南から北へ風が吹く

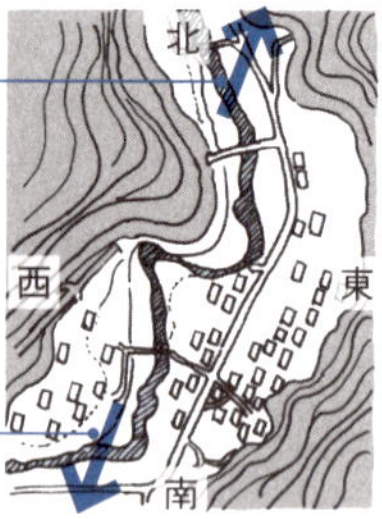

白川郷配置図

上部はすべて養蚕の場。風の通り道である妻壁は、土壁ではなく板壁。窓には障子があるが、以前はムシロを吊るしていた

30年ごとに葺き替える茅。茅葺き屋根は一般に寄棟（よせむね）が多いが、白川の合掌造りは風を受け入れるため切妻

豪雪に耐えるよう、屋根は60°くらいの急勾配。それでも雪下ろしは必要

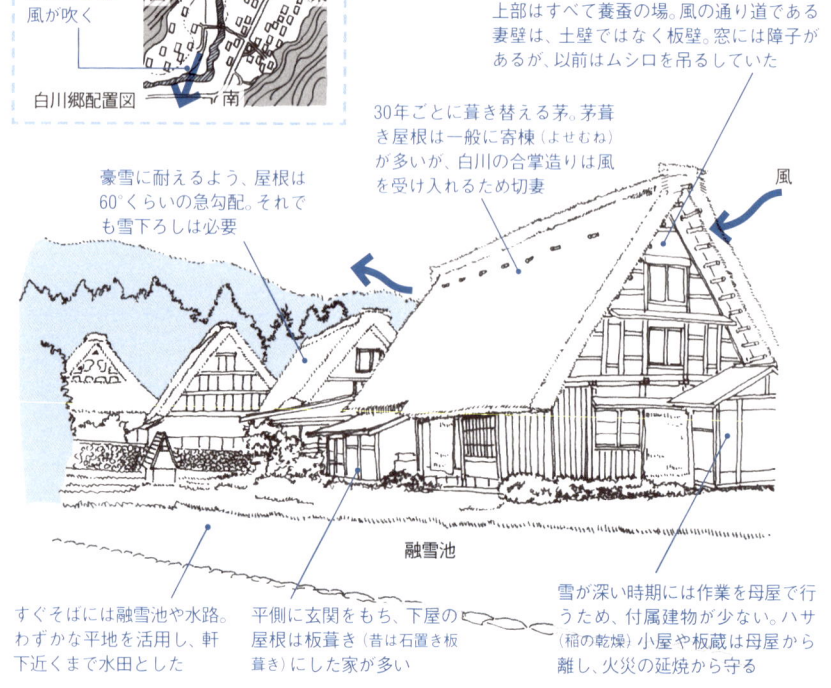

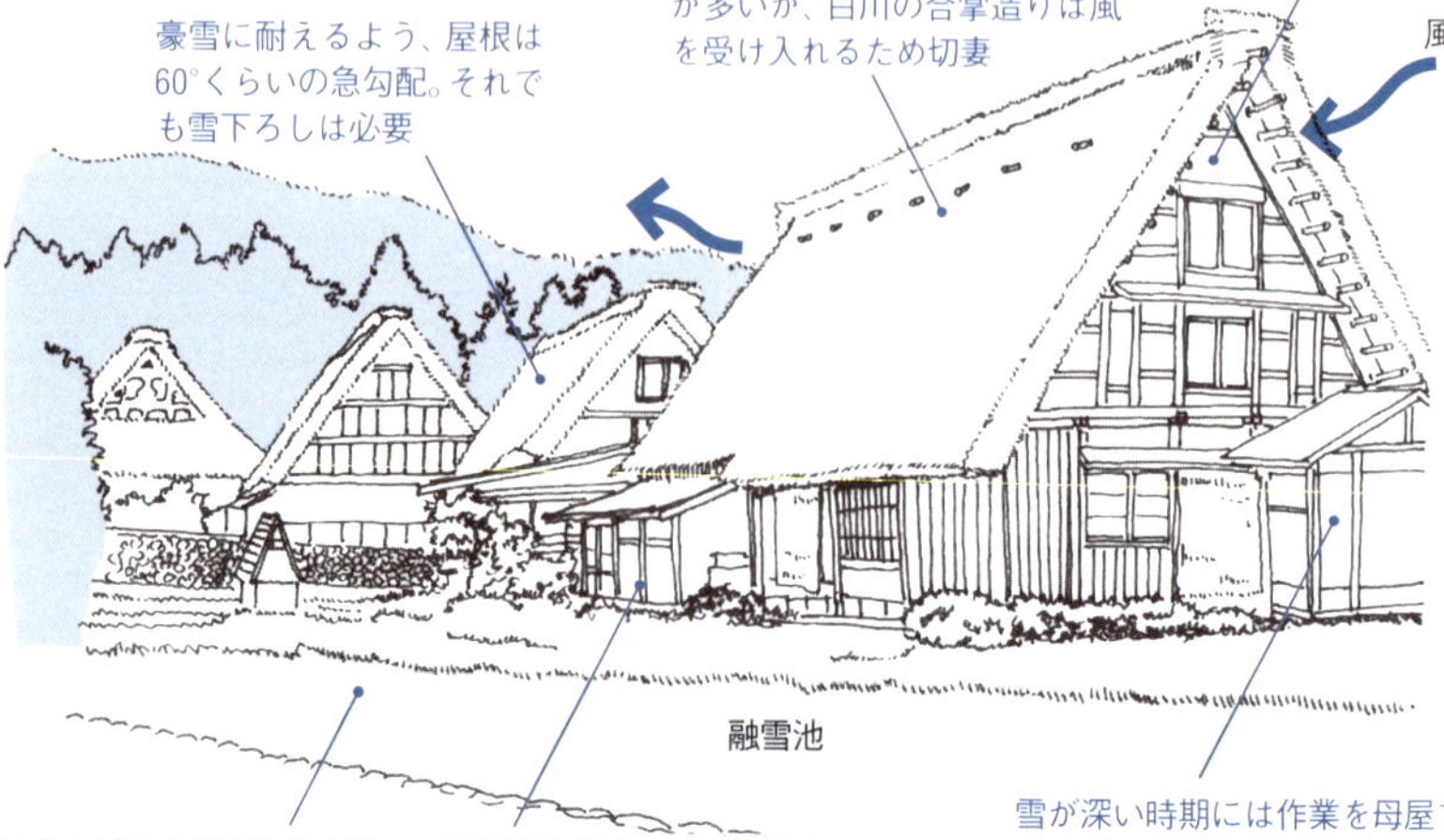

すぐそばには融雪池や水路。わずかな平地を活用し、軒下近くまで水田とした

平側に玄関をもち、下屋の屋根は板葺き（昔は石置き板葺き）にした家が多い

雪が深い時期には作業を母屋で行うため、付属建物が少ない。ハサ（稲の乾燥）小屋や板蔵は母屋から離し、火災の延焼から守る

※：合掌造り民家について、ドイツ人建築家ブルーノ・タウトが評した言葉

村人と大工の共作

上部は村人が共同でつくる

上部（小屋組から茅葺きまで）は「結」（ゆい）が担当。釘類を使わず縄などで結ぶ作業が主なので、村人が担った。小屋組材は丸太のままか、手斧（ちょうな）による粗い仕上げ

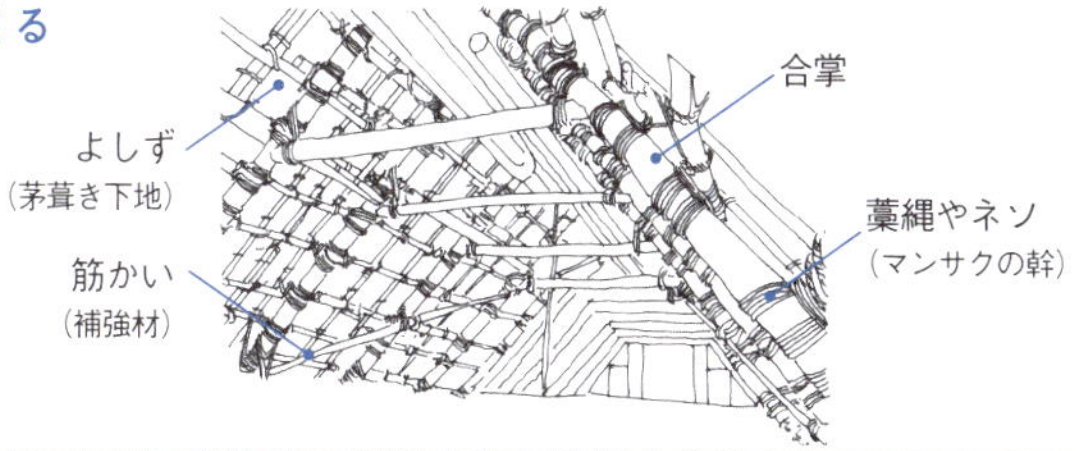
よしず
（茅葺き下地）
筋かい
（補強材）
合掌
藁縄やネソ
（マンサクの幹）

2本の部材を合掌形（山形）に組んだ小屋組は、束は不要。切妻屋根にすれば、大きな小屋裏空間ができる。急勾配なので高さもあり、3～4層にも分けて使えた

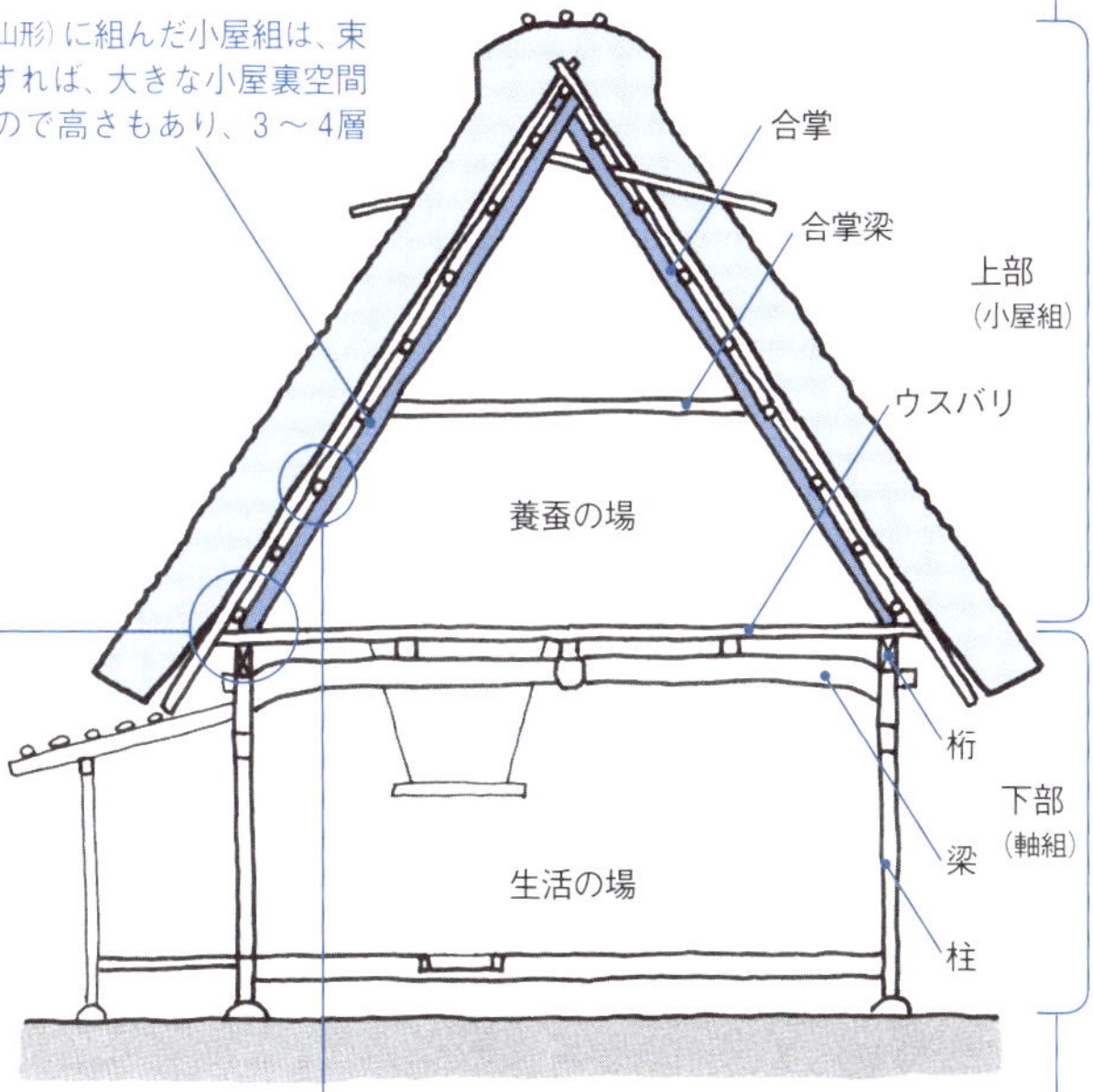
合掌
合掌梁
上部
（小屋組）
ウスバリ
養蚕の場
桁
下部
（軸組）
生活の場
梁
柱

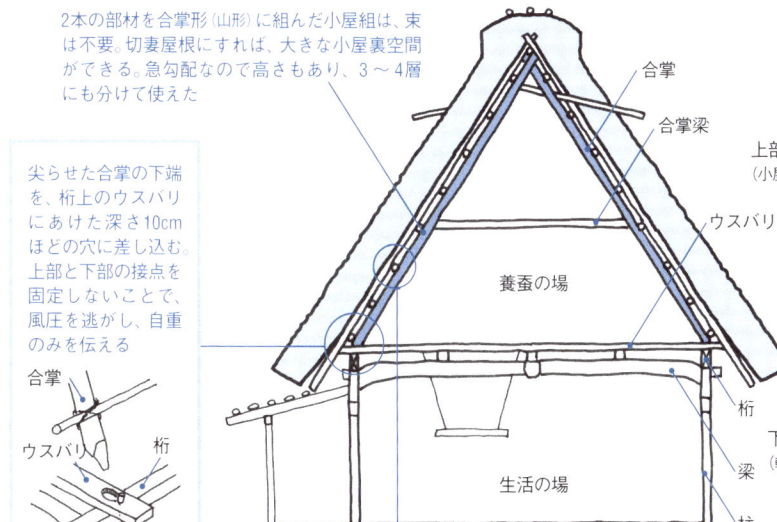

尖らせた合掌の下端を、桁上のウスバリにあけた深さ10cmほどの穴に差し込む。上部と下部の接点を固定しないことで、風圧を逃がし、自重のみを伝える

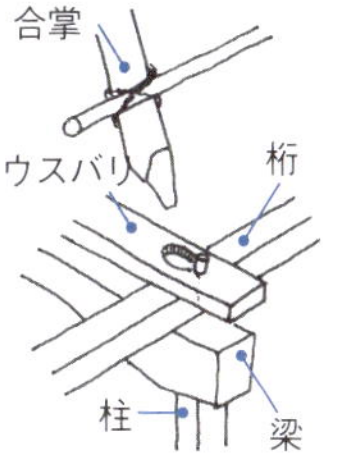
合掌
ウスバリ
桁
柱
梁

合掌造りの家は、風が吹くとギシギシときしむ音がする。きしみは、力を吸収して逃がす強さの秘訣なのだ

data

白川郷合掌造り集落

所在地・岐阜県白川村（白川郷は荘川流域の呼称）

行き方・東海北陸自動車道「白川郷IC」から車で約10分

世界遺産登録された「白川郷・五箇山の合掌造り集落」は、白川郷「荻町」、五箇山「相倉」「菅沼」（富山）の3集落

下部は大工の手技が必要

下部（柱・梁の軸組）は越中や能登の大工の手による。手斧で製材し、鑿で仕口を加工する。ホゾで材をつなぐのは大工の技術

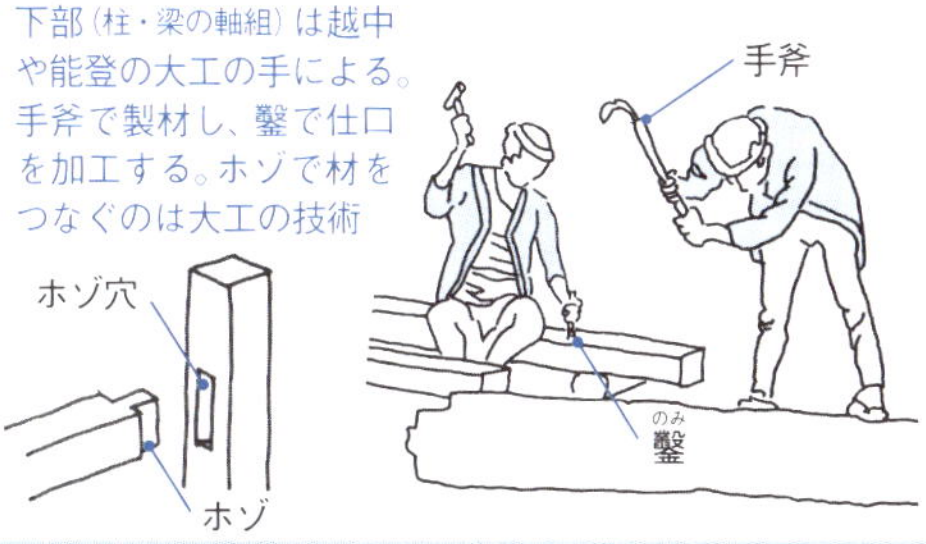
手斧
ホゾ穴
ホゾ
鑿《のみ》

MEMO：山間部にある白川郷は農耕地が少ない。江戸時代中期以降、養蚕が盛んになり、小屋裏に蚕棚のスペースが多く取れる合掌民家が多くつくられた。合掌造りの民家が群となって並び建つ姿は、ここでのみ見られる

福井

永平寺

禅宗寺院は人体図式で解く

大きな寺であるほど、建物の数も多く、見どころが分かりにくいものだ。そこで、禅宗※寺院では「七堂《しちどう》伽藍《がらん》」と呼ばれる7つの建物に注目するとよい（74頁参照）。

僧にとっては読経だけでなく、食事・排泄など人間の生活そのものが修行である。修行の場である七堂伽藍も、人体図をなぞるように配されている。

時代とともに伽藍配置が変わってしまった寺も多い。そんななか永平寺は本来の配置を残す好例である。

修行の場、曹洞宗大本山・永平寺

永平寺の玄関口・三門。仏門への入口であり、本来、本当に信仰心がある人にしか通ることが許されない。ここから修行空間（七堂伽藍）が広がる

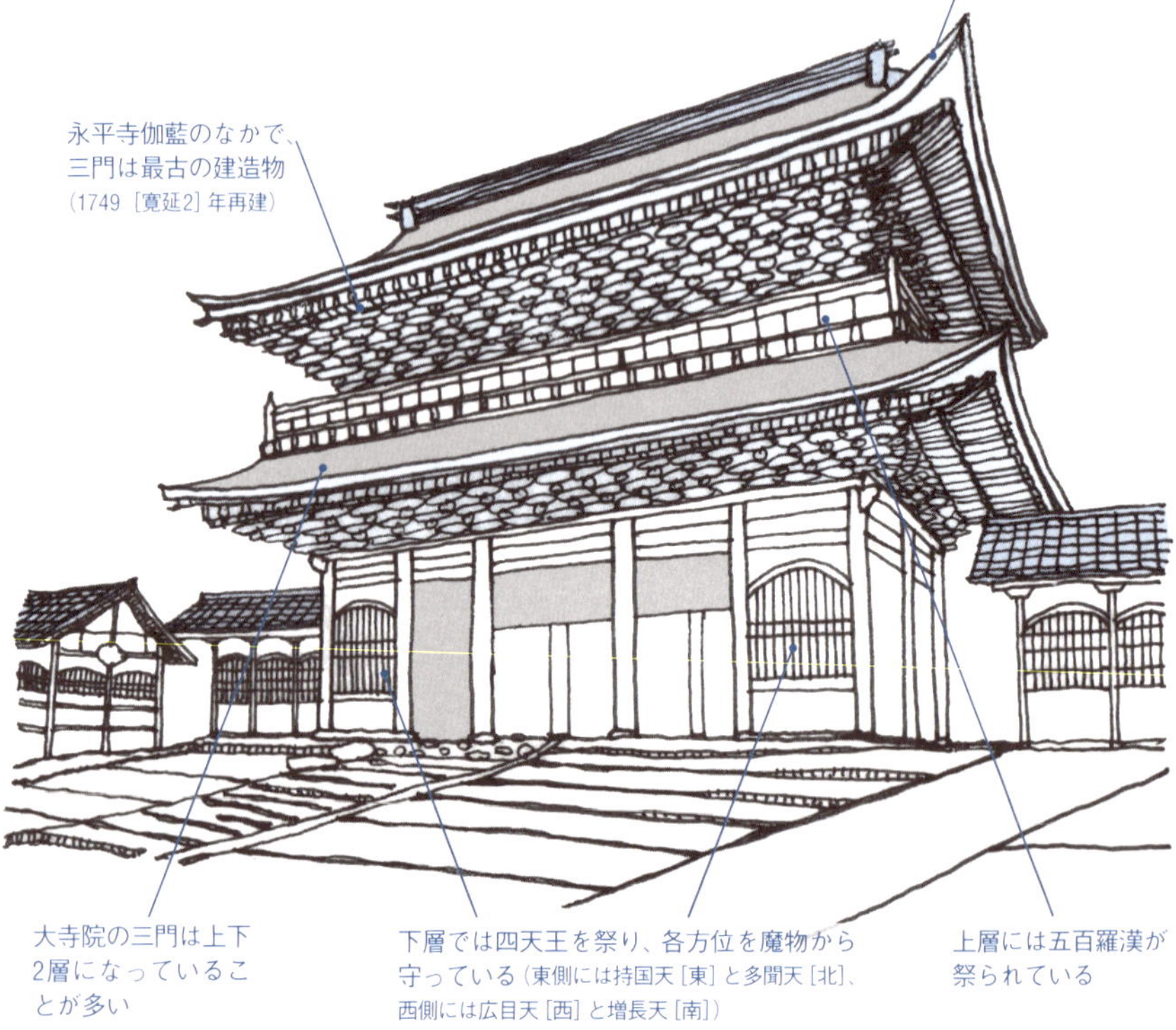
三門は三解脱門（解脱を得る3つの方法）の意。寺院が山にあったことから山門と表記されることも
永平寺伽藍のなかで、三門は最古の建造物（1749［寛延2］年再建）
大寺院の三門は上下2層になっていることが多い
下層では四天王を祭り、各方位を魔物から守っている（東側には持国天［東］と多聞天［北］、西側には広目天［西］と増長天［南］）
上層には五百羅漢が祭られている

※：仏教の一派で曹洞宗・臨済宗・黄檗（おうばく）宗の総称。座禅を重んじた修行で悟りを開こうとする

日々の修行の場・七堂伽藍

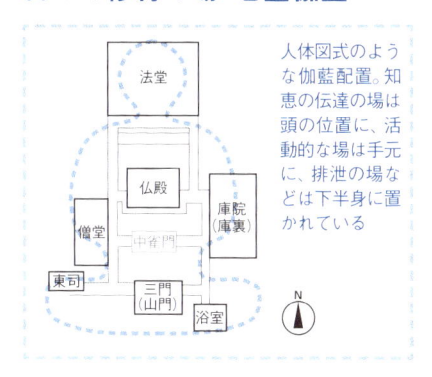

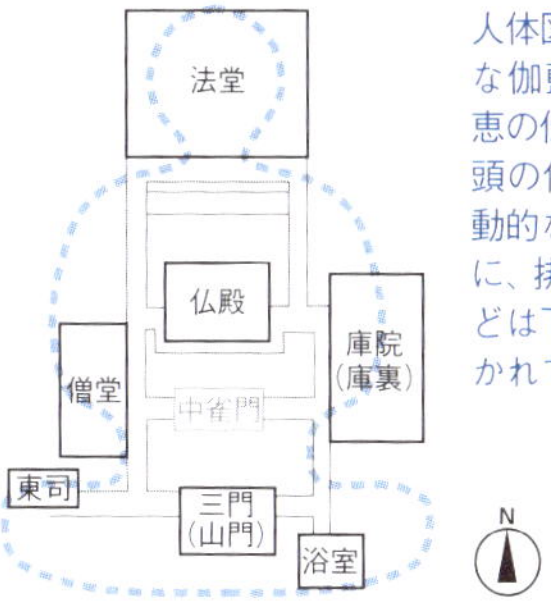

人体図式のような伽藍配置。知恵の伝達の場は頭の位置に、活動的な場は手元に、排泄の場などは下半身に置かれている

法堂《はっとう》 ── 頭

法堂は知恵の象徴。経験を積んだ僧（長老）が修行僧へ説法する場

僧堂 ── 右手

利き手（右手）側は、生活の表空間。座禅・食事・睡眠など、僧が一日の大半を過ごす

仏殿 ── 心臓

胸部に当たる仏殿は心のよりどころ。仏と対面し、心を落ち着かせる

庫院《くいん》（庫裏《くり》） ── 左手

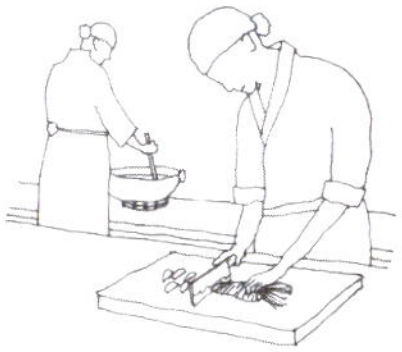

右手をサポートする左手側は生活の裏空間。食事をつくり、寺務を行う

東司《とうす》 ── 下半身

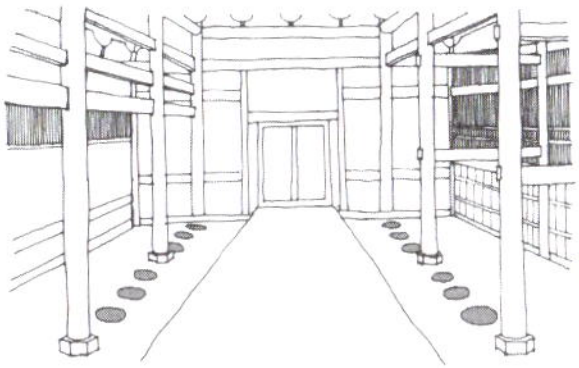

下半身側には、排泄を行う東司がある。僧堂、浴室と共に三黙道場とされ、私語厳禁の場

浴室 ── 下半身

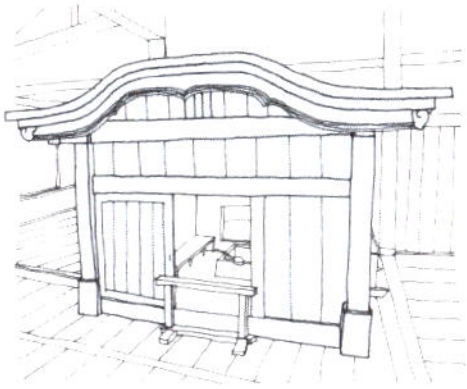

入浴も修行であり、入浴前にはお経を上げ、決められたときにしか入れない

data

永平寺

所在地・福井県吉田郡永平寺町志比5－15
行き方・えちぜん鉄道「永平寺口駅」から京福バスで「永平寺」バス停下車、徒歩5分

1244（寛元2）年、曹洞宗の開祖・道元により創建。曹洞宗僧侶の修行の場として有名

三門（山門） ── 陰部

陰部に当たる部分には、内外をつなぐ三門。俗世界との境界であり、入門の覚悟がただされる場

注1：左頁の僧堂の図のように、壁に面して座ることを面壁（めんへき）といい、曹洞宗で行われる　注2：左頁の東司の図は東福寺（京都）、浴室の図は相国寺（京都）を参考にした

column | 天守のかたちを知ろう

城郭における本丸の中心となる櫓を「天守（天守閣）」という。一般的に天守の始まりは、織田信長の「安土《あづち》城」※といわれる。これにならい、戦国期の大名たちは天守を中心に1つの城を築いていった。それぞれに防備を強化するなどして、天守のかたちは次第に複雑化する。

ところが徳川の太平の世になると一変し、天守は単なる飾りとなった。美しさが引き立つよう、その姿はシンプルに洗練されていった。

天守の平面形式

昭和初期に考え出された分類法で、建物の構成全体を天守と呼ぶ

独立式

天守

天守が1つしかないもの（大阪城など）

連結式

天守
渡櫓
小天守

天守に行くには小天守を経由する（熊本城など）

複合式

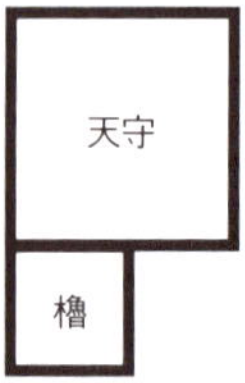
天守
櫓

入口の防備のため、櫓を天守に直接取り付けた（島根・松江城など）

複合連結式

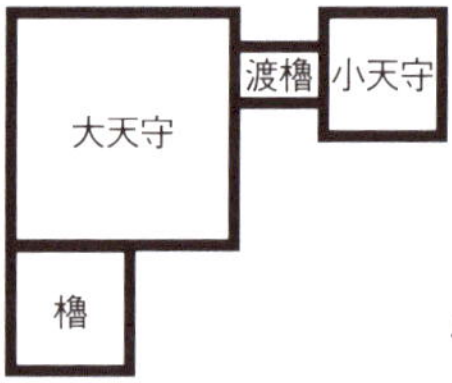
大天守
渡櫓
小天守
櫓

連結式と複合式を併せもつ、防備を強化した形式（長野・松本城、132頁参照）

連立式

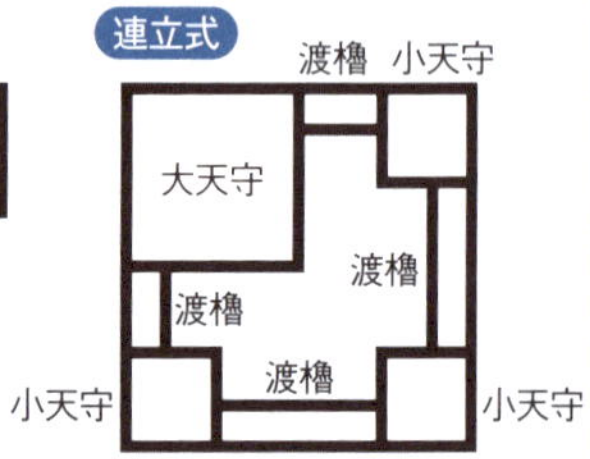
渡櫓
小天守
大天守
渡櫓
渡櫓
渡櫓
小天守
小天守

天守と小天守を渡櫓で環状につなげる。最も防御性に優れるといわれる（兵庫・姫路城など、72頁参照）

天守の階層の表し方

右図は5層（重）、地上6階地下1階の天守（姫路城）。「屋根の重なりの数（層）」と「床の数（階）」で天守の階層を表す

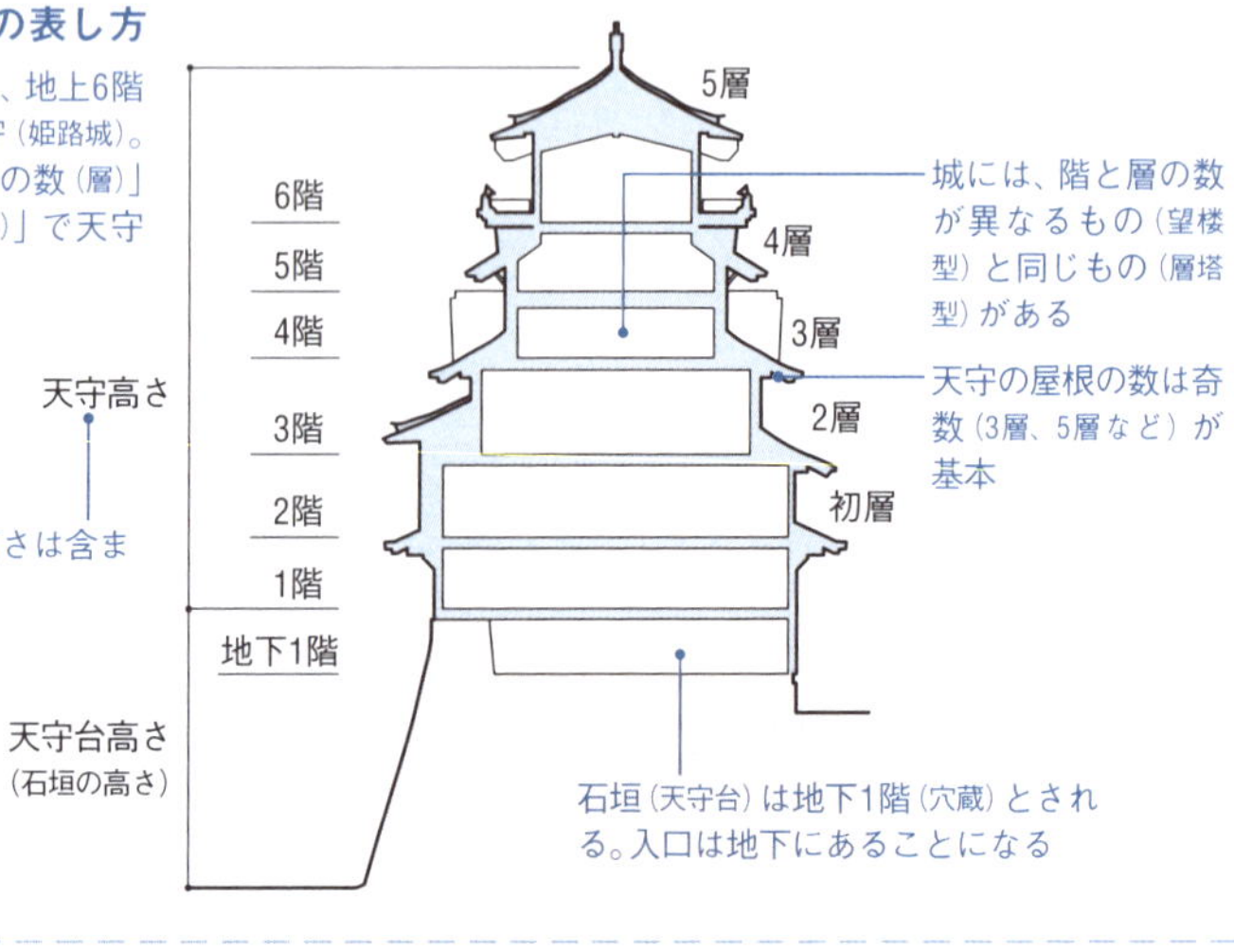
5層
4層
3層
2層
初層
6階
5階
4階
3階
2階
1階
地下1階
天守高さ
石垣の高さは含まれない
天守台高さ
（石垣の高さ）
城には、階と層の数が異なるもの（望楼型）と同じもの（層塔型）がある
天守の屋根の数は奇数（3層、5層など）が基本
石垣（天守台）は地下1階（穴蔵）とされる。入口は地下にあることになる

※：安土城では、「天守」を「天主」と表記している

MEMO：建築古書「愚子見記」によれば、合戦時、天守の最上階は、家紋入りの幕を掛け、大将の旗や弓、槍などで華やかに飾る。5階は「鐘の壇」、「物見」といわれ神様を祭るところとされた

6章

四国・中国

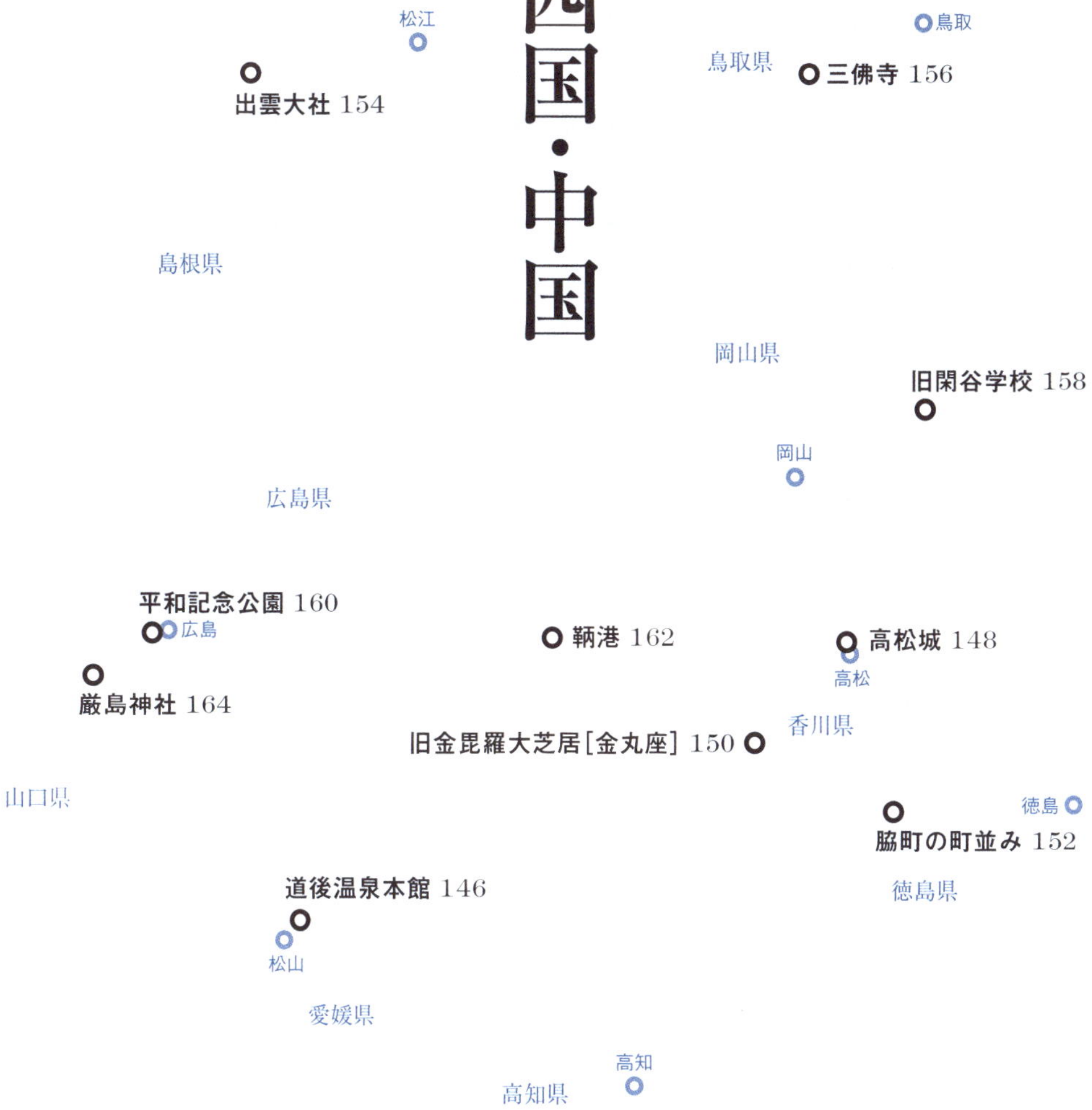

松江
鳥取
鳥取県
三佛寺 156
出雲大社 154
島根県
岡山県
旧閑谷学校 158
岡山
広島県
平和記念公園 160
広島
鞆港 162
高松城 148
高松
厳島神社 164
香川県
旧金毘羅大芝居[金丸座] 150
山口県
徳島
脇町の町並み 152
道後温泉本館 146
徳島県
松山
愛媛県
高知
高知県

愛媛

道後温泉本館

選べるお風呂+休憩所 スーパー銭湯の原型か

江戸時代、銭湯の2階には座敷が設けられていた。座敷は当初、武士の刀を預かる場だったが、江戸中期以降、風呂上がりのくつろぎの場へと変化した。

明治時代に建てられた道後温泉本館は、そんな江戸の銭湯文化を今に伝える数少ない公衆浴場だ。温泉につかった後は、2・3階にある休憩室でお茶を飲み、松山の町並みを眺めながら歓談する。時代を超え、現代のスーパー銭湯にも引き継がれた習慣だ。

江戸の銭湯文化を残す公衆浴場

1894（明治27）年に建てられた道後温泉本館。入母屋《いりもや》造りの3階建て木造建築は、時代に合わせて増改築を繰り返し、数棟からなる現在のかたちになった。創業当時は北側を入口としていたが、今は西側から入るように替わり、内部の構造も複雑に入り組んでいる

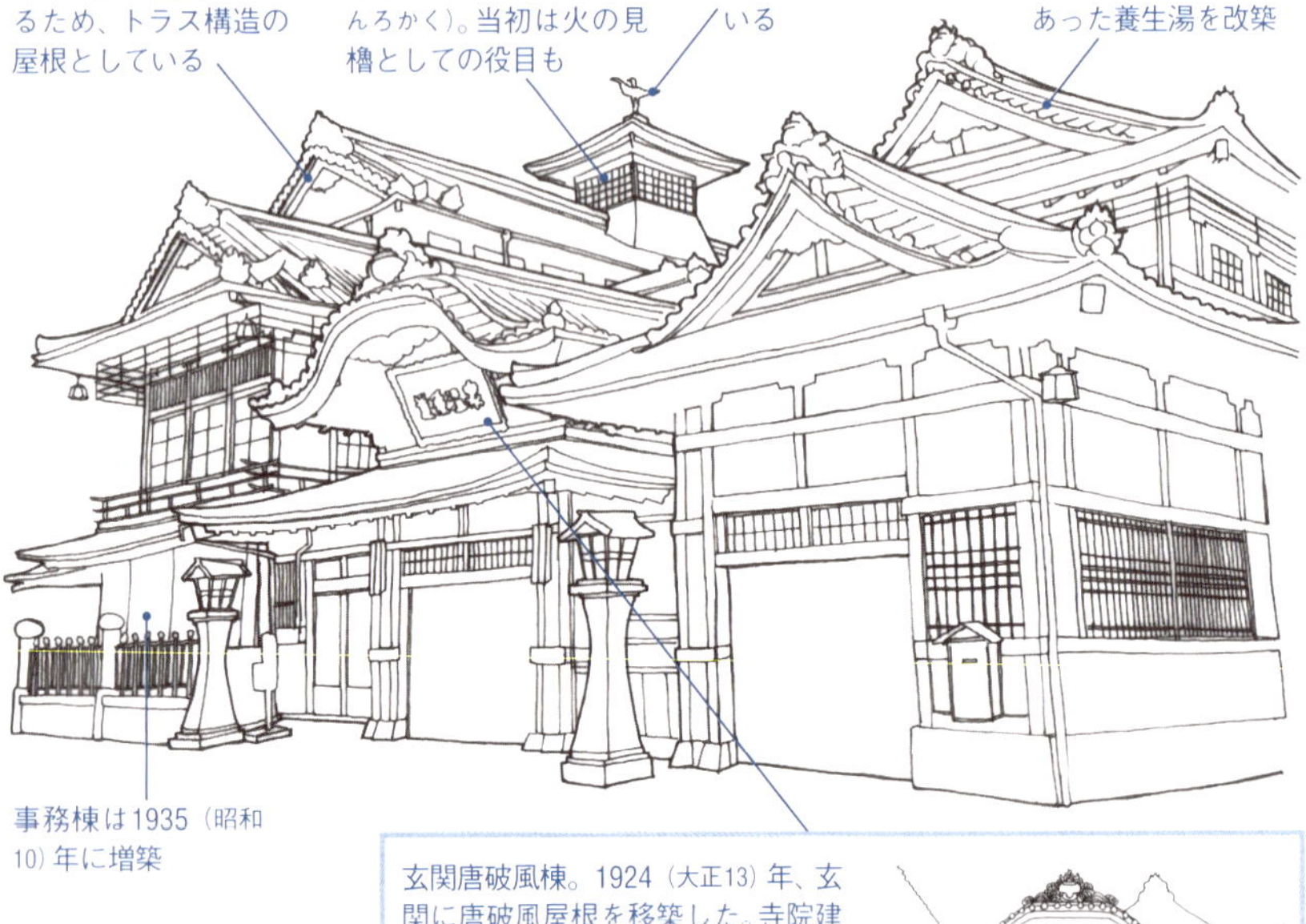
一番大きな北棟は、柱のない広い空間をつくるため、トラス構造の屋根としている
赤いギヤマンガラスを障子窓にはめた振鷺閣（しんろかく）。当初は火の見櫓としての役目も
白鷺像は創業当時の入口の方向を向いている
1924（大正13）年竣工の南棟。江戸時代からあった養生湯を改築
事務棟は1935（昭和10）年に増築

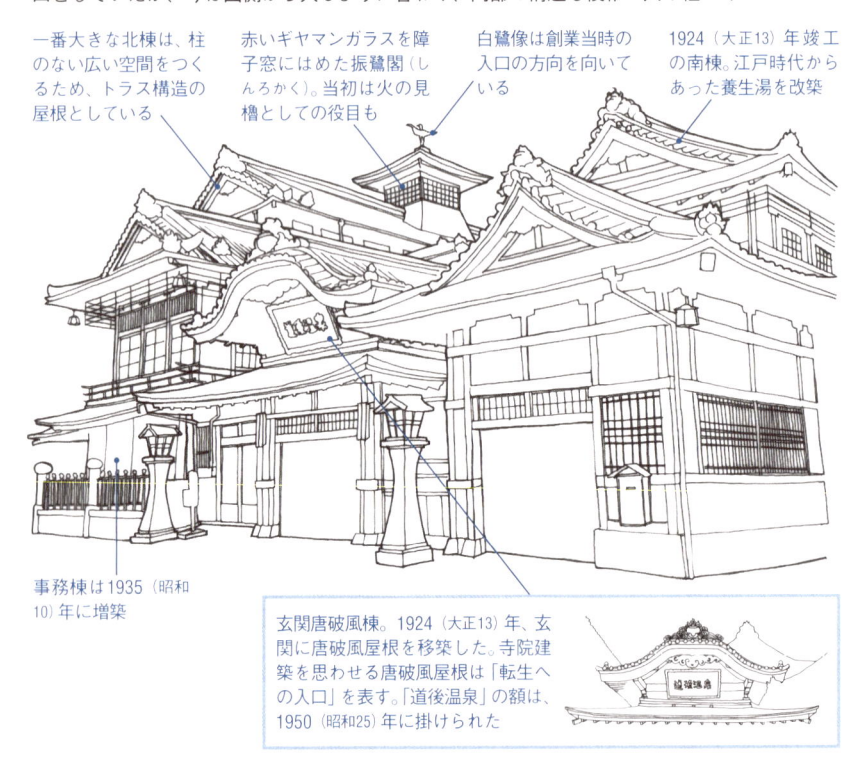

玄関唐破風棟。1924（大正13）年、玄関に唐破風屋根を移築した。寺院建築を思わせる唐破風屋根は「転生への入口」を表す。「道後温泉」の額は、1950（昭和25）年に掛けられた

浴場の上階は休憩・飲食の場

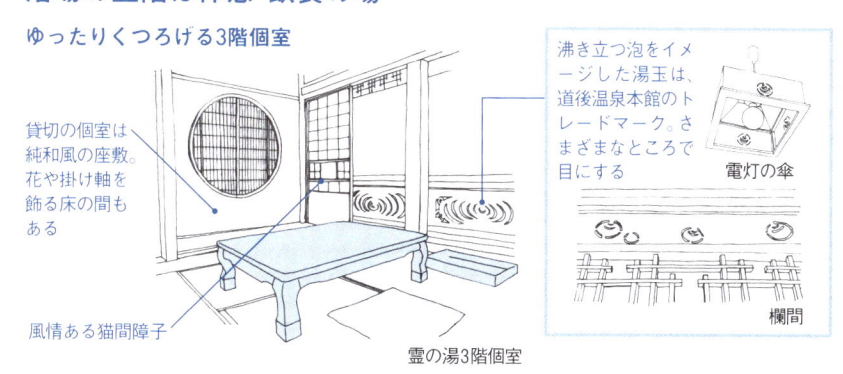

ゆったりくつろげる3階個室

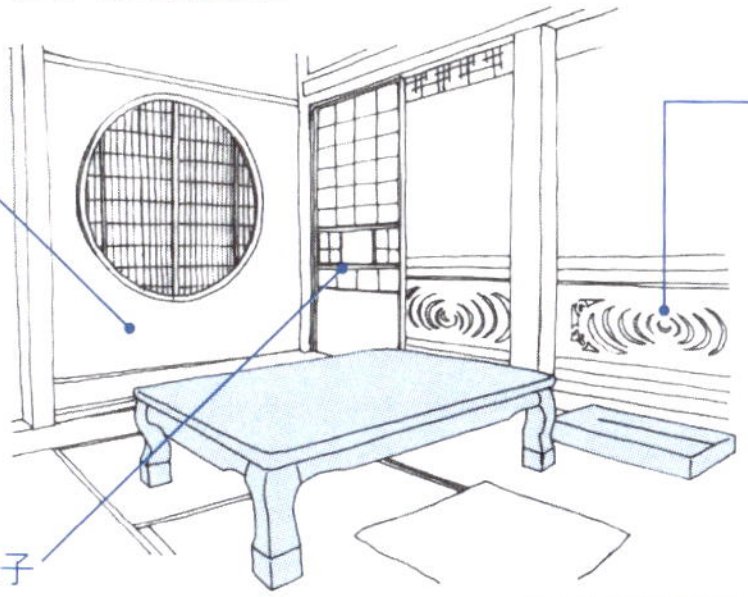

貸切の個室は純和風の座敷。花や掛け軸を飾る床の間もある

風情ある猫間障子

霊の湯3階個室

沸き立つ泡をイメージした湯玉は、道後温泉本館のトレードマーク。さまざまなところで目にする

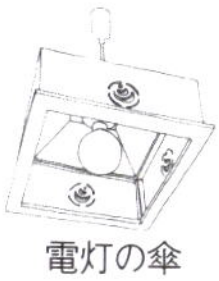

電灯の傘

欄間

大勢で楽しむ2階休憩室

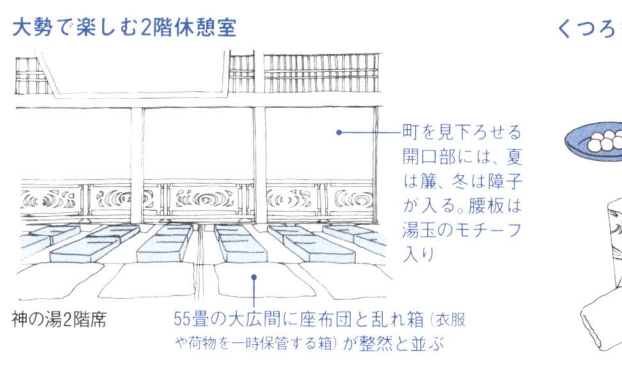

町を見下ろせる開口部には、夏は簾、冬は障子が入る。腰板は湯玉のモチーフ入り

神の湯2階席

55畳の大広間に座布団と乱れ箱（衣服や荷物を一時保管する箱）が整然と並ぶ

くつろぎのアイテム

風呂上がりは浴衣でくつろぎ、お茶と茶菓子の給仕を受ける

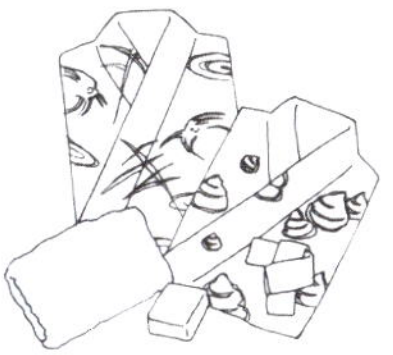

1階が浴場スペース

選べる2つの湯

入浴券の種類によって、入れる浴室が異なる。選べる浴室も楽しみの1つ

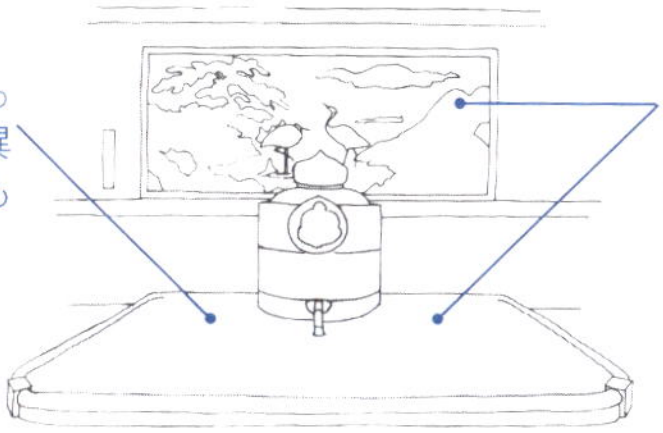

御影石を使用した浴槽や壁に掛けられた陶版画などが、非日常性を演出する

神の湯男子東浴室

改札口で入浴券を購入

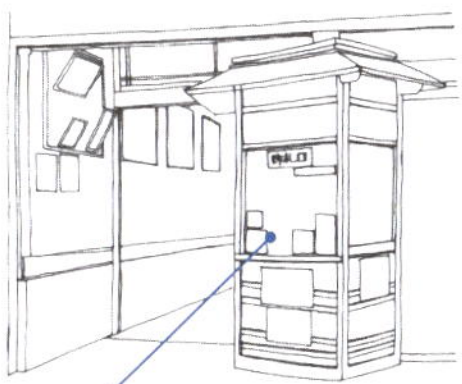

玄関を入ると、番台ならぬ改札口。入浴券は、風呂だけ、上階での休憩付きなど多種多様

data

道後温泉本館

所在地・松山市道後湯之町5－6
行き方・伊予鉄道「道後温泉駅」下車、徒歩5分

道後温泉の象徴でもあるこの建物は重要文化財

MEMO：道後温泉には、白鷺が温泉を発見したという伝説が残る。神の湯男子東浴室の壁には、その伝説が描かれた陶版画が飾られている。脇には、松山が舞台となった『坊っちゃん』のエピソードから「坊っちゃん泳ぐべからず」と書いた木札も

香川

高松城

陸路・海路を制御 海城《うみじろ》に見る備え

江戸時代中期ごろまでは、陸運よりも海運が主流であった。讃岐《さぬき》（香川）や阿波《あわ》（徳島）の名産・和三盆※1の移出にも、海路は大変重要な役割を果たした。

移出業で栄えた高松には、海に接した高松城（讃岐高松城）があった。三大海城の1つに挙げられる高松城（126頁参照）※2は、陸側には3重の堀、さらに城壁や橋が幾重にも配され、街道からの侵入は容易でない。一方、海側には堀がなく城壁のみ。海側の防御をどう工夫したのか、そこに大きな見どころがある。

瀬戸内海に面した地の利を生かす

高松城は1590（天正18）年に武将・生駒親正《いこまちかまさ》が築城。その後は200年以上、松平氏の居城だった

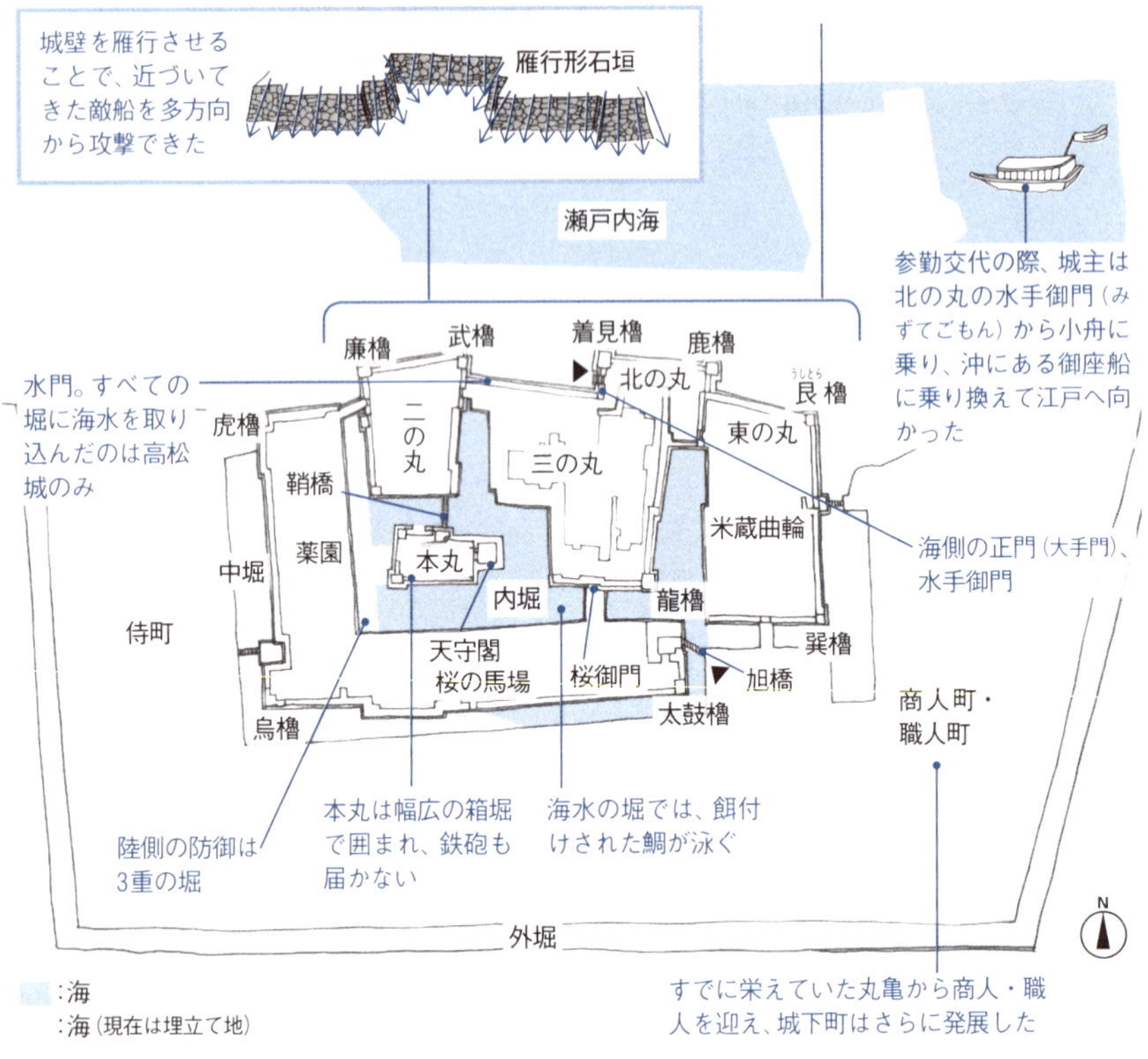
城壁のみという弱さを補うべく、出隅をつくって隅櫓を建て、守りを万全とする
城壁を雁行させることで、近づいてきた敵船を多方向から攻撃できた
雁行形石垣
瀬戸内海
参勤交代の際、城主は北の丸の水手御門（みずてごもん）から小舟に乗り、沖にある御座船に乗り換えて江戸へ向かった
廉櫓
武櫓
着見櫓
鹿櫓
北の丸
艮《うしとら》櫓
水門。すべての堀に海水を取り込んだのは高松城のみ
虎櫓
二の丸
三の丸
東の丸
鞘橋
米蔵曲輪
薬園
本丸
中堀
内堀
龍櫓
海側の正門（大手門）、水手御門
侍町
天守閣
桜の馬場
桜御門
巽櫓
旭橋
烏櫓
太鼓櫓
商人町・職人町
陸側の防御は3重の堀
本丸は幅広の箱堀で囲まれ、鉄砲も届かない
海水の堀では、餌付けされた鯛が泳ぐ
外堀
N
すでに栄えていた丸亀から商人・職人を迎え、城下町はさらに発展した
:海
:海（現在は埋立て地）

※1：上等な国産砂糖　※2：城壁が直接海に面し、海側に城門があるものを海城という。なお高松城は海辺の平地に立つ平城（ひらじろ）である

海側の防御力を高める3テク

①隅櫓

海側の正門そばにあるのが着見櫓（月見櫓）。船を監視し、藩主の戻りを確認した。3層の屋根のつくりから、天守に匹敵する重要な櫓であることが分かる

城の要、水手御門を死守する。防御の弱点・城壁の入隅に隅櫓と渡櫓を巡らすことで、万全を期した

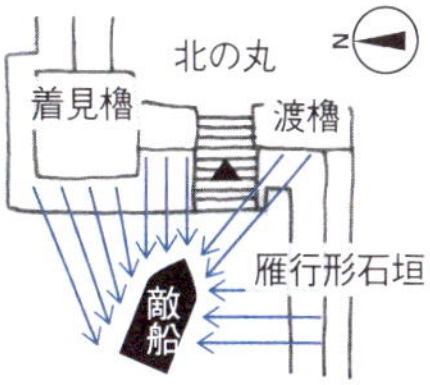
N
北の丸
着見櫓
渡櫓
雁行形石垣
敵船

四方に窓があり、全方位を見渡せる

海側の正門である水手御門は、城の要。ここを中心に防御力が整備された

②渡櫓

戦時には、櫓内に設けた仕切りを外し、移動しながら自在に攻撃をした。物資の保存庫としても使われていた

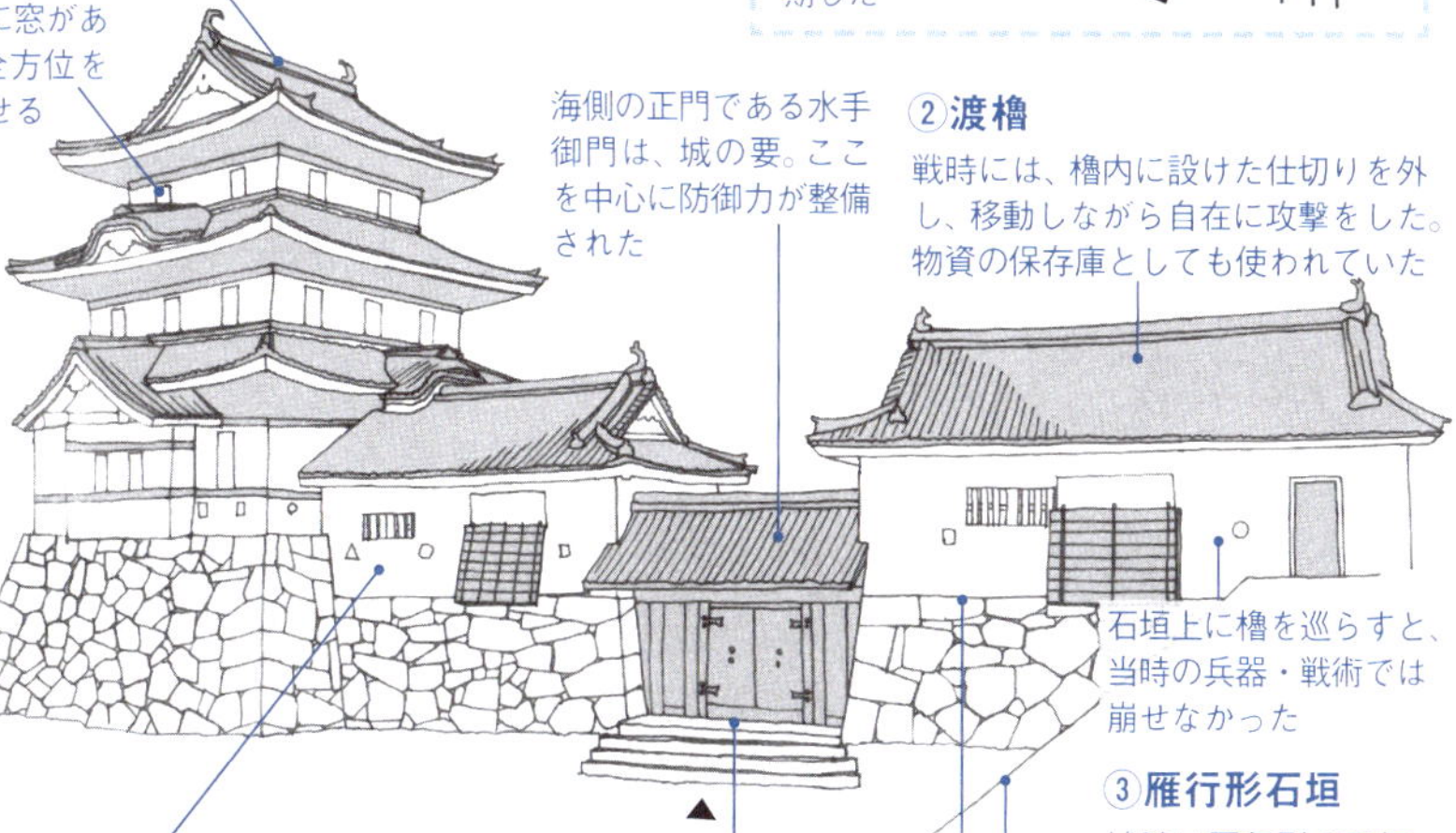

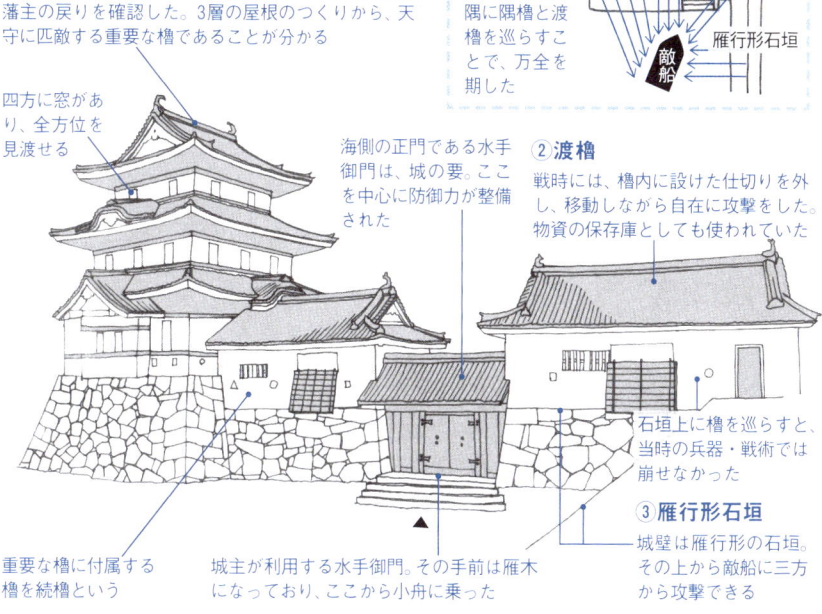

石垣上に櫓を巡らすと、当時の兵器・戦術では崩せなかった

③雁行形石垣

城壁は雁行形の石垣。その上から敵船に三方から攻撃できる

重要な櫓に付属する櫓を続櫓という

城主が利用する水手御門。その手前は雁木になっており、ここから小舟に乗った

陸側の橋に見る防御テクニック

斜めに石橋をかける

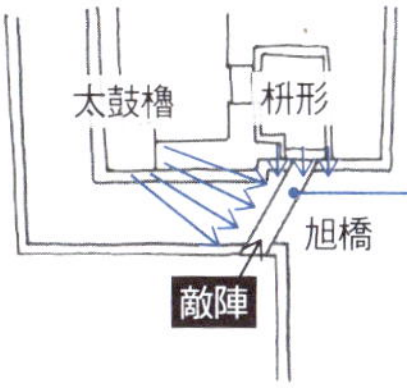
太鼓櫓
枡形
旭橋
敵陣

敵に横矢を射掛けるため、旭門の手前にある旭橋は城壁に対して斜めに渡した（筋違橋、すじかいばし）

落とさせない土塁

桜御門（戦災で焼失）の手前にある土塁は、まるで道のよう

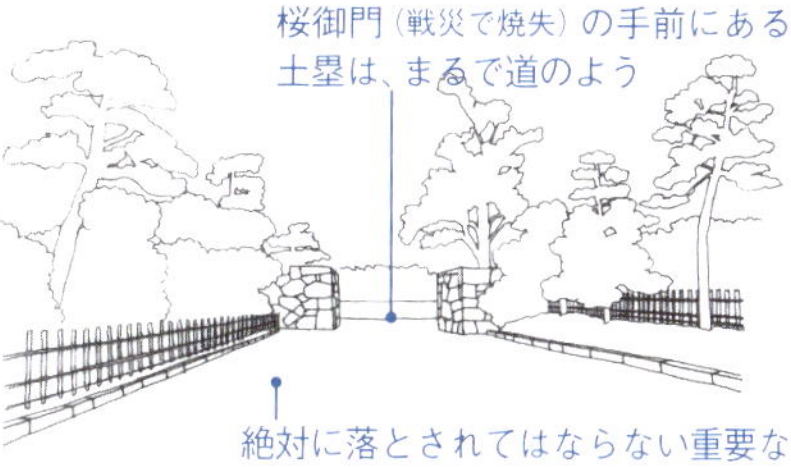

絶対に落とされてはならない重要な橋は、土塁か石橋とする

data

高松城（玉藻公園）

所在地・高松市玉藻町2－1
行き方・JR予讃線「高松駅」下車、徒歩5分

北の丸の着見櫓・渡櫓・水手御門は国指定重要文化財

自ら落とせる木橋

本丸へとつながる木造の橋（鞘橋）。この橋を落とし、天守でろう城する

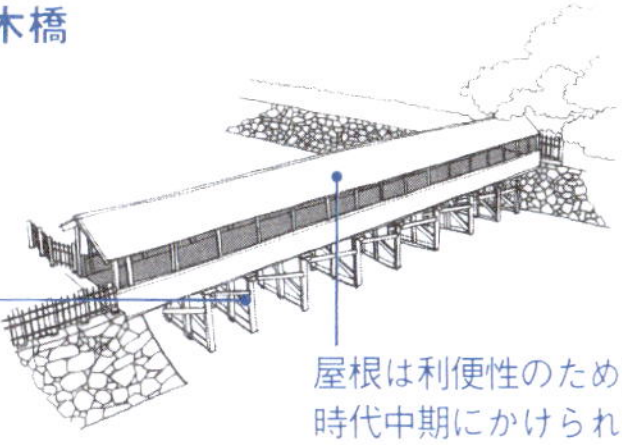

屋根は利便性のため江戸時代中期にかけられた

MEMO：高松城の別名は玉藻城。現在は城跡の一部が玉藻公園として整備されている

香川

庶民が熱狂した芝居小屋
旧金毘羅《こんぴら》大芝居［金丸座《かなまるざ》］

江戸時代の庶民にとって、芝居見物は非日常の楽しみだった。ハレの日を演出すべく、芝居小屋はのぼりなどで飾り立てられ、開演前から客の気分を高揚させた。芝居が始まれば、回り舞台など派手な演出を駆使して、観客たちを喜ばせた。

金丸座は1835（天保6）年に建てられた、現存する日本最古の芝居小屋※。今でも当時の姿を見ることができる。江戸時代の人々が熱狂した現場を感じよう。

芝居小屋を盛り上げるアイテムたち

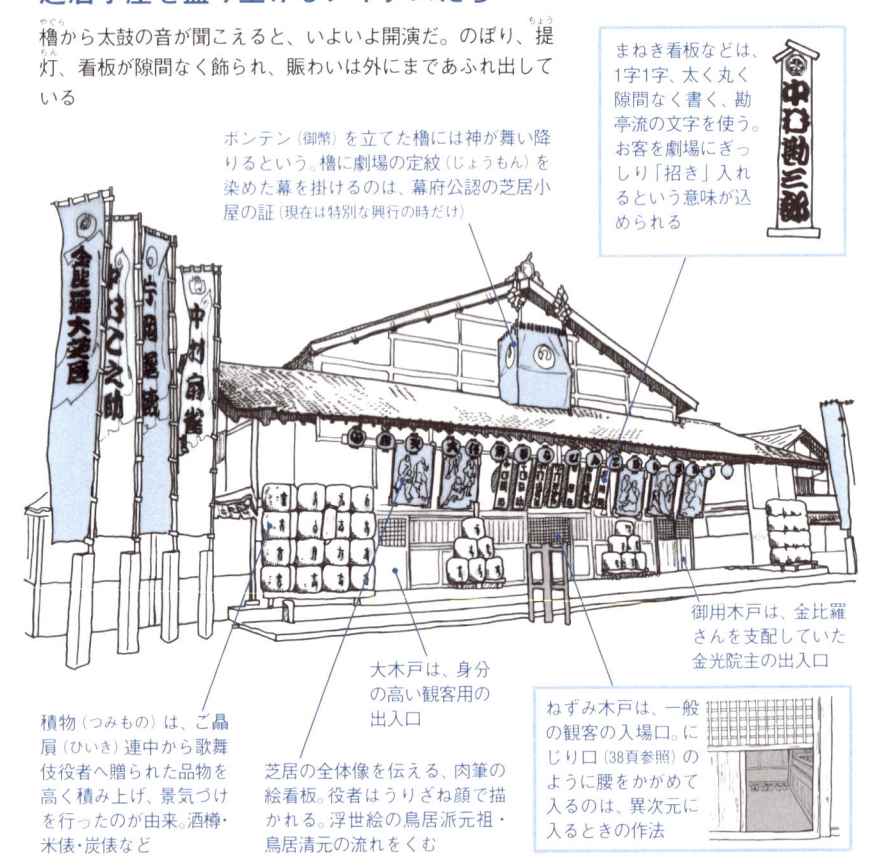

櫓《やぐら》から太鼓の音が聞こえると、いよいよ開演だ。のぼり、提《ちょう》灯《ちん》、看板が隙間なく飾られ、賑わいは外にまであふれ出している

まねき看板などは、1字1字、太く丸く隙間なく書く、勘亭流の文字を使う。お客を劇場にぎっしり「招き」入れるという意味が込められる

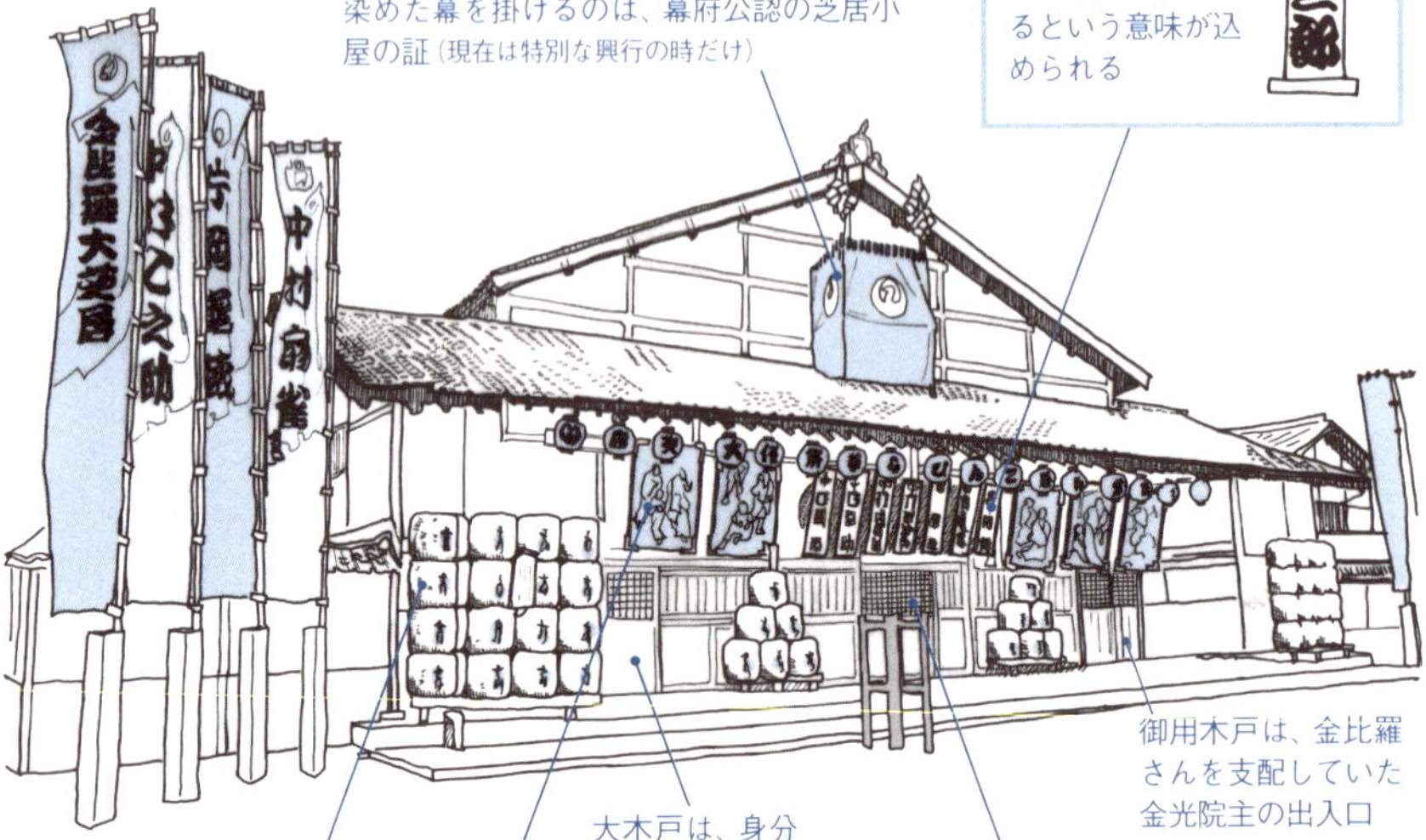

ボンテン（御幣）を立てた櫓には神が舞い降りるという。櫓に劇場の定紋（じょうもん）を染めた幕を掛けるのは、幕府公認の芝居小屋の証（現在は特別な興行の時だけ）

御用木戸は、金比羅さんを支配していた金光院主の出入口

大木戸は、身分の高い観客用の出入口

積物（つみもの）は、ご贔屓（ひいき）連中から歌舞伎役者へ贈られた品物を高く積み上げ、景気づけを行ったのが由来。酒樽・米俵・炭俵など

芝居の全体像を伝える、肉筆の絵看板。役者はうりざね顔で描かれる。浮世絵の鳥居派元祖・鳥居清元の流れをくむ

ねずみ木戸は、一般の観客の入場口。にじり口（38頁参照）のように腰をかがめて入るのは、異次元に入るときの作法

※：常設の芝居小屋だったが、明治以降は映画館などとして使われ、その後、廃館。1976（昭和51）年に現在地で移築復元された

派手な舞台をつくる仕掛け

花道の天井から吊り下げられた装置「かけすじ」。綱を引っ掛け役者を宙吊りにし、移動させる

各役者の紋入り提灯（顔見世提灯）

丸竹を格子状に組んだ天井「ぶどう棚」。ここから紙吹雪などをまき、うちわであおぐ

明かり窓（揚げ戸）。昔は昼興業が多く、戸を上げて採光した。舞台と観客席は同じ明るさだった

花道は鳥屋（役者控え室）と舞台を結ぶ。花道にある切穴（スッポン）はセリで上下し、亡霊役などがここから出てくる。一方、花道脇の空井戸は、役者がせり出して来る場所。奈落へ通じ、早変わりなどに使う

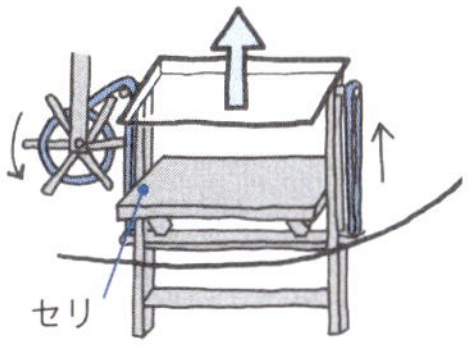

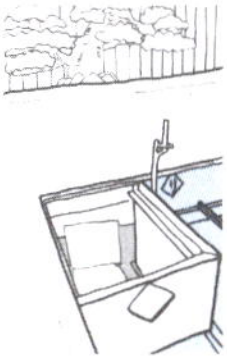

せり出しの装置（左）、空井戸（右）

引き幕（定式幕）は下手から上手に開ける。上手は観客席から見て右側。身分・年齢などの高い役柄の演者は上手にいる。地方の小屋では、引き幕がなく緞帳（どんちょう）だけのところもある。色は黒・柿・もえぎが多い

枡席の切符は、芝居茶屋を通して購入した

一瞬で場面を変える装置「回り舞台」。地下の奈落には、回り舞台を人力で動かすための仕掛けがある

回り舞台の装置

data

旧金毘羅大芝居［金丸座］

所在地・香川県仲多度郡琴平町乙1241
行き方・JR土讃線「琴平駅」徒歩20分

重要文化財。年中無休。こんぴら歌舞伎大芝居として、年に1度公演がある

MEMO：花道は能舞台の「橋掛かり」（27頁参照）に由来する。舞台正面の羽目板に松が描かれるのも、能楽の模倣とされる（左右の羽目板には竹が描かれる）

徳島

うだつの町には表と裏がある

脇町《わきまち》の町並み

吉野川支流にある脇町[※1]は、うだつの町並みで知られる。町が阿波藍《あい》の商売で賑わっていたころ、防火壁の一種であるうだつが「富の象徴」として競うようにつくられたのだ。

ところが、裏手に回ると景色は一変する。水運を利用した藍の集散地らしく、荷揚げ場や作業・保管に使われた蔵が吉野川沿いに建ち並ぶ。脇町の華やかな表の姿は、川沿いの裏の姿によってつくられたのだ。

うだつの町並みは表の顔

江戸から明治にかけて、藍で栄えた脇町。その繁栄ぶりを示すように、立派なうだつのある建物が並ぶ。脇町でも一二を争った藍商の店舗兼住宅、吉田家住宅[※2]を例に見てみよう

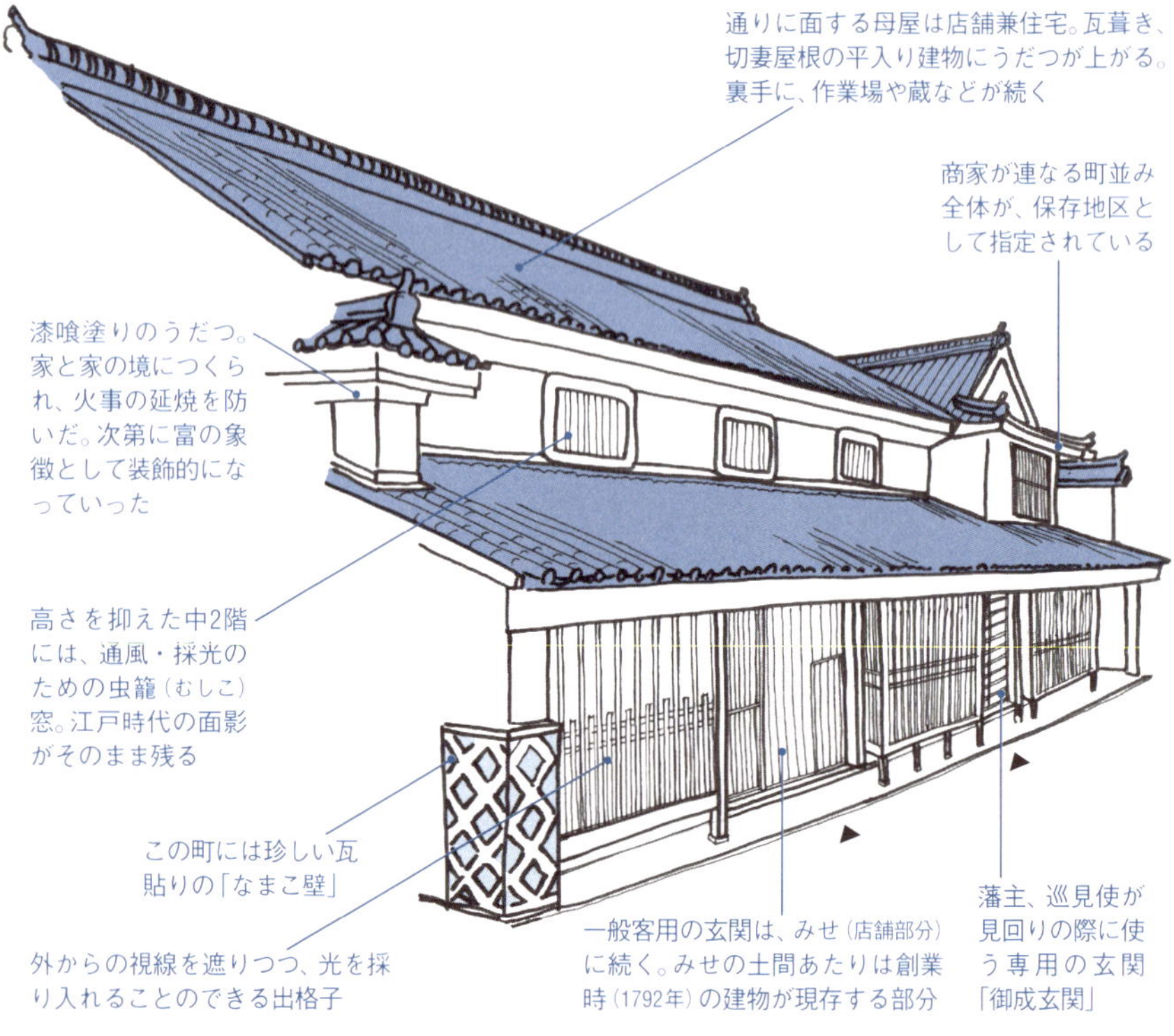
通りに面する母屋は店舗兼住宅。瓦葺き、切妻屋根の平入り建物にうだつが上がる。裏手に、作業場や蔵などが続く
商家が連なる町並み全体が、保存地区として指定されている
漆喰塗りのうだつ。家と家の境につくられ、火事の延焼を防いだ。次第に富の象徴として装飾的になっていった
高さを抑えた中2階には、通風・採光のための虫籠(むしこ)窓。江戸時代の面影がそのまま残る
この町には珍しい瓦貼りの「なまこ壁」
外からの視線を遮りつつ、光を採り入れることのできる出格子
一般客用の玄関は、みせ(店舗部分)に続く。みせの土間あたりは創業時(1792年)の建物が現存する部分
藩主、巡見使が見回りの際に使う専用の玄関「御成玄関」

※1：脇町はほか2町1村と合併後、美馬市となった　※2：屋号を「佐直」と称した

4 蔵の建ち並ぶ裏の顔

母屋に一歩入ると、ここで藍の原料を扱い、藍製品を販売・出荷していたことが分かる。敷地裏手にある吉野川の水運を生かした商売であった

藍商の仕事場が広がる

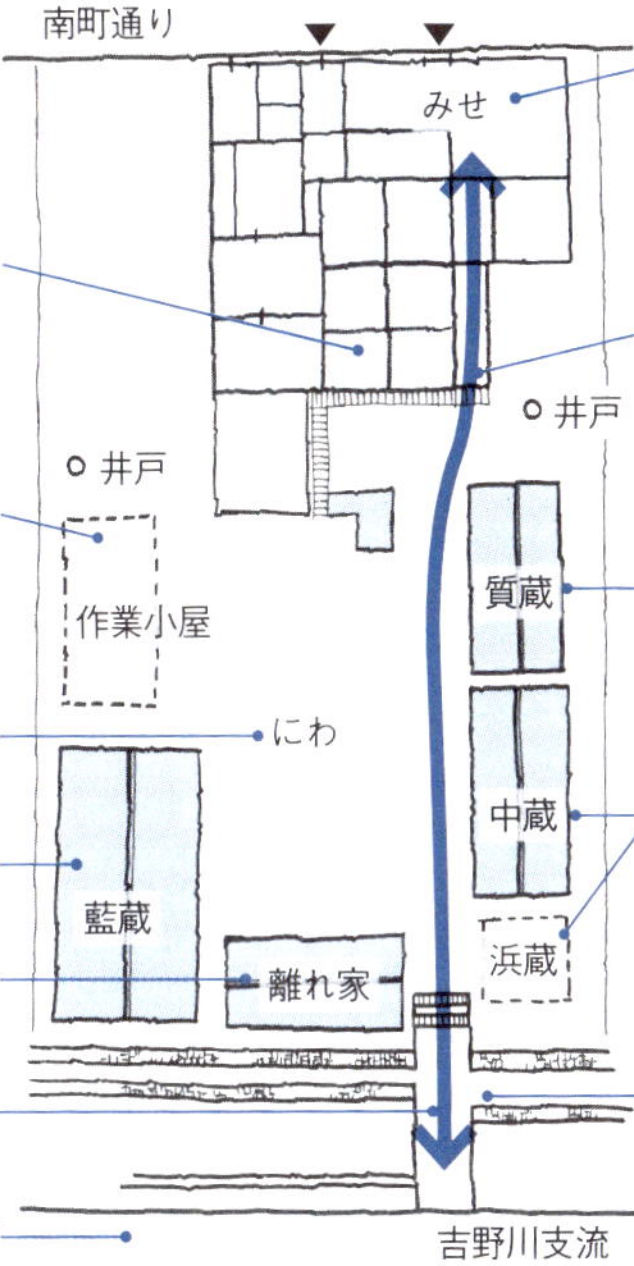
南町通り
みせ
井戸
井戸
作業小屋
にわ
質蔵
中蔵
浜蔵
藍蔵
離れ家
吉野川支流
母屋のみせ（店舗）部分には商品だけでなく、これから出荷する藍の積み荷も置かれていた
母屋の奥部分に住居スペースがあった
藍染めに使う藍葉、藍玉、すくもが行き来する動線。藍商家にとっての動脈といえる
加工作業を行う場では、従事者が寝泊まりしていた（現存せず）
家財や書類、質札などを保管
藍を天日乾燥させる場
藍の原料を発酵させる場
藍製品を保管し、通り側や川側に運び出した（浜蔵は現存せず）
船員の宿泊や荷揚げ道具の保管に使われた
船着場跡。当時は吉野川支流がここまで来ていた。脇町は阿波藍の中継地であった
現在、水はなく蒲（がま）が川面の風景を演出する

雁木は船着場であった名残。川の水位の増減に対応するため、道には緩やかな勾配がついている

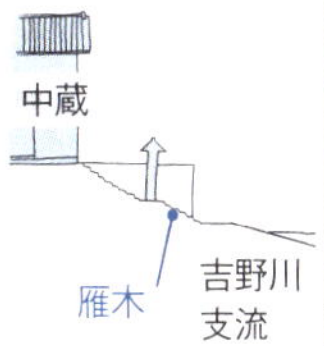
中蔵
雁木
吉野川支流

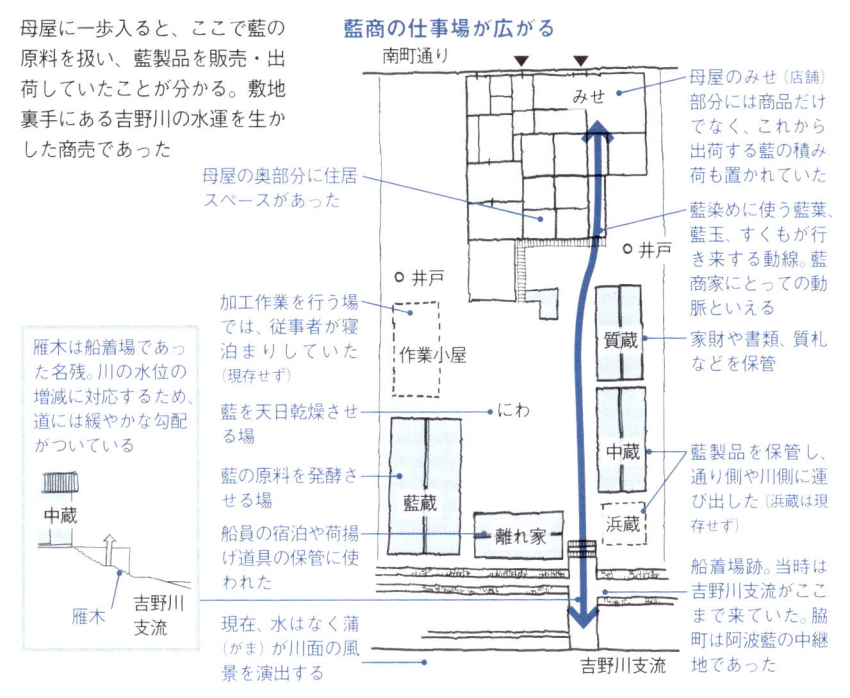

吉野川から望む町並み

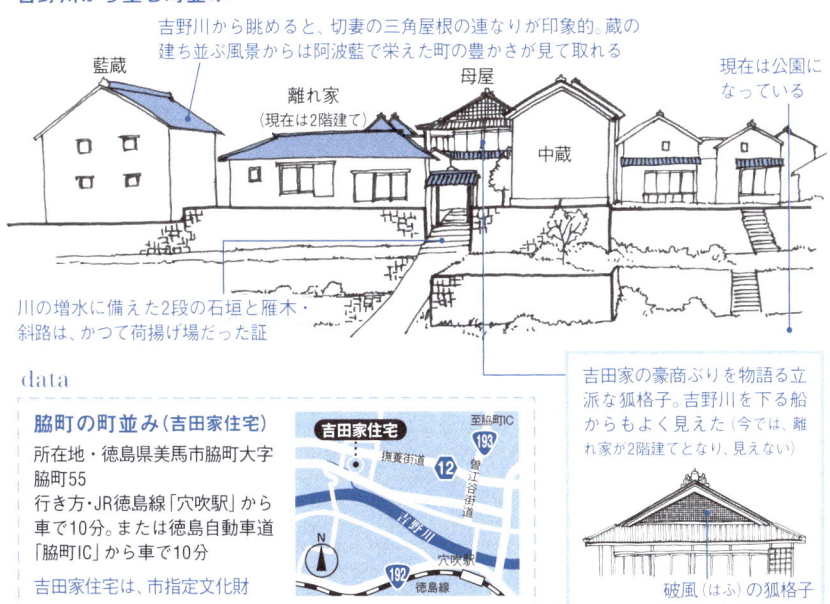

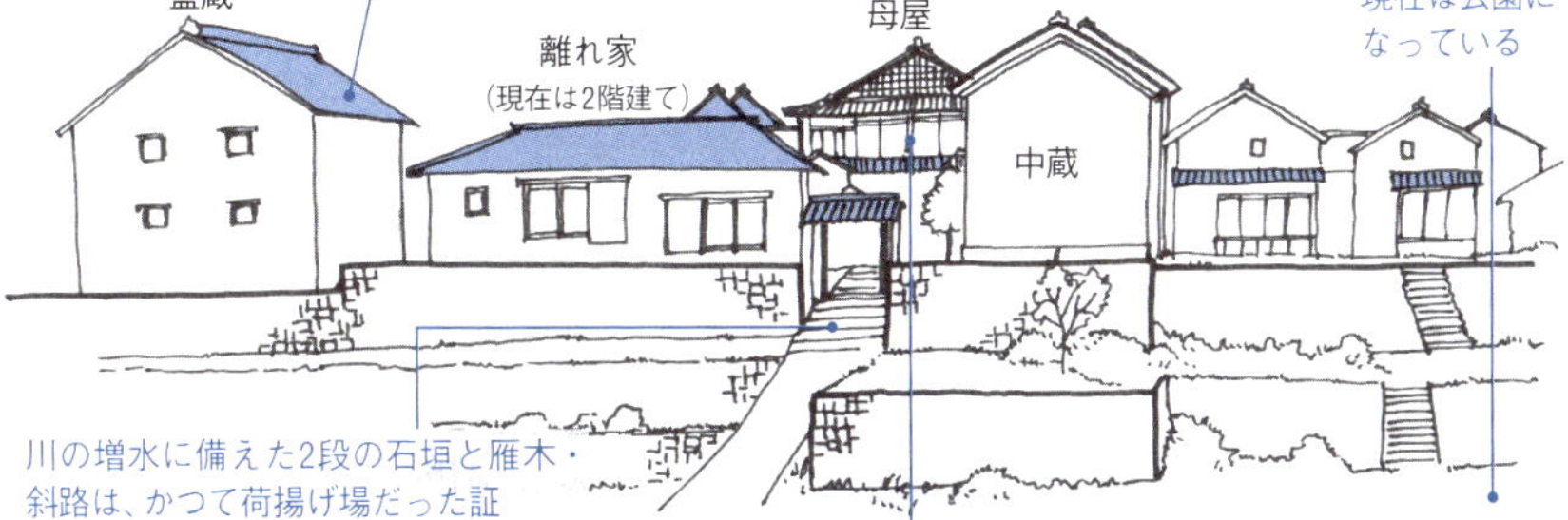
吉野川から眺めると、切妻の三角屋根の連なりが印象的。蔵の建ち並ぶ風景からは阿波藍で栄えた町の豊かさが見て取れる
藍蔵
離れ家
（現在は2階建て）
母屋
中蔵
現在は公園になっている
川の増水に備えた2段の石垣と雁木・斜路は、かつて荷揚げ場だった証

吉田家の豪商ぶりを物語る立派な狐格子。吉野川を下る船からもよく見えた（今では、離れ家が2階建てとなり、見えない）

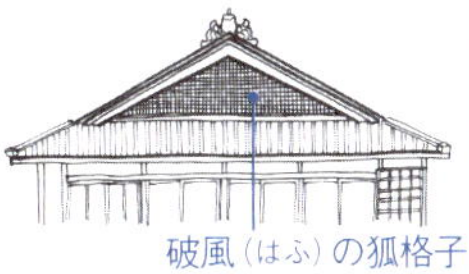
破風（はふ）の狐格子

data

脇町の町並み（吉田家住宅）

所在地・徳島県美馬市脇町大字脇町55

行き方・JR徳島線「穴吹駅」から車で10分。または徳島自動車道「脇町IC」から車で10分

吉田家住宅は、市指定文化財

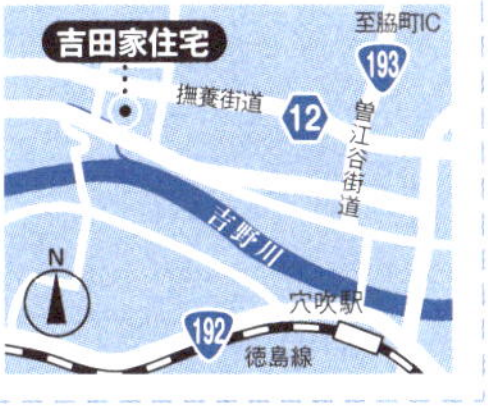
吉田家住宅
至脇町IC
193
撫養街道
12
曽江谷街道
吉野川
N
穴吹駅
192
徳島線

MEMO：うだつの町並みは、重要伝統的建造物群保存地区。伝統的建造物として指定されたものは85棟に上る

ひっそりと漂う
黄泉の世界

島根

国宝

出雲大社《いずもたいしゃ》

出雲大社は、日本最古の歴史書『古事記』にその創建が記されている。大国主神《おおくにぬしのかみ》が天照《あまてらす》大神《おおみかみ》に国を譲った際に造営された天日隅宮《あめのひすみのみや》、それが出雲大社の始まりだ。

大国主神を祭る出雲大社と天照大神を祭る伊勢神宮※は、比較されることが多い。大和の国から見て、東にある伊勢神宮は日が昇る「生」の世界を、西にある出雲大社は「死」の世界を象徴するという説もある。そのためか出雲大社には、伊勢神宮をはじめ一般の神社とは異なる点が数多く見られる。

本殿は大社造りの代表例

大社造り（10頁参照）は、最も古い神社本殿形式。切妻屋根をもち、妻側に入口がある。本殿は60年周期で式年遷宮《しきねんせんぐう》・造替《ぞうたい》が行われる

2間（けん、柱間の数）四方の平面。一般の神社の間口は奇数（陽の数）が多いが、出雲大社は偶数（陰の数、死を表す）

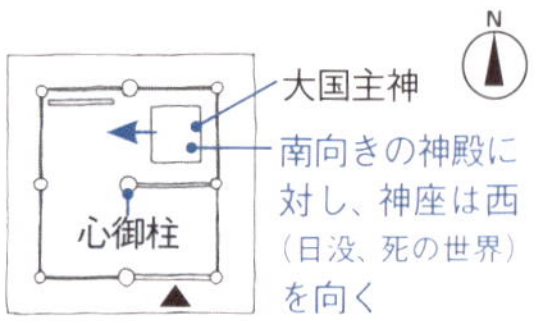
N
大国主神
心御柱
南向きの神殿に対し、神座は西（日没、死の世界）を向く

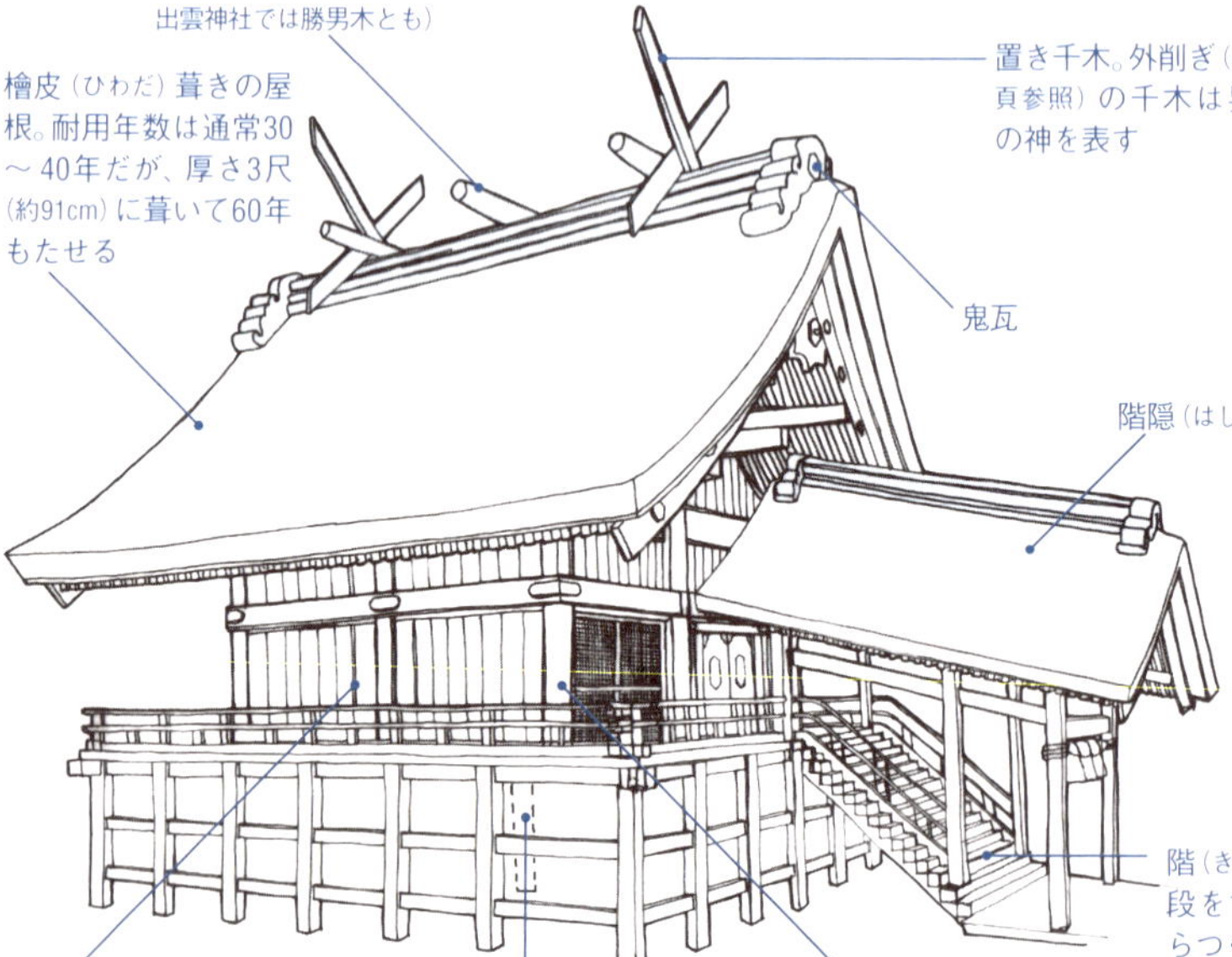
3本の太い鰹木（かつおぎ。出雲神社では勝男木とも）
置き千木。外削ぎ（42頁参照）の千木は男の神を表す
檜皮（ひわだ）葺きの屋根。耐用年数は通常30～40年だが、厚さ3尺（約91cm）に葺いて60年もたせる
鬼瓦
階隠（はしかくし）
階（きざはし）は1段を1本の木からつくった階段。段数の15は聖なる数7・5・3の和（左頁参照）
柱間に貫（ぬき）があり縦板壁になっている。一般の神社は横板壁
中心にある、一番太い柱「心御柱（しんのみはしら）」。直径1m9cm
9本の柱はすべて杉の丸柱

※：天照大神は、伊勢神宮内宮（皇大神宮）の祭神。伊勢神宮は42頁参照

出雲に潜む死のイメージ

4（死）を用いる出雲大社

出雲大社の本殿の高さは時代によって異なるが、いずれも4の倍数（偶数）。一般の神社では、古代中国の陰陽思想の影響を受けて、陽の奇数を好む

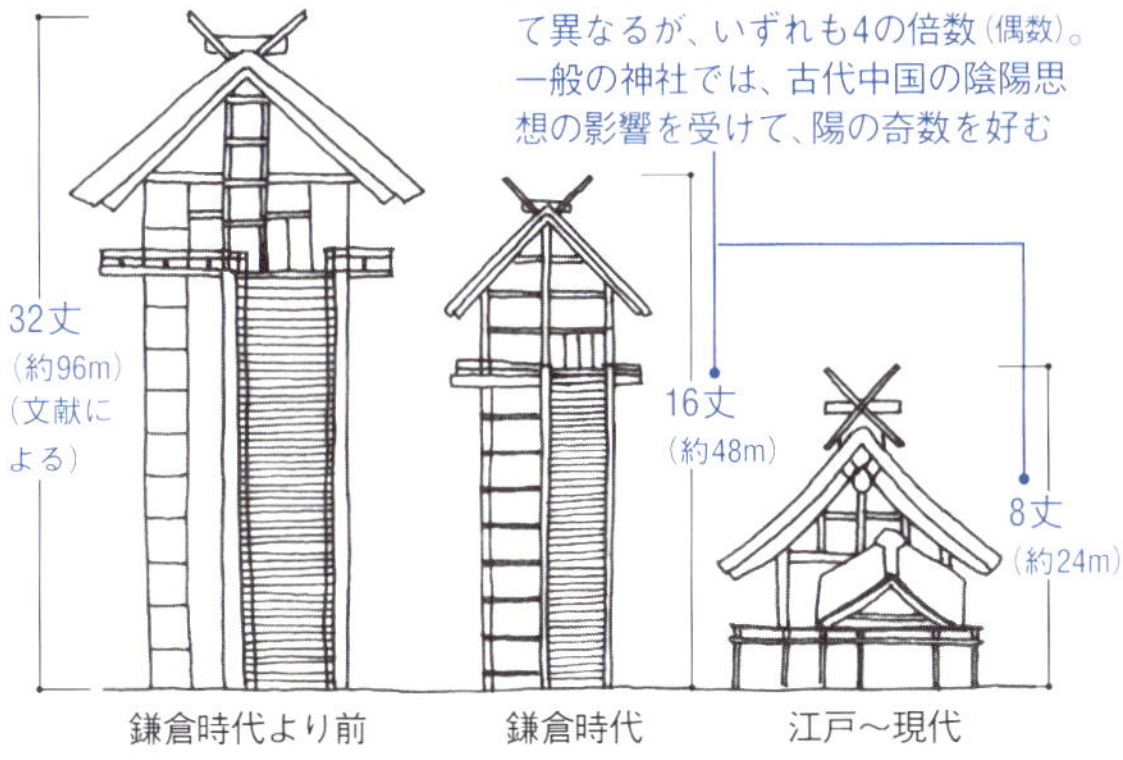
32丈
（約96m）
（文献による）
16丈
（約48m）
8丈
（約24m）
鎌倉時代より前
鎌倉時代
江戸～現代

一般の神社は2礼2拍手1礼だが、出雲大社は2礼4拍手1礼でお参りする

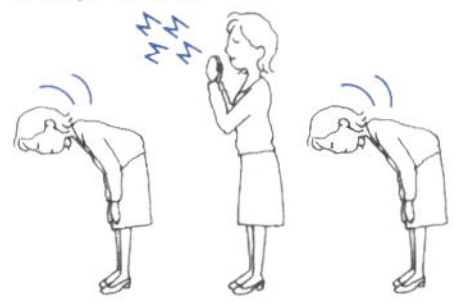

西（死界）から集まる神

旧暦の10月、八百万（やおよろず）の神々が各地から出雲を訪れる。神々はウミヘビ（龍蛇）の先導で出雲大社の西にある稲佐の浜に到着する

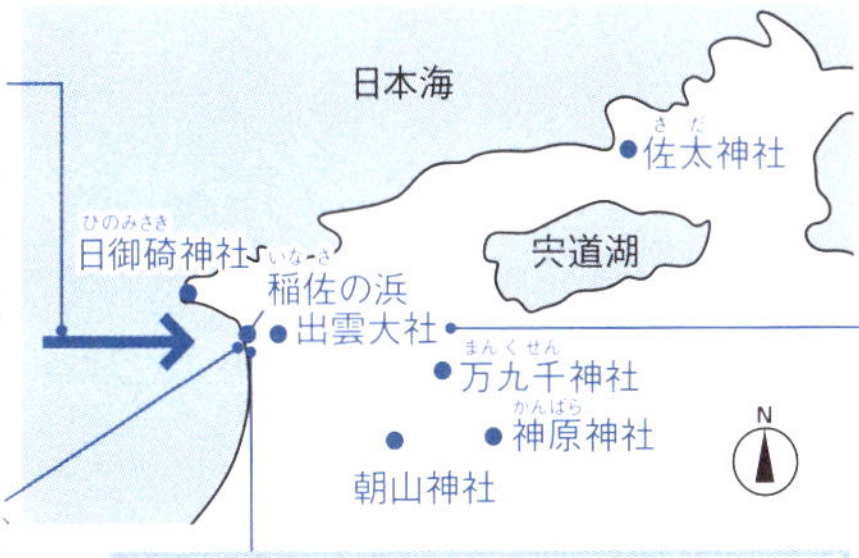
日本海
佐太《さた》神社
宍道湖
日御碕《ひのみさき》神社
稲佐《いなさ》の浜
出雲大社
万九千《まんくせん》神社
神原《かんばら》神社
朝山神社
N

全国から神々を迎え、図中の神社では神在祭が行われる

稲佐の浜「弁天島」でも、神在祭の期間中、毎日神事が行われる。豊玉毘古命（とよたまひこのみこと）を祭る

漂着したウミヘビは須佐之男命（すさのおおのみこと）の化身といわれ、神使（しんし）・龍蛇神として祭られる

出雲大社龍蛇神
守護

data

出雲大社

所在地・島根県出雲市大社町杵築東19
行き方・一畑電鉄「出雲大社前駅」下車、徒歩7分

本殿は国宝。本殿は瑞垣（みずがき）という垣根でぐるりと囲われている

出雲大社本殿の両脇にある十九社（じゅうくしゃ、神々の宿社）の扉は通常閉まっているが、神在祭期間のみは開かれる

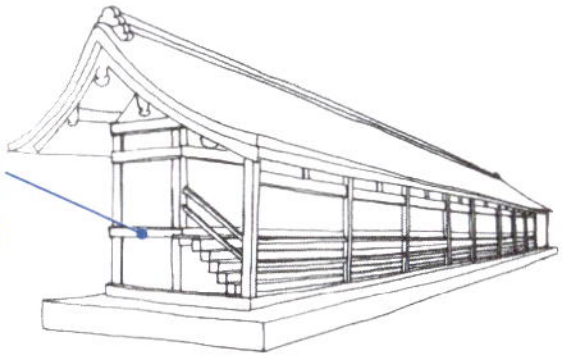

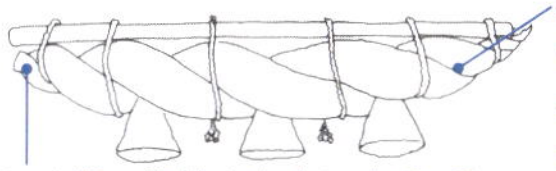

しめ縄の綯始めを左にする。それは西の方角に当たる

出雲大社の象徴、神楽殿の巨大なしめ縄。しめ縄は一般に綯始め（ないはじめ）が向かって右だが、出雲大社では左。西を上位とする出雲の各社固有の考え

MEMO：旧暦の10月を「神無月」というが、出雲では神々が来訪するため「神在月」という。ではなぜ神は10月に出雲で集まるのか。国生みの神・イザナミは10月に出雲と伯耆（ほうき）の国境（島根と鳥取の境）付近で亡くなったといわれ、その供養のため全国から神々が集まるという説がある

国宝

鳥取

三佛寺《さんぶつじ》

神仏は床下にいる

三佛寺の奥の院である投入堂《なげいれどう》は、切り立った崖の岩穴に建つ。床下の岩に足を長く突き出したような「懸造り《かけづくり》」の建物だ（88頁参照）。

投入堂を下から見上げれば、背後の岩山に圧倒される。浮遊感のある建物が岩山の大きさや神秘さを際立たせ、岩が神であることを示しているのだ※。懸造りは床下にいる神々を視覚化する道具立てともいえる。

三佛寺にはほかにも懸造りの建物がある。岩山のいたるところに神が坐《ま》すのだ。

断崖にある懸造り・投入堂

投入堂は、三徳山《みとくさん》の断崖の窪みに投げ入れられたように建つことからそう呼ばれた。ここに建てたのは、この岩壁に神を見たからこそ。お堂は、険しい自然のただなかに舞い降りた鶴のように軽やかだ

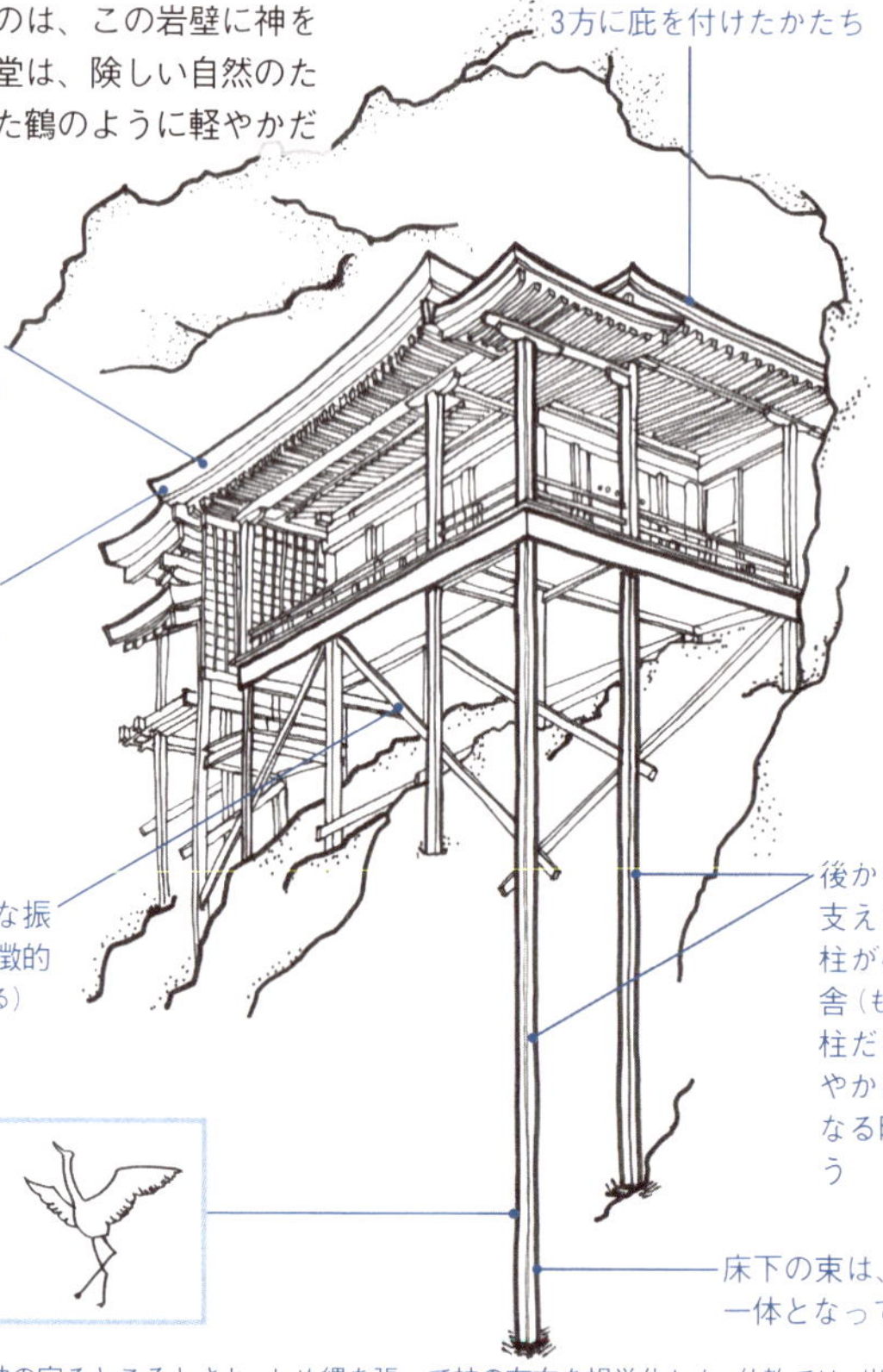
入母屋（いりもや）の屋根に見えるが、切妻屋根の3方に庇を付けたかたち
屋根勾配は緩く、大きく突き出た庇は鶴が滑空しているよう
軒先のわずかな反りは、鶴が広げた翼のよう
無造作に付けたような振れ止めの筋かいが特徴的（一般の懸造りとは異なる）
後から付けた縁と庇を支えるために、長い束柱が必要となった。身舎（もや）部分の丸い束柱だけなら、現在の軽やかさとはまったく異なる印象となっただろう
床下の束は、縁の柱と一体となっている
束柱は長く、面取りされて細く見える。鶴の脚のように細長い

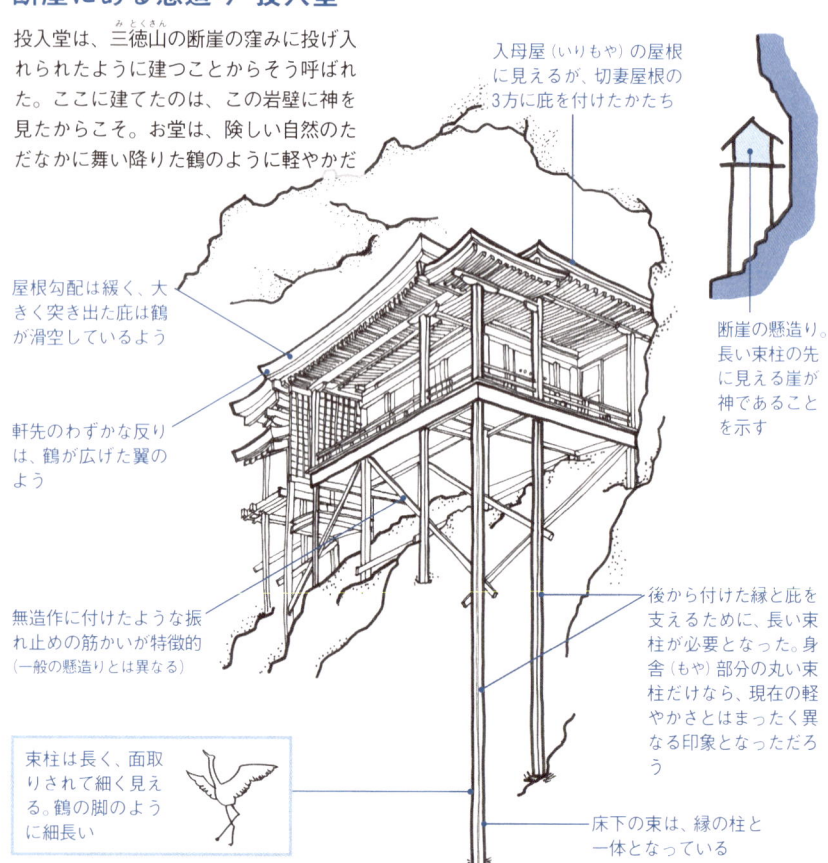

断崖の懸造り。長い束柱の先に見える崖が神であることを示す

※：古くより岩や石は神の宿るところとされ、しめ縄を張って神の存在を視覚化した。仏教では、岩壁に仏像を彫った（磨崖仏：まがいぶつ）

岩山の頂・洞穴にある懸造り

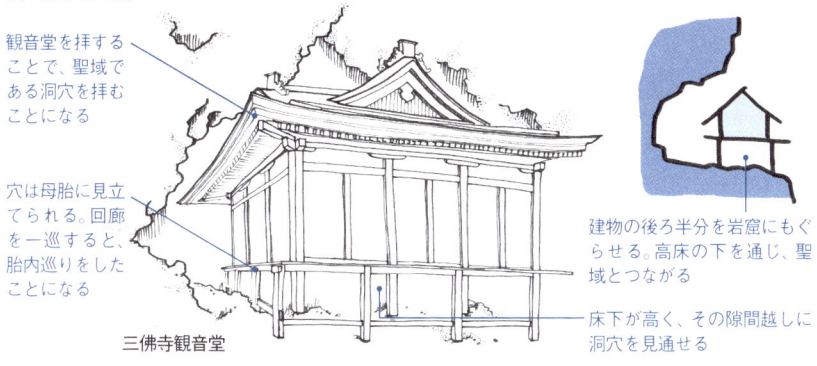

岩山の頂に建つ

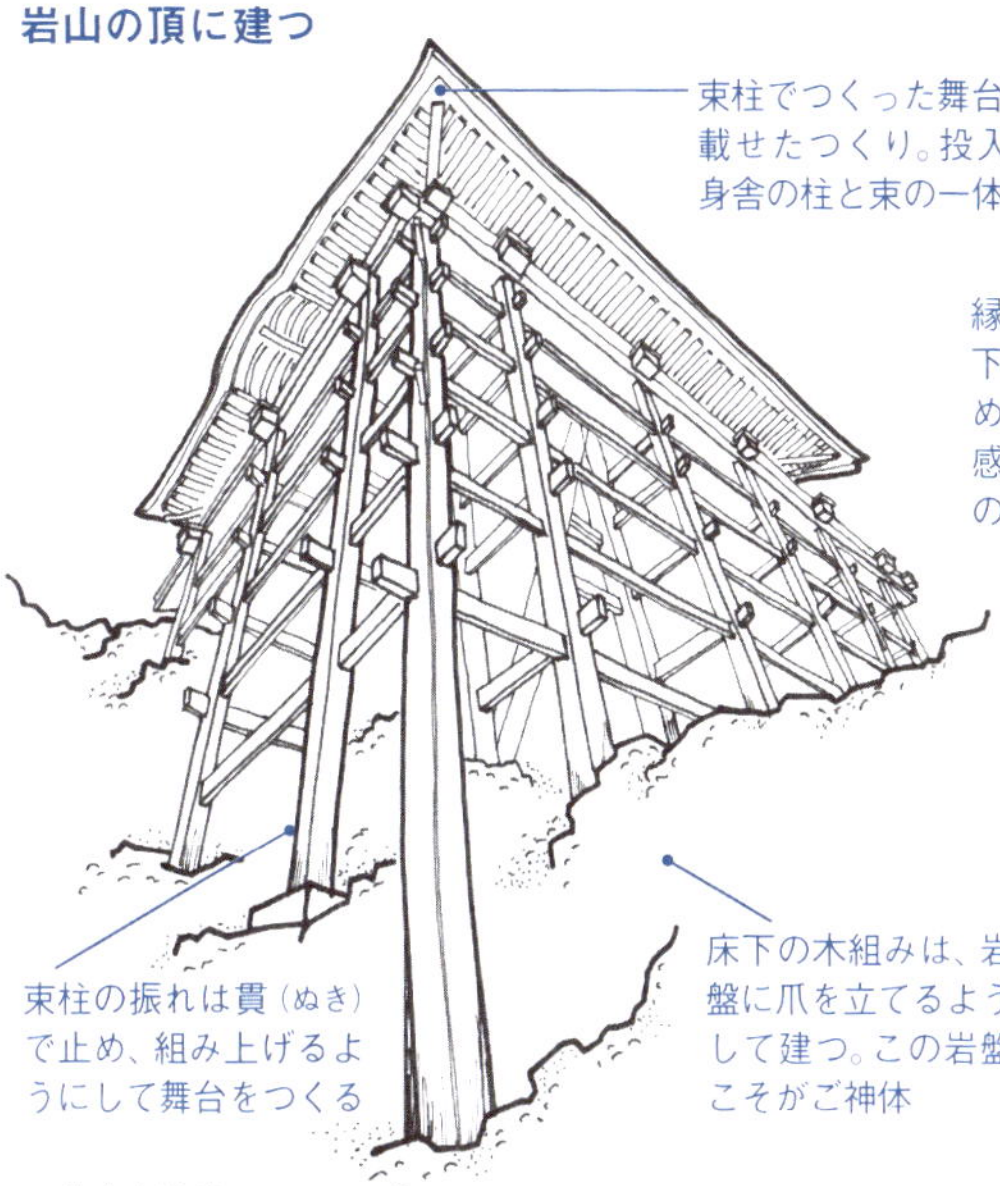

束柱でつくった舞台の上に身舎を載せたつくり。投入堂とは違い、身舎の柱と束の一体感が少ない

縁には手摺はなく、下を見ると谷底が望める。浮遊感と恐怖感が味わえ、修験道の行を体験できる

束柱の振れは貫（ぬき）で止め、組み上げるようにして舞台をつくる

床下の木組みは、岩盤に爪を立てるようして建つ。この岩盤こそがご神体

三佛寺文殊堂

笠森寺観音堂（千葉）は、ご神体の岩山を櫓ですっぽり覆った日本で唯一の四方懸造りの寺院

穴の入口に建つ

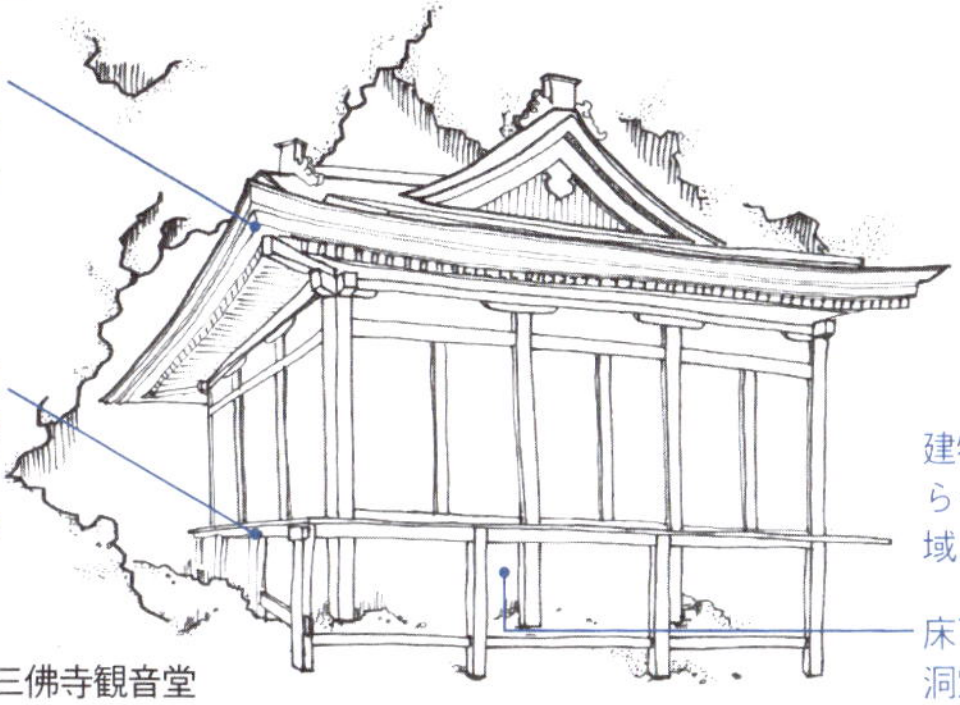

観音堂を拝することで、聖域である洞穴を拝むことになる

穴は母胎に見立てられる。回廊を一巡すると、胎内巡りをしたことになる

床下が高く、その隙間越しに洞穴を見通せる

三佛寺観音堂

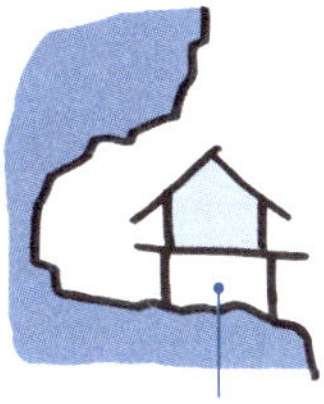

建物の後ろ半分を岩窟にもぐらせる。高床の下を通じ、聖域とつながる

data

三佛寺

所在地・鳥取県東伯郡三朝町三徳1010
行き方・JR山陰本線「倉吉駅」から日ノ丸バス「三徳山参道入口」下車、徒歩5分

投入堂は国宝。12〜3月は閉山

達谷窟毘沙門堂（たっこくのいわやびしゃもんどう、岩手）は、懸造りの足組みの隙間から、神聖な洞穴が望める

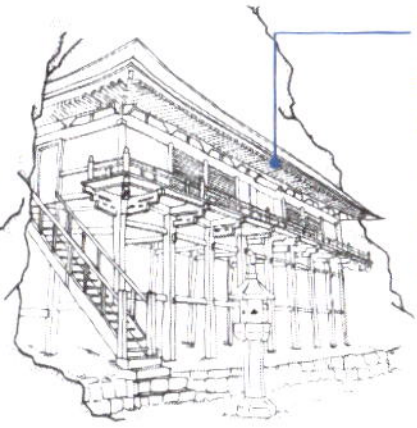

毘沙門天の加護により蝦夷の悪路王（あくろおう）を討伐した坂上田村磨呂が創建した

MEMO：投入堂に祭られていた蔵王権現立像（重要文化財）は、現在、宝物殿で拝観できる。蔵王権現立像としては、日本最古のものとされる（蔵王権現は日本独自の神で、修験道の本尊）

岡山

日本最古の庶民の学校

国宝

旧閑谷《しずたに》学校

岡山藩主池田光政は、儒教理念に基づき藩政の改革を行い、名君と呼ばれた人※。その光政によって建てられたのが、閑谷学校だ。

ここでは藩士の子も庶民の子も共に学ぶという、江戸時代ではまれな教育がなされた。高低差のある土地に、学びの場となる講堂や聖廟（孔子廟）などを並べ、大きな石塀で囲む。石塀は、学校の領域を特別なものと定める「結界」の役割を有したのだろう。学校全体の配置からも、光政の儒教観・教育観がうかがい知れる。

石塀が学校を特別なものとした

閑谷学校を取り囲む石塀。その大きさからは力強さが、
滑らかな表情からは優しさが感じられる

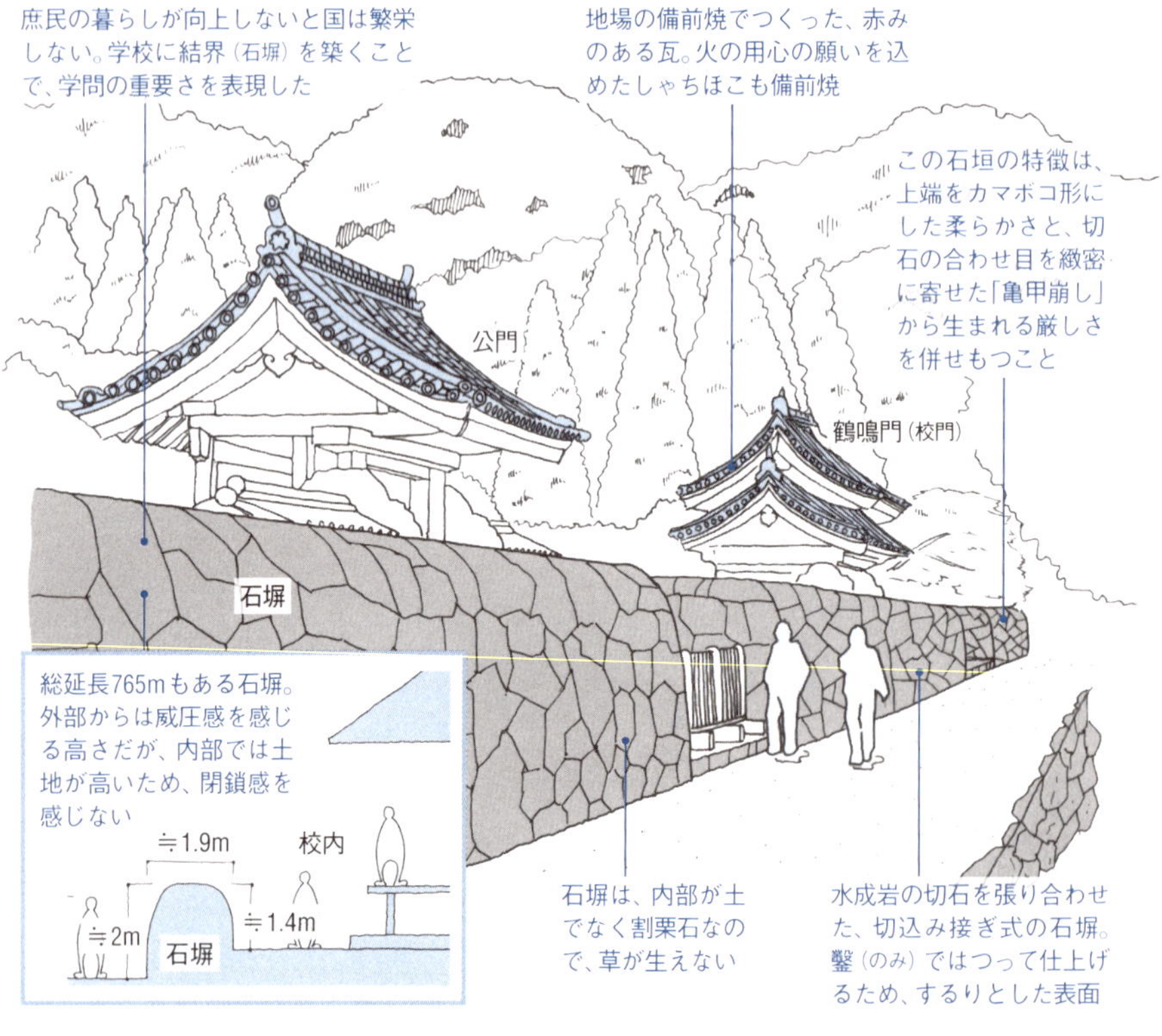
庶民の暮らしが向上しないと国は繁栄しない。学校に結界（石塀）を築くことで、学問の重要さを表現した
地場の備前焼でつくった、赤みのある瓦。火の用心の願いを込めたしゃちほこも備前焼
この石垣の特徴は、上端をカマボコ形にした柔らかさと、切石の合わせ目を緻密に寄せた「亀甲崩し」から生まれる厳しさを併せもつこと
公門
鶴鳴門（校門）
石塀
総延長765mもある石塀。外部からは威圧感を感じる高さだが、内部では土地が高いため、閉鎖感を感じない
≒1.9m
校内
≒2m
≒1.4m
石塀
石塀は、内部が土でなく割栗石なので、草が生えない
水成岩の切石を張り合わせた、切込み接ぎ式の石塀。鑿（のみ）ではつって仕上げるため、するりとした表面

※：池田光政は、儒学の師である熊沢蕃山（くまざわばんざん、江戸前期の陽明学者）の教え「領民への仁政こそ国の基本である」のもと、教育事業を推し進めた

軸線と囲繞《いにょう》がつくる空間の秩序

藩主の儒教観が表れた閑谷学校は、儒学の祖、孔子を祭った聖廟をトップに、ヒエラルキーを明快にした配置。心知体を鍛える、学びの場だ

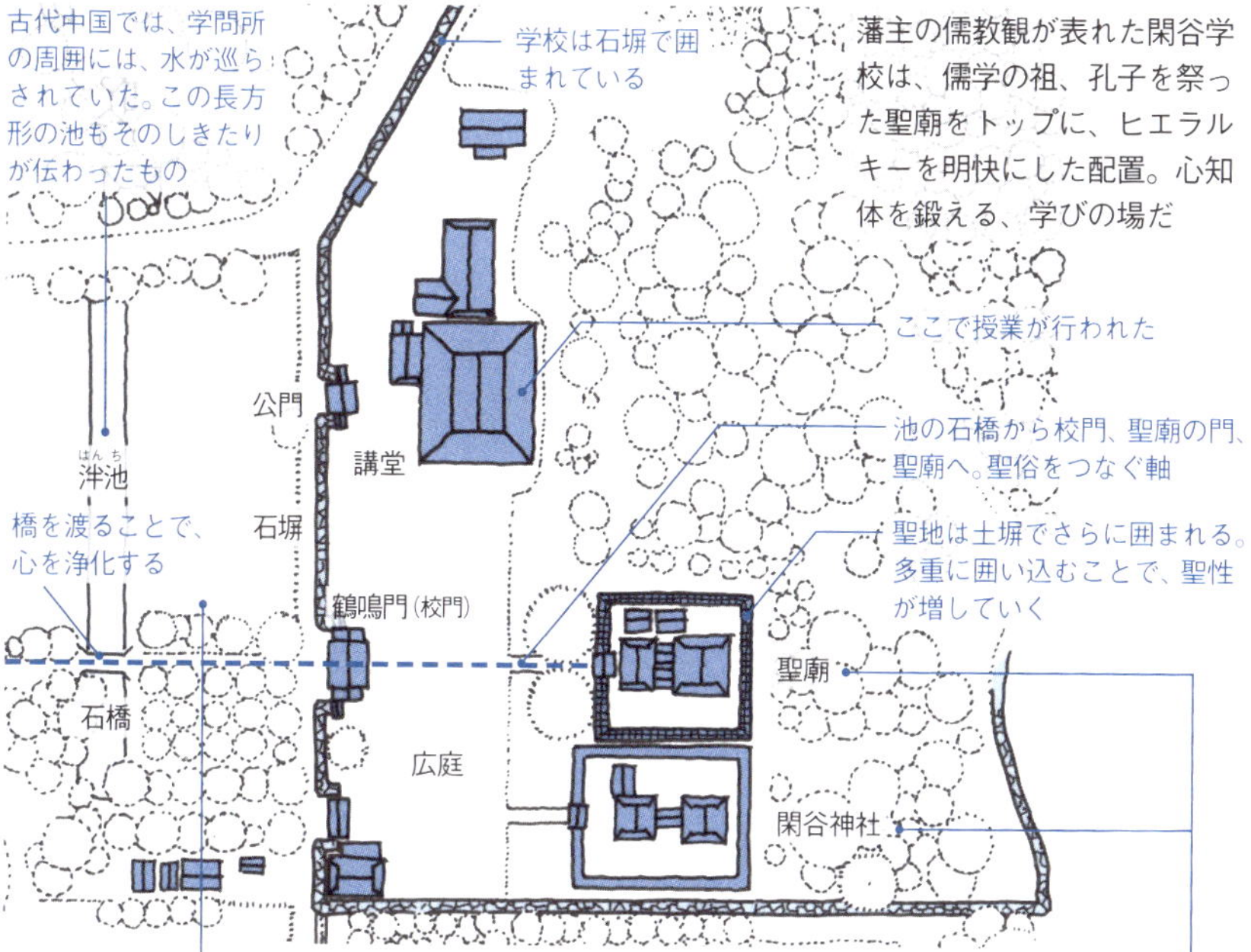

古代中国では、学問所の周囲には、水が巡らされていた。この長方形の池もそのしきたりが伝わったもの
学校は石塀で囲まれている
ここで授業が行われた
公門
講堂
泮池《はんち》
橋を渡ることで、心を浄化する
石塀
池の石橋から校門、聖廟の門、聖廟へ。聖俗をつなぐ軸
聖地は土塀でさらに囲まれる。多重に囲い込むことで、聖性が増していく
鶴鳴門（校門）
聖廟
石橋
広庭
閑谷神社
後年、高校の運動場として使用された

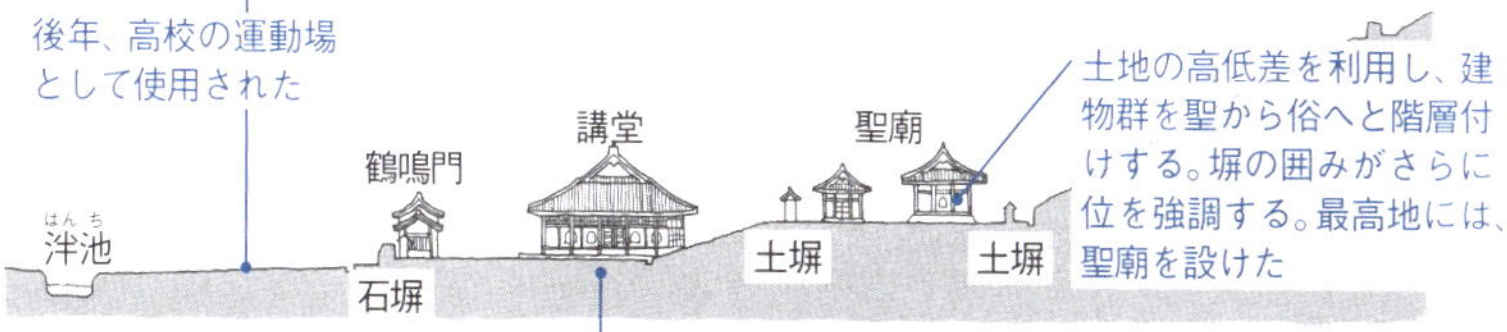

講堂
聖廟
鶴鳴門
泮池《はんち》
石塀
土塀
土塀
土地の高低差を利用し、建物群を聖から俗へと階層付けする。塀の囲みがさらに位を強調する。最高地には、聖廟を設けた

池田光政を祭る閑谷神社は、孔子を祭る聖廟よりも約1m低い位置に建つ

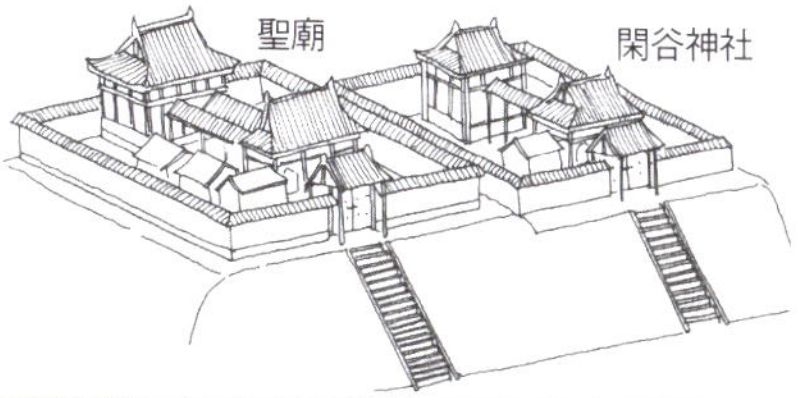

聖廟
閑谷神社

備前瓦葺きの講堂。藩士、庶民の子が一同に学び、毎日「子曰く……」と論語を斉唱した。磨き上げられた床板にも注目

data

旧閑谷学校

所在地・岡山県備前市閑谷784
行き方・JR山陽本線「吉永駅」から備前バスで「閑谷学校」下車、徒歩12分

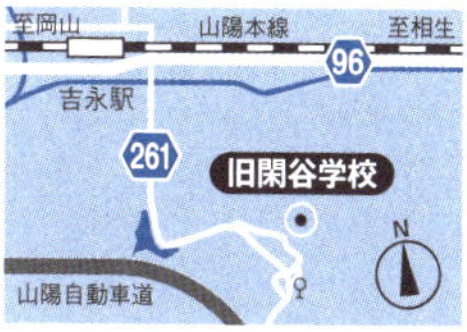

至岡山
山陽本線
至相生
96
吉永駅
261
旧閑谷学校
N
山陽自動車道

特別史跡。現在の姿に整ったのは1701（元禄14）年。講堂は国宝

MEMO：石塀で囲まれた広庭は、地中に割栗石を埋めるなど、自然排水のための仕組みが施されている

広島

平和を願う 南北の線に注目

平和記念公園

原爆により一瞬にして消え去った、広島の中心街・中島《なかじま》地区。戦後、その地につくられた平和記念公園は、日本を代表する建築家・丹下健三《たんげけんぞう》※1の手によるものだ。

公園は南北軸を基本に計画された。平和記念資料館のピロティを潜《くぐ》ると、一面の芝生と正面の原爆死没者慰霊碑、川向こうの原爆ドーム※2が見える。各施設から原爆ドームが常に視界に入るように、さまざまな工夫が凝らされている。樹木が立ち並ぶ軸線上のその道は、原爆ドームに続く参道のようだ。

南北軸が公園の要

平和記念公園内の施設は、川岸の原爆ドームへと続く南北の軸に沿って配されている。道路や歩道の配置も細やかに設計されている

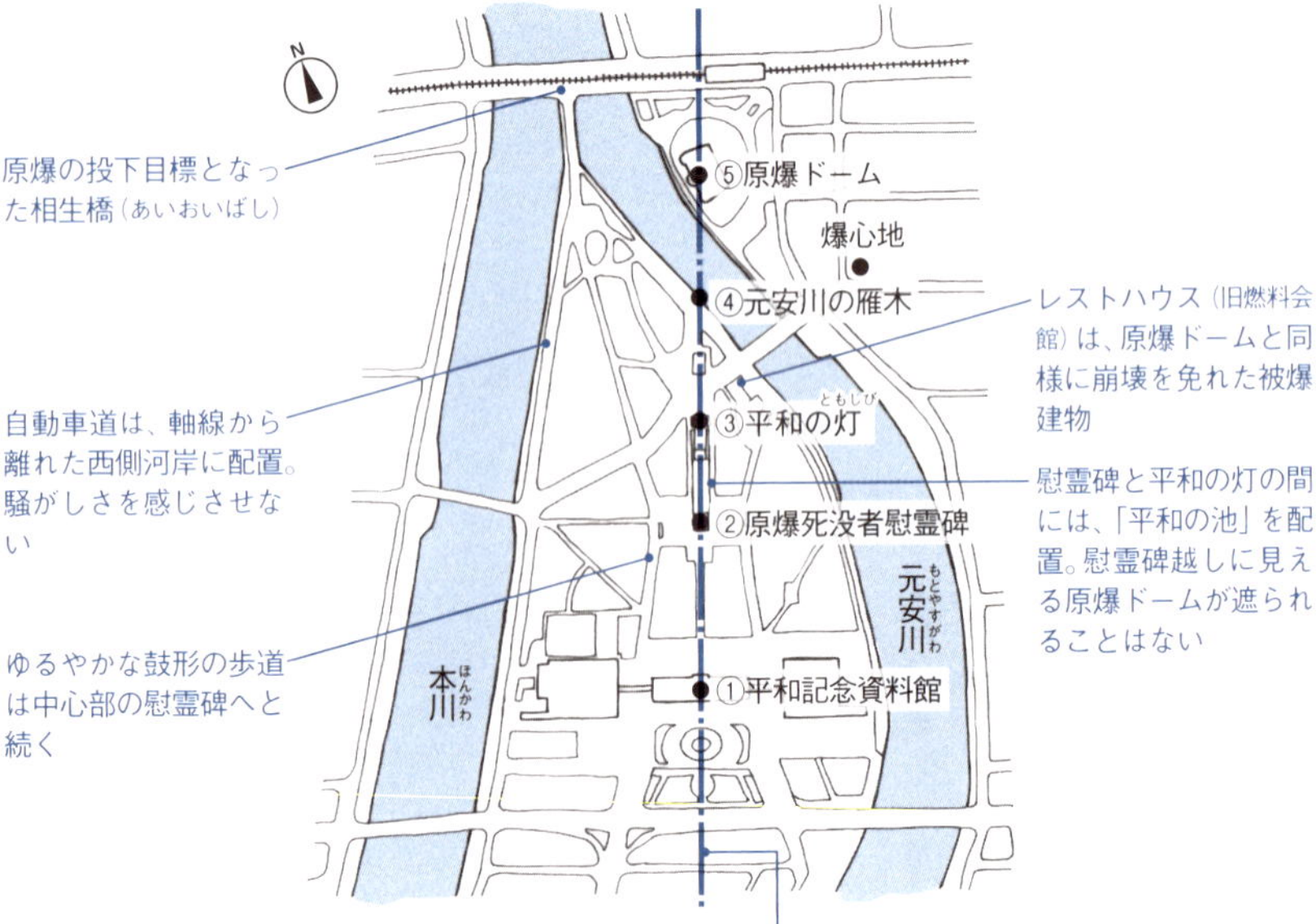
N
原爆の投下目標となった相生橋（あいおいばし）
⑤原爆ドーム
爆心地
④元安川の雁木
レストハウス（旧燃料会館）は、原爆ドームと同様に崩壊を免れた被爆建物
自動車道は、軸線から離れた西側河岸に配置。騒がしさを感じさせない
③平和の灯《ともしび》
慰霊碑と平和の灯の間には、「平和の池」を配置。慰霊碑越しに見える原爆ドームが遮られることはない
②原爆死没者慰霊碑
元安川《もとやすがわ》
ゆるやかな鼓形の歩道は中心部の慰霊碑へと続く
本川《ほんかわ》
①平和記念資料館

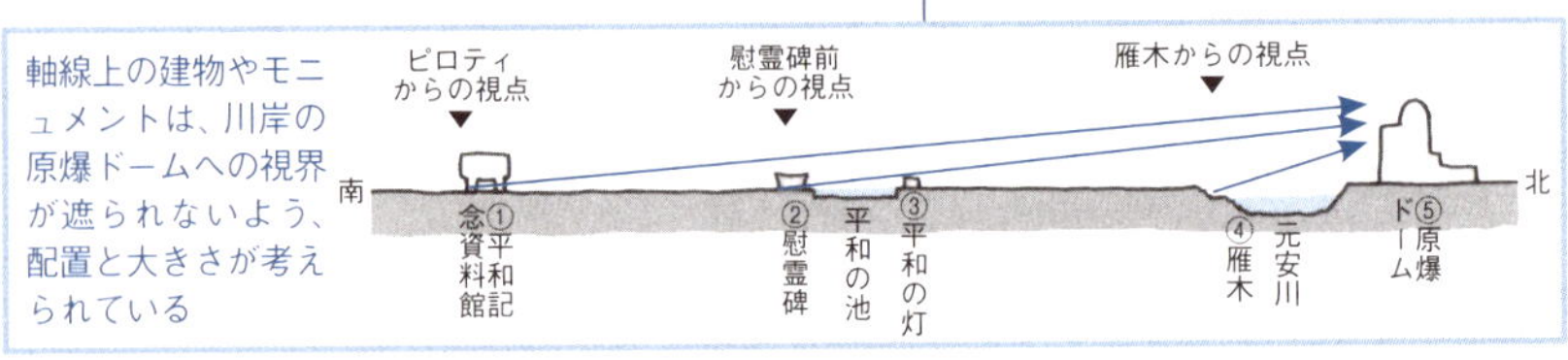
軸線上の建物やモニュメントは、川岸の原爆ドームへの視界が遮られないよう、配置と大きさが考えられている
ピロティからの視点
慰霊碑前からの視点
雁木からの視点
南
北
①平和記念資料館
②慰霊碑
平和の池
③平和の灯
④雁木
元安川
⑤原爆ドーム

※1：丹下健三（1913～2005年）の代表作は、東京の国立代々木競技場（屋内総合体育館）など　※2：原爆ドームは、旧広島県物産陳列館（1915［大正4］年竣工、ヤン・レツル［チェコ］設計）。水上交通を見越し、川に正面を向けた開放的な建物だった

8

平和記念公園（広島）

ドームに続く、軸線をたどる

①平和記念資料館

1階のピロティは「ゲート」の役割だけでなく、原爆ドームへの視線を遮らないという機能をもつ。正面からは慰霊碑と原爆ドームが一直線上に並び、水平を強調したピロティ空間の先に垂直の軸が見える

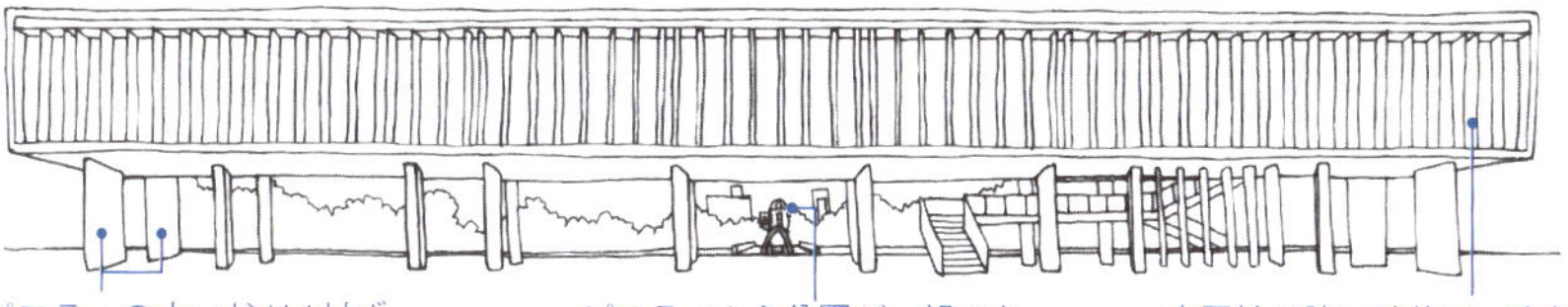

ピロティの太い柱は1対ずつ異なった断面をもつ

ピロティから公園が一望でき、遠くに原爆ドームが見える

水平性の強い建物に、垂直のルーバーが並ぶ

②原爆死没者慰霊碑

慰霊碑は中空になっており、正面に原爆ドームをのぞき見ることができる

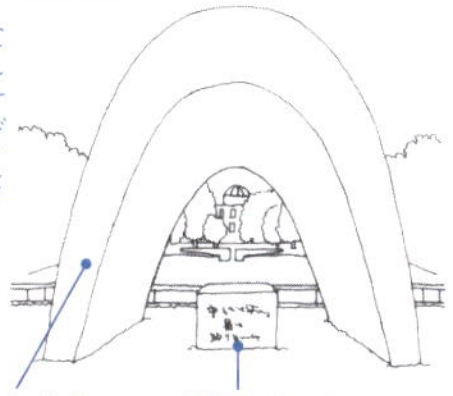

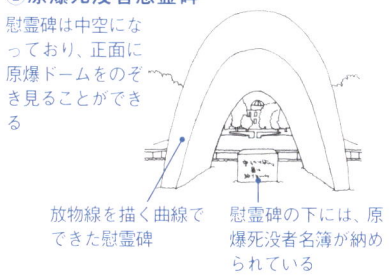

放物線を描く曲線でできた慰霊碑

慰霊碑の下には、原爆死没者名簿が納められている

③平和の灯《ともしび》

合掌した手のひらを大空に広げた意匠。手のひらの上の炎越しに原爆ドームが見える

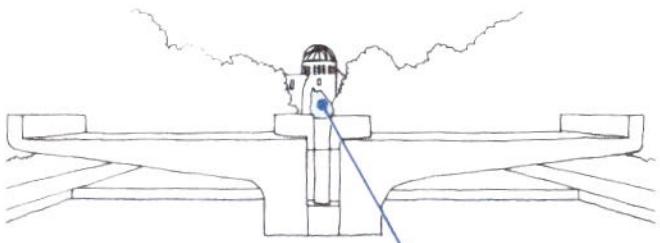

反核の象徴として点火されて以来、ずっと燃え続けている

④元安川の雁木

雁木は原爆ドームの対岸に位置する。毎年原爆投下日（8月6日）の夕方、ここから灯籠（とうろう）流しが行われる。川面にはライトアップされた原爆ドームが映る

材木町、木挽町という旧町名のとおり、船で木材が運ばれていた。雁木は、船着き場としての当時の名残

⑤原爆ドーム

中心軸の最北端に位置する原爆ドーム。川岸から平和記念公園を振り返ると、直線上にモニュメントが並ぶ景色が見える

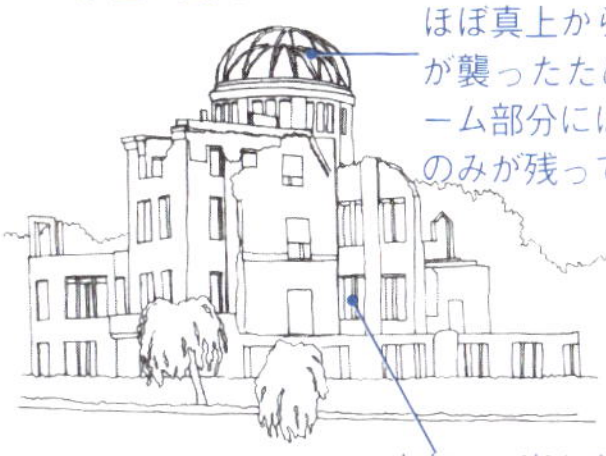

ほぼ真上から爆風が襲ったため、ドーム部分には鉄骨のみが残っている

内部は、崩れ落ちたレンガが積み重なる

data

平和記念公園（平和記念資料館）

所在地・広島市中区中島町1－2

行き方・JR広島駅から広島バスで「平和記念公園」下車すぐ。または市電「原爆ドーム前」から徒歩10分

広島平和記念公園の計画の基点ともいえる原爆ドームは、世界遺産

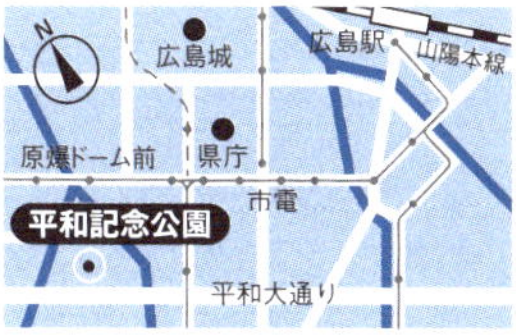

MEMO：「広島平和記念都市建設法」によるコンペで1等当選した案が、丹下らの平和記念公園・平和記念資料館であった。丹下にとって、広島は高校時代を過ごした土地であった

広島

鞆港《ともこう》

港の魅力を高めた先人たちの努力

瀬戸内の小さな町・鞆《とも》の浦《うら》には、江戸へと向かう朝鮮通信使やオランダからの使節団が立ち寄る港があった。

なぜここに国際港が生まれたのか。大きな生産施設があったわけでも、土地の特産品を荷積みしたわけでもない。風向きや潮の流れという地の利に加え、「寄港しやすさ」をアピールすべく、港湾整備に力を注いだからだ。

鞆の浦を訪れる際には、海から町に入るのがお勧めだ。国際港として栄えた往時の様子を感じてほしい。

港町・鞆の浦の玄関口

鞆港に残るかつての船着場には、常夜灯を備えた雁木《がんぎ》がある。荷降ろしに便利な大きな溜まり場や建ち並ぶ土蔵、問屋へと続く細い道など、中継港として栄えた往時の姿が残る

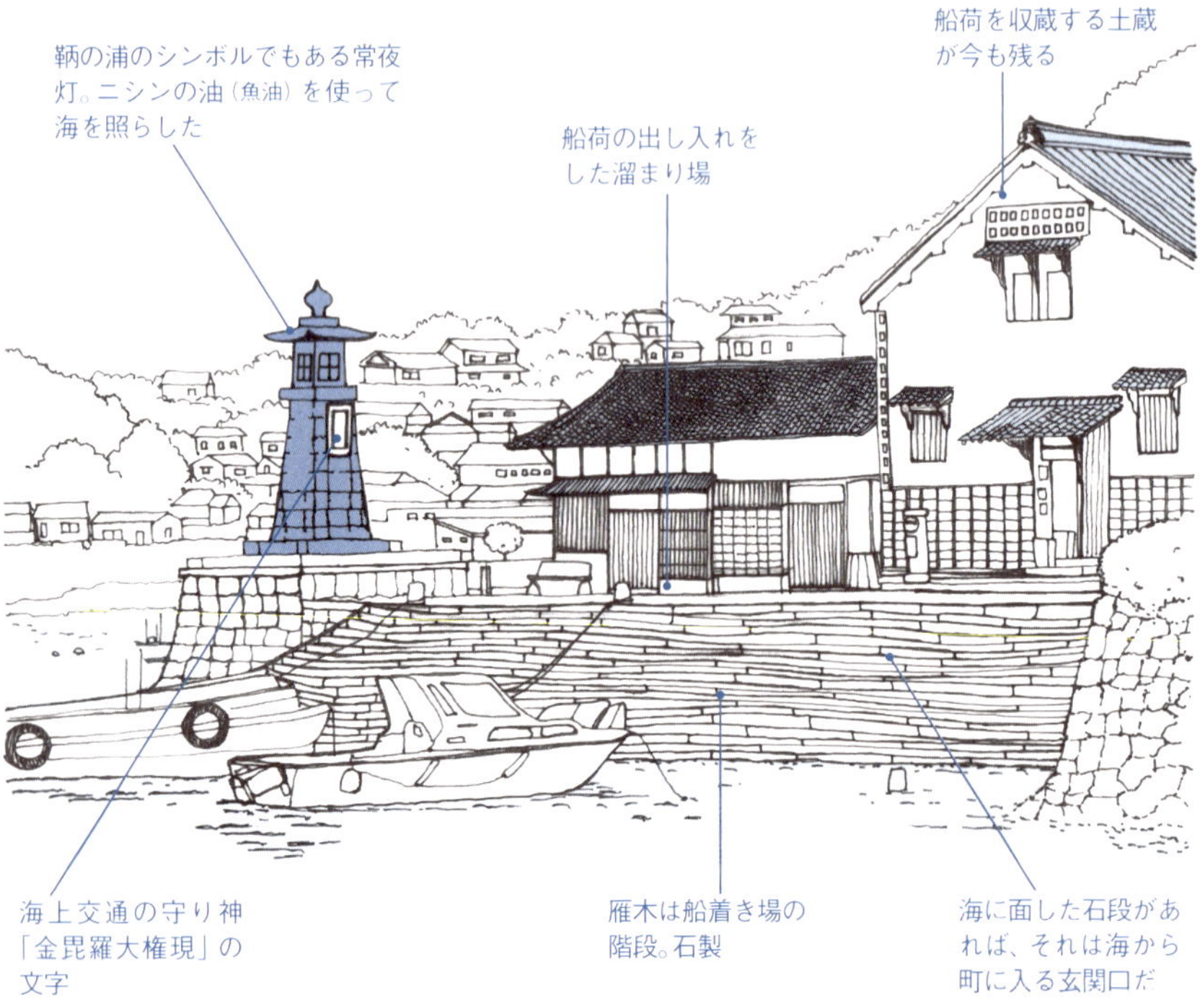
鞆の浦のシンボルでもある常夜灯。ニシンの油（魚油）を使って海を照らした
船荷の出し入れをした溜まり場
船荷を収蔵する土蔵が今も残る
海上交通の守り神「金毘羅大権現」の文字
雁木は船着き場の階段。石製
海に面した石段があれば、それは海から町に入る玄関口だ

江戸期の港湾5施設が残る唯一の港

港には常夜灯など「港湾5施設」が今も残る。海上交通が主なアクセスであった町は、港を中心に発展した。雁木を上がった先に大店《おおだな》や問屋が建ち並び、その裏に住まいが続く

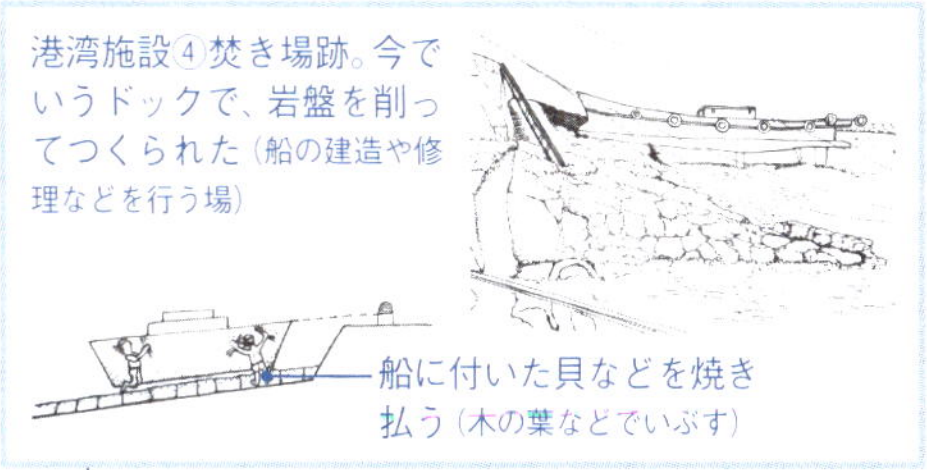
港湾施設④焚き場跡。今でいうドックで、岩盤を削ってつくられた（船の建造や修理などを行う場）
船に付いた貝などを焼き払う（木の葉などでいぶす）

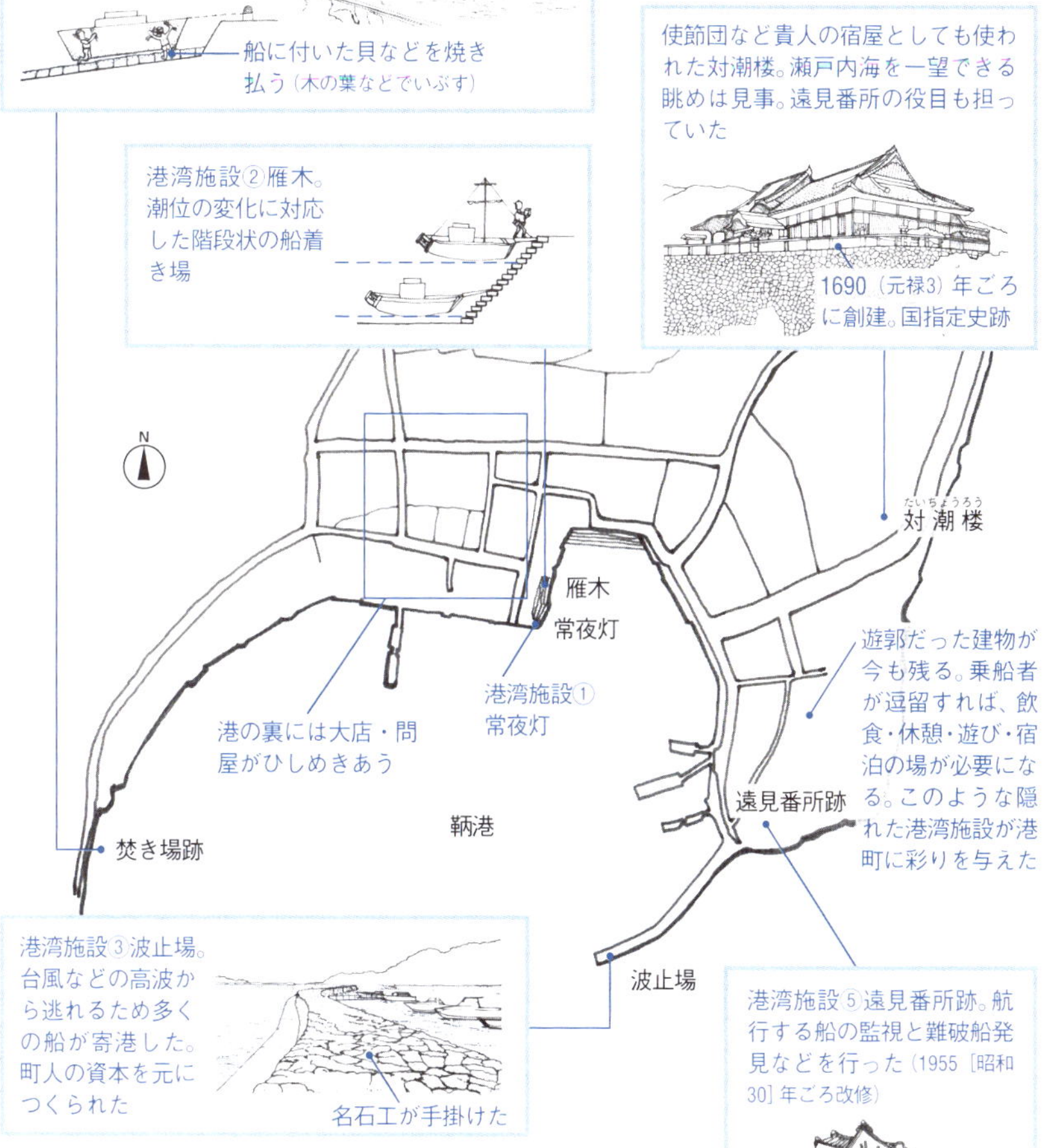
使節団など貴人の宿屋としても使われた対潮楼。瀬戸内海を一望できる眺めは見事。遠見番所の役目も担っていた
1690（元禄3）年ごろに創建。国指定史跡
港湾施設②雁木。潮位の変化に対応した階段状の船着き場
N
対潮楼《たいちょうろう》
雁木
常夜灯
港湾施設①常夜灯
港の裏には大店・問屋がひしめきあう
遊郭だった建物が今も残る。乗船者が逗留すれば、飲食・休憩・遊び・宿泊の場が必要になる。このような隠れた港湾施設が港町に彩りを与えた
遠見番所跡
鞆港
焚き場跡
波止場
港湾施設③波止場。台風などの高波から逃れるため多くの船が寄港した。町人の資本を元につくられた
名石工が手掛けた
港湾施設⑤遠見番所跡。航行する船の監視と難破船発見などを行った（1955［昭和30］年ごろ改修）

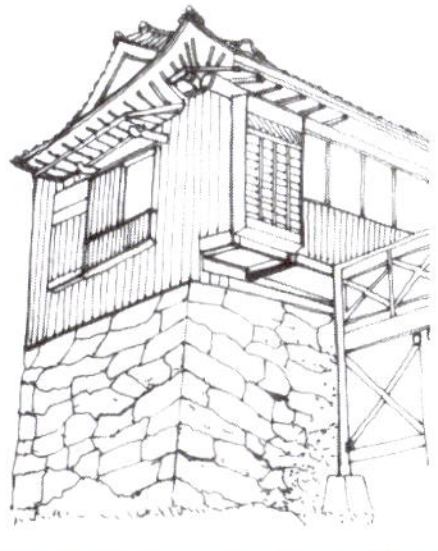

data

鞆港

所在地・広島県福山市鞆町
行き方・JR山陽本線「福山駅」から鞆鉄バスで「鞆港」下車すぐ
尾道駅前桟橋から鞆の浦までの船（季節航路）もある

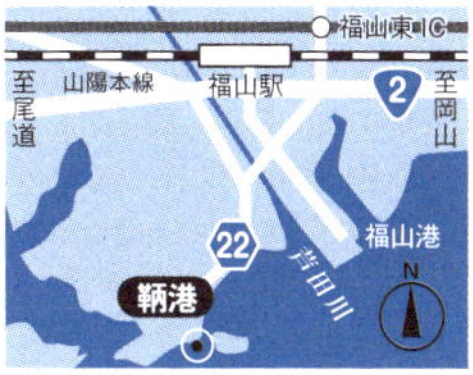
福山東IC
山陽本線
福山駅
2
至尾道
至岡山
福山港
22
芦田川
鞆港
N

MEMO：鞆の浦には史跡が多く、古い町並みも残る。福山市無形民俗文化財に登録されている「お弓神事」や「お手火（てび）神事」など年中行事も見どころの1つ

世界遺産｜国宝

広島

入り江に浮かぶ神の道と人の道

厳島《いつくしま》神社

厳島神社は、日本唯一の海上神殿である※。入り江に沿って弓なりに建築物が建ち並ぶ。弓の中心に当たる部分には本殿・拝殿があり、そこから海上の大鳥居に向かって張り出すように、祓《はらい》殿《でん》・高舞台・火焼前《ひたさき》などが直線状に続く。

円弧状の軸と直線軸、まるで弓と矢柄《やがら》のようにも見える2つの軸線は、それぞれ「人の通る道」「神の通る道」と明確に役割が異なる。厳島神社における参拝ルートと神の降臨ルート、2つをたどってみよう。

厳島神社にある2つの軸

厳島（宮島）は神に斎《いつ》く島として、古《いにしえ》より島全体が信仰の対象だった。その島を傷つけないよう、海上に建設されたのが厳島神社（内宮）だ。神社の背後にはご神体でもある弥山《みせん》（山宮）が、海を挟んだ対岸には遥拝所の外宮（地御前《じごぜん》神社）がある

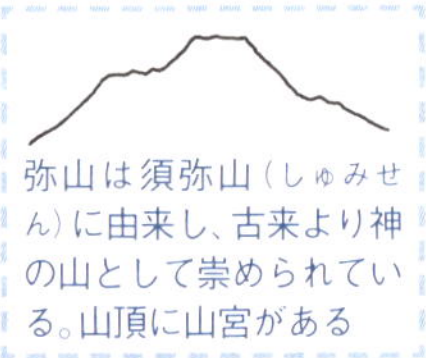
弥山は須弥山（しゅみせん）に由来し、古来より神の山として崇められている。山頂に山宮がある

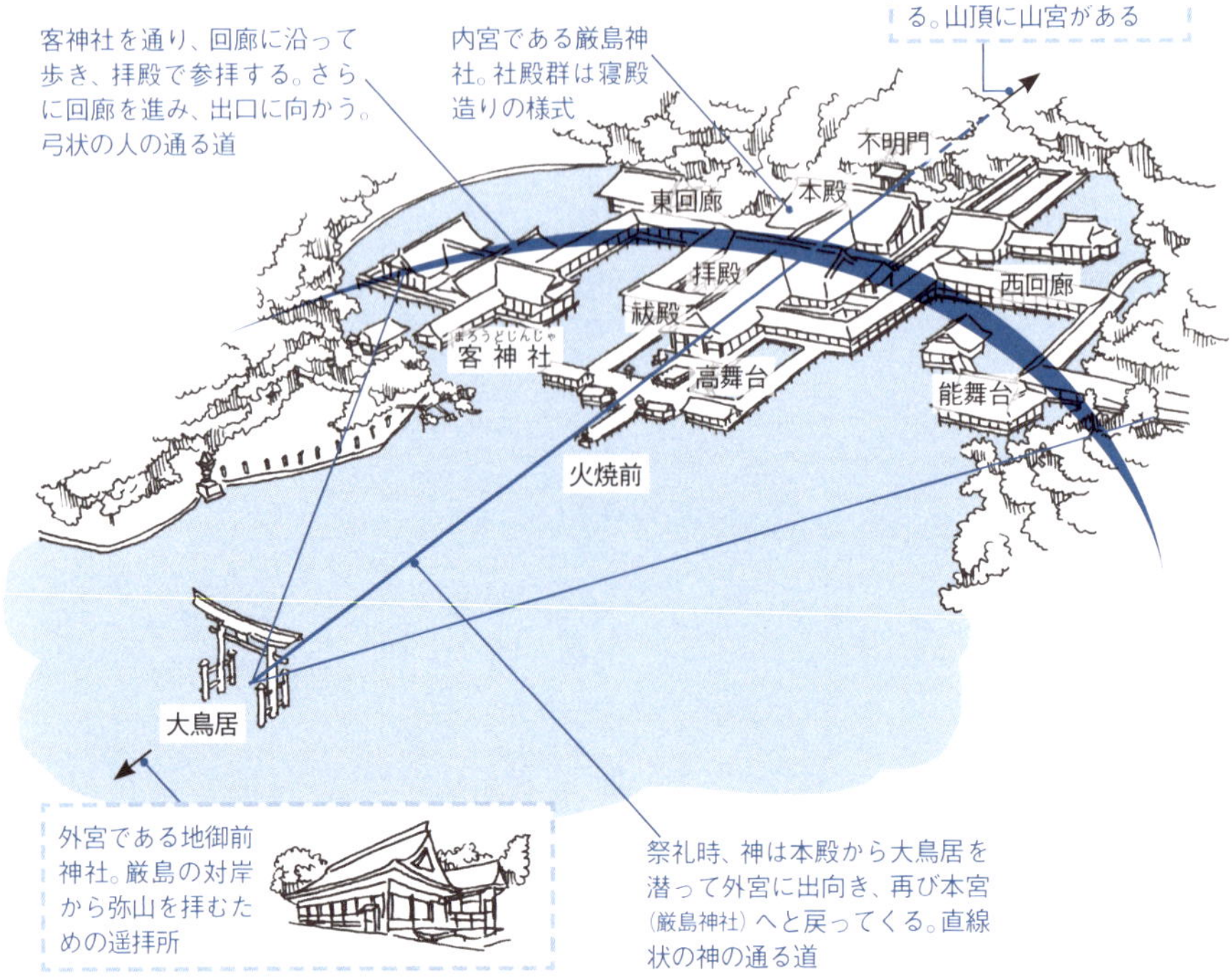
客神社を通り、回廊に沿って歩き、拝殿で参拝する。さらに回廊を進み、出口に向かう。弓状の人の通る道
内宮である厳島神社。社殿群は寝殿造りの様式
不明門
本殿
東回廊
拝殿
西回廊
祓殿
客神社《まろうどじんじゃ》
高舞台
能舞台
火焼前
大鳥居
外宮である地御前神社。厳島の対岸から弥山を拝むための遥拝所
祭礼時、神は本殿から大鳥居を潜って外宮に出向き、再び本宮（厳島神社）へと戻ってくる。直線状の神の通る道

※：創建は593年。平清盛の出資により、1168（仁安3）年に現在のような配置が定められたと伝えられる

10

厳島神社（広島）

神の道は祭礼の日に現れる

大例祭「管絃祭《かんげんさい》」の日、ご神体・市杵《いちき》島姫命《しまひめのみこと》を乗せた御座船《ござぶね》は大鳥居を潜《くぐ》り、対岸に建つ外宮の地御前神社へ出向き、戻ってくる。その間、火焼前に火を灯し、高舞台では舞が奉納され、本殿の扉が開帳する

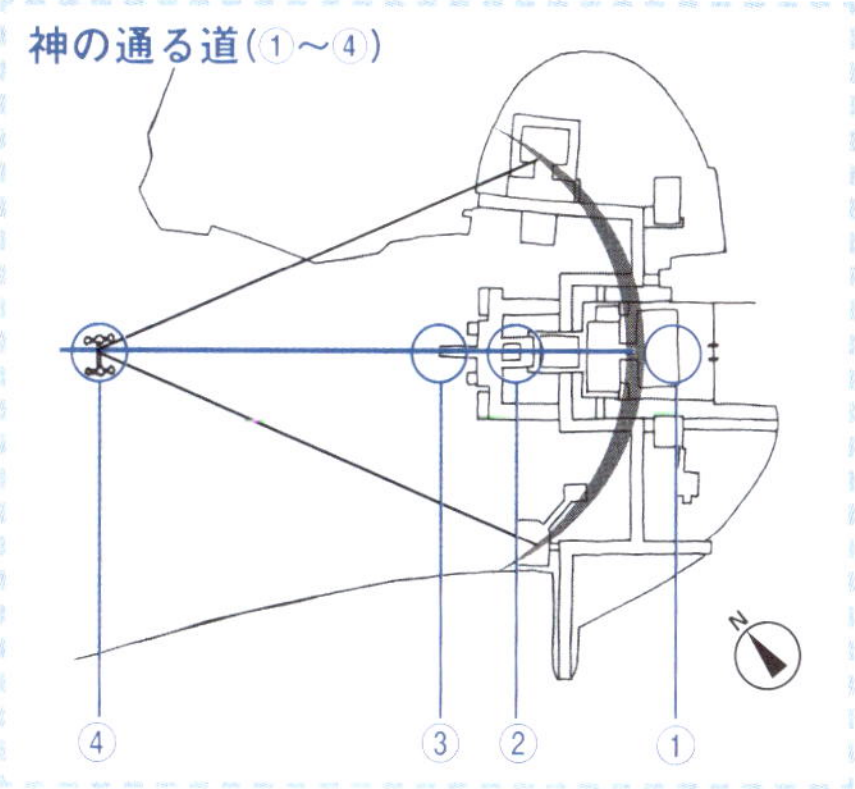

①本殿

本殿で祭る3女神のうち、市杵島姫命は神に仕える「斎宮（いつきのみや）」の役割をもつ。神に斎く島、厳島との縁を感じる

庇を前後にもつ両流れ造り（11頁参照）の屋根は、海の神と山の神への配慮の現れ

②高舞台

祭事で奉納される舞楽は、年に約10回行われる

当初は組立て式だったが、江戸時代に造付けとなった

③火焼前《ひたさき》

管絃祭では火を灯し、御座船を導く

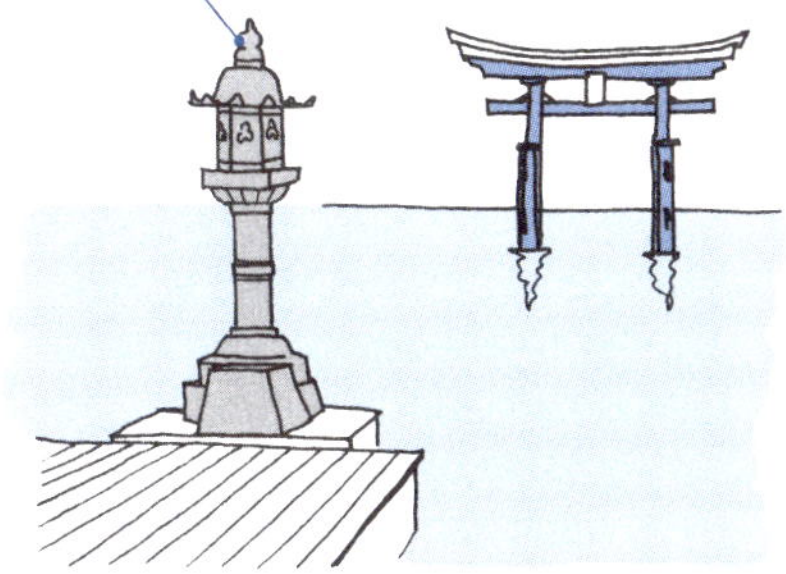

④大鳥居

主柱は樹齢約600年のクスノキでできている

ご神体の市杵島姫命を乗せる

御座船は、曳舟で対岸の地御前神社へ運ばれる

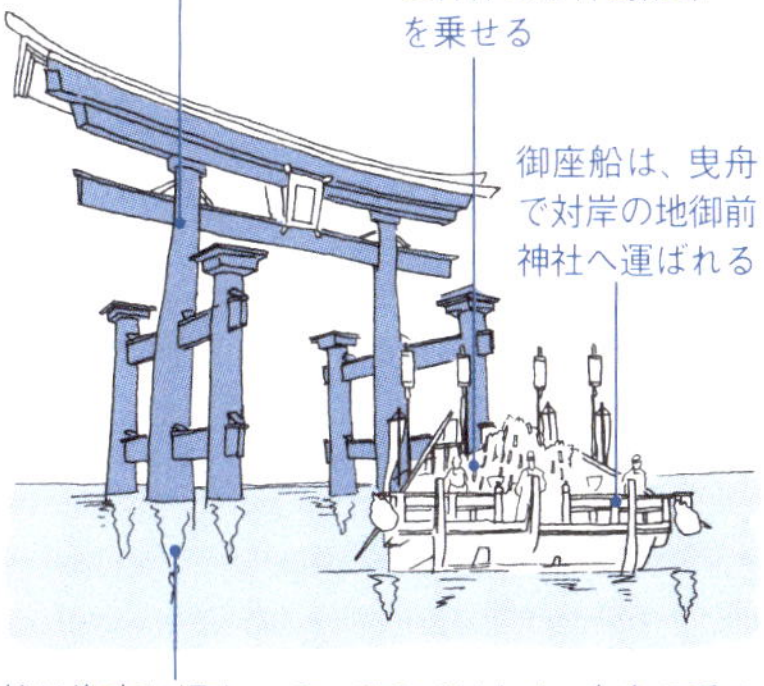

柱は海底に埋まっているのではなく、自身の重みで自立している

人の道は参拝の道しるべ

参拝は、入口から見える客神社から始まる。東回廊に沿って弓状に進み、本殿に祭られているご神体へと近づいていく。拝殿で神を拝んだ後、西回廊をさらに進み、能舞台の前を通過して厳島神社の拝観は終了する

人の通る道(①〜④)

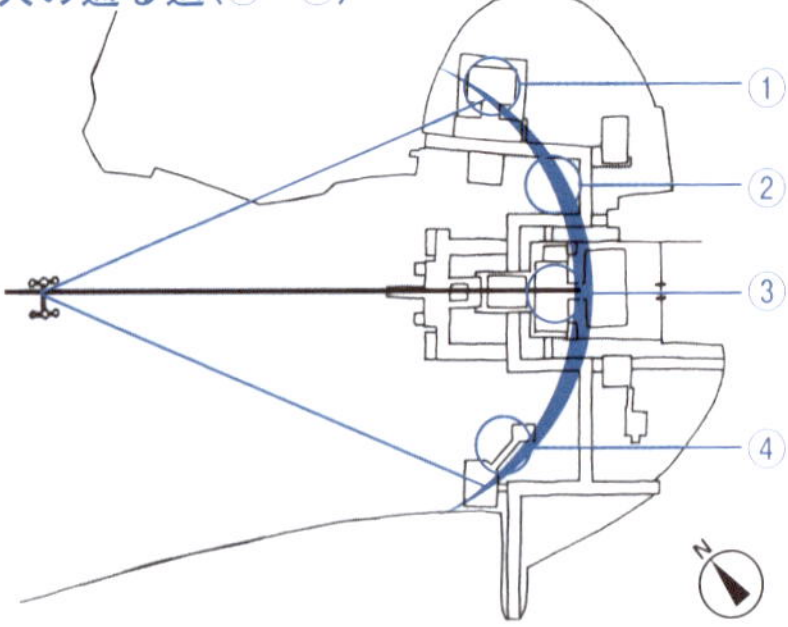

①客神社

客神社には5男神が祭られ、厳島神社の祭事の日には、神職が一番最初にお参りする

客神社の熊野櫲樟日命（くまのくすびのみこと）と本殿の市杵島姫命は出雲に縁をもつ神という説も。拝んだ先に出雲の神々がいる

②回廊

満潮時には光が反射し、神の喜びに満ちあふれるかのように、天井がキラキラ光る

管絃祭では、曳舟の3回回しが見られる

東回廊は47間、西回廊は61間。計108となり、人間の煩悩の数を表す

③拝殿

神の道と人の道の交差点。参拝者が神の姿を一望できる

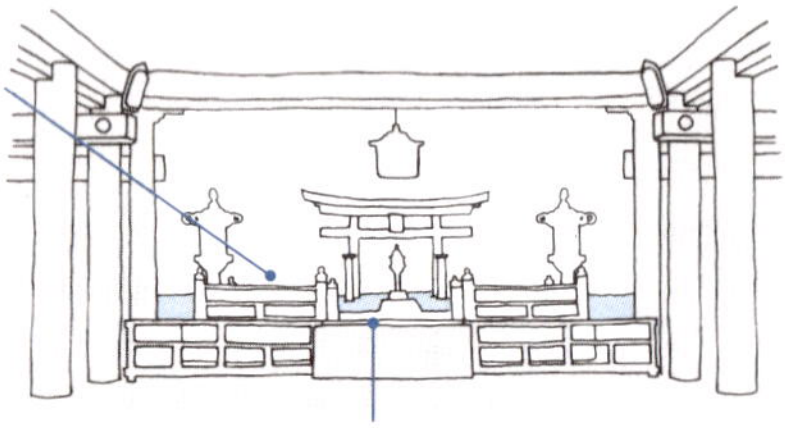

拝殿からは、神の道が見える

④能舞台

西の回廊には、日本唯一の海上の能舞台がある

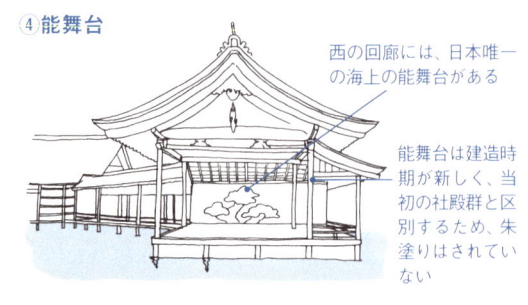

能舞台は建造時期が新しく、当初の社殿群と区別するため、朱塗りはされていない

data

厳島神社

所在地・広島県廿日市市宮島町1−1
行き方・JR連絡船・松大汽船「宮島口桟橋」（JR山陽本線「宮島口駅」・広島電鉄「広電宮島口駅」から徒歩5分）からフェリーで「宮島桟橋」下船、徒歩10分

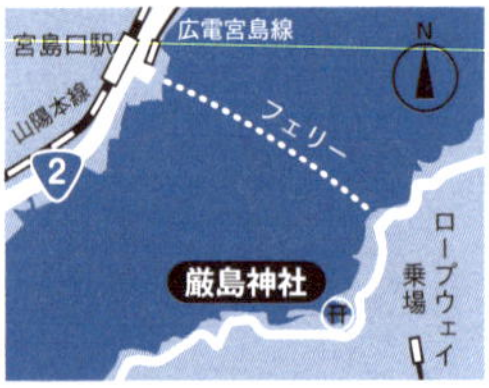

厳島神社は国宝。背後の弥山の原始林も併せて、世界遺産に登録されている

MEMO：厳島（面積約30㎢）は島全体が国指定の特別史跡、特別名勝

7章 九州・沖縄

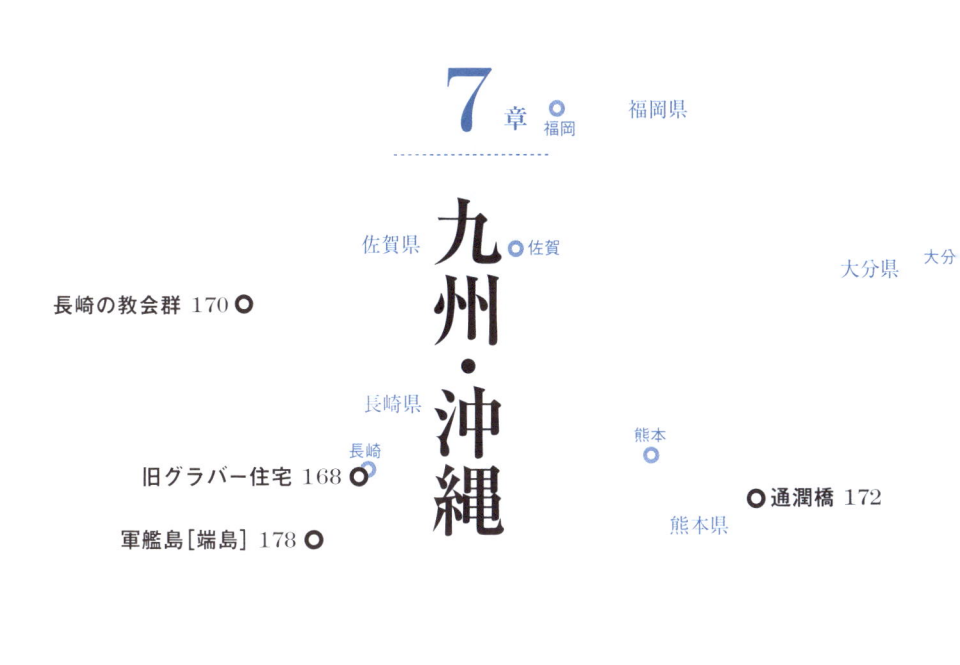

福岡
福岡県
佐賀県
佐賀
大分県
大分
長崎県
長崎
熊本
熊本県
宮崎県
宮崎
鹿児島県
鹿児島
沖縄県
那覇

長崎の教会群 170
旧グラバー住宅 168
軍艦島［端島］ 178
通潤橋 172
首里城跡 174
斎場御嶽 176

長崎

時の流れが生んだクローバー形の家

旧グラバー住宅

旧グラバー住宅は、日本最古の木造洋風住宅。グラバー自身のプランを元に1863（文久3）年に建てられた※。グラバーは、武器や艦船の取引で莫大な富を得た「死の商人」。幕末の志士たちとも交流があり、彼らを自邸にかくまったことでも知られる。

建物は数回の増改築を経て、現在のクローバー形になった。その変遷には、幕末の動乱期から明治へと大きく移り変わった時代との関連が見て取れる。

涼しく過ごせる家

長崎港を見下ろす南山手の丘に建つこの建物は、バンガロータイプのベランダ・コロニアル様式。この様式は、暑さの厳しい植民地で涼を取るため、イギリス人が考え出したもの

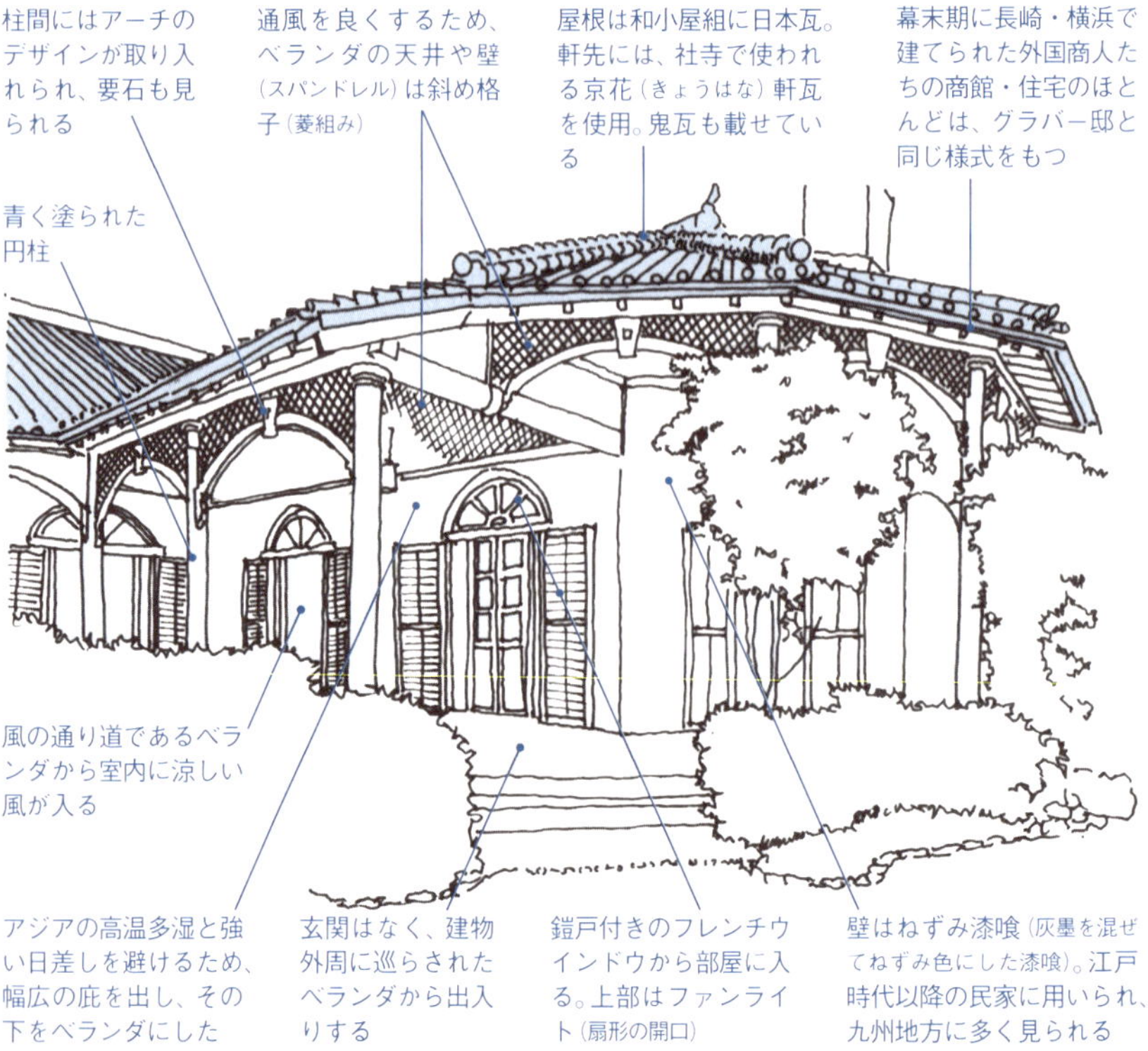
柱間にはアーチのデザインが取り入れられ、要石も見られる
通風を良くするため、ベランダの天井や壁（スパンドレル）は斜め格子（菱組み）
屋根は和小屋組に日本瓦。軒先には、社寺で使われる京花（きょうはな）軒瓦を使用。鬼瓦も載せている
幕末期に長崎・横浜で建てられた外国商人たちの商館・住宅のほとんどは、グラバー邸と同じ様式をもつ
青く塗られた円柱
風の通り道であるベランダから室内に涼しい風が入る
アジアの高温多湿と強い日差しを避けるため、幅広の庇を出し、その下をベランダにした
玄関はなく、建物外周に巡らされたベランダから出入りする
鎧戸付きのフレンチウインドウから部屋に入る。上部はファンライト（扇形の開口）
壁はねずみ漆喰（灰墨を混ぜてねずみ色にした漆喰）。江戸時代以降の民家に用いられ、九州地方に多く見られる

※：グラバーはこの住宅をゲストハウスとしてつくり、後に自宅とした

動乱の時世に合わせ姿を変える

当初はゲストハウス

母屋と付属屋からなり、当初はゲストハウスとして使った。創建から数年後、中2階をもつ食堂（青部分）を増築した

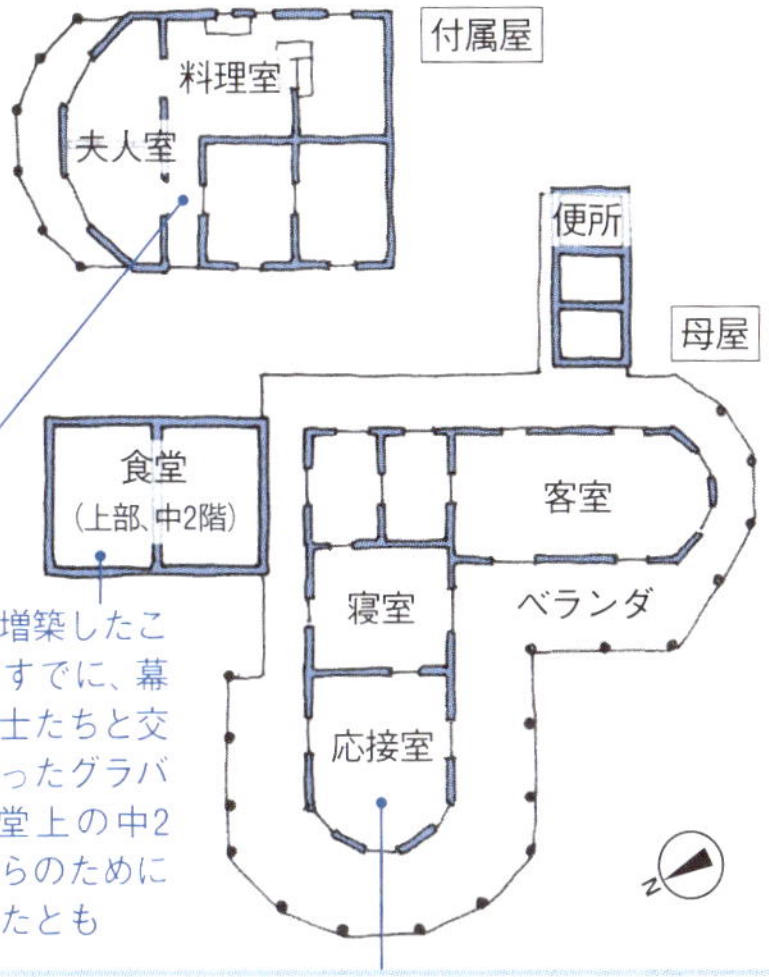

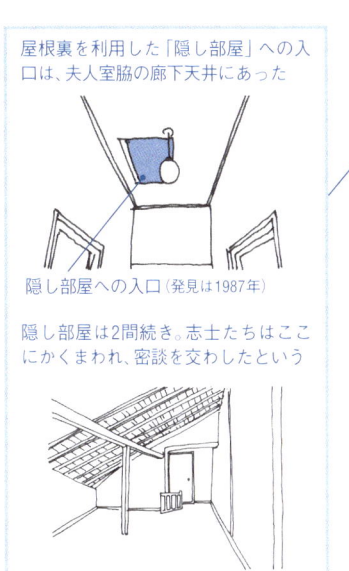

屋根裏を利用した「隠し部屋」への入口は、夫人室脇の廊下天井にあった

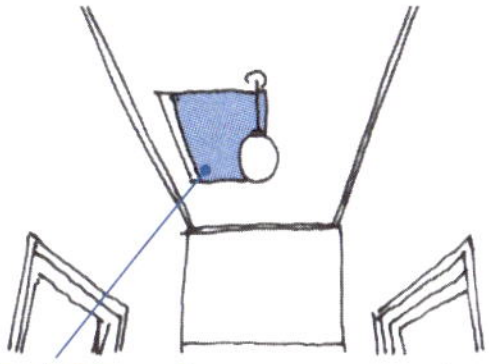

隠し部屋への入口（発見は1987年）

隠し部屋は2間続き。志士たちはここにかくまわれ、密談を交わしたという

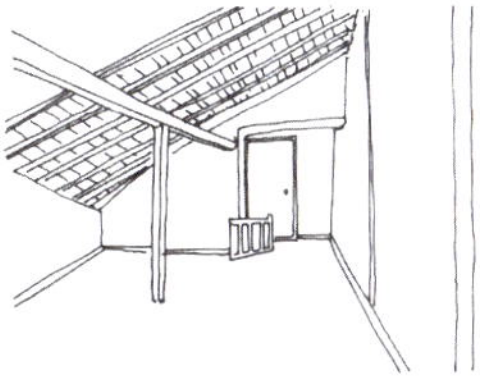

食堂を増築したころにはすでに、幕末の志士たちと交流があったグラバー。食堂上の中2階は彼らのためにつくったとも

創建当時、グラバーの主なビジネスは茶葉の再加工・輸出で、政治にはかかわっていなかった

商談などに使われた応接室

クローバー形の住宅

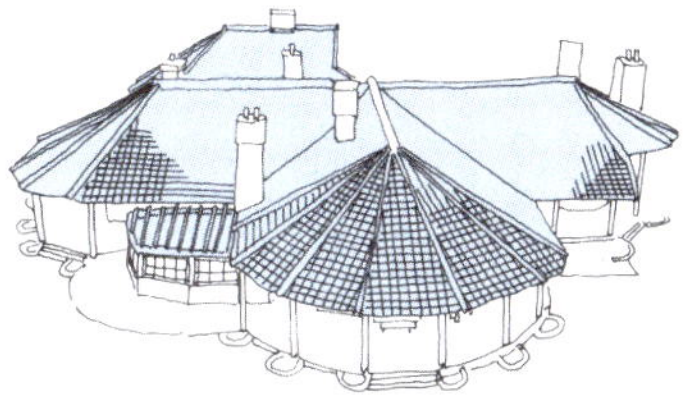

明治なかごろ（1887年ごろ）の増築で生まれた、クローバーのような建物のかたち

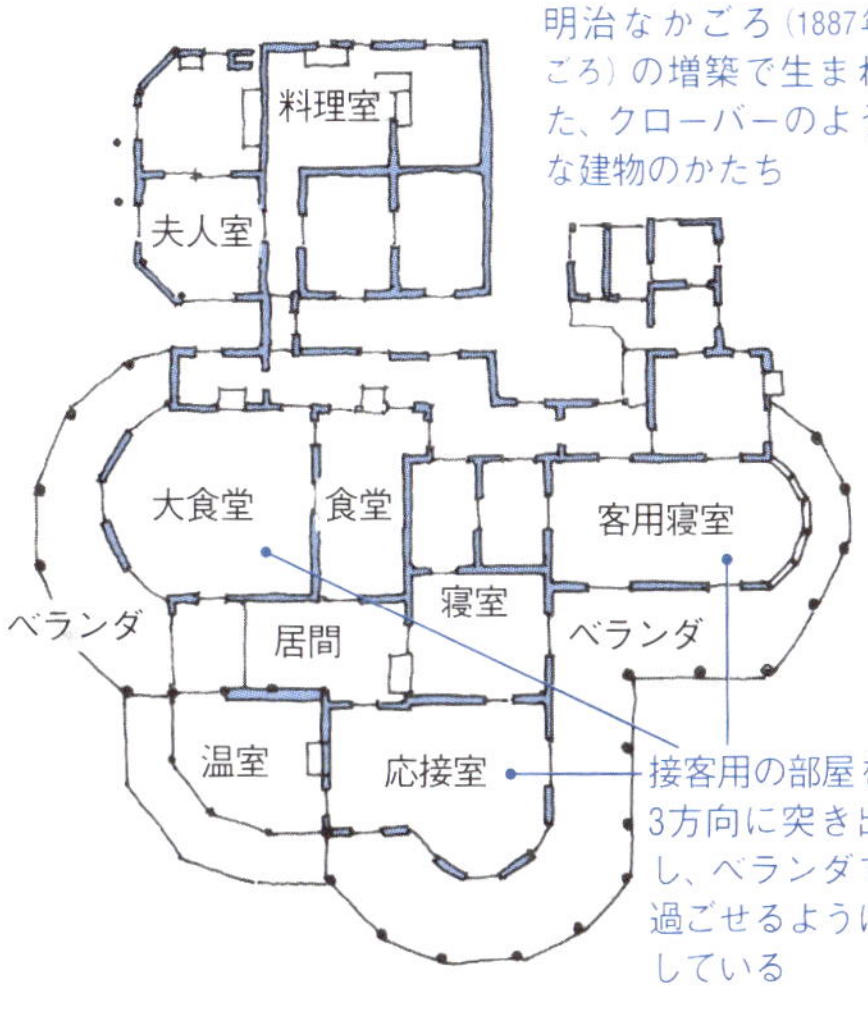

接客用の部屋を3方向に突き出し、ベランダで過ごせるようにしている

data

旧グラバー住宅（グラバー園内）

所在地・長崎市南山手町8－1
行き方・路面電車「大浦天主堂下」または「石橋」下車、徒歩8分

グラバー園内には、旧グラバー住宅など国指定重要文化財の建物がある

MEMO：幕末当時の外国人居留地には、長崎奉行所が立ち入るのが困難だったので、志士らはそこで比較的自由に行動できたと思われる。中2階を増築した1865～1868年は、グラバー邸に幕末の志士たちが盛んに出入りした時期。坂本龍馬も一時かくまわれていたという

長崎

温もり感じる木の教会
長崎の教会群

江戸幕府が出したキリスト教の禁教令（1614［慶長19］年）により、キリシタンたちは西へ逃れ、西海《さいかい》※1に隠れ住んだ。迫害と弾圧に耐えながら信仰を続けた彼らは、260年後に解禁※2されたとき、まずはじめに「祈りの場」を求めた。

職人たちは、見たこともないヨーロッパの「石造りの聖堂」を木でつくり、表現した。持てる木造技術を元にしてこそ生まれた、独創的な木造教会群は今も長崎に残り、信者らによって大切に守られている。

解禁後、多くの教会が生まれた

長崎・九十九島《くじゅうくしま》のなかで最大の島、黒島にある黒島教会。瓦葺き平屋の建物は、島で焼いたレンガでつくられた。ロマネスク様式の荘厳な堂内には、かつて畳が一面に敷かれていた。日本人の生活様式に定着した教会の姿である

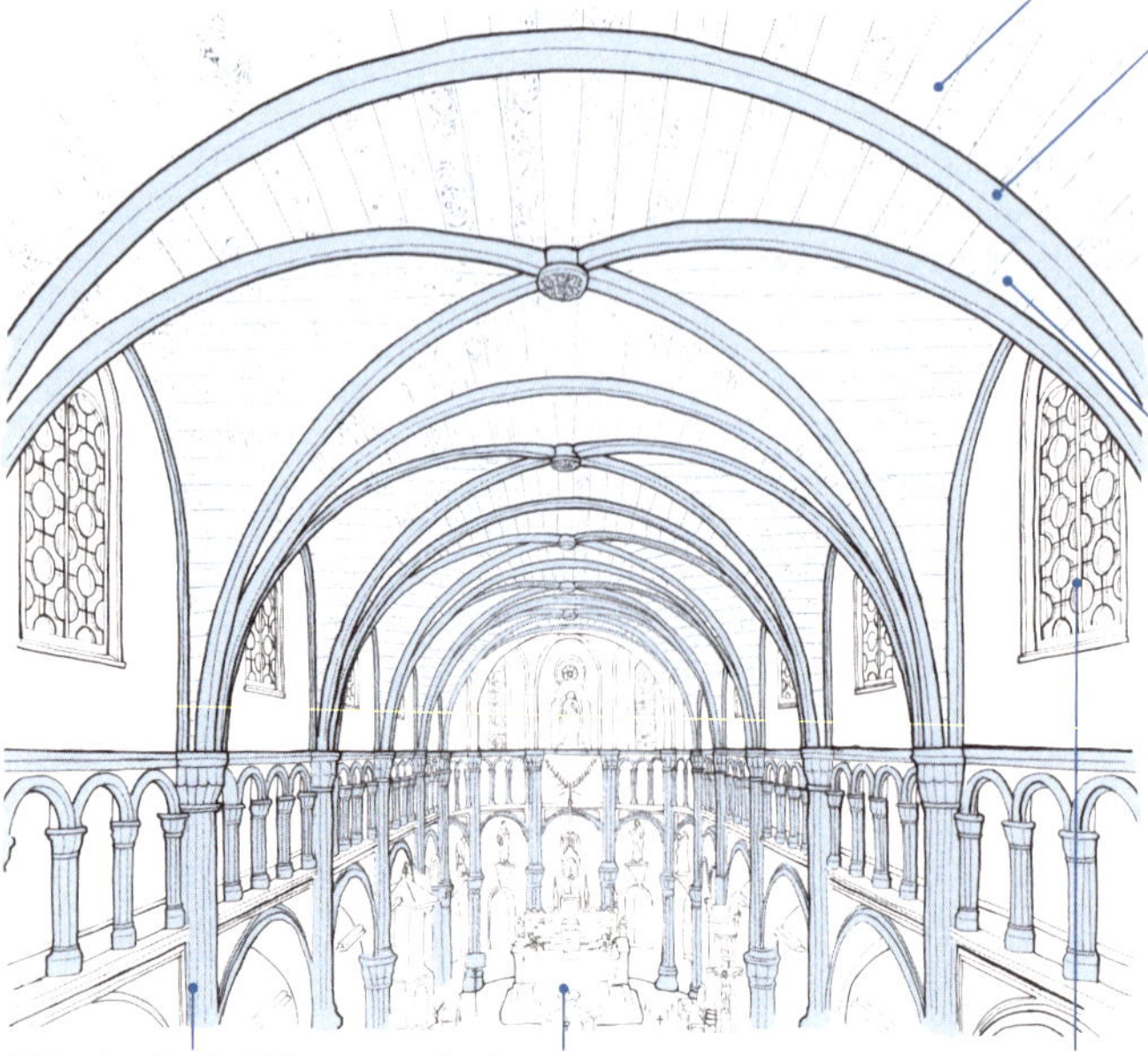
木製のリブに、板張りのリブ・ヴォールト天井。マルマン神父が設計した教会は、棟梁・前山佐吉ら日本の職人の手でつくられた
広いスパンを木骨トラスと木製リブ・ヴォールトでもたせている。リブ（骨組み）は、曲木ではなく、太い材木を弓状に削り出し、数本継いだもの
天井板は安価な材を張った後、塗装し、信徒らが木目を描いた
木製の束ね柱が西洋的な雰囲気をつくっている
有田焼きタイル敷きの床
ステンドグラスの桟もリブ同様、木材を弓状に削り出してつくられた。色ガラスはフランスから輸入した

※1：五島列島および長崎市から平戸島に至る海辺の地域　※2：1873（明治6）年、明治政府によりキリスト教解禁

長崎の教会群に見る、木でつくる西洋建築

柱・柱頭・台座のデザイン

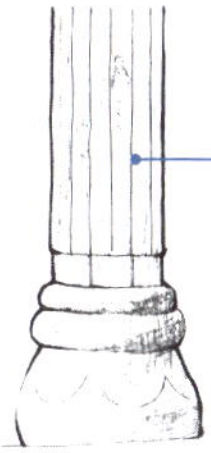

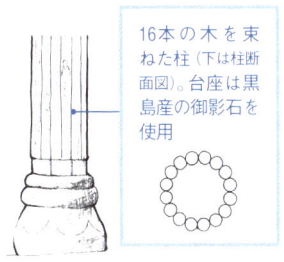

16本の木を束ねた柱（下は柱断面図）。台座は黒島産の御影石を使用

黒島教会（1902年）

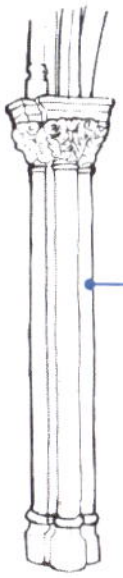

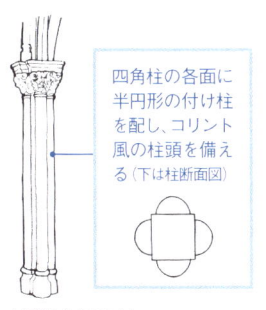

四角柱の各面に半円形の付け柱を配し、コリント風の柱頭を備える（下は柱断面図）

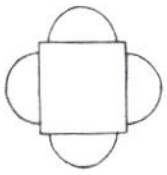

山野教会（1920年）

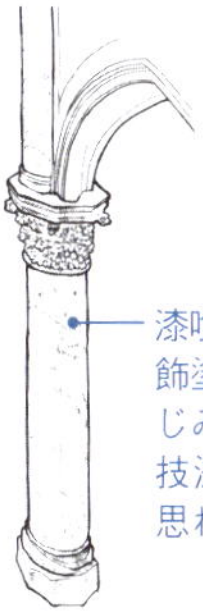

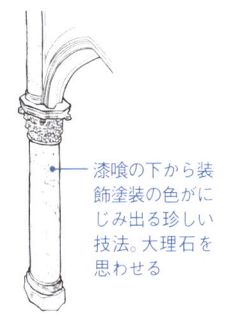

漆喰の下から装飾塗装の色がにじみ出る珍しい技法。大理石を思わせる

平戸教会（1931年）

木で石積み天井を表現

旧大浦教会（1864年）

リブ・ヴォールト天井（漆喰仕上げ）は、割竹を縄で編んだ天井下地を、漆喰で固めたもの。天井の曲面は竹のしなりを利用

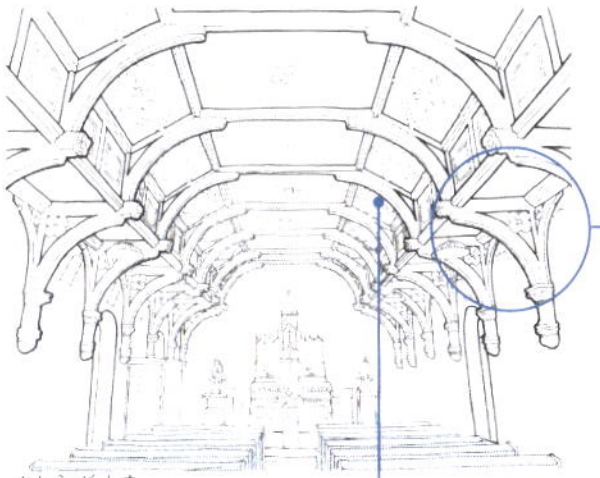

頭《かしら》ヶ《が》島《しま》教会（1919年）

小さな教会だったので、リブ・ヴォールト天井は持ち込めず、棟梁の案で折上げ天井にした

天井や壁の装飾はすべて木製。キリシタンの生活を支えた椿のモチーフは、教会群の随所で見られる

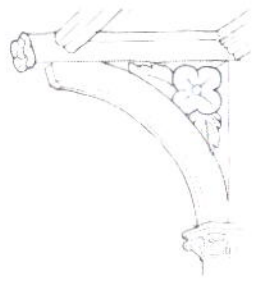

ステンドグラス

ガラスピースの周りは、通常ケイム（鉛桟）で囲うが、「木製の桟」で代用

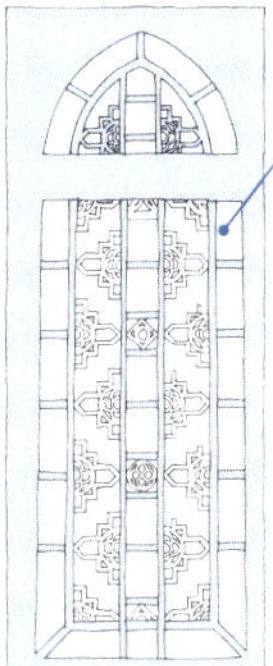

旧鯛ノ浦教会（1919年）

教会建築の第一人者、鉄川与助棟梁が設計施工した最初の教会。木製桟でシンプルに構成

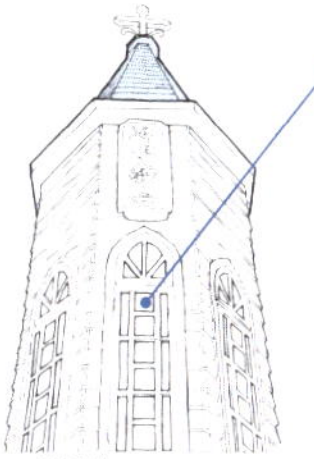

冷水《ひやみず》教会（1907年）

色ガラスが高価で使えず、花柄は手描き

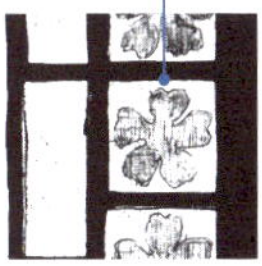

江上教会（1918年）

data

黒島教会

所在地・長崎県佐世保市黒島町3333

行き方・佐世保市相ノ浦港から黒島まで黒島旅客船で50分、黒島白馬港から徒歩30分

黒島教会は重要文化財。世界遺産登録を目指す「長崎の教会群とキリスト教関連遺産」の構成資産の1つ

MEMO：黒島教会の建設工事は、資金難で中断した。マルマン神父が一旦帰国して集めた寄付金で、1902（明治35）年に教会は無事完成した。1873（明治6）年の布教解禁後、長崎では多くの教会が建てられ、今日、130もの教会が現存する

熊本

通潤橋《つうじゅんきょう》

肥後石工の情熱がかけた石橋

長崎で西洋型のアーチを学んだ、肥後（熊本）の石工たち。鞘《さや》石垣や縄だるみといった城の石垣の技術を取り入れ、熊本独自のアーチ橋、通潤橋（1854［安政元］年）など、いくつもの石橋をつくり出した※。

橋の依頼者は大名や商人ではなく、日々の生活に困っていた農民たちだ。上品な長崎の橋とは異なり、手の込んだ欄干《らんかん》もない、自然石の乱積みという粗野な石橋。その姿からは、農民の願いを叶えようとした肥後石工たちの心意気が読み取れる。

水を届ける水路橋

水源のない白糸台地。通潤橋はそこに水を届け、稲作を可能にするためにつくられた水路橋だ。高さは23m、水路ゆえの振動にも耐えるこの橋は、石工の技術のたまものだ

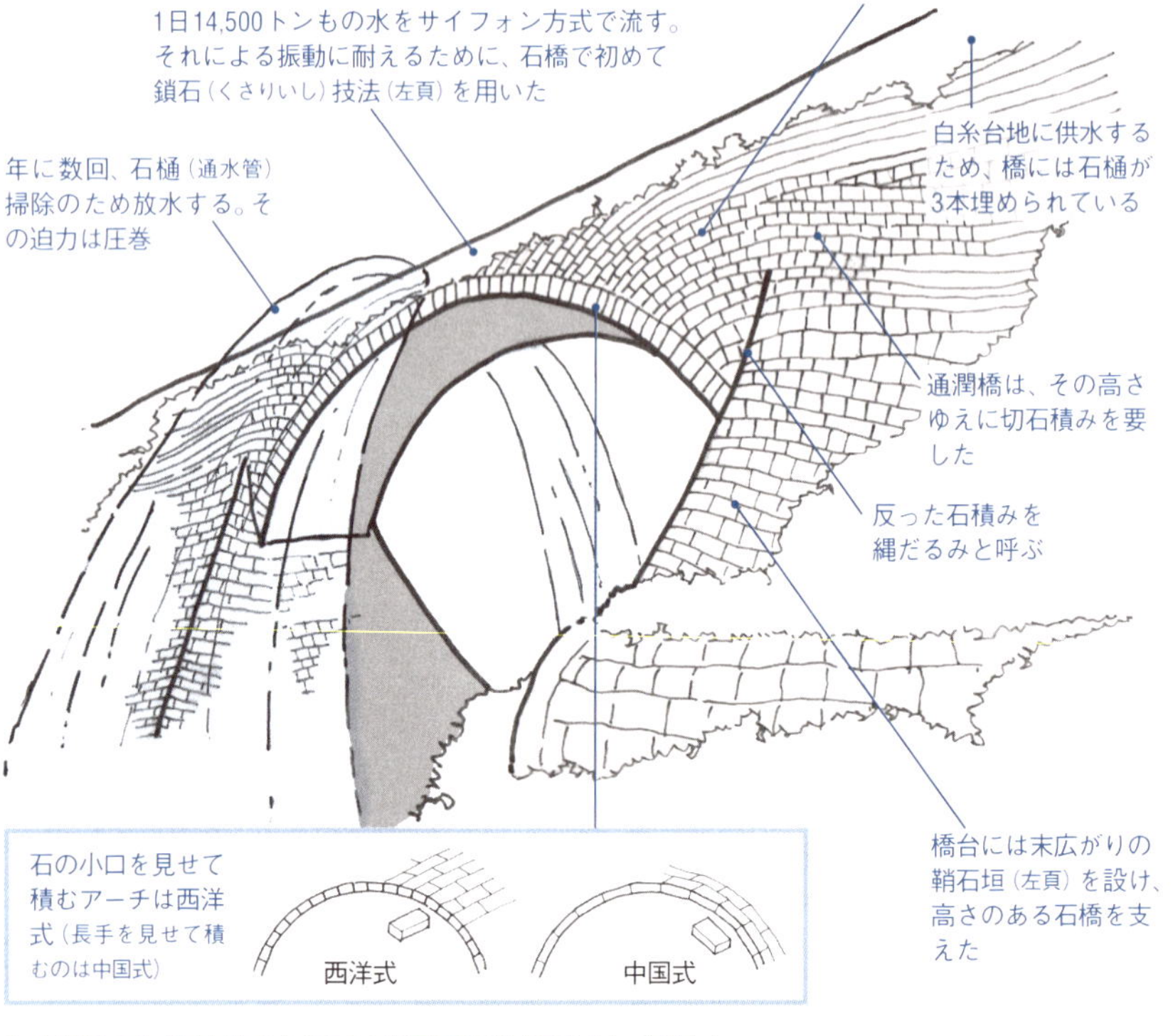
アーチ周辺は「扇状の石積み」。古くからアーチ技術をもつヨーロッパや中国にも見られない独特の積み方だ。強度を増すための工夫と考えられる
1日14,500トンもの水をサイフォン方式で流す。それによる振動に耐えるために、石橋で初めて鎖石（くさりいし）技法（左頁）を用いた
年に数回、石樋（通水管）掃除のため放水する。その迫力は圧巻
白糸台地に供水するため、橋には石樋が3本埋められている
通潤橋は、その高さゆえに切石積みを要した
反った石積みを縄だるみと呼ぶ
橋台には末広がりの鞘石垣（左頁）を設け、高さのある石橋を支えた
石の小口を見せて積むアーチは西洋式（長手を見せて積むのは中国式）
西洋式
中国式

※：通潤橋では、熊本城矢倉台を支えた鞘石垣の技法を取り入れ、応用した

石工の技がつまった通潤橋

膨らみを止める鎖石

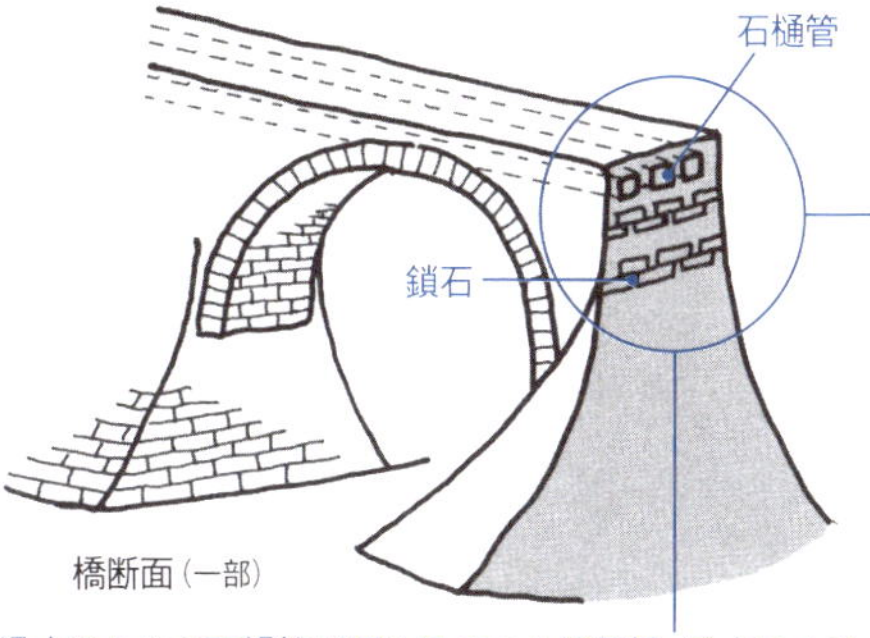
石樋管
鎖石
橋断面（一部）

通水のための石樋管が埋め込まれた通潤橋。通水による振動を受けても石壁が崩れないよう、鎖石を設けた

互い違いに重ねた石を鉄製のダボでつなぎ（鎖石）、引っ張ることで石壁が膨らむのを防ごうと考えた

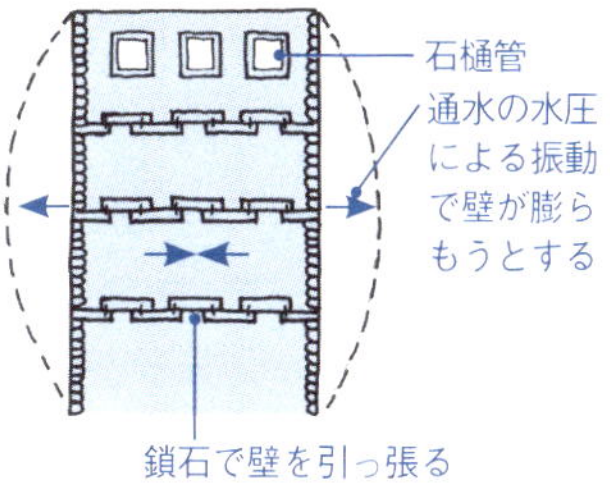
石樋管
通水の水圧による振動で壁が膨らもうとする
鎖石で壁を引っ張る

高い橋を鞘石垣で支える

城の石垣でも10m積むのに精度を要した時代、高さ23mもあり幅も狭い石橋には、鞘石垣という技法が必要だった

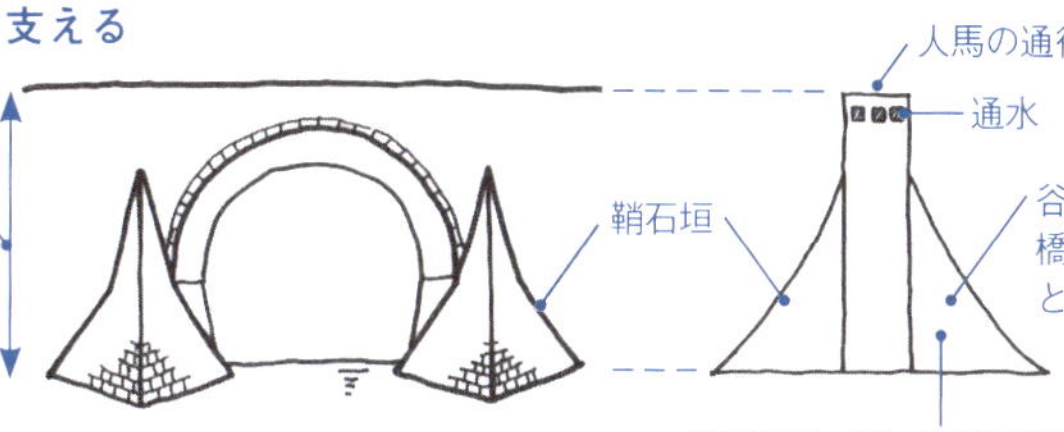
人馬の通行
通水
鞘石垣
谷が深いため、橋に高さが必要となった

鞘石垣は、高い石垣が倒れないように、「つっかえ棒」的な役割を果たす

九州石工の橋を見分ける

熊本・農民の橋

農民のために無駄を省き、安くて強い橋をかけることが肥後の石工の誇りであった

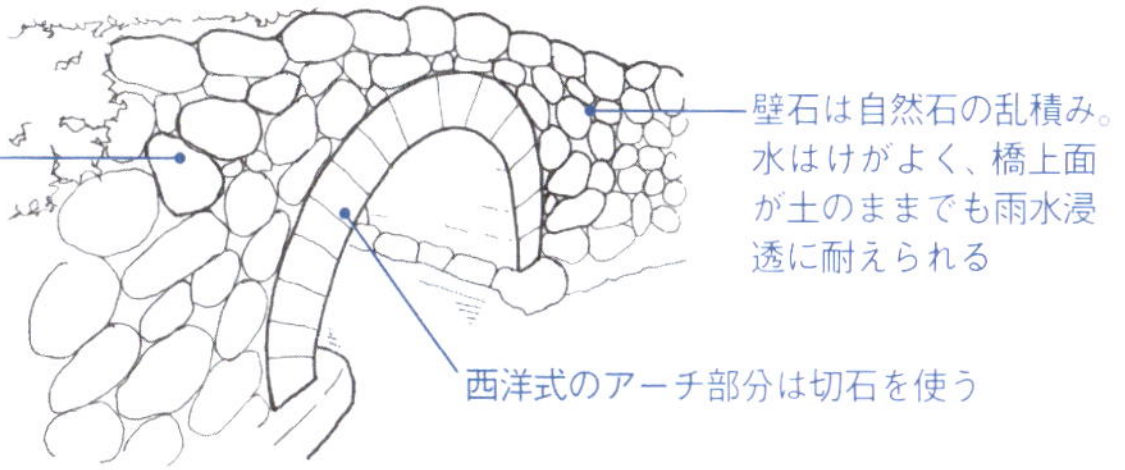
壁石は自然石の乱積み。水はけがよく、橋上面が土のままでも雨水浸透に耐えられる
西洋式のアーチ部分は切石を使う

data

通潤橋

所在地・熊本県上益城郡山都町長原
行き方・九州自動車道「御船IC」または「松橋IC」から45分

国重要文化財。冬期や田に水が必要な時期など放水休止期間あり

長崎・商人の橋

貿易商など富裕層が多い長崎には、豪華な橋が多い

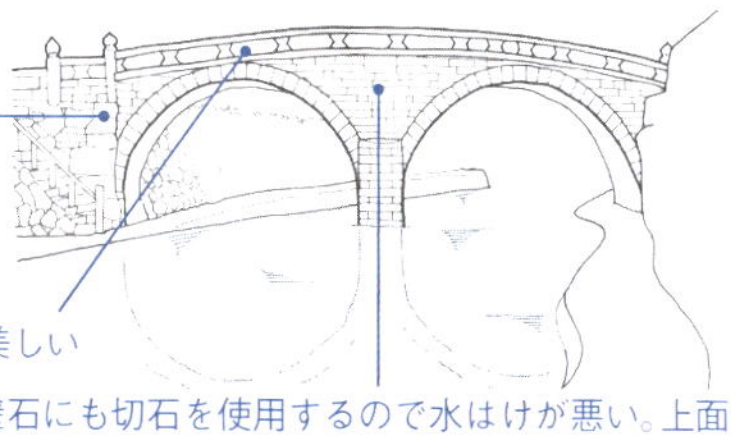
高欄の装飾が美しい

壁石にも切石を使用するので水はけが悪い。上面を石張りにして水の浸透を防いでいる

MEMO：通潤橋は、国際かんがい排水委員会により「かんがい施設遺産」に登録された（2014［平成26］年）

世界遺産

首里城跡

沖縄

したたかな外交を垣間見る

日本と中国の中継点に位置した琉球は、世界でも珍しい「軍を持たない」王国だった。15世紀なかごろ、尚《しょう》王朝によって整備された首里城は、中国・日本への配慮と、独立国としての誇りを兼ね備えた、したたかな造形をもっていた。

ところが第二次世界大戦時、日本軍はこの歴史的な場所に拠点を置くという愚を犯し、アメリカ軍はそれを完膚なきまで破壊してしまう。首里城跡の現在の姿は、1992（平成4）年に部分復元されたものだ。

王国最大の木造建築、首里城正殿

首里城に関する資料は乏しく、復元は困難を極めた。内地の研究者や宮大工も参加し、正殿《せいでん》（下図）や城壁・門などが復元され、首里城公園としてよみがった

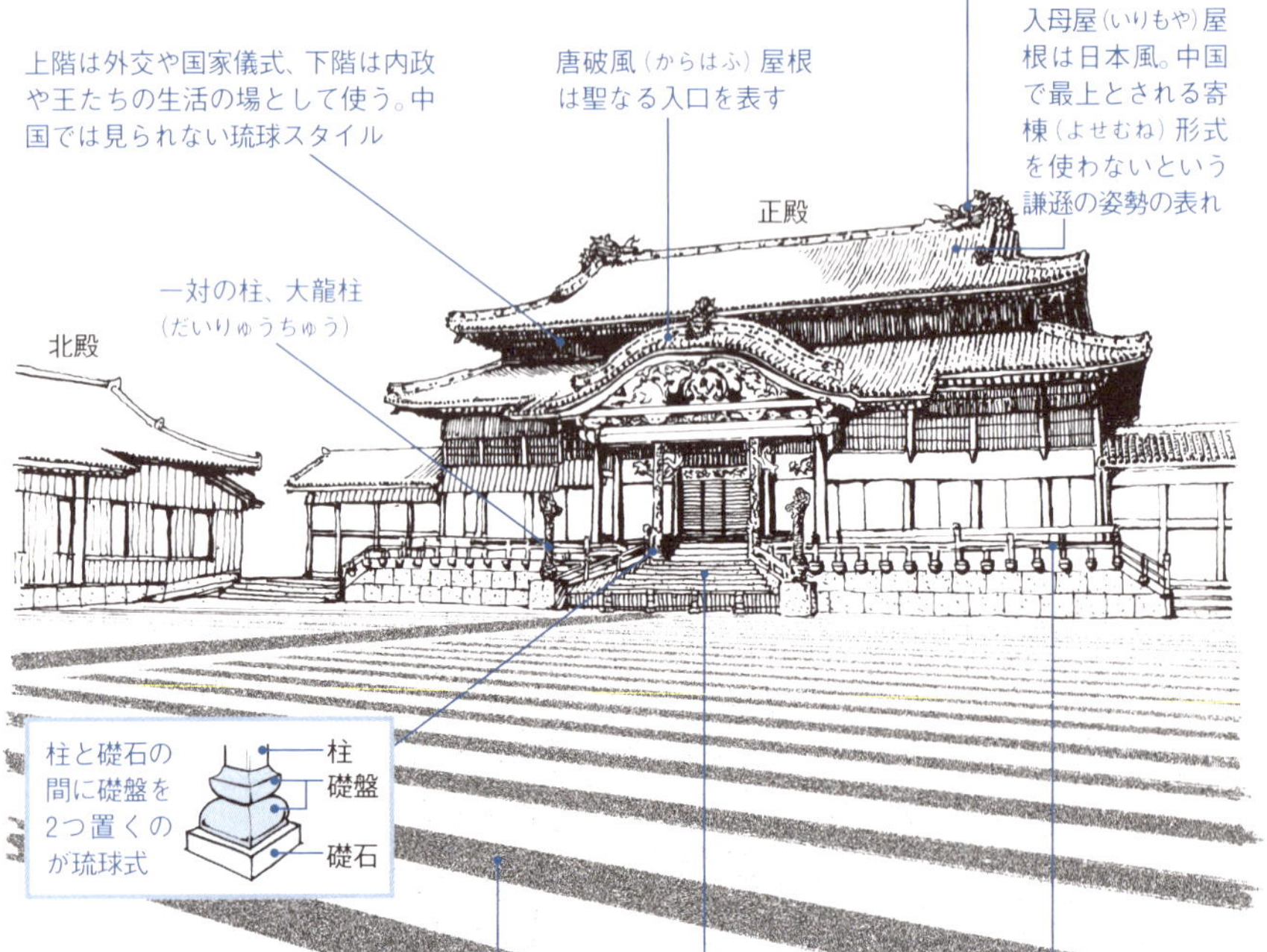
中国に使用を許された龍は王国の証。立体物は正殿だけで30以上、レリーフや文様に描かれたものまで含めると、無数の龍が！
入母屋（いりもや）屋根は日本風。中国で最上とされる寄棟（よせむね）形式を使わないという謙遜の姿勢の表れ
上階は外交や国家儀式、下階は内政や王たちの生活の場として使う。中国では見られない琉球スタイル
唐破風（からはふ）屋根は聖なる入口を表す
正殿
一対の柱、大龍柱（だいりゅうちゅう）
北殿
柱と礎石の間に礎盤を2つ置くのが琉球式
柱
礎盤
礎石
中国からの使節を出迎えるための、御庭（うなー）と呼ばれる広場。ストライプは役人の立ち位置を示す。平時は琉球空手の演武などにも使用
末広がりの正面階段は、遠近法で奥行き感が増す
高欄は石造で中国風だが、親柱に逆蓮や握蓮（にぎりはす）などの日本の禅宗様も見られる

4 中国・日本の影響と、琉球独自のスタイルを見分ける

中国の宮廷スタイル

康熙帝揮毫（きごう）の額
中山世土

御差床《うさすか》

正殿で国王が座る玉座。2階建てで、各階に玉座がある。清朝の康熙帝が贈った扁額が掲げられる

首里城には門と名の付く所が12カ所も

歓会門《かんかいもん》

第一の正門・歓会門。城壁は、琉球石灰石による2重壁で、万里の長城を彷彿とさせる。アーチを伴う石造技術は中国の影響

日本の建築様式

正殿入口の唐破風屋根。唐と付くが日本の建築様式（装飾、色使いは中国風）。沖縄では「からふぁーふ」と呼ぶ

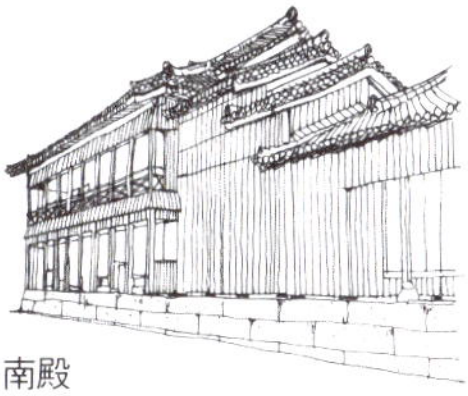

南殿

城内で唯一、漆（朱）が塗られていない木肌の建物はシンプルさが際立つ。主に薩摩からの使節をもてなすための和風建築

庭園

松とソテツ、岩を用いた庭は枯山水風。日本庭園の様式が見られる

琉球オリジナル

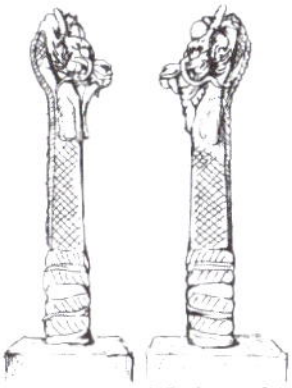

大龍柱（右：阿形《あぎょう》、左：吽形《うんぎょう》）

正殿前にある阿形・吽形一対の柱は、頭部に龍がいる。日本本土にも中国にもないスタイル

首里森御嶽《すいむいうたき》

御嶽（うたき）は琉球信仰の聖地、拝所（176頁参照）。首里城には10の拝所があった。聖地の多くは男子禁制だが、首里森御嶽は男子もOKだった（国王が遥拝したため）

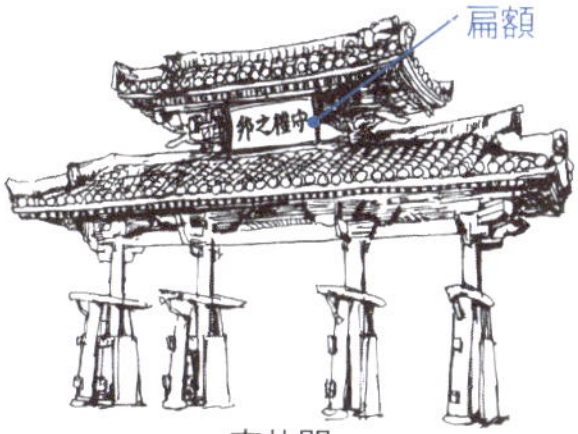
扁額

守礼門

別名、上の綾門（いいのあやじょう）。通常「首里」と書かれた扁額が掲げられるが、使節が来るときには「守禮之邦（しゅれいのくに、礼節を重んじる国の意）」に取り替えた

data

首里城跡（首里城公園）

所在地・那覇市首里金城町1－2
行き方・ゆいレール「首里駅」下車、徒歩15分

公園内の正殿に至るルートには、世界遺産の１つである園比屋武御嶽石門（そのひゃんうたきいしもん）がある

MEMO：首里城跡は、世界遺産「琉球王国のグスク及び関連遺産群」のグスク（城）の1つ。なお、首里城公園はNHK大河ドラマ「琉球の風」（1993［平成5］年）のロケーションに使われた

沖縄

西から東へ 神へのまなざし

世界遺産

斎場御嶽《せーふぁうたき》

沖縄では各集落に「御嶽」と呼ばれる聖域がある。太陽の昇る東が聖なる方角として崇拝され、御嶽も集落の東に位置する。そのはるか海の彼方には聖なる楽土・ニライカナイ（死者の魂の還る場所、神のいる場所）があるとされてきた。人々は西方の集落から、御嶽を通し、東の神を崇めた。

斎場御嶽は、沖縄本島の東側、知念半島の先端にある沖縄随一の聖域である。東に望む久高島《くだかじま》をニライカナイからやって来る神の足溜まりとして遥拝し、神と交信する場なのだ。

神との交信の場、御嶽

斎場御嶽は、琉球開闢《かいびゃく》の神アマミキヨによる創成とされる、最高の聖地。内部には6つのイビ（神域）がある（三庫理《さんぐーい》［図］に4カ所、大庫理《うふぐーい》と寄満《ゆいんち》に各1カ所）。イビを巡拝することで、神聖な力を得る

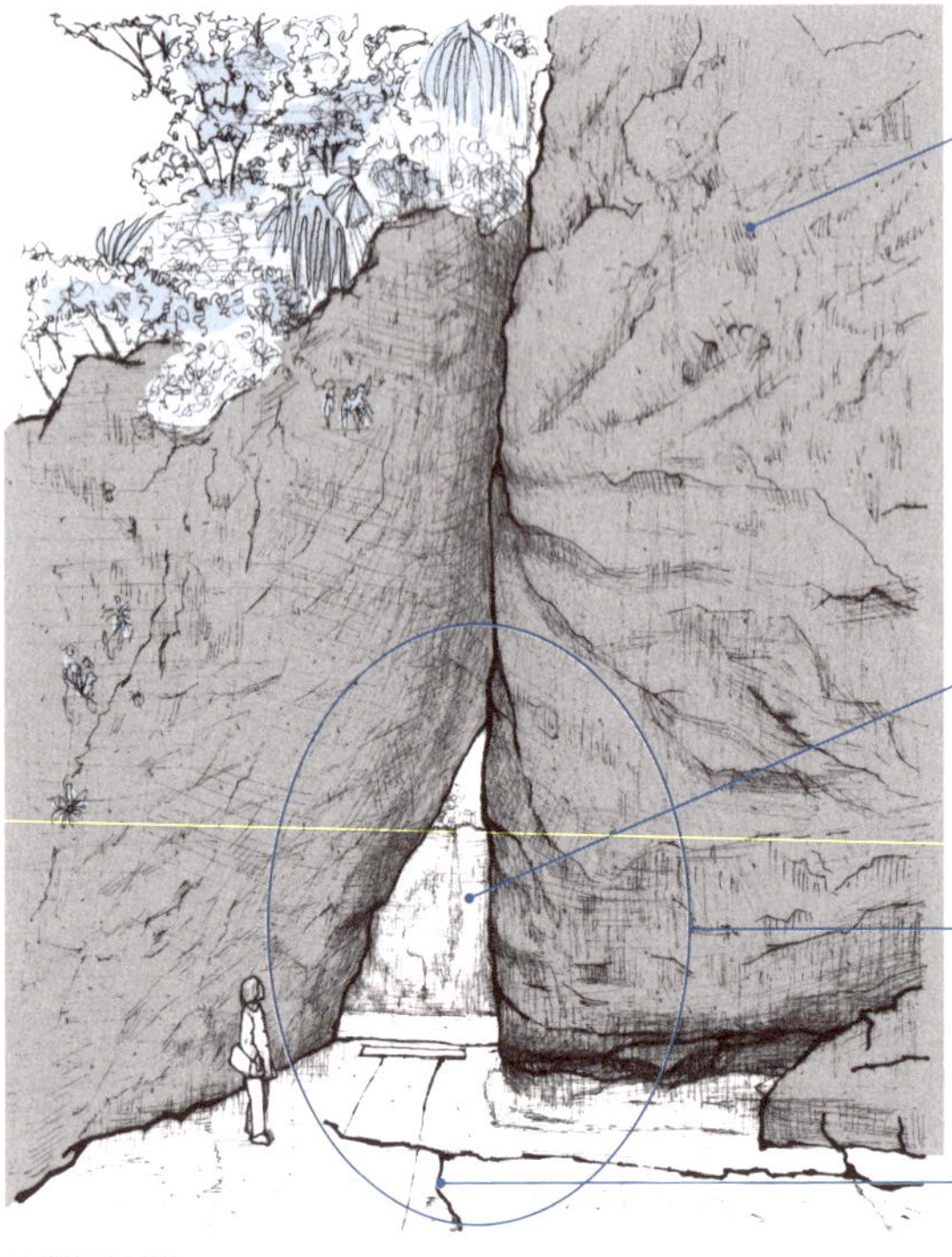
右側（西）の岩壁の頂上には「頂の鼻」とよばれる拝所がある。そこに生えるクバの木（男性の象徴）と交わることで、神と交信する
三庫理の岩の間を潜り左（東）方向を見ると、久高島が見える（久高島遥拝所）
三角形は蛇の象徴。蛇は琉球古層の神（原初の神）。クバの木も蛇に見立てられる植物
ここでは、琉球の創造神との契り（聖婚［神婚］儀礼）とされる、御新下り（あおらおり）の儀が行われる

拝所から見る久高島

三庫理（北側）

斎場御嶽を巡る

斎場御嶽の配置

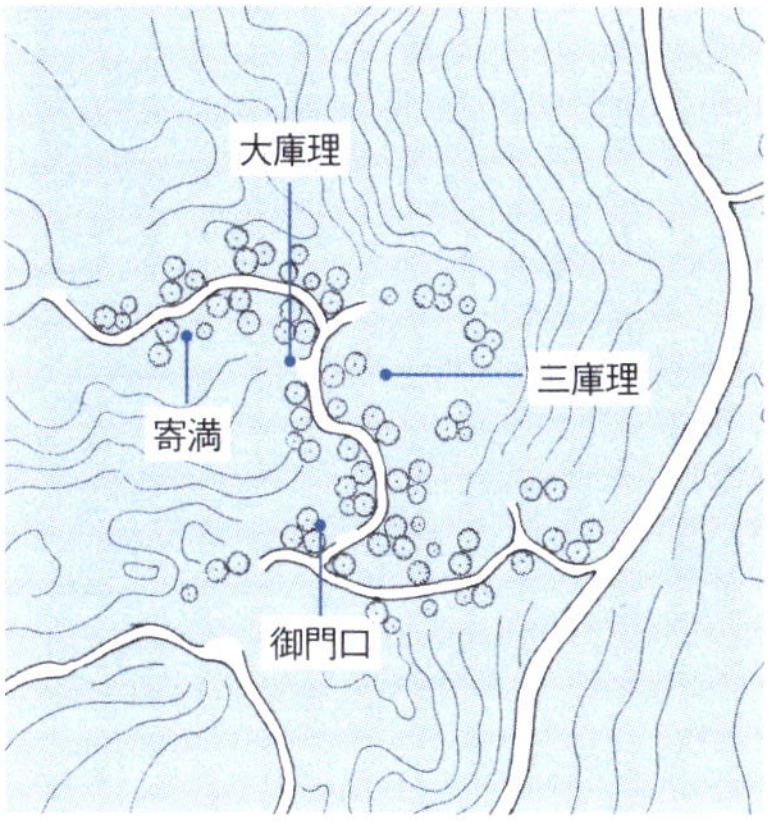

御門口（うじょーぐち）の先は男子禁制。国王であっても、女性の服装に変えなければならなかった

最も神聖な場所イビ

大庫理（大広間の意）にはイビが1カ所ある。琉球の最高神女「聞得大君」（きこえおおきみ）の戴冠式が行われた

寄満（台所の意）にもイビが1カ所ある。豊穣力が集中する場

集落と神をつなぐ仕組み

沖縄では、東西軸に「神へのまなざし」が見られる。これを「通し」ともいう

この先にニライカナイがある

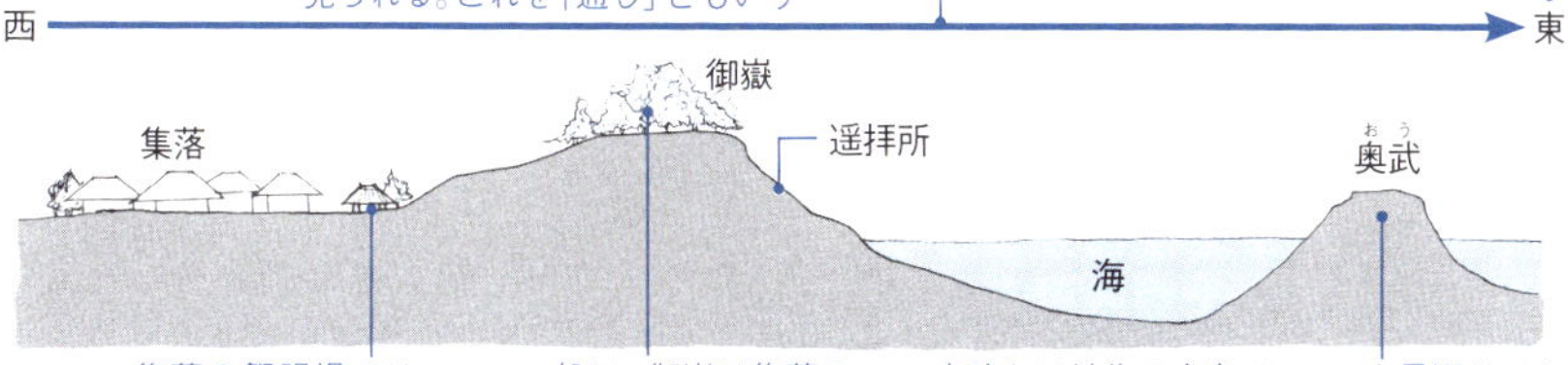

集落の祭祀場では、神を招聘（しょうへい）する

一般に、御嶽は集落の東の小高い森にある。岩や木に神が憑依する

奥武とは地先の小島で、ここを足溜まりとして、神は本土に上陸する。斎場御嶽の東にある久高島も奥武の島である。また風葬所として、死者を葬る場所でもあった

data

斎場御嶽

所在地・沖縄県南城市知念字久手堅270－1
行き方・「斎場御嶽」バス停から徒歩10分。または、沖縄自動車道「南風原南IC」から車で約40分

世界遺産「琉球王国のグスク及び遺産群」を構成する1つ

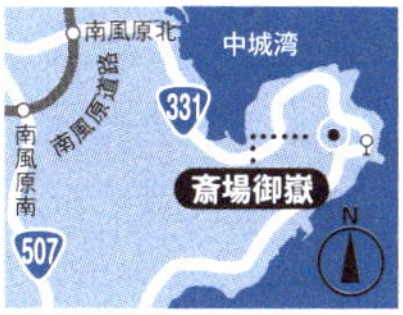

MEMO：久高島は、国単位レベルの奥武として、広範な地域の来訪神祭祀の舞台とされる（すべての集落に奥武となりうる地先の島があるわけではない）

長崎

軍艦島《ぐんかんじま》［端島《はしま》］

廃墟となった洋上の高密度都市

海底炭鉱として知られた端島は、長崎港から18㎞の洋上にある※1。周囲1.2㎞の小島に、炭鉱施設や採掘従事者らの住居などが林立し、その姿から軍艦島と呼ばれた。閉山※2後は無人島となり、当時としては珍しかった「高密度高層都市」は廃墟と化す。空中にまで道が張り巡らされていた島は、建物の風化につれ迷路性を増した。採掘場跡も今や地下の迷宮。軍艦島は、その迷路性により、今も多くの人を引き付ける※3。

高密度高層都市・軍艦島

東京ドームの1.3倍ほどの小さな島に、多いときには5千を超す人が住んだ（1960［昭和35］年ごろ）。島の半分以上を占めるのは炭鉱施設。残りのスペースにところ狭しと建てられた住居や病院・学校・店舗は、伸びるように高層化していった

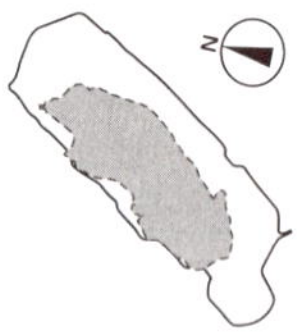
島は6回に及ぶ埋立て拡張を経て、現在の大きさになった。濃いグレー部分が埋め立て以前（1893［明治26］年以前）の島。薄いグレー部分を埋め立て、現在（1931［昭和6］年以降）の姿となった
N

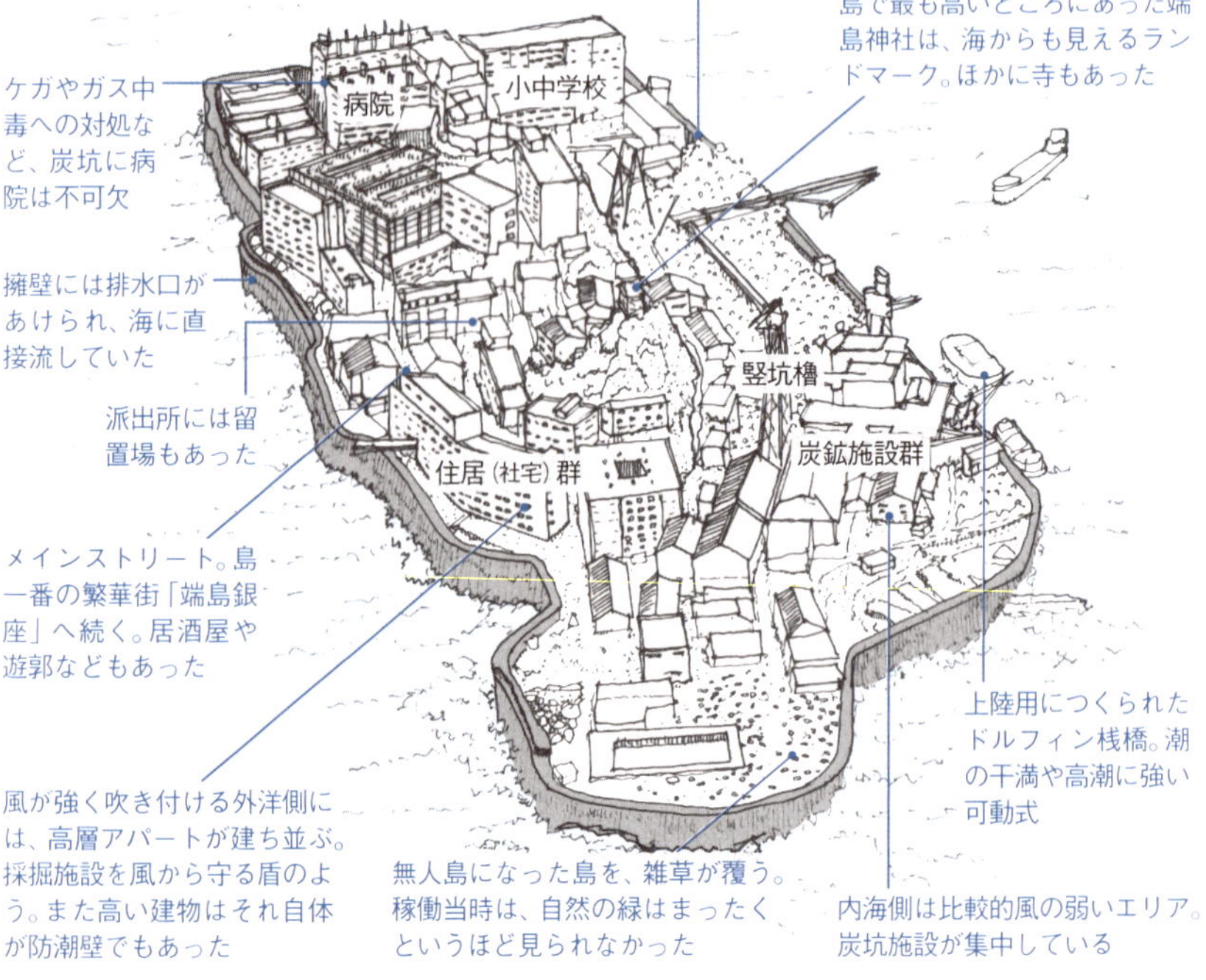
島で最も高いところにあった端島神社は、海からも見えるランドマーク。ほかに寺もあった
ケガやガス中毒への対処など、炭坑に病院は不可欠
病院
小中学校
擁壁には排水口があけられ、海に直接流していた
派出所には留置場もあった
竪坑櫓
炭鉱施設群
住居（社宅）群
メインストリート。島一番の繁華街「端島銀座」へ続く。居酒屋や遊郭などもあった
上陸用につくられたドルフィン桟橋。潮の干満や高潮に強い可動式
風が強く吹き付ける外洋側には、高層アパートが建ち並ぶ。採掘施設を風から守る盾のよう。また高い建物はそれ自体が防潮壁でもあった
無人島になった島を、雑草が覆う。稼働当時は、自然の緑はまったくというほど見られなかった
内海側は比較的風の弱いエリア。炭坑施設が集中している

※1：端島は良質な石炭（原料炭）を産出した　※2：1974（昭和49）年　※3：長い間、人が立ち入れなかったが、近年では島の一部が見学用に開放され、観光客の上陸ができるようになった

あちこちに生まれた迷路

端島の高層アパート群にはエレベーターがなく、階段や空中歩廊などの通路が網の目のように張り巡らされていた。廃坑後は、建物が崩れ、通路は次第に迷路となった。また、地下深くには炭坑場が広がる。石炭を採掘するために掘り進めた道には、今は誰も入れない

空中の迷路

下階の採光のため、上階ほど壁面が後退している

大正期の鉄筋コンクリートアパート。バルコニーは木製の手摺壁が朽ち、崖道をつくり出す

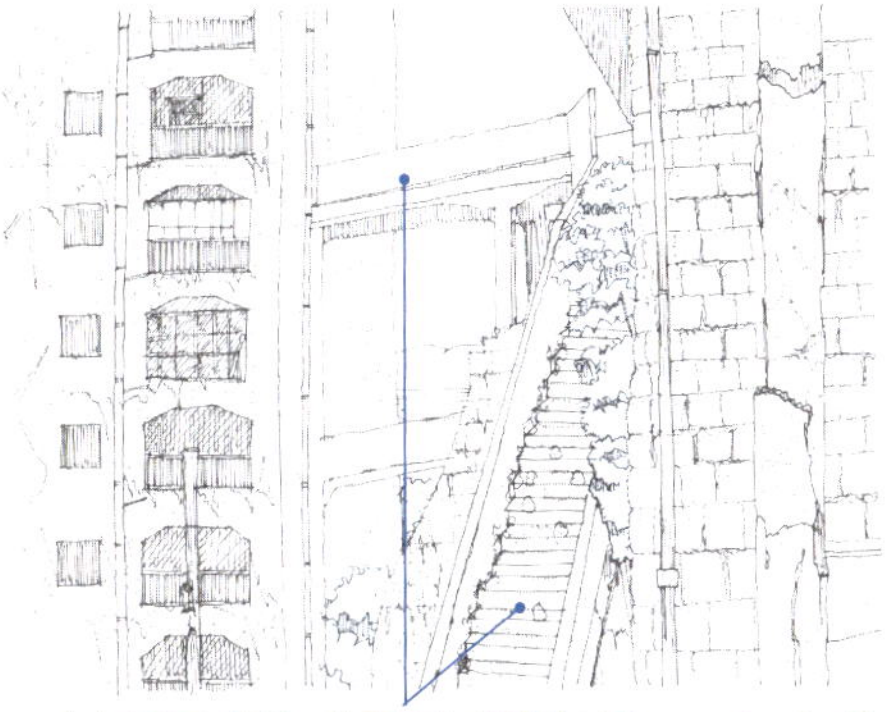

空中廊下や階段、外廊下など通路が多いアパート。建物が朽ちることで、道がつながったり分断されたり、複雑な迷路が生まれた

地下へと続く迷路

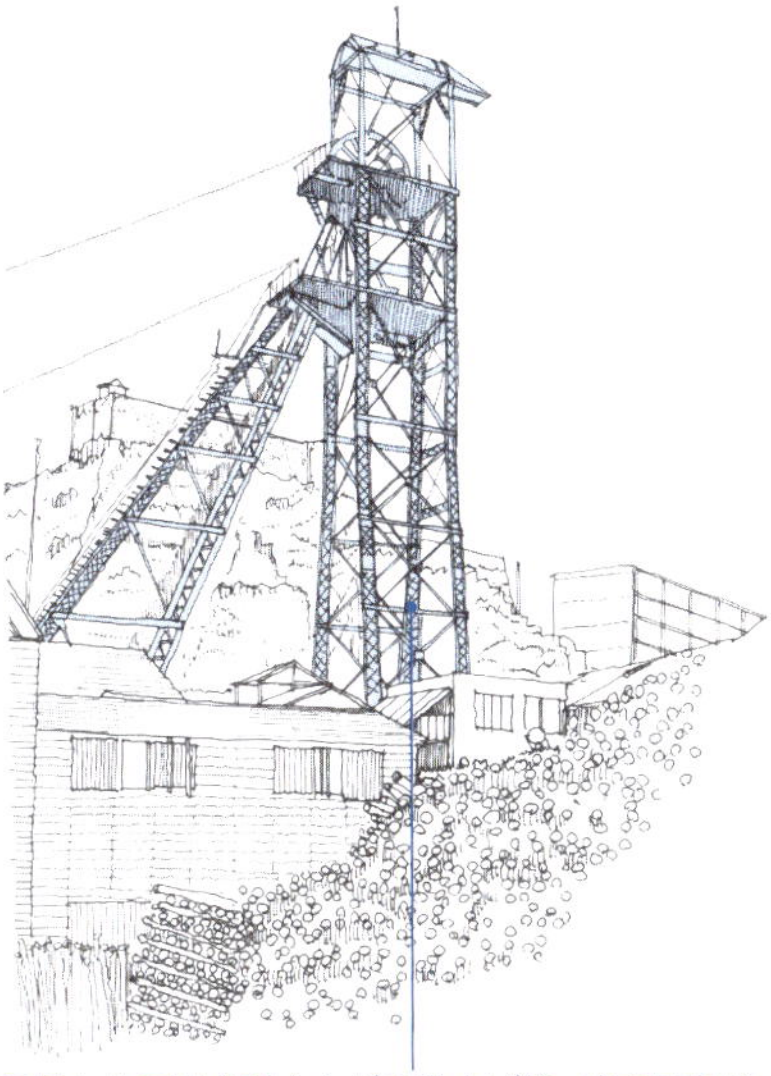

採掘した石炭を引き上げる巻上げ櫓。地下に広がるのは、坑路が張り巡らされた空間

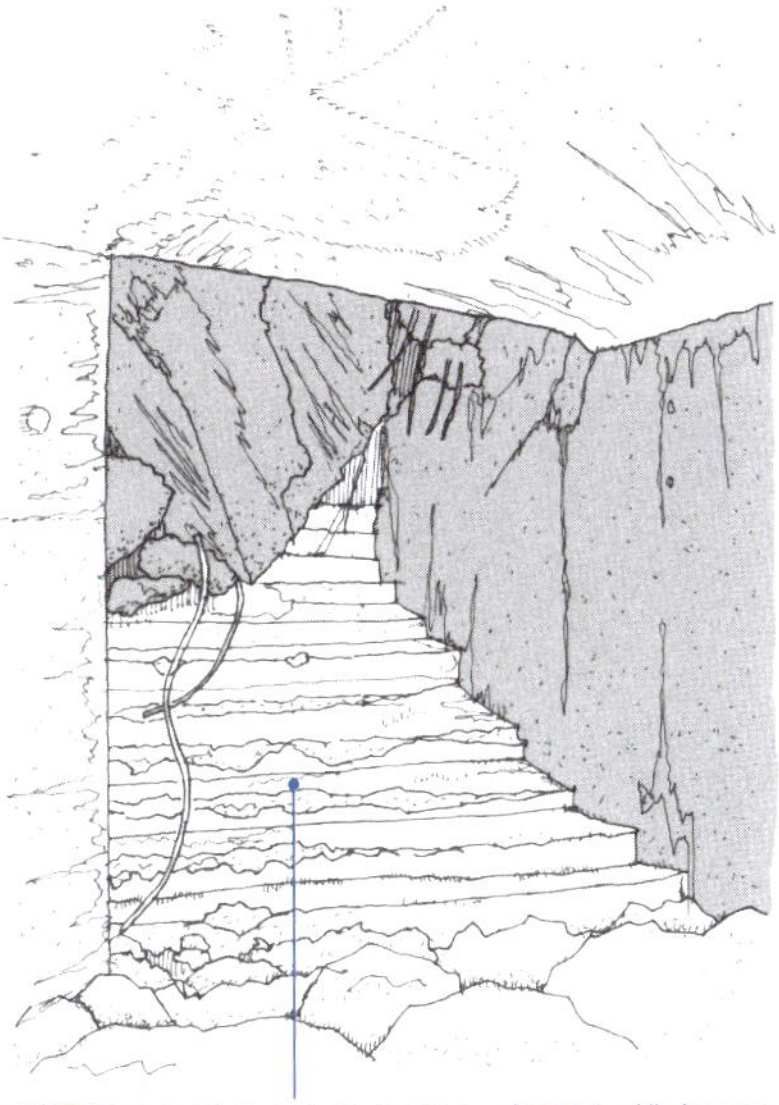

桟橋につながるトンネルには、台風時、排水口のように水があふれる

MEMO：端島での海底採掘の歴史は、江戸時代後期に石炭が発見されたことから始まる。閉山時にも退職金が支給されたほどの炭鉱だっただけに、従事者の島での暮らしぶりは比較的恵まれていた

地上の道もますます迷路化

地上の道は、地形に合わせてつくられた建物をつなぐように設けられた。蛇行した道は見通しがきかない。今では雑草が生い茂り、どこが道だったのかすら分からないところも

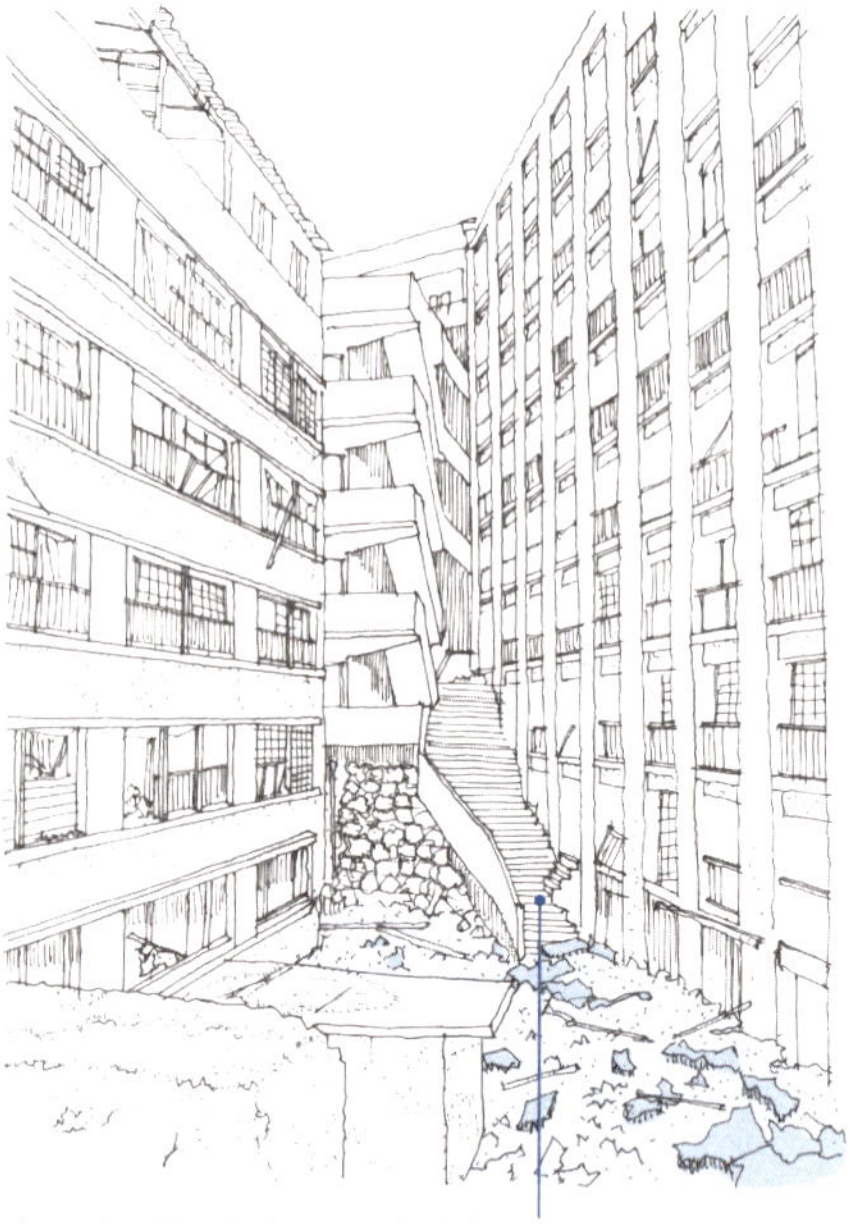

島一番の低い土地から最高地点まで蛇行しながら続く道。狭いうえに高密度な島はもともと迷路化しやすい

通路を物干場にするなど公私混同の空間が連続していた

data

軍艦島［端島］

所在地・長崎県長崎市
行き方・長崎港周辺桟橋または野母崎から船（軍艦島ツアー）で「ドルフィン桟橋」下船後すぐ

2009年世界遺産暫定リスト入り。見学施設区域以外の立入りは不可

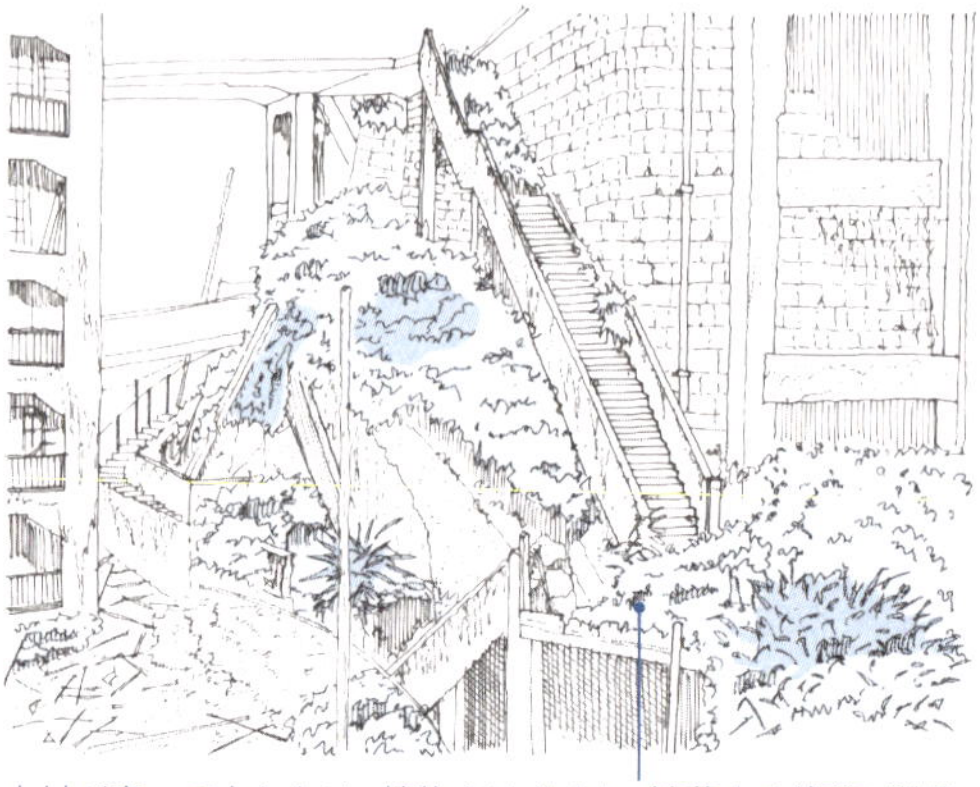

木材が腐って土となり、植物をはぐくむ。繁茂する雑草が迷路をつくり出す

MEMO：わが国初の鉄筋コンクリート造の高層アパート（7階建て）も端島に建てられた

索引

本宮神社（奈良） 49

峰の薬師神社（山形） 82

八坂神社（京都） **10**

山宮浅間神社（静岡） **128**

若宮（奈良） 49

寺院

会津さざえ堂［円通三匝堂］（福島） **86**

飛鳥寺（奈良） 74

荒子観音寺（愛知） 137

永平寺（福井） **142**

江上教会（長崎） 171

回向院（東京） 131

円覚寺の舎利殿（神奈川） **118**

圓藏寺（福島） **88**

円通寺（京都） 14

笠森寺観音堂（千葉） 157

頭ヶ島教会（長崎） 171

観音院（埼玉） 123

旧大浦教会（長崎） 171

旧鯛ノ浦教会（長崎） 171

清水寺（京都） 89

金閣寺（京都） 12

銀閣寺［慈照寺］（京都） **12**

鞍馬寺（京都） 88

黒島教会（長崎） 170

興福寺（奈良） 48・57

孤篷庵（京都） 22

西国三十三所（関西） 87・122

西善寺（埼玉） 123

三佛寺（鳥取） **156**

四天王寺（大阪） 74

四萬部寺（埼玉） 122

相国寺（京都） 13・143

正伝寺（京都） 15

浄土寺の浄土堂（兵庫） **69**

神社

荒船神社（群馬） 99

出雲大社（島根） 11・**154**

伊勢神宮（三重） 11・**42**・154

一之宮貫前神社（群馬） **98**

厳島神社（広島） 11・**164**

稲含神社（群馬） 99

大峯奥駈道（和歌山） 59

鹿島神宮（茨城） 48

春日大社（奈良） 11・**48**

神倉神社（和歌山） 58

熊野三山（和歌山） **58**

熊野那智大社（那智）（和歌山） 58

熊野速玉神社（新宮）（和歌山） 58

熊野本宮大社（本宮）（和歌山） 58

小舟神社（群馬） 99

咲前神社（群馬） 99

三神合祭殿（山形） 83

御地前神社（広島） 164

下鴨神社［賀茂御祖神社］（京都） 11

玉石社（和歌山） 59

秩父神社（埼玉） 122

津長神社（三重） 43

出羽三山（山形） **82**

出羽三山神社（山形） 82

日光東照宮（栃木） **92**

羽黒山五重塔（山形） 82

蜂子神社（山形） 83

白山堂（山形） 83

人穴浅間神社（静岡） 129

飛瀧神社（和歌山） 58

富士山本宮浅間神社（静岡） 128

伏見稲荷大社（京都） **8**・28

峰中堂（山形） 82

船津胎内樹形（山梨） 129

龍光院（京都） 23
龍安寺（京都） 16
林広院（岐阜） 137
霊場恐山（青森） **78**

仏像・墓所

荒子観音寺の円空仏（愛知） 137
鎌倉・逗子のやぐら（神奈川） **120**
五色塚古墳（兵庫） 65
朱垂木やぐら（神奈川） 121
浄土寺・浄土堂の阿弥陀三尊像（兵庫） 69
少林寺の円空仏（三重） 137
千光寺の円空仏（岐阜） **136**
大仙古墳［仁徳天皇陵古墳］（大阪） **64**
唐招提寺の千手観音立像（奈良） **52**
東大寺・南大門の仁王像（奈良） **44**
東大寺の盧舎那仏（奈良） **46**
ナガレ山古墳（奈良） 65
東瓜ヶ谷やぐら（神奈川） 121
平等院鳳凰堂の阿弥陀如来座像（京都） 36
法隆寺・夢殿の救世観音（奈良） 57
まんだら堂やぐら群（神奈川） 120
林広院の円空仏（岐阜） 137

城

岩村城（岐阜） 126
熊本城（熊本） 126
首里城跡（沖縄） **174**
仙台城（宮城） 126
高取城（奈良） 126
高松城（香川） 68・126・**148**
中津城（大分） 126
名古屋城（愛知） 126
彦根城（滋賀） **66**
備中松山城（岡山） 126
姫路城（兵庫） **72**・126・144
少林寺（三重） 137
定林寺（埼玉） 122
水潜寺（埼玉） 123
青岸渡寺（和歌山） 58
斎場御嶽（沖縄） **176**
千光寺（岐阜） 136
善光寺（長野） **130**
大仙院（京都） 20
対潮楼（広島） 163
大徳寺（京都） 20・22
達谷窟毘沙門堂（岩手） 157
秩父三十四札所巡り（埼玉） **122**
築地本願寺（東京） **110**
唐招提寺（奈良） 52
東大寺（奈良） 44・46・74
東福寺（京都） 107・143
長崎の教会群（長崎） **170**
ニコライ堂［東京復活大聖堂］（東京） **102**
西本願寺［本願寺］（京都） 24・26・90
西本願寺の北能舞台（京都） **26**
根来寺の大塔（和歌山） **60**
早池峰神社（岩手） 89
坂東三十三所（関東） 122
冷水教会（長崎） 171
平等院鳳凰堂（京都） **35**
平戸教会（長崎） 171
補陀落山寺（和歌山） 59
法雲寺（埼玉） 123
法起寺（奈良） 57
法隆寺（奈良） 51・**56**・74
法輪寺（奈良） 57
妙喜庵（京都） 38
薬師寺（奈良） 50・74
薬師寺の三重塔（奈良） **50**
山野教会（長崎） 171
湯の嶽観音（福島） 89

日光金谷ホテル（栃木） 94
日本橋三越本店（東京） 62
能登屋旅館（山形） 85
湯の峰温泉（和歌山） 59
横浜中華街（神奈川） 116

公共建築

網走刑務所（北海道） 55
旧閑谷学校（岡山） 158
原爆死没者慰霊碑（広島） 160
原爆ドーム（広島） 160
国会議事堂（東京） 100
自由学園明日館（東京） 114
東京駅丸の内駅舎（東京） 104
奈良少年刑務所［旧奈良監獄］（奈良） 54
平和記念資料館（広島） 160

土木施設

通潤橋（熊本） 172
利根運河（千葉） 124
鞆港（広島） 162
野田樋門（千葉） 125
延沢銀山跡（山形） 85

庭・公園

運河親水公園（千葉） 125
円通寺の借景式庭園（京都） 14
小石川後楽園（東京） 107
盛美園（青森） 80
大仙院の方丈庭園（京都） 20
玉藻公園（香川） 149
浜離宮恩賜公園（東京） 109
平和記念公園（広島） 160
藪内家・燕庵の露地（京都） 32
六義園（東京） 109
龍安寺の方丈庭園（京都） 16
広島城（広島） 126
松本城（長野） 126・132

茶室

孤篷庵の忘筌（京都） 22
堀内家・長生庵（京都） 18
密庵（京都） 23
妙喜庵の待庵（京都） 38
藪内家・燕庵（京都） 30・32

住宅・町並み

旧青山家漁家住宅（北海道） 76
旧朝香宮邸［東京都庭園美術館］（東京） 112
旧グラバー住宅（長崎） 168
日下部民藝館（岐阜） 139
軍艦島［端島］（長崎） 178
白川郷合掌造り集落（岐阜） 140
盛美館（青森） 80
奈良井宿（長野） 134
西本願寺の飛雲閣（京都） 24・90
吉島家住宅（岐阜） 138
吉田家住宅（徳島） 152
脇町の町並み（徳島） 152

民間施設

伊勢丹新宿店（東京） 62
旧金毘羅大芝居［金丸座］（香川） 150
銀山温泉（山形） 84
窪田酒造・窪田醤油（千葉） 125
グラバー園（長崎） 169
小関館（山形） 85
角屋（京都） 28
大丸心斎橋店（大阪） 62
高山社跡（群馬） 97
道後温泉本館（愛媛） 146
富岡製糸場（群馬） 96

参考文献

- 蘇る薬師寺西塔／西岡常一、高田好胤、青山茂／草思社／1981年
- 日本の建築遺産12選—語りなおし日本建築史／磯崎新／新潮社／2011年
- 聖地紀行／松永伍一／角川書店／1988年
- 松本城—その歴史と見どころ／金井円／名著出版／1984年
- 城のつくり方図典／三浦正幸／小学館／2005年
- 未盗掘古墳と天皇陵古墳／松木武彦／小学館／2013年
- 空海 塔のコスモロジー／武澤秀一／春秋社／2009年
- 隠された十字架—法隆寺論／梅原猛／新潮社／1972年
- 仏像の見分け方／西村公朝、小川光三／新潮社／1987年
- 運慶 仏像彫刻の革命／西村公朝、熊田由美子／新潮社／1997年
- 出羽三山—開山1400年記念／伊藤武／みちのく書房／1996年
- 利根運河120年の記録 流山市立博物館調査研究報告書／流山市立博物館／流山市教育委員会／2010年
- 鎌倉のやぐら／大三輪龍彦／かまくら春秋社／1977年
- 大いなる遺産 長崎の教会／三沢博昭、川上秀人／智書房／2000年
- ここから学ぶ茶室と露地／飯島照仁／淡交社／2011年
- 茶碗と茶室／樂吉左衛門、川瀬敏郎、木村宗慎／新潮社／2012年
- 小堀遠州綺麗さびの極み／小堀宗実、熊倉功、磯崎新、龍居竹之介／新潮社／2006年
- 一之宮貫前神社報告書／群馬県教育委員会／群馬県教育委員会／1978年
- 富岡製糸場事典 シルクカントリー双書8／富岡製糸場世界遺産伝道師協会／上毛新聞社／2011年
- 南西諸島の「聖域」における宗教空間の研究／南西聖域研究会／南西聖域研究会／1987年
- 図説社寺建築の彫刻／高藤晴俊／東京美術／1999年
- 大聖堂のコスモロジー／馬杉宗夫／講談社／1992年
- アール・デコの建築（NHK美の壺）／NHK「美の壺」制作班／日本放送出版協会／2008年

- 能―神と乞食の芸術／戸井田道三／せりか書房／1973年
- 石橋は生きている／山口祐造／葦書房／1992年
- 魅惑の仏像 千手観音―奈良・唐招提寺／小川光三／毎日新聞社／2001年
- 明治の洋館（NHK美の壺）／NHK「美の壺」制作班／日本放送出版協会／2006年
- 祈りの造形／西村公朝／日本放送出版協会／1988年
- 出雲大社―日本の神祭りの源流／千家和比古、松本岩雄／柊風舎／2013年
- 厳島信仰事典／野坂元良／戎光祥出版／2002年
- 日本の城8 四国の城／小学館／1989年
- 丹下健三／丹下健三、藤森照信／新建築社／2002年
- 坂上田村麻呂／高橋崇／吉川弘文館／1986年
- 善光寺／信濃毎日新聞社／信濃毎日新聞社／1973年
- 陰陽五行と日本の民俗／吉野裕子／人文書院／1983年
- 東北の聖と賤（内藤正敏民俗の発見1）／内藤正敏／法政大学出版局／2007年
- 図説日本の町並み〈第5巻〉中部編／太田博太郎／第一法規出版／1982年
- こんぴら歌舞伎／井下正三／保育社／2009年
- 富士山を知る事典／渡邊定元、佐野充／日外アソシエーツ／2012年
- 新永平寺事典／大本山永平寺／四季社／2002年
- 角屋／西川孟、内藤昌／中央公論社／1983年
- 空間の原型／上田篤、多田道太郎、中岡義介／筑摩書房／1983年
- 庭園に死す／野田正彰／春秋社／1994年
- 秩父大祭―歴史と信仰と／千嶋寿／埼玉新聞社／1981年
- NHK国宝への旅[20]／NHK取材班／日本放送出版協会／1990年
- 枯山水の話―水無くして水を楽しむ庭／龍居庭園研究所／建築資料研究社／1991年
- 大仙院 名石のハーモニー（日本の庭園美）／大橋治三／集英社／1989年
- 閑谷学校／藤岡博昭／山陽新聞社／1990年
- 慈照寺銀閣 義政の数寄空間（日本の庭園美）／澤田ふじ子、千宗室、大橋治三／集英社／1989年
- 円空 微笑みの謎／長谷川公茂／新人物往来社／2012年
- 神社の本殿／三浦正幸／吉川弘文館／2013年
- 重要文化財吉島家住宅／畑亮夫、吉島忠男+工房、伊藤ていじ、篠田桃紅、八野忠次郎／毎日出版社／1984年
- 軍艦島全景／オープロジェクト／三才ブックス／2008年

執筆者紹介

スタジオワーク

スタジオワークは、日々変化している環境や風景に興味をもち、時に問題を抱く者たちが集まり、つくったグループである。フィールドワークに重きを置き、まちや野にあふれる事物を深く見つめることで、新しい価値観を発見し、記録、発信することを目指している。著書に「建築デザインの解剖図鑑」(共著、小社刊) がある

メンバー紹介

最勝寺靖彦 (さいしょうじ・やすひこ) …監修・執筆
1946年生まれ
1975年　工学院大学大学院建築学科終了
1995年　TERA歴史景観研究室を設立
現在「住まいとでんき」編集委員、ソフトユニオン所属
主な仕事：まちづくり、古民家再生を手掛ける
主な著書：「和風デザインディテール図鑑」(小社刊)
「世界で一番幸福な国ブータン」(共著、小社刊)
「まちを再生する99のアイデア」(共著、彰国社)

二藤克明 (にとう・かつあき) …執筆
1965年　東京都生まれ　一級建築士
1987年　工学院大学専門学校建築科研究科卒業
1991年　株式会社現代建築設計事務所　取締役

和田明広 (わだ・あきひろ) …執筆
1964年　山形県生まれ　グラフィック・デザイナー
2010年～　武蔵野美術大学通信教育課程にて面接授業講師

安藤理恵 (あんどう・りえ) …執筆
1968年　群馬県生まれ　二級建築士
1993年　工学院大学専門学校建築科研究科卒業
2012年　工房・+Punto piu 設立

糸日谷晶子 (いとひや・しょうこ) …執筆
1968年　東京都生まれ　二級建築士
工学院大学専門学校建築科研究科校卒業
武蔵野美術大学卒業
有限会社コラム設立

櫻井祐美（さくらい・ゆみ）…執筆
1971年　札幌生まれ　二級建築士
大船渡高校卒業
武蔵野美術大学造形学部卒業
2013年～　OFUNATO★銀河station market place（東北・三陸・大船渡PR活動）

桑原利恵（くわはら・りえ）…執筆
1972年　広島県生まれ　グラフィック・デザイナー
1993年　日本デザイナー学院広島校グラフィックデザイン科卒業
2010年　武蔵野美術大学造形学部デザイン情報学科卒業
2005年～　デザイン事務所RINOTONE設立

渡辺朗子（わたなべ・あきこ）…執筆
1975年　新潟県生まれ
1998年　千葉大学文学部日本文化学科卒業
2011年　武蔵野美術大学造形学部デザイン情報学科卒業
デザイン・編集トリリトル　デザイナー　http://tori-little.com

井上 心（いのうえ・こころ）…執筆
1979年　埼玉県生まれ　一級建築士
2002年　法政大学経済学部卒業
2006年　工学院大学専門学校二部建築学科卒業
2007年　一級建築士事務所TKO-M.architectsに入所

青柳睦美（あおやぎ・むつみ）…執筆
1968年　東京都生まれ
1989年　奈良芸術短期大学美術科建築インテリアコース卒業

錦織涼子（にしこおり・りょうこ）…執筆
1976年　東京都生まれ　一級建築士
東京デザイナー学院専門学校建築デザイン科卒業
武蔵野美術大学造形学部工芸工業デザイン学科卒業

西尾洋介（にしお・ようすけ）…執筆
1981年　鳥取県生まれ
2002年　工学院大学専門学校建築科研究科卒業
2005～2010年　設計事務所勤務
2010年～　フリーランス

名所・旧跡の解剖図鑑

2014年11月1日	初版第1刷発行
2023年2月6日	第4刷発行
著者	スタジオワーク
発行者	澤井聖一
発行所	株式会社エクスナレッジ 〒106-0032 東京都港区六本木7-2-26 https://www.xknowledge.co.jp/
問合せ先	編集 Tel：03-3403-1381 Fax：03-3403-1345 info@xknowledge.co.jp 販売 Tel：03-3403-1321 Fax：03-3403-1829